交通运输类专业课程思政教学案例集

(一)

马万经　白　玉　杨志丹　编

同濟大學出版社
TONGJI UNIVERSITY PRESS
·上海·

图书在版编目（CIP）数据

交通运输类专业课程思政教学案例集．一/马万经，白玉，杨志丹编．—上海：同济大学出版社，2025. 6.
ISBN 978-7-5765-0726-3

I. G641

中国国家版本馆CIP数据核字第20255NA870号

交通运输类专业课程思政教学案例集（一）

马万经　白　玉　杨志丹　编

责任编辑：邢宜君
责任校对：徐逢乔
排版制作：嵇海丰
封面设计：王　翔

出版发行　同济大学出版社　www. tongjipress. com. cn
（地址：上海市四平路1239号　邮编：200092　电话：021-65985622）
经　　销　全国各地新华书店、网络书店
印　　刷　苏州市古得堡数码印刷有限公司
开　　本　787mm×1092mm　1/16
印　　张　29
字　　数　582 000
版　　次　2025年6月第1版
印　　次　2025年6月第1次印刷
书　　号　ISBN 978-7-5765-0726-3
定　　价　128.00元

编委会

前言

为切实落实《高等学校课程思政建设指导纲要》精神，探索依托专业大类协同开展课程思政建设的途径，同济大学交通学院于2020年11月牵头发起成立高校交通运输类专业课程思政研究联盟。2021年4月，联盟第一届理事会第一次会议在同济大学召开，会上发布了《高校交通运输类专业课程思政研究联盟二〇二一共识》，提出要坚持立德树人的人才培养价值导向、开辟规范创新的课程思政建设路径、构建协作共享的联盟运行机制等三点共识。2021年7月，高校交通运输类专业课程思政研究联盟被教育部列为课程思政资源库建设单位。2022年，吴兵教授依托联盟牵头成功申报并获批教育部交通运输类专业课程思政研究虚拟教研室，是全国课程思政研究类虚拟教研室仅有的两个课程思政教改类虚拟教研室之一。

联盟成立四年来，切实推进了交通运输类专业的课程思政建设的共建共享。2022年12月，联盟第一届理事会第二次会议以线上的形式召开，专家们通过报告分享，不仅探讨了二十大精神如何进入工科课堂，还进一步思考如何拓展课程思政的内涵和外延；同时会上同步发布课程思政资源库的建设成果，以及首届课程思政案例遴选活动一等奖教师的精彩分享。

同济大学始终坚持培根铸魂育新人，聚焦立德树人根本任务，坚持系统推进、资源拓展、示范引领，完善“大思政”建设总体布局，统筹推动课程思政、日常思想政治教育高质量发展，着力培养堪当民族复兴重任的时代新人。交通学院在继续发挥思政课主渠道的同时，深入挖掘专业课程、实践环节和科研训练中的思政元素，推进专业教育与思政工作同向同行；持续升级课程思政建设，由专业课程向专业课程链、示范专业及大类延伸；入选上海市课程思政领航学院，重点建设6支特色改革领航团队、26门领航课程，向全校教师推广好经验、好方法；全面修订2022级人才培养方案和课程教学大纲，将课程思政全面贯穿于教育教学全过程，实现“课程思政”全覆盖。

课程思政作为思政课教学理念的新突破、新拓展，强调各类课程蕴含着可供挖掘的思想教育资源，能够发挥多方面、多维度的育人功能。近年来，尽管课程思政建设在全国高校如火如荼展开，已积累了有益的经验，但做好课程思政永远在路上，仍亟须教师充分利用好高校交通运输类专业课程思政研究联盟的平台，广泛交流、深入研讨，把有效融入党的二十大精神作为课程思政改革的首要任务，强化示范引领和资源共享，善用“大思政课”，构建全面覆盖、类型丰富、层次递进、相互支撑的课程思政体系，从而共同为推动新时代课程思政内涵式建设和高质量发展开拓思路、贡献智慧！

编　者

2025年5月

目录

路面再生材料与材料再生

朱兴一

同济大学交通学院　上海　200092

一、案例简介

“路面再生材料与材料再生”一讲是“同路人”国际暑期讲堂中的重要一节，作为社会实践课程，其以培养面向工程界、面向世界、面向未来国家发展需要、面向未来科技进步的卓越工程师为指引，以重点提升学生的人文底蕴、工学素养、创新思维和国际视野为目标，对接“交通强国”战略，立足“一带一路”倡议与“新基建”，同时与当前国际上道路工程方向涌现的最先进的材料、工艺、方法相对接。课程促使道路工程专业学生充分了解道路工程发展前沿，取长补短，提高前瞻性，并为我国交通基础设施创新驱动发展助力。

课程思政教学目标：以“一带一路”倡议和“京津冀协同发展”“长江经济带”等国家战略需求为出发点，以技术发展为牵引，以实践基地为依托，以国际化为特色，以现代交通重大工程、中国交通基础设施发展成就等为素材，潜移默化地提升学生人文底蕴、工学素养、创新思维和国际视野。为达成思政教学目标，课程进一步细分成“交通强国、科学创新、生态文明、文化自信与认同”四大思政板块，形成13个思政教学点，并以“基础—实训—交流—竞技”为实践教学手段，逐层递进强化思政目标。

“路面再生材料与材料再生”的课程教学，通过“一个专题一个实训”的模式，实现理论与实践相融合，并采用“探索—创作—呈现”的方式提升学生综合素养。首先，在学习专题讲座之后，带领学生前往沥青混合料拌和站实地调研，切身感受烟雾排放。其次，通过调研计算碳排放量并回收旧沥青混合料，以其为原料，采用再生方法制作创意工艺作品。最后，通过作品展示与评比，深化学生的绿色可持续理念，提升节能减排的社会责任感。具体见图1。

作者简介：朱兴一，1983年，同济大学交通学院，教授。

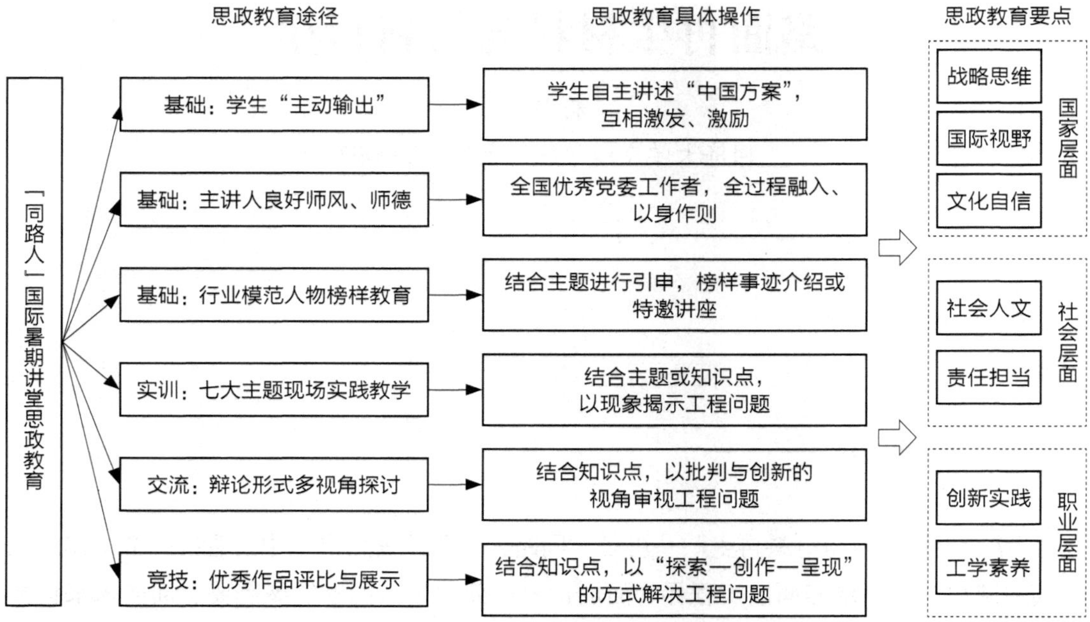

图1 “‘同路人’国际暑期讲堂”思政教学总体设计

二、思路与目标

教学目标1：系统学习和掌握路面再生材料的工程性能、再生方法、评价指标，通过技术研发过程与工程应用实例，激发创造性思维，提高学生解决实际工程问题的能力，培养刻苦钻研的工匠精神。

教学目标2：通过材料再生的教学来体现“绿水青山就是金山银山”的资源再生利用理念，充分了解在生态文明建设背景下，国家对道路工程材料绿色发展的战略需求。通过现场实践、实际操作和作品展示，进一步培养学生的创新思维、多文化交流和协作能力。

三、设计与实施

（一）教学环节设计与实施

本课程采用“专业理论＋实地调研＋动手实践”的教学方式，让学生在实际感受工程环境的同时，系统学习专业知识，并锻炼动手能力，做到学以致用。

本课程先邀请材料再生领域的专家学者开展“路面再生材料与材料再生”专题讲座，以道路工程行业碳排放为切入点，直观感受对材料进行绿色再生的客观需求，同时厘清国家在生态文明建设方面的发展战略与政策，明确我国为全球气候改善作出的突出贡献，深化人类命运共同体的理念，激发国内学生的爱国情怀与国际学生的文化认同。课前让学生针对道路工程材料再生原理与再生材料性能进行调研，重点了解国家的生态文明建设理念，以及对道路工程绿色发展的特殊要求，让学生主动认识并理解国家发展战略，明确国家为维护全球生态作出的突出贡献，激发学生对思政元素学习的积极性与主观能动性。

课程从可持续发展的基本内涵出发，梳理了“十一五”到“十四五”期间各规划纲要中，对于节约资源和保护环境等的基本国策方针，并介绍了我国在生态文明建设方面的突出成就。尤其是“十四五”期间，我国新时期生态文明建设的主要目标是单位国内生产总值能源消耗和CO_2排放分别降低13.5%、18%，主要污染物排放总量持续减少，森林覆盖率提高到24.1%。通过一系列的数据，让学生感受国家对生态文明建设的决心和力度，了解人类命运共同体的价值观。

随后，通过某些数据引入路面材料再生的概念。如根据世界资源研究所（The World Resources Institute，WRI）的统计数据，中国碳排放的41.6%由发电和供热行业“贡献”，23.2%来自制造业和建筑业用能，7.5%来自交通运输领域。以上领域的碳排放占比超过全国总量的72%，是需要进行“碳中和”节能减排的“大户”。公路建设与养护是高资源占用、高能源消耗、高碳排放行业，是国家节能减排的重点领域之一。每年消耗砂石等材料30亿~40亿t，其中优质集料10亿t；每生产1 t热拌沥青混合料，需消耗7~9 kg燃料油，排放约18 kg的CO_2以及大量沥青烟等有毒、有害气体。2017年我国实际使用沥青混合料约4.5亿t，仅拌制沥青混合料就消耗燃料油约360万t，排放CO_2 648万t。庞大的公路体系每年产生约4 000万t废旧沥青混合料，严重影响资源节约型、环境友好型交通行业的建设。

采用具有冲击力的统计数字阐明公路建设与养护过程中的碳排放与材料浪费问题，让学生体会到旧道路材料再生的重要性，明确旧道路材料再生技术对国家生态文明建设的重要影响，培养学生的专业使命感与家国情怀。课程还重点介绍如何翻修废弃的旧沥青路面，采用最新整套工艺，经过路面再生专用设备翻挖、回收、加热、破碎、筛分后，与再生剂、新沥青、新集料等按一定比例重新拌和形成混合料，满足一定的路用性能后重新铺筑于路面，增强学生专业自信，鼓励学生开拓创新、精益求精，传递工匠精神。同时引导学生思考道路工程的材料再生利用能够为国家的生态文明建设带来怎样的贡献及科学技术发展与国家建设发展的一致性，了解本专业承担的社会责任，增强其专业的自豪感、使命感。

最后，在了解专业知识的基础上，带领学生前往同济大学和上海隧道工程股份有限公司共建的“国家大学生校外实践教育基地”和“国家工程实践教育中心”下属企业——上海公路桥梁（集团）有限公司在奉贤的沥青混合料拌和站进行实地调研，实际

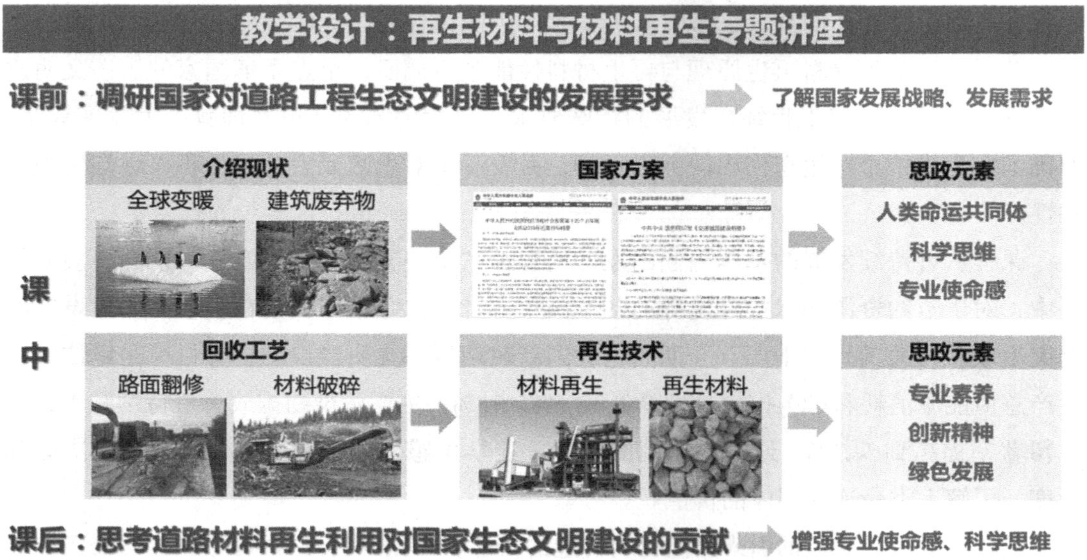

图2 专题讲座教学设计

图3 实地调研

参与沥青混合料拌和与摊铺过程，并回收旧沥青混合料，培养学生的动手能力与技术应用能力。让学生深入了解沥青混合料的拌和工艺以及摊铺方法，并亲手回收旧沥青混合料。通过实地调研提升学生的工程素养。同时，让学生现场感受沥青路面建设过程中的烟雾排放、能源消耗，激发学生对从业人员和环境的关注，使学生理解节能、绿色可持续路面材料研发的重要性。

学生以回收的材料为原料，通过小组合作，用上课学到的专业知识亲手再生沥青混合料。利用自己制备的再生材料制作创意工艺作品，并进行展示。有的学生制作了世界

图4　实践教学设计

图5　再生沥青混合料制备

杯奖杯；有的学生在旧沥青混合料回收再生过程中添加彩色沥青，制作了太阳系八大行星；有的学生制作了同济大学校徽、党旗、印章等。活动过程不仅提升了学生对沥青混合料再生过程的理解，同时也让学生在轻松愉快的氛围中提高了团队协作能力、沟通能力、专业能力与综合素质，激发了学生的创造力和专业自信，实现趣味学习。

（二）教学考核评价方式

学生将其制作的作品进行展示，具体阐述沥青混合料回收、再生、改性到成型过程中所采用的方法及材料，并介绍其创作的作品理念。通过总结，加深学生对知识点的掌握并融会贯通，同时提升了表达能力。学生作品经过展示后，由教师点评，解答学生在实践过程中遇到的难题，进一步加深对旧沥青再生技术的理解。最后，由学生和教师共同投票选举出最佳作品，并颁发奖品，提升学生的获得感与成就感。

图6 作品汇报与评比

四、特色与创新

本课程通过师生互动、现场调研、小组讨论、工艺品制作、作品展示等途径，以“课上理论、课外实践”为核心方式，将思政要素融入材料再生技术的教学中。通过材料再生理论知识与工程实践结合，将专业知识、技能培养和价值观引领有效融合，润物细无声地展示出科学思维、文化自信、爱国情怀等思政元素。

五、反思与分析

后续应进一步建立课程思政考核与效果评价体系，全方位规范化思政教学，不断改进教学方法和途径，提升课程思政效果。

研制课程思政评估指标体系可考虑凸显教师的主体性、学生的体验性，体现全程性和发展性。课程思政评估指标体系设计可考虑以下几个原则：一是教师的主体性。教师对课程思政的认知、教师队伍育德意识和育德能力与举措、投入与建设成效是重要考察维度。二是学生的体验性。学生在“做中学”和“悟中学”中体验到情感、态度和价值观发生潜移默化的变化。三是注重全过程。课程思政应贯穿教育教学全过程，以本课程为例，从教学目标设定、教学方法选择、教学过程实施，到教学效果评价和教学后的反思都应体现课程思政的要求。

“交通信息交互与处理”课程思政示范课程

田大新　段续庭　周建山

北京航空航天大学交通科学与工程学院　北京　102206

一、案例简介

“交通信息交互与处理”教学团队（以下简称“教学团队”）包括由北京航空航天大学交通科学与工程学院交通运输系副院长田大新（教授、博士生导师，国家优秀青年基金）老师担任的牵头人，2名青年教师成员：段续庭讲师和周建山卓越百人博士后。按照目前已开课程的历届选课情况来看，辅导教师（或实验教师）与学生的比例为1∶15~1∶10，其中实践课程师生人数比较多，理论课程师生人数相比于实验课程较少。

教学团队成员围绕车路协同自动驾驶教学开展工作，其中段续庭主讲多门本科生/研究生课程，如“智能网联技术”“自动驾驶车辆定位技术”“交通科技大赛实践训练”“交通综合实验”等；开设两门特色课程——“车联网技术与工程应用”研究生实践讲堂和“智能车联网技术”科研课堂，对车路协同和自动驾驶创新型研究人才培养进行了卓有成效的探索与实践；主持建立了北航车路协同自动驾驶教学实践平台，并面向全国多所地方高校推广应用，形成辐射效应。

周建山将科研成果融入本科/研究生课程教学工作中，支撑打造北航车路协同自动驾驶特色的拔尖人才培养课程体系；同时参与研发一系列V2X原型系统装备，关键技术研究成果应用于建设北航“智能车路协同教学实验平台”“自动驾驶教学实验平台”“车联网大数据教学实验平台”三大教研平台，为培养交通信息工程和相关交叉学科的复合型创新人才提供软硬件条件。

此外，教学团队致力于拓宽学生的国际化视野，与英国教授共建国际引智课程（已开设3届），包括“Automotive IOT：Theory and Practice”、车联网等课程，团队依托上述课程获批国家级外国文教专家项目，打造以北航本科生为主体、国际学生深度参与的一体化协同创新团队，合作发表高水平学术论文，组建国际参赛队伍参加世界智能驾驶

作者简介：田大新，1980年，北京航空航天大学交通科学与工程学院，教授。

挑战赛。教学团队在课程思政教学实践方面的具体情况总结如下。

（一）科研育人瞄准前沿

聚焦“交通强国”的重大国家发展战略方向，在本领域人才培养过程中，结合当前信息时代出现的人工智能、区块链、自动驾驶等新兴技术，指导研究生开展“车联网+人工智能”“车联网+区块链”“车联网+自动驾驶”等前沿方向的研究工作，保障研究成果能够持续产生更大的社会效益；同时，在本领域课程教学过程中，将5G移动通信、边缘计算、大数据等前沿知识和典型应用案例融入“交通信息交互与处理”研究生课程教学中，教学工作荣获研究生课程卓越教学奖。

与百度合作开设研究生课程，将百度深度学习、智能驾驶等前沿技术成果（如百度无人驾驶开源平台Apollo）融入北航学生的课程教学和实践体系中，搭建北航多车协同自动驾驶实践育人平台，形成了校企双边协同育人的长效机制。

（二）实践育人传承责任使命

始终面向新时代的新变革和国家对大学生人才的新期待、新责任和新使命，通过构建“注重交叉、强调特色、形成能力、勇担使命”的实践育人体系，提出专业教育和通识教育相结合的复合型人才培养模式，健全“寓教于研、寓研于教”的创新人才培养机制，着力培养具有高度社会责任感和国家使命感、理想高远、学识一流、胸怀寰宇、致真唯实的“交通报国”拔尖人才。为了助力更多学生在服务我国社会发展中成长成才，坚持围绕本领域重大需求培养笃志强国、热爱事业、传承红色基因的新时代青年人才，通过从国家重大科研任务中提炼实践课题，让学生在科研实践活动中不断提升自己的综合素质和实践创新能力。通过深入开展一系列实践育人活动，提炼总结出培养学生创新创业能力的相关方法和机制，从多学科协同创新角度促进交通信息领域交叉学科研究生创新实践能力的培养，指导学生在各类竞赛中屡创佳绩。

（三）科技战“疫”交通人的责任担当

“疫情之下，责任在上”，在面对疫情时交通人以科技力量或以身体力行的方式冲锋在前，助力疫情防控。在“交通信息交互与处理”课堂上，教学团队以“疫情防控中交通运输大有作为”为切入点，点燃学生的爱国热情与激情，结合专业知识详细讲解交通信息类技术在助力疫情防控的基础设施、中转运输、协同布局、联网联控等信息化系统构建方面的应用，以课程知识传授为途径，融入爱国主义核心价值观，引导学生争做爱国奉献的新时代奋斗者，通过巧妙的课程设计将复杂的专业基础课程转化为融入爱国主义教育的思政大课。

二、思路与目标

教学团队始终坚持党对教育事业的全面领导，以习近平新时代中国特色社会主义思想为指导，坚持把立德树人作为根本任务，加强对青年学子的政治引领和思想教育，认真贯彻党的教育方针，将“交通强国”人才培养工作落实、落细，为国家培养具有交通运输科学与工程创新能力、国家使命感和社会责任感，理想高远和学识一流的社会主义优秀建设者与接班人。

教学团队强化科研育人中教师的主体担当，做到知行合一，推动“三全育人”，努力做好学生的信仰之师、学问之师、品行之师，以优秀科学工作者和教育工作者标准严格要求自己，尽心引导学生成功、成才。同时，教学团队负责人坚持以科学研究的原创性、关键技术的突破性和系统研制的先进性为指导思想，持续实施硕士研究生规范化培养和博士研究生质量提升计划。

教学团队坚持理论教育与实践养成相结合，完善科研实践育人工作机制，强化育人实效，推动培养德智体美劳全面发展的社会主义建设者和接班人。科研实践活动是提高学生自主学习能力的源动力，教学团队负责人注重理论课程实践环节建设，充分发挥重点实验室的科研优势，整合学校和企业育人资源，构建高起点、高利用率、学生受益面广的创新教学模式，促进自主科研创新与自主学习导向型人才培养的紧密结合。以“车－路－控制”深度融合的课程结构为基础，面向智能网联汽车产业发展的需求，结合新工科发展对培养体系进行改革。

三、设计与实施

（一）课程内容设置

第一章　绪论（2学时）：专业知识元素＋交通强国，交通人的责任担当等课程思政元素。

第二章　交通信息交互与处理的基础技术（10学时）：专业知识元素＋感知、传输、控制等关键技术在强国建设中的应用，几代交通人孜孜不倦、爱国奉献精神的传承等思政元素。

第三章　交通信息处理的基础理论（10学时）：专业知识元素＋挖掘基础理论研究的奠基人、传承过程中产生的具有爱国主义情怀色彩的经典案例，加强引导向先辈优良品质学习等思政元素。

第四章　交通信息交互与处理的应用（8学时）：专业知识元素＋智慧交通、路网管控、联网联控、信息化高速等新技术在交通强国建设中的重要应用，以及挖掘其中基层工作者、科研人员等的先进事迹，弘扬爱国主义奉献精神等思政元素。

第五章 交通信息技术应用展望与新技术发展趋势（2学时）。

（二）教学方式

采取课堂理论与方法讲授、课后作业相结合的教学方法。

（三）教学考核与评价

（1）建立课程考核标准（占比60%）：采取“平时与期末相结合、理论与操作相结合”的多元化考核方式，侧重评估学生的大作业是否书写规范、有创新性，以及实验能力是否达标和实验操作、实验结果、实验报告是否准确规范，并设立“创新附加分”，对有创新理念的学生从优评定成绩。

（2）开展案例项目团队考核（占比40%）：重点考核答辩项目的创新性、工作量、逻辑性，以及答辩材料的准备和汇报情况。

（四）创新能力培养

（1）通过新工科智能驾驶专委会牵引，与百度Apollo、大唐电信等企业建立长效的校企合作机制，将“车联网＋自动驾驶”“车联网＋人工智能”“车联网＋区块链”等前沿技术融入理论和实践教学中，依托百度Apollo开源平台，引导学生开展车联网环境的Apollo车辆通信与编队控制联合设计实践与创新性研究。

（2）依托科研项目牵引，以科研反哺教学，建立长效的校地合作机制，鼓励研究生参与科技成果转化，通过项目实践加深专业知识理解并提升解决问题的能力。

（3）依托英国5G创新中心和国际青年学者，建立长效的国际化合作机制，引入国际前沿教学和科研经验，培养具有国际化视野的创新性研究生。

（五）思政建设成果

疫情防控期间，在各地落实疫情防控工作的过程中需要面对人员管理的挑战。学生结合专业知识和课程实践平台，自行研制了一套能够用于隔离区域内人员位置监测及预警的系统，在国家需要之时，能够勇于奉献勇于担当，以实际行动践行科技人才的使命——科技战“疫”，研究成果“面向疫情防控的楼宇隔离区域内人员位置监测预警系统”获得2020年第十届北京市大学生交通科技大赛二等奖、“航智列控——国内交通信号领域领先者”获得第七届中国国际“互联网＋”大学生创新创业大赛（北京赛区）二等奖、“车路智教——教学用智能网联车辆实验平台”获得第七届中国国际“互联网＋”

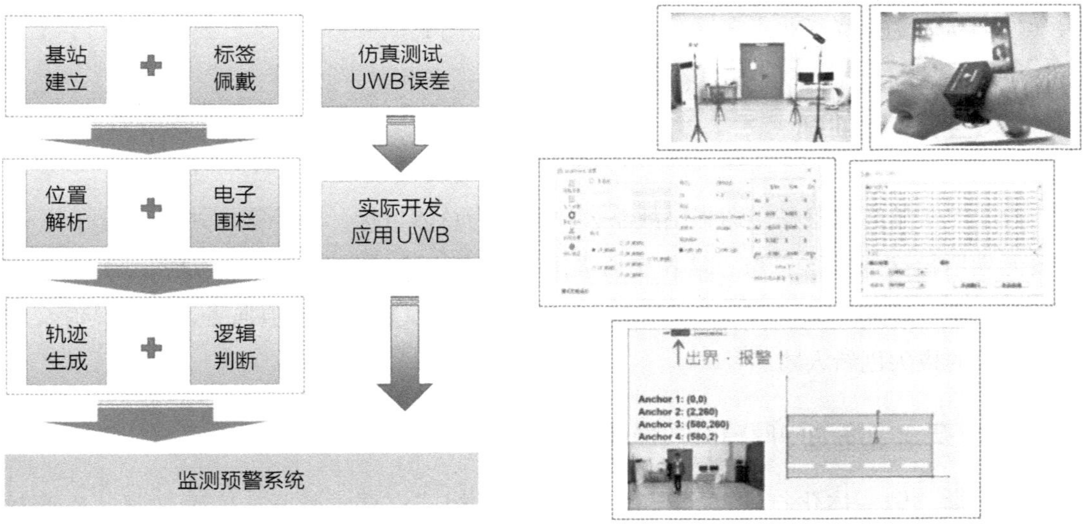

（a）监测预警系统研发

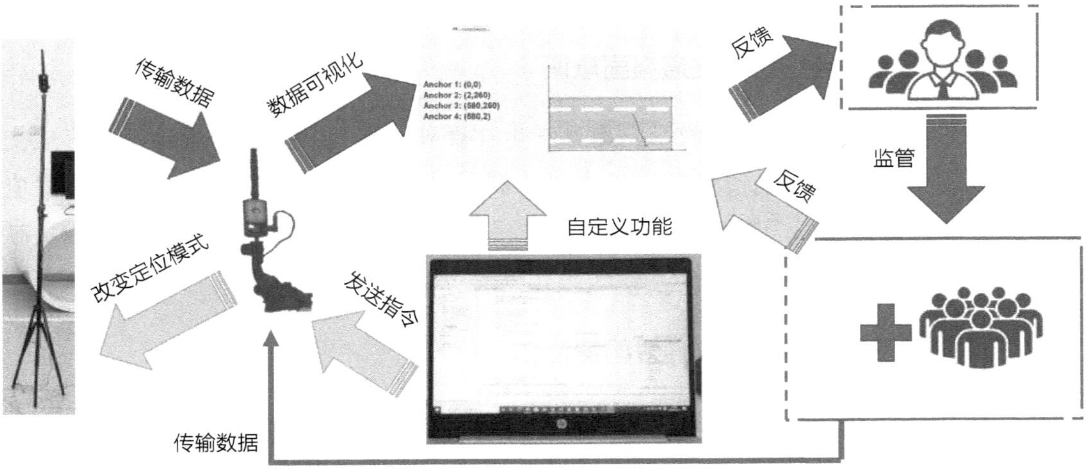

（b）航智列控

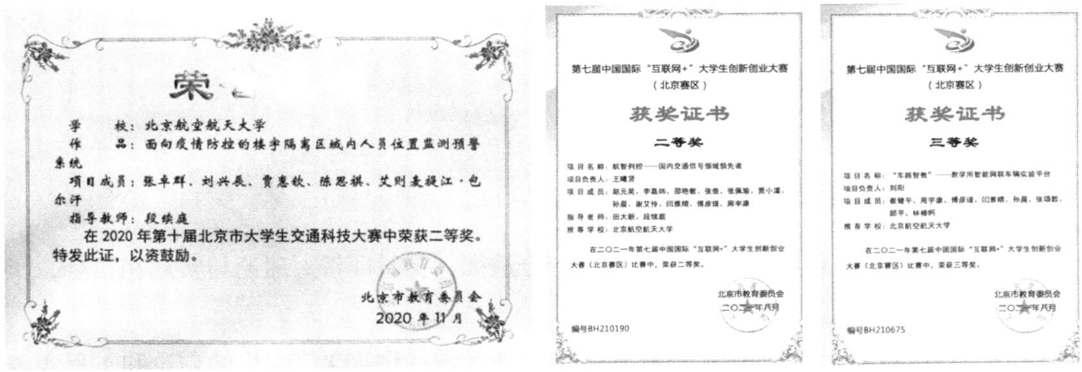

（c）获奖证书

图1 科技战“疫”相关科技成果及获奖证书

大学生创新创业大赛（北京赛区）三等奖，具体见图1。

四、特色与创新

教学团队始终以服务交通强国战略人才培养为总体目标，坚持德才并育、知行合一，思政元素厚植交通强国思想、培养交通强国意识、弘扬交通爱国情怀。通过课程教学的教、学、做一体化，教学改革科教融合以及实践育人以赛促学三项抓手，培养具有交通红色基因的拔尖创新人才。

（一）在教学活动中厚植交通强国思想

教、学、做一体化打造一个课程、三种教学模式（课堂教学、实践教学、生产教学），引导学生感悟5G车联网、车路协同、自动驾驶等技术在世界科技角逐中所起到的决定性作用，领悟交通科技发展的战略性地位。

（二）在科教融合中培养交通强国意识

将科研前沿成果融入课程教学，指导学生在课外开展科技实践，激励学生形成交通科技强国意识。新冠疫情期间，学生投入科技战“疫”前线，通过设计开发“应急物流自动化配送车”“楼宇无接触人员监控预警”等系统，为打赢疫情攻坚战贡献智慧。

（三）在以赛促学中弘扬交通爱国情怀

20余次指导学生课外参加世界智能驾驶挑战赛等国际、国家级科技竞赛，引导学生将个人“小我”融入国家发展“大我”之中，完成科技竞赛作品，激励学生勇于担当、锐意创新，在比赛中弘扬交通爱国情怀。

五、课程评价与成效

（一）国内外同行和学生评价

（1）学生评价：老师认真负责，讲解十分透彻，受益匪浅；理论与实际相结合，很有收获。

（2）企业评价：北航师生团队在比赛中表现优异；北航交信学生的理论和工程实践能力很强。

（二）课程思政教改成效

出版教育部高等学校机械类专业教学指导委员会规划教材、自动驾驶系列丛书等3部。

完成教育部产学合作协同育人项目2项、科技部外国文教专家项目1项、中央高校改善基本办学条件专项1项、北航研究生教育与发展研究专项基金以及教育教学改革培育项目3项，发表教改论文2篇。

获得研究生课程卓越教学奖、"教学优秀奖"一等奖、优秀硕士学位论文指导教师称号，"冯如杯"竞赛、北京市交通科技大赛、中国研究生电子设计竞赛华北赛区优秀指导教师称号，获得优秀教学成果奖2项。

学生以第一、第二作者获得智能系统国际大会、车联网国际大会、边缘计算国际大会等知名国际会议最佳论文奖8项。

超过5人次获得工信部首届创新奖学金、北航研究生创新实践基金、北航博士新生奖学金、北航研究生十佳称号等荣誉奖励，30余名研究生获得国家级科技竞赛奖励，10余人次获得研究生国家奖学金。

（三）示范辐射

1. 构建平台体系

构建了可持续发展、可扩展的多个专业综合性科研平台，建立了面向学生开放的"智慧综合交通"学习实践平台体系，包括综合交通信息物联感知、综合交通大数据处理、交通枢纽场面智能控制、多交通方式协同管控、综合交通系统组织与优化、综合交通系统安全运行与应急保障、综合交通信息服务等子平台，为学生提供前沿技术实践环境，形成一套完整的、面向学生自主学习并以创新活动为主导的实践资源开放模式。

2. 打造实践基地

通过与行业领军科研院所和高科技企业合作，共建自动化作业技术交通运输行业研发中心、车路协同自动驾驶北京市工程研究中心、河北省汽车产业发展研究院，筹备建设了北航多车协同自动驾驶实践育人平台，以及无人系统实习实践基地、北斗车联网实习实践基地等多个面向前沿技术的研究生创新基地。将科研实践活动与国家智能网联汽车和智慧交通系统发展战略相结合，在北京亦庄、顺义北小营镇的5G车联网示范区，公路院通州试验场开展教学实践活动；将研发的车联网系统装备与地方高校课程建设和关键技术研究相结合，其中系统装备成功应用于长沙理工大学、天津职业技术师范大学等高校的车路协同系统实验实践课程体系建设中。

交通强国战略背景下“交通设计”课程思政建设

岳　昊　熊志华　邵春福

北京交通大学交通运输学院　北京　100044

一、案例简介

“交通设计”是交通工程专业本科生的专业主干课，目的是培养学生发现交通问题、分析交通问题，以及综合运用交通工程基本知识，从系统分析和时空资源设计等方面解决交通问题的理论、技术和创新能力，具有知识内容庞大、知识体系复杂、难点众多等特点。如何在交通强国战略背景下培养学生对交通设计的兴趣，使学生掌握交通设计的理念、理论、方法和技术；同时，解读交通强国的战略内涵、增强学生的民族自豪感、明确交通强国的发展理念、担负起交通强国的历史责任、落实交通强国设计思想与理念等，是课程专业教学和思政教育的重点和难点。

在交通强国战略背景下，基于交通强国战略、交通系统特征、科学技术教学、课程教学特征等，形成了基于交通强国内涵与交通设计专业素养相融合、成果导向教学理念（Outcome Based Education，OBE）与因材施教相融合、课程思政教学与科学技术教学相融合的多维一体课程思政教学模式。该模式构建了包含交通系统特征、交通设计内涵、交通强国内涵，以及交通设计师素养等的课程思政教学元素。将课程思政元素融入具体的课堂教学过程中，增强学生的民族自豪感与文化自信，培养学生的历史责任感、专业精神、科学素养与人文修养等。

二、思路与目标

结合“立足于道路交通运输领域，面向国家重大战略和行业发展需求，培养掌握交通工程领域专门知识和技术的卓越工程技术和管理人才”的专业定位，以及交通设计的课程定位、教学目标、教学特点等，教学团队为实现课程思政教学与科学技术教学的协同效应，在交通强国战略背景下，分析和挖掘交通强国的战略内涵、交通工程专业素养，

作者简介：岳昊，1975年，北京交通大学交通运输学院，教授。

以及二者之间的内在联系，制定课程思政的教学思路。

课程思政主要从三条思路展开：一是增强学生的民族自豪感与文化自信，强化学生的交通强国发展理念，培养学生的历史责任感与使命感；二是从交通系统时空维度、复杂多样性、对立统一性等角度，培养学生的专业精神、科学素养与人文修养，使之理解与掌握交通设计的内涵；三是在交通强国战略背景下，培养交通工程专业学生的科学精神与人文素养，有效贯彻交通设计的思想与理念，落实美丽中国建设与人民满意的交通设计。三条思路相辅相成，前两条思路是第三条思路的前提并对第三条思路作出阐述，第三条思路是前两条思路的“归宿”，也是课程思政的宗旨。课程思政教学思路如图1所示。

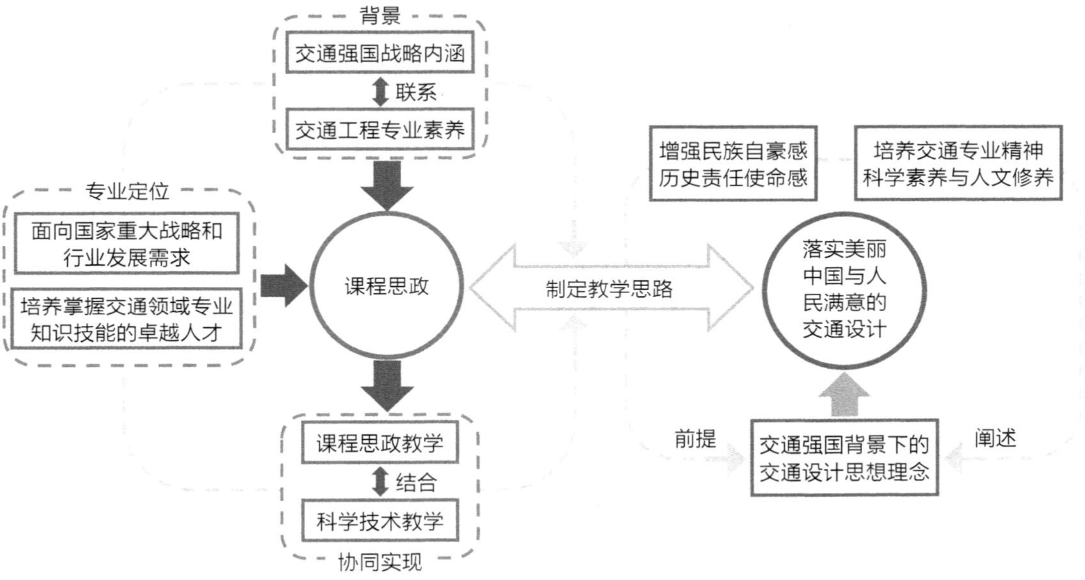

图1 课程思政教学思路示意

教学目标是教学内容的内涵，也是教学过程的核心。课程思政教学目标包括解读交通强国的战略内涵，增强民族自豪感与文化自信；强化交通强国的发展理念，坚定交通强国战略的信心；培养历史责任感，担负历史使命；培养专业精神与人文素养，贯彻交通规划与设计的思想与理念，落实美丽中国建设与人民满意的交通设计等。

三、设计与实施

（一）教学环节

“交通设计”课程思政的教学元素主要包括交通系统特征、交通设计内涵、交通强国战略以及交通设计师素养等。在具体的教学过程中，思政元素被穿插到具体的课堂教学过程中，实现多维一体的教学模式。

1. 交通系统的特征

城市交通系统具有通达与隔离、安全与效率、通行性与可达性、通行能力与服务水平等对立统一性的特征。通过对交通与城市交通的思考，从时空维度引导学生理解并掌握交通的内涵。

2. 交通设计的内涵

交通设计在交通设施的全生命周期中处于承上启下的阶段，其设计对象是交通设施，设计内容是设施规模与构成，如图2所示，在时间维度，上承交通规划、下启交通建设与交通管理；在空间维度上，交通设施是有效衔接出行起点与出行终点，实现交通系统有效运行的物理基础。基于对交通设计内容的学习与思考，引导学生理解并掌握交通设计的内涵。

3. 交通强国战略

以交通强国战略为切入点，通过回顾我国交通运输发展历史，增强学生的民族自豪感，坚定实现交通强国战略的信心；引导学生对交通强国战略的思考，结合我国交通运输发展的历史、现状及未来，培养学生担负从交通大国迈向交通强国的历史责任；分析交通设计在交通强国发展战略中所肩负的历史使命，解读交通强国的战略内涵和核心内容，引导学生深刻理解“打造世界领先、人民满意、有效支撑社会主义现代化建设”的交通强国发展理念。交通强国的核心内容如图3所示。

引导学生从宏观、中观、微观等多个层面，贯彻交通强国战略背景下交通设计的思想与理念，如图4所示。在建设交通强国的战略背景下，明确学生建设交通强国的使命

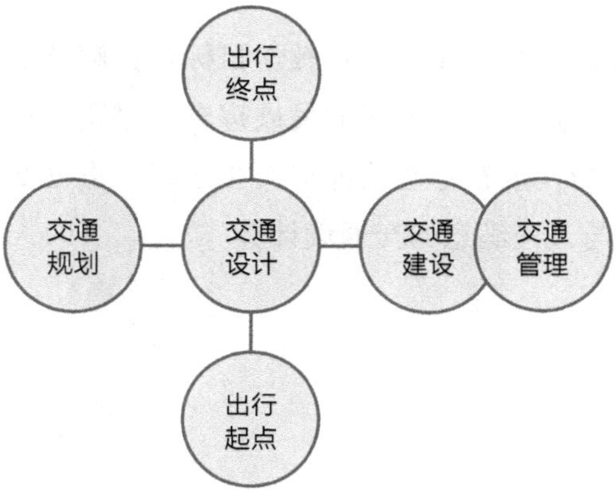

图2 交通设计的内涵

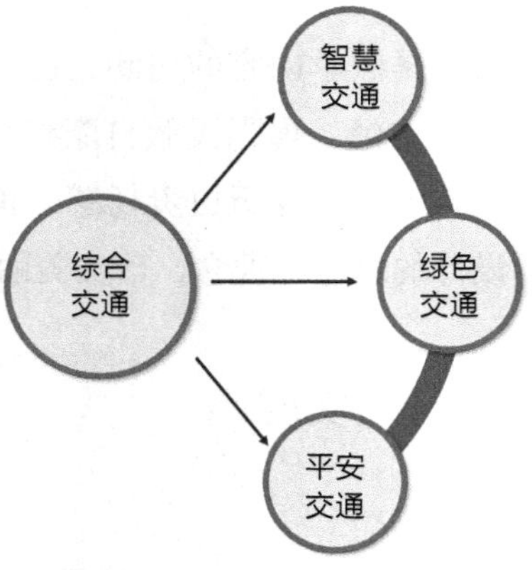

图3 交通强国的核心内容（加快“四个交通”的发展）

与责任；从多角度、多维度培养学生的专业精神与素养，以及钻研精神与拓展思维；从多个角度理解与认识交通设计的思想、理念、原则与方法等。

4. 交通设计师素养

如图5所示，在交通设计的框架下，培养学生独立思考的习惯和工程实践的精神，以及发现问题、思考问题、分析问题、解决问题的能力。基于科研学术型、工程理论型、技术应用型人才的不同特点，实现符合不同人才特点的个性化培养。基于学习过程中“思想、知识、技术”的差异性，贯彻“启人思，增人识，授人技”的理念，积极培养学生独立思考、增加知识、学习技术的能力。在对城市、城市交通、交通设计内涵形成认知的基础上，融合人文科学的内容，强化交通设计的创作能力。将交通设计、城市设计、空间设计等融为一体，回归以人为本、城市本质和交通本质等，培养交通设计的创造性思维。

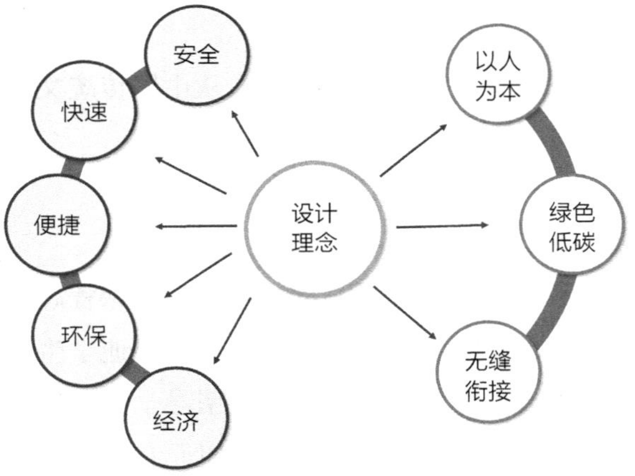

图4 交通强国战略背景下的交通设计理念

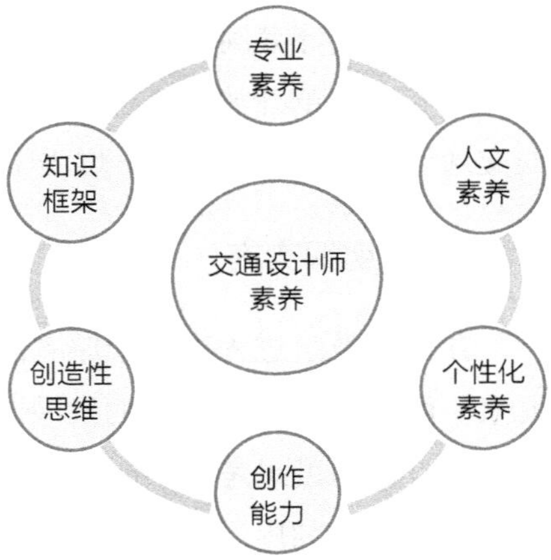

图5 交通设计师素养

（二）教学理念

以课程思政与科学技术教学目标为指导，基于OBE教学理念的设计思路，以学生为中心、成果为导向、持续改进为过程，全面培养学生的思想素质、科学精神、专业素质、文化素养；基于科研学术型、工程理论型、技术应用型人才培养的不同特点，以及学生的个体差异，实现因材施教的个性化培养模式。在交通工程专业框架、交通强国战略背景下，培养学生独立思考和工程实践的精神，以及发现问题、思考问题、分析问题、解决问题的能力，有效落实交通强国战略的思想与理念。

（三）教学方式

实地调研、小组讨论与课堂讲授相结合。通过实地观察和对照，结合教师的工程实践及实际交通案例深入浅出地讲述，同时增加课堂讨论和提问。手段主要包括课堂板书、多媒体演示、实地现场教学等。在具体的课堂教学中：

（1）以交通强国与交通大国的本质区别为切入点，阐述交通强国的内涵，案例具体生动，可以有效引起学生兴趣。

（2）将美丽中国的发展理念贯穿交通系统的发展规划与设施设计中，加深学生对人民满意、以人为本、绿色低碳、环保经济的理解与认识。

（3）针对交通设计中，如何有效地体现和落实交通强国、美丽中国、人民满意的思想与理念，实施课堂互动讨论，形式灵活，可以有效提升学生发现问题、解决问题的能力。

（4）配合多媒体教学，课件中编辑选取反映以人为本、无缝衔接、零距离换乘、绿色低碳等的设计案例，使教学内容和形式更加形象、丰富。

（5）从改革开放与交通建设成就的角度，增强学生的民族自豪感；从中国传统文化与交通设计原则方面入手，增强学生的文化自信，从而坚定建设交通强国的信心。

（四）组织实施

在课堂教学过程中基于原有的教学思路，引入和穿插交通强国战略内涵等课程思政元素。明确我国交通建设的发展成就与建设目标，理解交通强国战略内涵；启迪学生对交通设计的深度思考，从时空维度、复杂多样性、对立统一性等角度，引导学生理解与掌握交通设计的内涵；明确交通设计师应具备的科学精神与人文素质，以及在交通强国战略背景下的责任与使命，实现课程思政教学与科学技术教学的有机融合。课堂讨论学习和现场调研教学过程如图6和图7所示。

图6　课堂讨论学习过程

图7　现场调研教学过程

以建设世界领先、人民满意、有效支撑我国社会主义现代化建设的交通强国为宗旨，以建设涵括环境之美、时代之美、生活之美、社会之美、百姓之美的美丽中国为纲要，围绕安全、快速、便捷、环保、经济的交通系统设计目标，从安全与效率、时间与空间、需求与供给、行车与停车、污染与环保、土地与交通、交通与社会等多个角度，构建课程思政与科学技术教学的知识体系，培养学生认识、理解、分析与设计交通。

四、特色与创新

根据交通工程专业课程教学的课堂特征和学习特点，凝练教学内容并梳理逻辑关系，将课程思政元素转化为浅显易懂、容易接受的讨论话题。基于OBE教学理念的设计思路，以学生为中心、成果为导向、持续改进为过程；基于人才培养的不同特点，以及学生的个体差异，在交通工程专业的学科背景和交通强国战略背景下，构建交通强国内涵与交通设计专业素养相融合、OBE教学理念与因材施教相融合、课程思政教学与科学技术教学相融合的多维一体的课程思政教学模式，如图8所示。

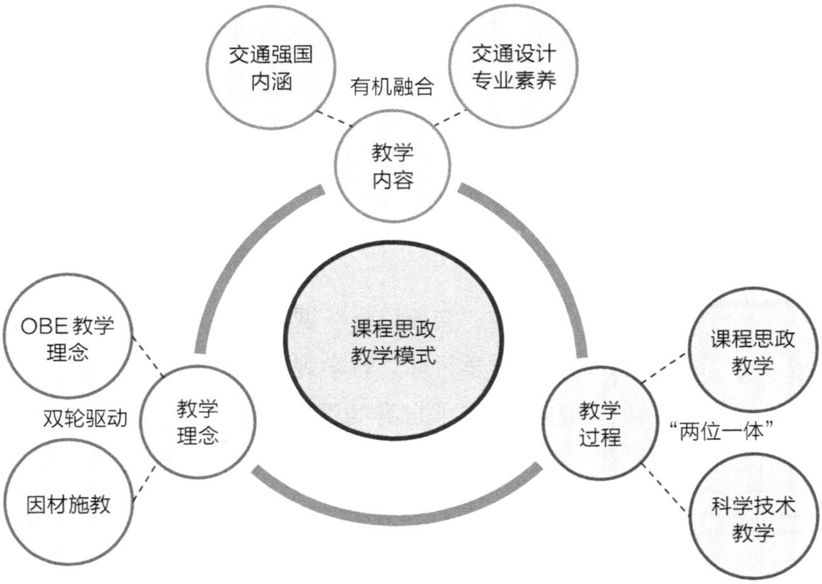

图8 课程思政教学模式

（一）交通强国内涵与交通设计专业素养相融合

通过解读交通强国战略内涵，增强民族自豪感与文化自信、强化交通强国发展理念；从交通系统时空维度、复杂多样性、对立统一性等角度，理解与掌握交通设计的内涵，培养交通强国的历史责任感与使命感；培养交通设计的专业精神与人文素养，坚定交通强国的信心、落实交通设计的思想与理念；实现交通强国内涵与交通设计专业素养的有机融合。

（二）OBE教学理念与因材施教相融合

基于OBE教学理念的设计思路，以学生为中心、成果为导向、持续改进为过程，以课程思政教学目标为指导，建设课程思政教学的内容、手段、方法、素材等；根据科研学术型、工程理论型、技术应用型人才培养的不同特点，利用启发性、讨论性、指导性、互动性等教学手段，积极推进因材施教的个性化思政教育，实现OBE教学理念与因材施教的有机融合。

（三）课程思政教学与科学技术教学相融合

在增强民族自豪感与文化自信、担负交通强国历史责任与使命的过程中，理解交通设计的内涵，培养交通设计的专业精神、科学素质与人文素养；在交通工程专业框架与交通强国战略背景下，培养学生科学研究和工程实践的精神，以及发现、思考、分析、解决问题的能力；基于教学中思想、知识、技术的差异性，贯彻启人思、增人识、授人技的教学理念，培养学生独立思考的能力，实现课程思政教学与科学技术教学的有机融合。

五、反思与分析

（一）实施效果

图9 课程思政建设教学研讨获奖证书

在“交通设计”课程思政建设过程中，明确了课程思政的教学目标、教学观点、教学手段、教学学时等具体内容，形成了自身的课堂特色。“交通设计”课程思政，于2020年6月，经课程组申请、学院推荐、学生评委打分、专家组评审，被评选为第一届北京交通大学教书育人“最美课堂”；于2020年12月，经教师申请、学院推荐、专家评审，入选2020年北京交通大学课程思政示范课、2020年度北京交通大学线下一流课程。相关的教改论文《交通强国战略背景下交通工程专业素养课程思政建设探讨》，于2021年6月，经课程组申请、专家组评审，获得交通强国战略下的交通运输类专业课程思政教学研讨会一等奖，如图9所示。

（二）改进思路

1. 丰富课程思政内容

教学中融合驾驶员的安全培养、车辆安全设计、设施交通设计等要素，拓展交通设计的内涵与外延；将新时代背景下的新思路、新理念、新方法纳入课程思政，培养与时俱进的交通工程专业人才。

2. 强化交通设计素养

教学中融入交通设计、城市设计、空间设计等要素，培养学生交通设计的思维创造性、艺术创作性与工程设计性，以及设计素养、创作能力、审美能力，培养德艺双馨的交通工程专业人才。

3. 融入美育、劳育内容

建立经典交通设计案例驱动的教学模式，从设计理念、思路、要素等角度，驱动交通设计创造性思维与能力的培养；同时在课程思政建设与教学中，融入美育、劳育的内容，培养德智体美劳全面发展的交通工程专业人才。

桥梁检测与加固教学中家国情怀和工匠精神的隐性塑造

魏　洋　郑开启　董峰辉　丁明珉
南京林业大学土木工程学院　江苏南京　210037

一、案例简介

（一）基本情况介绍

“桥梁检测评定与加固技术”作为南京林业大学土木工程专业的一门专业特色核心课程，历经17年建设沉淀，通过纸质教材、电子化教材、虚拟仿真实验、大学MOOC等教学资源建设与教学改革，相继建成了南京林业大学在线开放课程（2018年）、江苏省重点教材（2019年）、中国大学MOOC（2019年）、国家课程思政示范课程（2021年）和江苏省混合式一流课程（2021年）。

（二）思想政治教育与专业教育的融合情况

依托课程负责人魏洋教授领衔的国家课程思政教学名师团队和江苏省“青蓝工程”优秀教学团队，课程团队坚持贯彻国家“立德树人”的根本任务，明确了知识、能力、素质有机融合的课程目标，通过课程思政资源建设、师资队伍培养和教学方法创新等实现思想政治教育与专业教育的全面融合。

（三）课程思政教学改革实践情况

课程思政教学改革与一流课程建设协同推进，实现课程思政育人资源全覆盖；依托本课程申报课程思政类省级教学研究课题1项、校级教学研究课题2项；课程思政改革实

作者简介：魏洋，1978年，南京林业大学土木工程学院，教授。

践经验在校级课程思政示范课程“桥梁钢结构”“结构力学”“土木工程材料”中得到了推广应用。

（四）案例选用意义

“桥梁检测评定与加固技术”是面向土木工程专业学生开设的一门专业特色核心课，课程内容直面土木交通行业需求，与社会民生、行业热点、前沿工程技术紧密相连，思政点植入其中，是一门适合作为课程思政建设示范课程的专业课。本课程涉及的案例主要展示如何通过润物细无声的方式，激发塑造学生勇于担当民族复兴大任的家国情怀和精益求精的大国工匠精神，为相关课程的思政点隐性融入和教学设计提供范例参考。

二、思路与目标

（一）拟解决的主要问题

课程知识点中涉及的思政要点多生硬且不成体系，在专业课教学中引入课程思政容易陷入课程思政教育“贴标签”和“两层皮”的误区，课程思政元素不明，植入方式生硬，思政点缺乏体系等。

（二）课程思政教学改革理念与思路

1. 挖掘课程思政内涵，确定思政育人与专业知识融合点

深度挖掘提炼桥梁检测与加固知识体系中所蕴含的思想价值和精神内涵，构建桥梁检测与加固课程思政内容体系。

2. 践行立德树人教学观，重视授课中的课堂思政隐性教育

将教师的专业精神、政治态度、政治认同融入专业课程教育教学中，寓价值观引导于知识传授之中。

3. 融合创新教学模式，提升专业课程思政育人效果

增加有挑战度的研究性内容，探索情景教学、案例教学等教学模式，提升学生参与度，进行渗透式思政育人。

（三）课程目标设计

本课程坚持知识、能力、素质有机融合，培养学生解决复杂工程问题的综合能力，课程目标主要包括以下内容。

（1）价值引领：注重课程思政教学与专业知识教学融合，激发学生的爱国敬业之情，

强化学生的社会责任感。

（2）知识探究：体现科技与工程前沿，结合真实案例，引导学生掌握桥梁检测与加固的最新技术与理论，理解桥梁检测与加固的基本要素及其关联性。

（3）能力培养：以OBE理念为导向，培养学生检测、评估病害、制定加固方案等解决复杂工程问题的高级思维和综合能力，体现课程的“高阶性”。

三、设计与实施

（一）课程思政融入设计

基于全面融入课程思政元素的MOOC、课堂面授、配套教材、虚拟仿真实验项目和现场施工技术视频库等立体化教学资源，以线上+线下混合型教学模式开展课程教学。结合课程大纲，设计了本课程的课程思政矩阵（表1）。

课程教学全过程以家国情怀、工匠精神、创新精神、社会责任和可持续发展这5种思政元素为主线，其他思政元素为辅线，将思政教育融入教学所有环节（图1）。思政融入点与培养方案、课程思政体系相协调，为培育具有科学道德、创新精神和绿色理念的

表1　　课程思政矩阵

序号	课程内容	家国情怀	工匠精神	创新精神	社会责任	可持续发展	其他思政元素
1	桥梁检测与加固发展现状	●	●			●	◐
2	桥梁结构病害分析				●		◐
3	桥梁检测设备与传感器	●		●			◐
4	桥梁结构的材料性能检测			●	●		◐
5	桥梁荷载试验		●				◐
6	桥梁检查与评定			●			◐
7	桥梁缺陷与裂缝修复技术					●	◐
8	桥梁上部结构改造与加固		●			●	◐
9	不同桥型上部结构加固方法			●			◐
10	桥梁支座更换及下部结构加固	●		●			◐
11	桥梁检测与加固工程应用实例			●	●		◐

注：● 表示本课程内容支撑该课程思政元素；◐ 表示弱支撑。

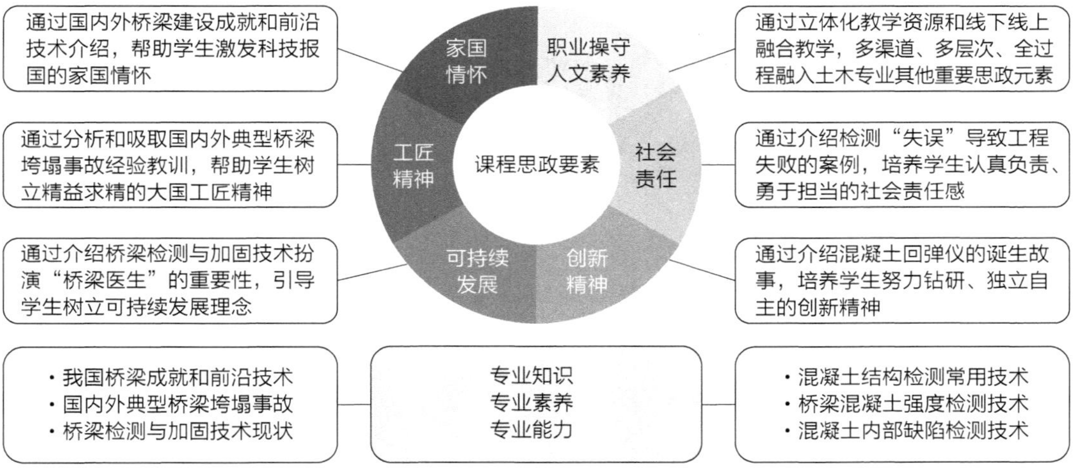

图1　课程思政融入点设计样例

高层次复合型人才奠定课程基础。

（二）教学理念与具体教学方法

贯彻“以学生为中心”的教育理念，采用案例启发教育，以问题驱动教学过程。通过展示典型案例导入南京长江大桥加固和虎门大桥异常抖动分析情景，既实现了课程内容情景构建，又实现了课程思政案例无缝融入，隐含的家国情怀和社会责任呼之欲出（图2）。

采用问题引导法，让学生主动观察，对比预应力钢丝绳-聚合物砂浆加固技术与其他加固技术的不同点，以期培养学生的探索、创新、精益求精的大国工匠精神。结合形象生动的图片、动画，启发交流，自然地引出预应力钢丝绳-聚合物砂浆加固的技术原理与特点，导入新课。一步步地剖析预应力钢丝绳-聚合物砂浆加固技术的施工工艺流程与设计构造要点，训练学生谨慎、细心、认真、负责的职业素养。最后进行课堂小结，布置分组讨论题，提升课程的挑战度，实现分层次教学（图3）。

在教学过程中，发挥教师主导作用，引导学生，层层深入、环环相扣，把思考还给

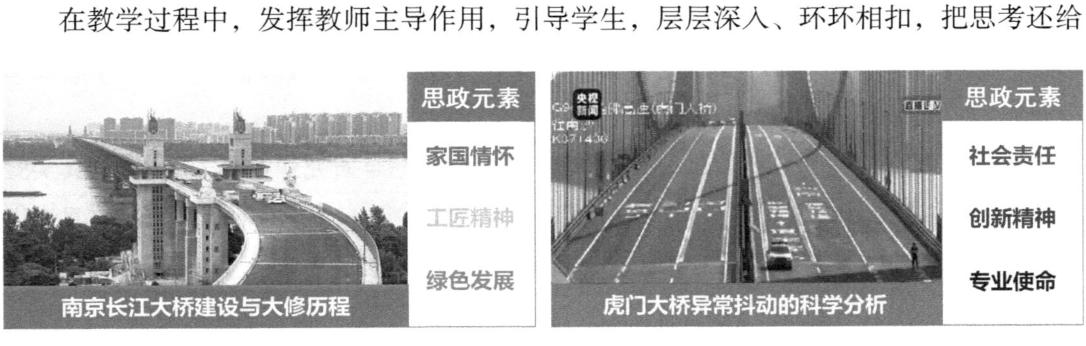

图2　课程内容情景构建与思政融入

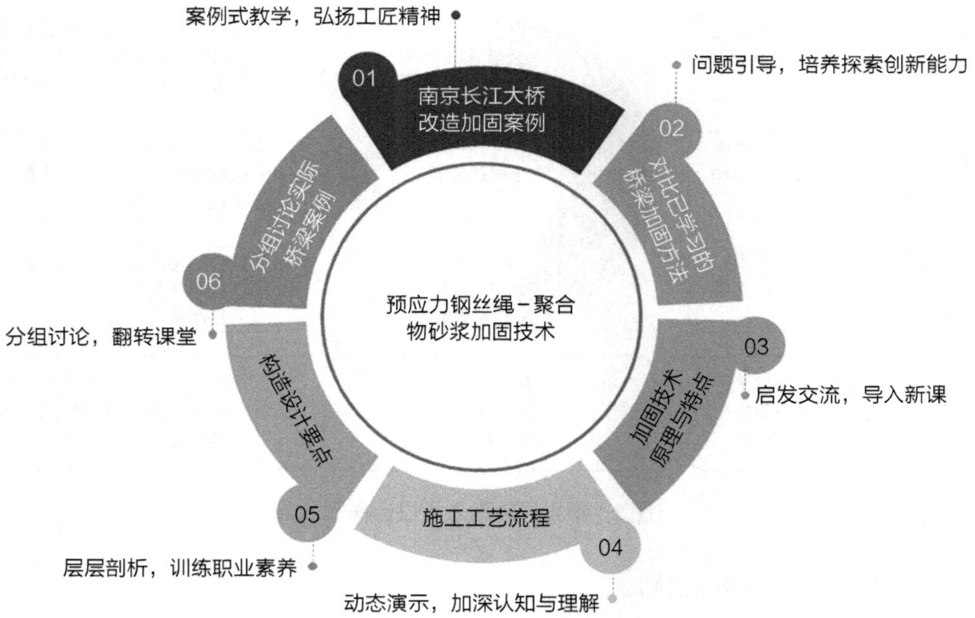

图3　融入课程思政的课程教学设计

学生，调动学生的积极性，形成良好教学氛围，体现“从工程实践走向课堂学习，从课堂学习回归并服务工程实践”的教学理念。

（三）教学组织与考核评价方式

教学组织以学生为中心，引入OBE理念，专业教育与思政教育并重，以线上课程为依托，以线下教学为辅助，并配套虚拟仿真实验、BIM动画、工程录像等数字化资源，确保课程思政教学全方位成体系的实现全覆盖。结合课程教学内容较为模块化的特点，形成了“课前线上学习与测试＋课中PBL教学[1]与CBL教学[2]＋再现与巩固”的三段式线上＋线下混合式教学模式（图4）。

采用过程性评价和期末考试相结合的方法。学校在政策层面率先实现了线上教学工作量计算和管理，认可线上课程学习的过程性评价数据，形成了线上＋线下混合教学的过程性评价标准。通过MOOC，实现线上＋线下学习的互动式教学管理，提升了教与学的效率。

课程总成绩＝平时成绩（60%，其中课堂表现5%+综合研究作业15%+虚拟仿真实验20%+线上学习及测试20%）＋期末考试成绩（40%），综合研究作业设置，注重学生自主创新、团队协作和职业操守的考察，过程性考核关注知识能力考察和课程思政育人效果评价。

1　指问题驱动教学法（Problem-Based Learning，PBL）。
2　指基于案例的学习方法（Case-Based Learning，CBL）。

图4　三段式线上+线下混合式教学模式

四、特色与创新

（一）建立思政案例库，课程核心知识系统全面融贯思政案例

根据课程核心知识特征及思政元素分析，深度挖掘、提炼桥梁检测与加固知识体系中所蕴含的思想价值和精神内涵，构建全面融贯课程核心知识系统的思政案例体系，涵盖家国情怀、工匠精神等核心思政元素，将思政元素的育人功能与专业知识传授进行有机结合，实现了思政教育贯穿教学全过程，学生在案例剖析的过程中完成思想升华和价值塑造（图5）。

（二）打造多元化课程资源，实现课程思政育人资源全覆盖

主编江苏省高等学校重点教材《桥梁检测评定与加固技术》，弥补了同类课程的教材空白，并且教材同时为电子化教材，纸数融合，课程思政的隐性教育贯穿全书［图6（a）］；建设“桥梁检测评定与加固技术”中国大学MOOC（已开课6期），新冠疫情期间稳定支持60余所高校的线上+线下混合式教学，为课程思政教学拓展了线上平台［图6（b）］；配套江苏省一流虚拟仿真教学实验“林区桥梁混凝土墩柱水下加固抗震虚拟仿真实验”、BIM动画、工程录像等成套数字化教学资源库，为课程思政提供了丰富的教学资源载体［图6（c）］。

家国情怀	工匠精神	创新精神	社会责任	可持续发展	……
·港珠澳大桥建设中的攻坚克难 ·北斗系统在桥梁长期监测中的应用 ·南京长江大桥大修中的家国情怀 ……	·土木人冬夜协力“体检”苏通大桥 ·宣扬截面加固中的工匠精神 ·蕉岭双曲拱桥加固优化设计 ……	·普特桑德大桥加固创新设计 ·长标距光纤光栅传感器的自主研发 ·桥梁结构检测车装备的国产化 ……	·设计施工多环节大意诱发新桥垮塌 ·虚假检测导致桥梁垮塌 ·虎门大桥异常抖动原因的科学探索与反思 ……	·“桥梁医生”助力桥梁寿命延长 ·混凝土缺陷修复的可持续发展理念 ·化学压浆裂缝修复技术工程实践 ……	·免排水桥梁水下结构加固技术实践 ·整体抬升技术在支座更换中的应用 ·我国桥梁智能检测设备研发 ……

图5　课程思政案例库

（a）江苏高等学校省重点教材

（b）中国大学MOOC

（c）江苏省一流虚拟仿真教学实验

图6　多元化课程资源

五、反思与分析

（一）实施效果及成果

1. 强化学生创新精神的培养效果，培养了学生的责任心与专业兴趣

课程内容力求反映最新桥梁养护创新成果，传递最前沿技术，突出工程实践，体现教学内容前沿性、实践性和挑战度。课程训练案例及前沿技术最终凝练为大学生实践创新课题及毕业论文。学生社会责任感显著提升，课程学习对学生论文选题、就业和升学方向等发挥了较为积极的作用。

2. 培养高水平课程思政教学团队，推动了土木专业课程思政建设

课程团队负责人魏洋为国家课程思政教学名师和团队负责人、江苏省“青蓝工程”优秀教学团队负责人、江苏特聘教授，入选国家百千万人才工程，主持国家课程思政示范课程1门、江苏省一流课程2门，主编《桥梁检测评定与加固技术》《桥梁施工技术》

（a）

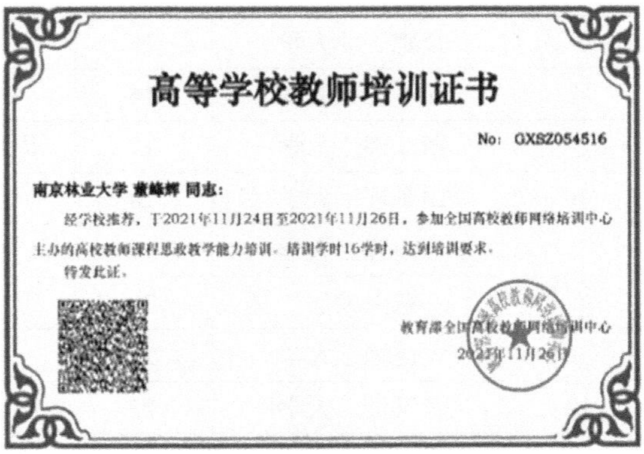

（b）

（c）

图7　课程思政相关荣誉证书

《桥梁美学》等三部江苏省高校重点教材。团队成员郑开启主持江苏省高校助力乡村振兴在线开放课程1门，获江苏省土木工程专业青年教师讲课竞赛一等奖；丁明珉被授予“江苏省五一创新能手”“江苏省技术能手”等称号；董峰辉获全国桥梁工程青年教师说课大赛二等奖等。课程团队全员获得教育部课程思政教学能力培训证书，开展了课程思政教改课题研究，研究实践成果被应用到土木专业“桥梁钢结构”等多门课程的课程思政建设中，并在课程思政研讨会上分享建设经验，扎实推动了土木专业课程思政建设。

3. 教材和MOOC等课程资源的建设，拓宽了课程思政育人的覆盖面

课程负责人主编的江苏省重点教材《桥梁检测评定与加固技术》，被数十所高校使用（表2）；主持的中国大学MOOC线上课程“桥梁检测评定与加固技术”累计开课6期，被中铁桥隧技术有限公司等行业单位用于员工职业技能培训和继续教育。

表2 配套教材使用高校

序号	学校	序号	学校	序号	学校
1	华东交通大学	13	辽宁科技大学	25	上海工程技术大学
2	兰州理工大学	14	中国民航大学	26	华南农业大学
3	合肥工业大学	15	大连交通大学	27	广西科技大学
4	陆军工程大学	16	西南林业大学	28	北京交通大学
5	浙江理工大学	17	华北水利水电大学	29	中国石油大学
6	山东理工大学	18	天津大学	30	吉林大学
7	河南理工大学	19	南京林业大学	31	中国矿业大学
8	东南大学	20	扬州大学	32	集美大学
9	大连理工大学	21	三峡大学	33	贵州大学
10	武汉理工大学	22	华侨大学	34	西北工业大学
11	广东理工学院	23	厦门工学院	35	中山大学
12	长安大学	24	吉林建筑大学	36	厦门理工大学

注：相关数据由人民交通出版社提供。

4. 课程思政教学改革成效得到了校内外同行和学生的高度评价

校内外同行和用人单位认为课程学习培养了学生解决桥梁加固复杂工程问题的能力，毕业生普遍感受到该课程有效提升了个人专业素养（图8）。

（二）存在问题与改进计划

1. 存在问题

在混合式授课时，团队发现线上课程中部分课程思政点融入还有待进一步完善；课程思政要做到潜移默化和润物细无声，还需要持续加强课程思政队伍建设。

（a）同行评价

（b）用人单位评价

（c）毕业生评价

图8　同行、用人单位和毕业生给予高度评价

2. 改进计划

（1）丰富课程教学资源：加强课程资源建设，完善教材、在线课程、虚拟仿真实验等教学资源建设，注重思政元素融入。

（2）强化思政元素融合：优化课程思政的切入点，强化思政元素与专业内容底层逻辑的融合，完善课程思政体系，扩大思政覆盖广度。

（3）培养传承教学团队：强化师德、师风建设，以国家课程思政教学名师团队为依托，培养一支思政教育与专业教育同向同行的教学梯队。

（4）拓展课程共享机制：注重课程在兄弟高校、行业企业内的推广应用，提升思政资源的开放度，实现课程思政育人覆盖面的最大化。

参考文献

[1] 魏洋，丁明珉，赵康，等. 桥梁检测评定与加固技术[M]. 2版. 北京：人民交通出版社，2024.
[2] 魏洋，董峰辉，郑开启，等. 桥梁施工技术[M]. 北京：人民交通出版社，2021.

课程思政教学——以桥梁钻孔桩基础为例

罗晓瑜　张久鹏

长安大学公路学院　陕西西安　710064

一、案例简介

（一）课程和案例的基本情况介绍

1. 课程介绍

本案例为首批国家级本科课程思政示范课“交通强国”的教学内容。“交通强国”课程由长安大学多个校内二级单位联合组建，承担与我国交通行业密切相关的交通规划、道路、桥梁、隧道、汽车、物流、交通大数据七个领域的课程思政教研与实践工作。

2. 案例介绍

案例选用桥梁钻孔灌注桩基础章节，通过对钻孔灌注桩的发明、发展，以及在现代科技支撑下的智能化改进等内容的讲解，引出桥梁钻孔灌注桩的基本形式、受力特征、计算方法、施工时的桩距要求等专业知识；同时，以专业知识为明线、思政元素为暗线的形式，潜移默化地融入公民品格、道德修养、科学精神、家国情怀、政治认同以及全球视野等思政元素，并使学生形成科学分析问题与运用现代科技解决问题的思维，最终形成对交通强国建设的方向性认识。

（二）思想政治教育与专业教育的融合情况

在课程思政的教学研究过程中，教学团队发现工程技术的进步很大程度是由科学精神、公民品格、道德修养、生态文明等思政元素驱动的。因此，案例运用了明暗双线法进行专业教育与思想政治教育的融合，专业知识为明线，思想政治知识为暗线，例如我国放弃当时西方主流的气压沉箱基础（效率低、工人容易得沉箱病），提出钻孔灌注桩基础的过程为明线内容，我国桥梁行业为保障工人安全所体现的责任感、设计人员的公民

作者简介： 罗晓瑜，1979年，长安大学公路学院，副教授。

品格，以及追求创新的科学精神为暗线内容；桩基射水施工法（容易污染水体）向智能定位导向架的施工方法发展为明线内容，体现的生态文明追求、创新精神为暗线内容。这样，可最大程度地维护学科原有的价值体系，实现专业教育与思政教育的有效融合，避免将专业课教授成思政课程。

（三）课程思政教学改革实践情况

1. 明暗双线法的应用

自2018年课程开设以来，教学团队就融入了明暗双线法，在原有各课程的教学内容基础上发掘、凝练、升华课程思政元素，做到二者有机融合，并通过潜移默化的方式对学生进行思想引领。避免简单的“两张皮”“贴标签”“喊口号”，力求实现思政教育与专业课程的有机融合，使思政教育的理念和价值观念在专业教学中自然渗透。

2. 体验式教学方法

课程加入了公路交通博物馆参观环节，使学生们在课堂学习之外，能够现场参观体验，强化了课程的育人效果。

（四）案例选用意义

在桥梁工程中，桩基是非常重要的部件，常有行话：“基础不牢，地动山摇。”这句行话也可以引申到学生们的学习过程中。今天的学习，是为明天的工作，以及为交通强国的建设打基础，因此，案例的选用是“一语三关”的，案例选题本身就具有育人意义。同时，了解钻孔灌注桩基的种类和计算方法，也为学生在未来专业课“基础工程”的学习作铺垫。另外，将笔者参与“一带一路”倡议的援外项目（中马友谊大桥）过程中掌握到的大量一手资料作为切入点，更具说服力。

二、思路与目标

（一）拟解决的主要问题

本案例拟解决专业课程与思政课程的有机融合问题。专业课程思政需要避免简单的“两张皮”“贴标签”“喊口号”，将思政课程内容强加于专业课程等常见问题。

（二）课程思政教学改革的理念

“课程思政”的本质是一种课程观，是通过“课程承载思政，思政融于课程”的育人理念和方法，按照“价值引领、能力达成、知识传授”三位一体的教学目标，提升学生的思想水平、政治觉悟、道德品质与文化素养。

本教学团队主要通过发掘知识体系中自带的世界观、价值观、人生观，彰显行业发展中的楷模示范，突出专业与国家战略的关联度，强化实践教学体验感等方式，在保障课程知识体系完全性的基础上，丰富课程思政内涵，以潜移默化的方式实现课程育人。

（三）知识、能力、素质目标的设定、对应和达成

本案例要求学生了解我国现代桩基的发展历程，掌握桩基的种类与技术特征，了解桩基施工过程中的难点，了解现代化桩基施工的先进解决方案，培养学生掌握桩基计算方法，形成观察能力、创新能力、科学分析问题的思维，树立科技强国的理念。此外，也通过讲述笔者在中马友谊大桥建设地的故事来点燃大学生心中的爱国之火，形成政治认同。

三、设计与实施

（一）课程思政融入的教学环节设计

为了使思政元素能以隐性的方式融入教学环节中，本案例采用课程引入，重难点问题的展开与研讨，升华情感，知识总结等几大教学环节，将课程思政元素与专业课程相融合。

1. 课程引入

从海内外中国桥的发展以及《交通强国建设纲要》引入课程。通过讲解桥梁是交通强国的基础设施，引出桩基是桥梁的基础；通过哥伦比亚大桥倒塌的案例，引出“基础不牢，地动山摇”的行业共识。

2. 重难点问题的展开与研讨

在简要介绍桩基种类的基础上，引入我国第一座长江大桥（武汉长江大桥）作为案例，分析当时主流基础形式气压沉箱基础的弊端，如极容易引发工人患沉箱病，且施工速度较慢。因此，工程人员从古代桩基中获得灵感，决定以桩基代替沉箱基础。以此引导学生思考“并非主流的工法就是好的，我们需要根据自己的条件进行创新”，也以暗线的形式融入工程人员应该具备的安全责任感，塑造学生公民品格，同时引导学生了解探索创新的途径并培养学生的科学精神。介绍钻孔灌注桩的技术要点、计算方法以及在湍急水流下采用射水法实现桩位精准控制问题，使学生形成创新意识。在这种新技术的支撑下，武汉长江大桥很快建成，激发学生树立行业自豪感。

以问题为导向，引导学生思考并讨论射水法的缺点，并由学生领悟出该法使用后会导致水体污染的问题，从而引出“绿水青山就是金山银山”的生态文明发展理念，并引

发学生再次思考：现代桩基该如何精确定位与施工？由此引出现代桥梁工程桩基施工典范工程：援马尔代夫中马友谊大桥。介绍印度洋的海洋环境特征，以及波浪环境下起重船只难以稳定施工的特点，让学生思考如何解决这一难题。在学生思考的过程中，介绍手机中的经典游戏重力球，引导学生认识手机的一个重要部件——实时获得手机姿态的三轴陀螺仪。使学生意识到现代科技与土木工程之间的联系，同时介绍中国技术人员运用陀螺仪原理创新性地研发了自动化定位导向架，实现全液压精确调位，解决了波浪条件下的精准施工问题，以暗线的形式引导学生形成通过科研来分析和解决问题的科学精神。

3. 升华情感

介绍土木工程建设工作。分享见证桥梁建成的喜悦感；描述看见在海外工程上方飘扬的五星红旗，产生自豪心情；分享作为中国桥梁人的自豪感；再次回顾两个案例并得出结论：创新才能进步，科技才能强国。加深学生对科技力量以及交通强国建设方向性的认识。

4. 知识总结

总结知识，通过桥梁与人生的比喻，指出同学们现阶段的学习是为未来人生与事业打基础，也是为我国建设交通强国打基础。

（二）教学方式方法

1. 明暗双线法

本案例运用了明暗双线法来引导课程思政教学。该方法是一种双主线课程思政教学方法，以专业知识为明线，驱动相关专业进步；以思政元素为暗线，使得学生在学习专业知识的同时，潜移默化地认同隐性思政元素。

使用该方法，需要课程团队提前分析与归纳驱动行业发展的思政要素，在课程讲授过程中，以“问题—问题解决—产生新问题—新问题解决”的逻辑过程来展开教学，其中问题解决的关键体现为其中蕴涵的思政要素。这种方法往往在无声无息之间就把思政元素融入学生的世界观、人生观与价值观中。以课程思政融入的教学环节设计为例，运用明暗双线法的逻辑过程见图1。

2. 多媒体+VR动画

采用多媒体课件+VR动画等形式，通过用图文并茂、声像俱佳、动静相宜的表现方式，结合生动的案例剖析，穿插课堂讨论与提问，与学生共同论证课程重点与难点内容。

（三）教学理念

党的二十大报告中强调“推进文化自信自强，铸就社会主义文化新辉煌”，在大学生

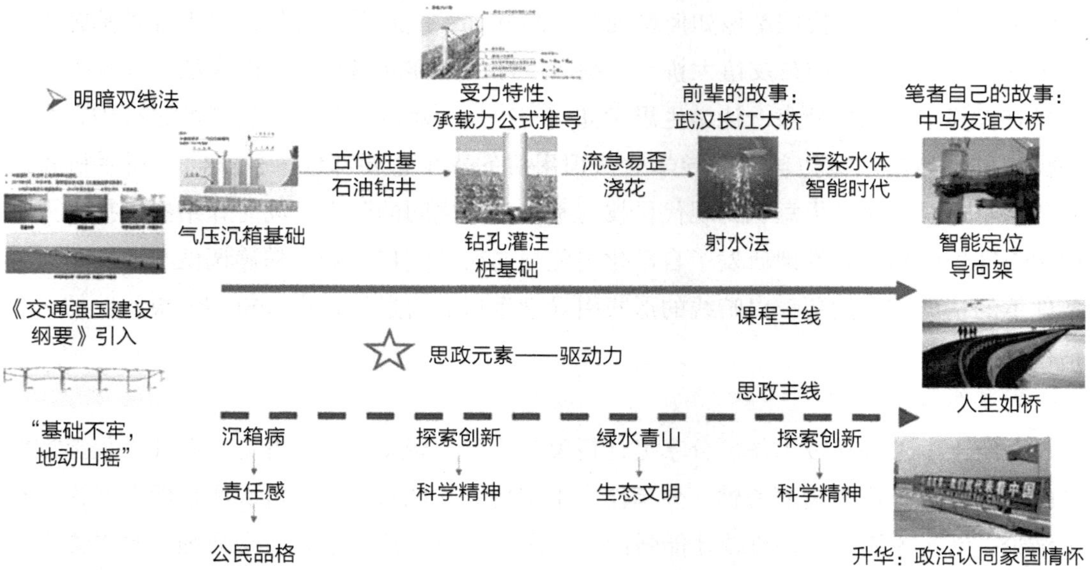

图1 课程思政融入教学环节设计的明暗双线法思维导图

中建立坚定的中国文化自信，树立为国家繁荣富强与昌盛奉献力量的信念等是课程思政的建设要求。

在这种背景下，确立本案例的主要教学理念为：①培养理想坚定、乐于奉献、自强不息、忧国忧民、勇于担当且德才兼修的新型综合人才；②培养具有正确价值观、个人诚信、职业操守、工匠精神、国际竞争力，以及为国家的富强与昌盛奉献力量的新工科创新型交通人才。

（四）考核评价方式

1. 形成性评价

通过“雨课堂”软件，设置相应的选择题、问答题以及课堂讨论等，对学生进行课中持续评价，旨在了解每个学生的学习情况和学习需要，发现学生的学习潜能，促进学生学习并为教师提供反馈，以更好地实现学习效果的最大化。

2. 构建课程思政评价体系

以学生价值塑造为中心，从能力与素养等方面对标课程思政8大指标，通过“雨课堂”测验（10%）+课堂表现（15%）+1次课后作业（20%）+1次参观报告（5%）+期末考察（50%）的多维度考核，评价课程思政教学达成度。

（五）教学过程的组织与实施

教学过程的组织与实施部分，主要采用了基于课堂注意力曲线的组织方法。将课程

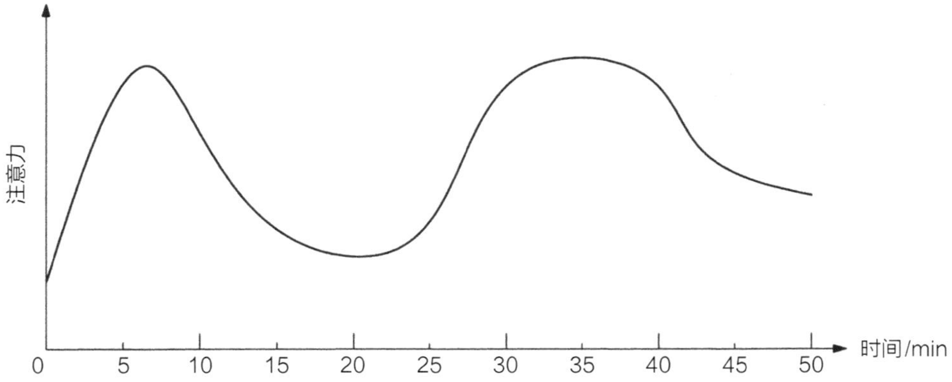

图2 课堂注意力曲线

核心、重点与难点分别安排在学生课堂注意力曲线的第一个和第二个高位段（图2）；在学生课堂注意力曲线低谷的中间阶段，则以案例故事或VR演示等方式吸引学生注意力，始终有效调动学生的积极性，实现更好的教学效果。

四、特色与创新

（一）教学内容更新

为了加深学生对中国与世界关系的理解，引入作者参与科研的中马友谊大桥，这是一座由我国工程师设计和建造的海外桥梁，也是马尔代夫的第一座大桥。工程师使用最新的科技，克服了印度洋上的桩基施工难题，从设计到建成，花费了3年多的时间。这座大桥不仅在科学、技术、艺术上体现出极高水平，并展现出中国作为世界大国的友善，同时也是中国桥的成就与骄傲之一。通过对该案例的分析、讨论和理解，可以令学生对课程内容的理解更为深刻，同时也实现课程思政的教学效果。

（二）综合使用明暗双线法与启发式、引导式、讨论式教学方法

以明暗双线法完成课程思政元素融入专业课教学环节的设计，符合课程思政元素的隐性特点与要求，同时以教师的“循循善诱”来引导学生“思”“究”“论”的自主学习，充分保护并激发学生的学习积极性与好奇心、想象力与创造力。

通过以上方式的处理，将整节课的内容串成一个整体，层层铺垫，环环相扣，最终从无到有地引导学生形成运用科学来分析桥址条件的思维，运用领先技术来解决问题的思想，形成科技强国的观点，最终实现提升学生的行业自豪感以及爱国主义情怀的目的。

五、反思与分析

（一）课程思政教学改革的实施效果及成果

在经过课程思政教学改革后，课程的育人效果得到有效提升，体现在以下几个方面（图3—图12）。

1. 同行和学生评价

（1）学生评教率94.44%，评教分数96.12，整体满意度96.20%，学生和督导评教均为优秀。

（2）本校裴建中教授课后评价："触动至深，需重新思考教育问题。"

（3）大连理工大学赵胜川教授在听完作者报告后评价："耳目一新，明暗双线课程思政教学法值得推广。"

（4）学生王子诺评价："课后明确了大学四年的努力方向。"

（5）《陕西教育》记者观摩课堂后，给予了高度评价并撰稿刊发。

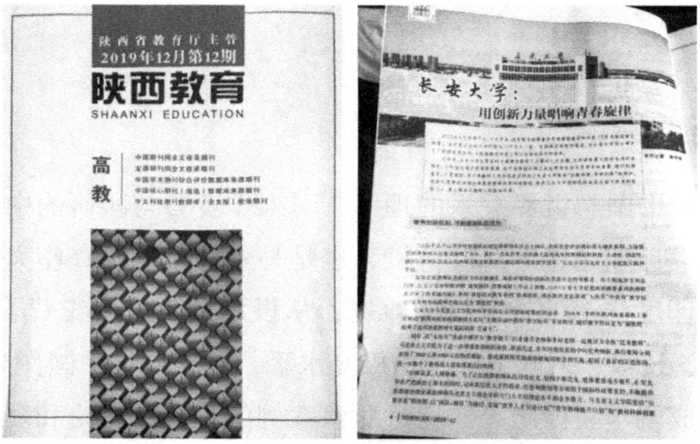

不仅节约了教师的工作时间，还能有效检测和优化教学内容。

"在专业课学习中，我对学生讲中国桥梁建筑史上一个个鲜活的故事，展现本专业前辈为国家富强所作出的努力，调动'90后''00后'大学生的行业热情，让他们在枯燥的专业课学习上更有动力。"在长安大学道路桥梁与渡河工程专业的罗晓瑜老师看来，思政教育对专业学习是有促进推动作用的，能让学生厚植家国情怀，以小我融入大我，更好地为交通强国战略作贡献。

如何用好课堂教学这个主渠道，让各类课程与思政课同向同行，形成协同效应呢？长安大学给出了这样的答卷：以"思想政治理论课名师工作室"为载体，依托学校优势学科和行业特色，稳步推进《交通强国》

图3 《陕西教育》对笔者课程思政教学经验的报道

2. 成效与辐射情况

（1）部分学生获"长大之星"称号，加入"长大支教团"。

（2）向研究生课程辐射：作者及教学团队陆续开设"交通文化""中国桥"等课程。

（3）向中学辐射：作者参加中学科普讲座20余次，并被华清中学聘为"生涯规划·专家讲堂"特聘专家。

图4　部分学生加入“长大支教团”

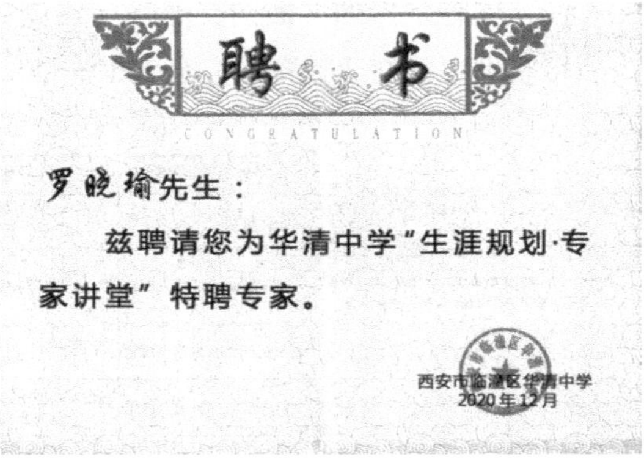
聘 书

CONGRATULATION

罗晓瑜先生：

兹聘请您为华清中学“生涯规划·专家讲堂”特聘专家。

西安市临潼区华清中学
2020年12月

图5　华清中学“生涯规划·专家讲堂”特聘专家证书

（4）课程建设经验于2020年6月被陕西省教育厅官网、2020年7月被教育部官网报道，向全国辐射。

（5）支撑长安大学于2019年获批省级“社会科学普及基地”，2020年获批“国家交通运输科普基地”。

陕西省教育厅
Education Department of Shaanxi Provincial Government

首页　机构　公开　新闻

长安大学八措并举全面推进课程思政建设

长安大学将价值塑造、知识传授和能力培养三者融为一体，紧紧抓住教师队伍“主力军”、课程建设“主战场”、课堂教学“主渠道”，全面推进课程思政建设。

——持续完善工作机制。成立学校课程思政建设领导小组，由校党政主要领导任组长，分管意

中华人民共和国教育部
Ministry of Education of the People's Republic of China

长安大学“五个强化”提升课程思政育人实效

长安大学按照“价值引领、能力达成、知识传授”的总体要求，以“全面展开、重点建设”为基本思路，深化学校课程思政教学改革，切实提升课程思政育人实效，推进全员全过程全方位育人，努力培养德智体美劳全面发展的社会主义建设者和接班人。

建章立制强化整体设计。

图6　课程建设经验被陕西省教育厅官网、教育部官网报道

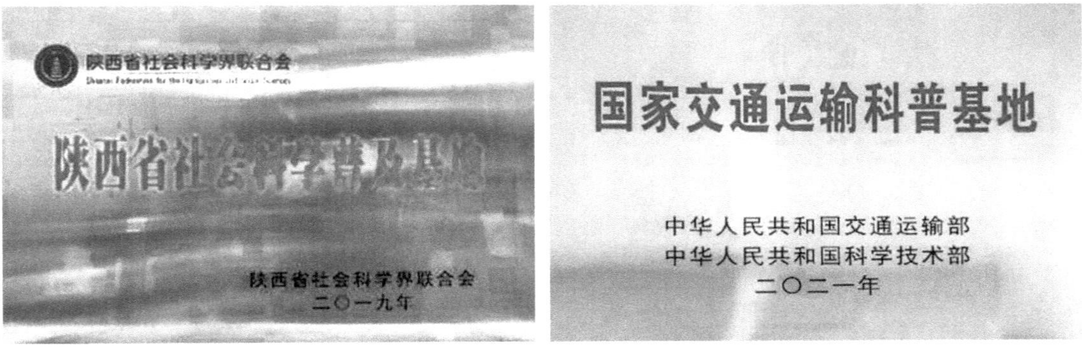

图7　支撑学校获批“陕西省社会科学普及基地”“国家交通运输科普基地”

（6）作者主持的“面向交通强国建设的行业高校课程思政育人机制探索与实践”教改项目获批中国交通教育研究会2020—2022年度重点课题。

中国交通教育研究会

关于公布中国交通教育研究会2020-2022年度交通教育科学研究课题立项名单的通知

各分会、各研究中心、各会员单位：

编号	课题类型	课题名称	主持人	工作单位	课题组成员	备注
JTZD20-50	重点课题	基于“产教融合、精准育人”极式下的产业学院实践探索与研究	李东和	辽宁省交通高等专科学校	欧阳伟、段兴盛、邹风山、杨建军、董威、崔红、赵萍	A类
JTZD20-51	重点课题	多功能航标测最数狐应用研究	雷雪婷	长江航道规划设计研究院	冉雯汐、李有为、刘奇峰、张伟、郭涛、董利瑾、陈怡君、宋成果	A类
JTZD20-52	重点课题	基于OBE理念的航海类专业人才培养模式研究	赵丽君	宁波大学	陈福洲、胡云平、罗宏富、吴叶平、胡海刚	B类
JTZD20-53	重点课题	面向交通强国建设的行业高校课程思政育人机制探索与实践	罗晓瑜	长安大学	王茜、段兰、宋琳、徐岳、李婷	B类
JTZD20-54	重点课题	新丝绸之路背景下复合型轨道交通人才多方协同有人模式的探索与实践	左忠义	大连交通大学	刘岩、韩萍、郑明明、王宇、王忠昶、王利杰、陈一飞、唐磊	B类
JTZD20-55	重点课题	新时代交通工程课程思政与专业思政一体化建设与探索	胡晓伟	哈尔滨工业大学	王健、王雷、王晓宁、田原	B类
JTZD20-56	重点课题	基于中外合作办学的高等海事教育模式探索与研究	赵健	大连海事大学	马硕、张金蕾、谢海波、王庆武、王新建	B类
JTZD20-57	重点课题	轮机工程特色专业“三位一体”教学改革与创新	王忠诚	上海海事大学	李品友、魏海军、魏立队、赵远涛、周大平	B类
JTZD20-58	重点课题	互联网背景下交通运输类专业智能课程思政教学体系构建与实践	赵鲁华	山东科技大学	范艳辉、刘海青、徐伟、刘志海、宋作玲	B类

图8　获批中国交通教育研究会重点课题

3. 课程思政教学改革成果

（1）作者负责的“交通强国”课程获2020年度国家级本科课程示范课认定。

（2）作者于2020年度陕西省教育厅组织的陕西学校思政课教师“大练兵”主题活动中获“教学能手”称号。

（3）作者及团队教师张久鹏教学成果“厚植强国情怀、提升复杂工程问题解决能力的公路交通专业人才培养体系构建与实践”获2020年度陕西省教学成果奖一等奖。

（4）团队教师张久鹏获2021年度中国交通教育研究会颁发的“中国交通教育优秀中青年教师奖”。

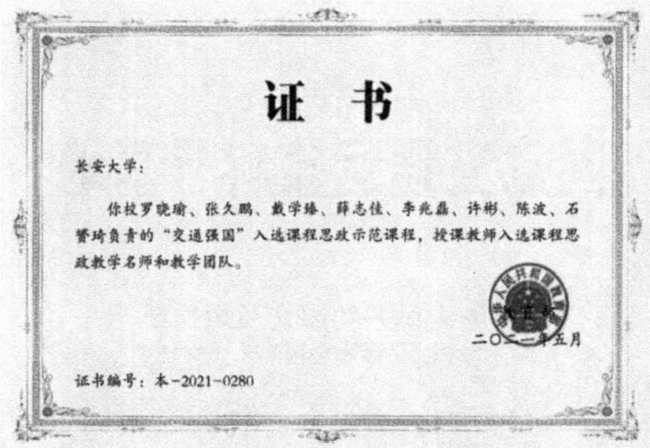

证　书

长安大学：

你校罗晓瑜、张久鹏、戴学臻、薛志佳、李兆磊、许彬、陈波、石誉琦负责的“交通强国”入选课程思政示范课程，授课教师入选课程思政教学名师和教学团队。

二〇二一年五月

证书编号：本-2021-0280

图9　国家级课程思政示范课认定证书

荣誉证书

HONORARY CREDENTIAL

罗晓瑜 同志：

在2020年陕西学校思政课教师“大练兵”主题活动中，荣获课程思政“教学能手”荣誉称号。

特发此证，以资鼓励。

陕西省委教育工委　陕西省教育厅

2021年1月5日

图10　陕西学校思政课教师“大练兵”获奖证书

教学成果奖

证书

成果名称：厚植强国情怀、提升复杂工程问题解决能力的公路交通专业人才培养体系构建与实践

获奖等级：一等奖

完成人：汪海年　蒋　玮　刘永健　张久鹏　雷昱锋　罗晓瑜　刘　玉

获奖单位：长安大学

编号：SJX191081-4

二〇二〇年十二月十八日

图 11　陕西省教学成果奖一等奖证书

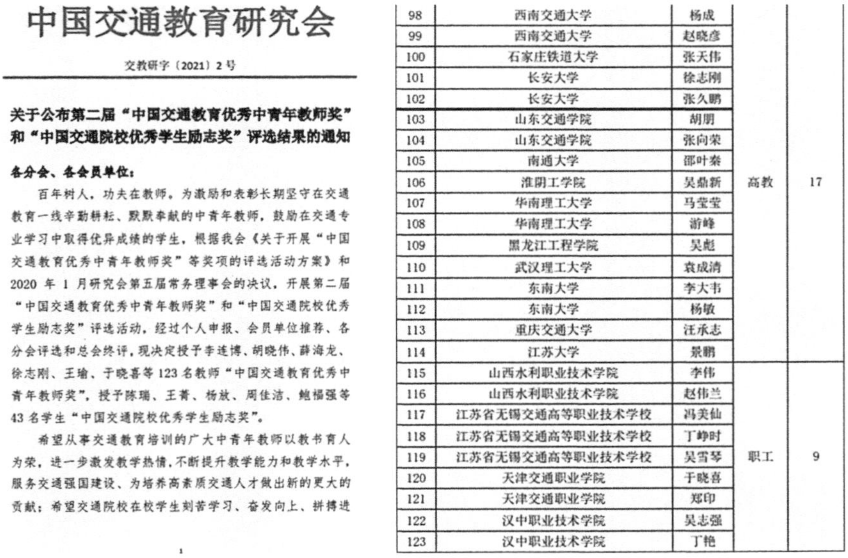

中国交通教育研究会

交教研字〔2021〕2 号

关于公布第二届“中国交通教育优秀中青年教师奖”和“中国交通院校优秀学生励志奖”评选结果的通知

各分会、各会员单位：

百年树人，功夫在教师。为激励和表彰长期坚守在交通教育一线辛勤耕耘、默默奉献的中青年教师，鼓励在交通专业学习中取得优异成绩的学生，根据我会《关于开展“中国交通教育优秀中青年教师奖”等奖项的评选活动方案》和 2020 年 1 月研究会第五届常务理事会的决议，开展第二届“中国交通教育优秀中青年教师奖”和“中国交通院校优秀学生励志奖”评选活动，经过个人申报、会员单位推荐、各分会评选和总会终评，现决定授予李连博、胡晓伟、薛海龙、徐志刚、王瑜、于晓喜等 123 名教师“中国交通教育优秀中青年教师奖”，授予陈瑞、王菁、杨放、周佳洁、鲍福强等 43 名学生“中国交通院校优秀学生励志奖”。

希望从事交通教育培训的广大中青年教师以教书育人为荣，进一步激发教学热情，不断提升教学能力和教学水平，服务交通强国建设、为培养高素质交通人才做出新的更大的贡献；希望交通院校在校学生刻苦学习、奋发向上、拼搏进

98	西南交通大学	杨成		
99	西南交通大学	赵晓彦		
100	石家庄铁道大学	张天伟		
101	长安大学	徐志刚		
102	长安大学	张久鹏		
103	山东交通学院	胡朋		
104	山东交通学院	张向荣		
105	南通大学	邵叶秦		
106	淮阴工学院	吴鼎新	高教	17
107	华南理工大学	马莹莹		
108	华南理工大学	游峰		
109	黑龙江工程学院	吴彪		
110	武汉理工大学	袁成清		
111	东南大学	李大韦		
112	东南大学	杨敏		
113	重庆交通大学	汪承志		
114	江苏大学	景鹏		
115	山西水利职业技术学院	李伟		
116	山西水利职业技术学院	赵伟兰		
117	江苏省无锡交通高等职业技术学校	冯美仙		
118	江苏省无锡交通高等职业技术学校	丁峥时		
119	江苏省无锡交通高等职业技术学校	吴雪琴	职工	9
120	天津交通职业学院	于晓喜		
121	天津交通职业学院	郑印		
122	汉中职业技术学院	吴志强		
123	汉中职业技术学院	丁艳		

图 12　团队教师获“中国交通教育优秀中青年教师奖”

(5)《交通——从单一走向综合》《道路——从远古走向未来》《桥梁——从中国走向世界》三本教材入选2020年长安大学教材立项建设名单。

（二）存在的问题及改进思路

在综合了明暗双线法与启发式、引导式、讨论式教学方法，以及作者参与科研的中马友谊大桥案例后，学生表现出了浓厚的学习兴致，课堂气氛活跃，学生回答问题积极，

形成了科学分析问题、科技解决问题的思维，同时也感叹于我国桥梁建设的伟大，产生了行业自豪感，以及作为中国人的自豪感。

然而，通过实际教学发现，在今后的教学中还可通过以下方面继续优化。

①继续拓展小组讨论：学生在讨论中想法五花八门，非常丰富，课堂上没有足够的时间充分讨论和点评，今后可考虑将线上讨论作为课堂讨论的补充。

②课程思政学习效果方面的练习题依然存在一定的显性问题，需要针对课程思政的隐性属性再行优化。

③目前采用“雨课堂”测验（10%）+课堂表现（15%）+1次课后作业（20%）+1次参观报告（5%）+期末考察（50%）的课程思政学习效果评价模型仍属于尝试阶段，还需要根据期末评价效果作进一步深化完善。

多元教学模式促进思政－专业融合

——以“交通环境工程”交通空气污染章节为例

倪　颖

同济大学交通学院　上海　201804

一、案例简介

“交通环境工程”作为交通工程专业选修课，涉及交通工程、道路工程、车辆工程、环境工程、社会学等多个学科领域，授课对象为交通工程专业3年级学生。本课程主要内容包括交通系统和自然环境/社会环境的互动关系，交通环境健康与经济效益的评估方法，以及交通污染的防治措施。本课程旨在培养具有可持续发展观、社会使命感、专业责任感、人文精神与家国情怀的交通工程专业人才，目前已入选同济大学思政领航课程和校级重点课程。

本课程所选案例结合核心章节“交通空气污染”，围绕“机动车空气污染物类型及危害—排放检测方法—排放与扩散模型—城市交通空气污染健康效益评价—防治措施”这一教学主线挖掘“全球视角，大国担当”“以人为本，持续发展”“职业精神，责任使命”“团队协作，创新引领”等思政内涵，进而设计多元教学环节，促进专业教学和思政教学的有机结合，将思政元素巧妙融入课程，做到润物无声。

改革过程中，通过思政元素驱动建立多维教学案例库，涵盖章节的主要知识点；采用“案例讨论、项目探索、实验验证”等多种教学方法，引导学生形成“自主、合作、探究”的学习方式，探索高效的“师－生、生－生”互动机制，提升了学生的主动性，更好地促进了教学目标的达成，同时解决了传统专业教学模式下仅关注专业知识，学生全球视角、人文精神、专业责任、协作创新等培养不足的问题，得到了学生、学院和学校督导组的一致好评。

作者简介：倪颖，1984年，同济大学交通学院，副教授。

二、思路与目标

（一）拟解决的主要问题

交通空气污染是交通环境工程的核心章节，涉及交通工程、道路工程、环境工程、车辆工程、社会人文等多学科知识。传统课堂教学重点关注学生对交通空气污染相关基本理论和技术方法的掌握，会出现以下问题：①学生对交通空气污染、碳排放等问题的“全球化”“社会化”“人本化”属性理解不足；②学生对“可持续交通”的理解仅停留在字面，对其内涵理解不足，专业责任感培养缺少路径。

（二）课程思政改革理念与思路

通过课程思政教学改革，建立思政元素驱动的案例库，引入“案例讨论、项目探索、实验验证”等多种教学方法，引导学生形成“自主、合作、探究”的学习方式，探索高效的“师－生、生－生”互动机制，帮助学生实现以下目标。

（1）从全球化视角去理解交通空气污染和碳排放等问题，特别是我国的碳排放政策，展现大国担当。

（2）理解交通空气污染带来的人群健康效应及其社会效应，培养学生“以人为对象、以人为中心”的人文精神。

（3）通过探索性教学环节研究未来交通模式的环境效益，分析讨论适合我国城市发展的可持续交通模式，帮助学生深刻理解“可持续交通”的内涵，培养学生的社会使命感和专业责任感。

三、设计与实施

（一）教学理念

结合教学内容建设案例库，融合多样化教学模式，将核心价值引领、能力提升与知识传授相融合。采用“案例讨论、项目探索、实验验证”等多种教学方法，促进专业教学和思政教学的有机结合。

（二）教学环节设计与教学方式方法

课程围绕“机动车空气污染物类型及危害—排放检测方法—排放与扩散模型—城市交通空气污染健康效益评价—防治措施”这一主线展开教学内容，采用课堂讲授、案例教学、实验验证、项目探索等多个环节，结合教学内容挖掘思政元素，并设计相应的教学环节将思政元素自然融入其中，如图1所示。

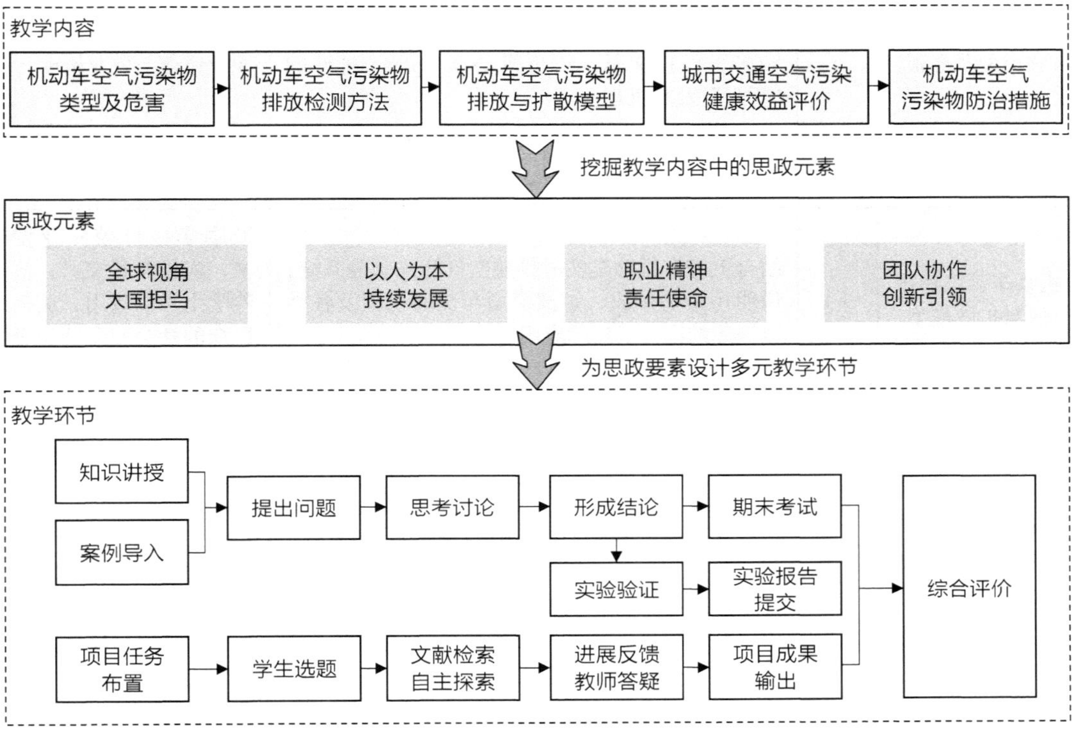

图1　教学环节设计

（三）教学过程的组织和设计

以下将从案例教学、项目探索和实验环节三个方面展开，详细说明融入思政元素的教学过程组织和设计。

1. 案例教学

对应章节教学内容建设思政元素驱动的案例库，并组织课堂讨论，案例库如表1所列。

2. 项目探索

采用PBL教学法，通过问题导向式学习布置研究项目，为学生自主探索“可持续交通”的内涵提供有效路径。

（1）研究项目：未来交通模式的环境效益分析与对策建议。

（2）教学目标：培养学生文献查阅及目标导向的自主学习能力、知识归纳和应用能力、表达能力、批判精神以及团队合作意识等。

表1　　思政元素驱动的交通空气污染章节案例库

教学内容	编号	案例名称及内容	思政元素
机动车空气污染物类型及危害	1-1	交通与$PM_{2.5}$的关系溯源：结合媒体报道（不少报道将雾霾天气直接归咎于机动车保有量增加）和多篇科技文献，辨析机动车对$PM_{2.5}$排放的"贡献"及其机理	源事析理，树立良好的职业道德与敬业精神
污染物排放检测方法	2-1	2015年德国大众柴油车废气作假事件，强调盲目追求利益，弄虚作假带来的后果	不能弄虚作假，树立诚信的职业道德
机动车污染物排放与扩散模型	3-1	结合上海市机动车实时排放空气污染预警系统，说明污染物排放、扩散模型与交通模型及各类数据库的耦合和实际应用	鼓励学生打破专业壁垒，实现学科交叉；培养学生学以致用、造福民众的社会使命感和责任感
城市交通空气污染健康效益评价	4-1	列举国际医学顶级期刊《柳叶刀》(*The Lancet*)近年来发表的多篇交通与健康的文章，阐明交通空气污染研究应落在"人"上	培养学生"以人为对象、以人为中心"的人文精神
	4-2	结合《危险的呼吸：$PM_{2.5}$的健康危害和经济损失评估研究》一书中给出的国内四大城市空气污染健康评估数据，直观说明交通空气污染健康效益的评价方法和交通排放带来引发的社会效应	理解交通空气污染的社会效应，培养学生解决问题的责任和担当
机动车空气污染物防治措施	5-1	全球气候大会是展现国家实力的平台，中国承诺显示了大国风范和责任担当	强化可持续发展理念，提升学生的家国情怀
	5-2	我国新能源汽车发展战略，强调发展新能源汽车是我国从汽车大国迈向汽车强国的必由之路，是应对气候变化、推动绿色发展的战略举措	强化可持续发展理念，提升学生的家国情怀

（3）思政元素：交通系统大变革情境下亟需多门工程技术之间，以及技术和人文之间的跨界交流，分析交通问题应多从"人"的角度出发，充分考虑对道路使用者行为的影响及出行者对不同交通模式和政策的接受程度；从"全生命周期"的视角分析问题，形成大局观；理解可持续交通发展过程中的困难和挑战，树立交通工程师的社会责任感和担当。

（4）实施方案包括以下内容。

①学期开始时布置任务：探索未来交通发展模式中的电动汽车、自动驾驶、车路协同、汽车共享、MaaS等带来的环境效益，并进行利弊分析。

②学生自由组队（3~4人/组），自主选题，收集与阅读相关文献，制作海报，每周向教师反馈进展，教师个别或集中答疑。

③四周后以小组为单位在课堂上张贴海报，利用画廊漫步策略，让每位学生都有机会向其他同学介绍本组成果，并在不同组间进行充分研讨。2021—2022学年第一学期学生的课堂海报展示及研讨总结成果如图2所示。

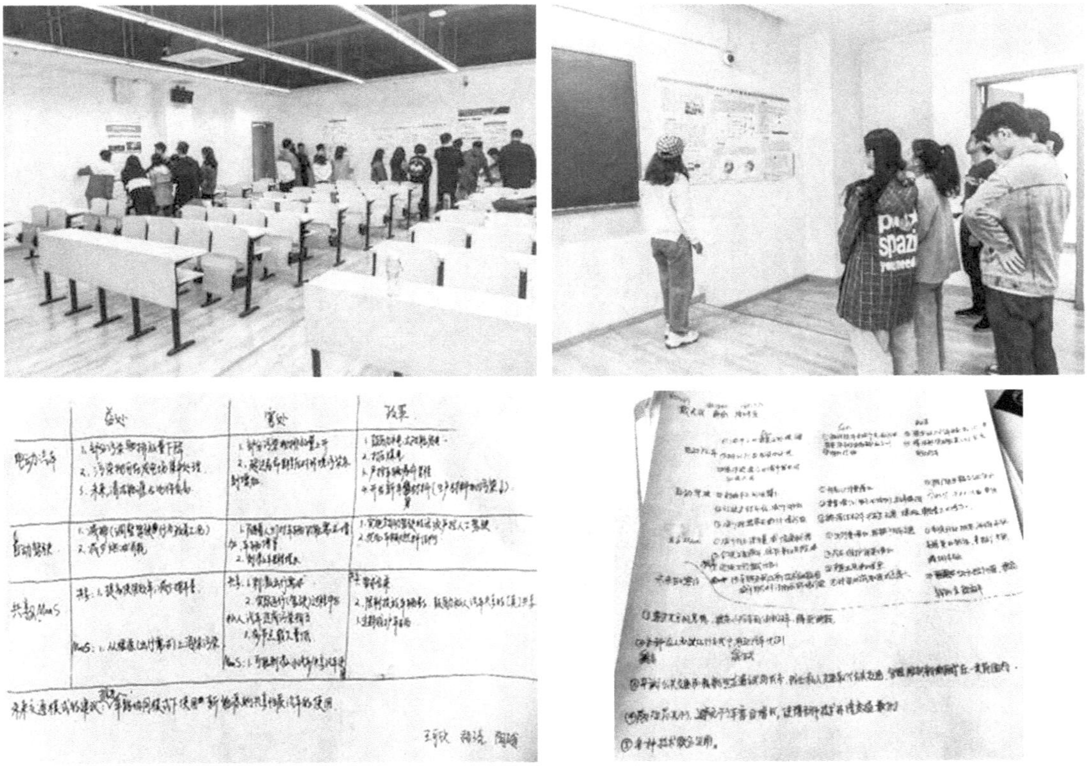

图2 基于画廊漫步策略的海报展示与焦点小组讨论结果

3. 实验验证

（1）实验名称：车载尾气排放检测实验。

（2）实验目的：了解实验设备安装—系统参数标定—数据采集的实验流程，掌握数据实验数据分析方法，验证汽车运行工况（速度/比功率）与CO_2排放的关系。

（3）思政元素：分组实验采集原始数据培养团队协作精神；数据分析培养求真求实的科学精神和勇于突破的创新精神；实验总结报告培养综合运用知识能力和职业规范。

（4）实施方案：实验过程包含实验设备的安装与调试、系统参数标定、跟车采集数据、数据处理与实验报告编写及提交等环节。前三个环节以小组为单位完成，后两个环节由学生个人完成。针对实验设备有限且安装过程复杂、学生人数较多难以直接参与设备安装与调试或近距离观察参数调试困难等问题，探索了一种播客模式下的线上线下融合实验模式，将“现场直播”+“回放”模式相结合，如图3所示。现场直播中学生可清晰地观察实验细节，并进行互动提问与解答；回放模式帮助学生回顾实验过程，更好地完成实验报告。

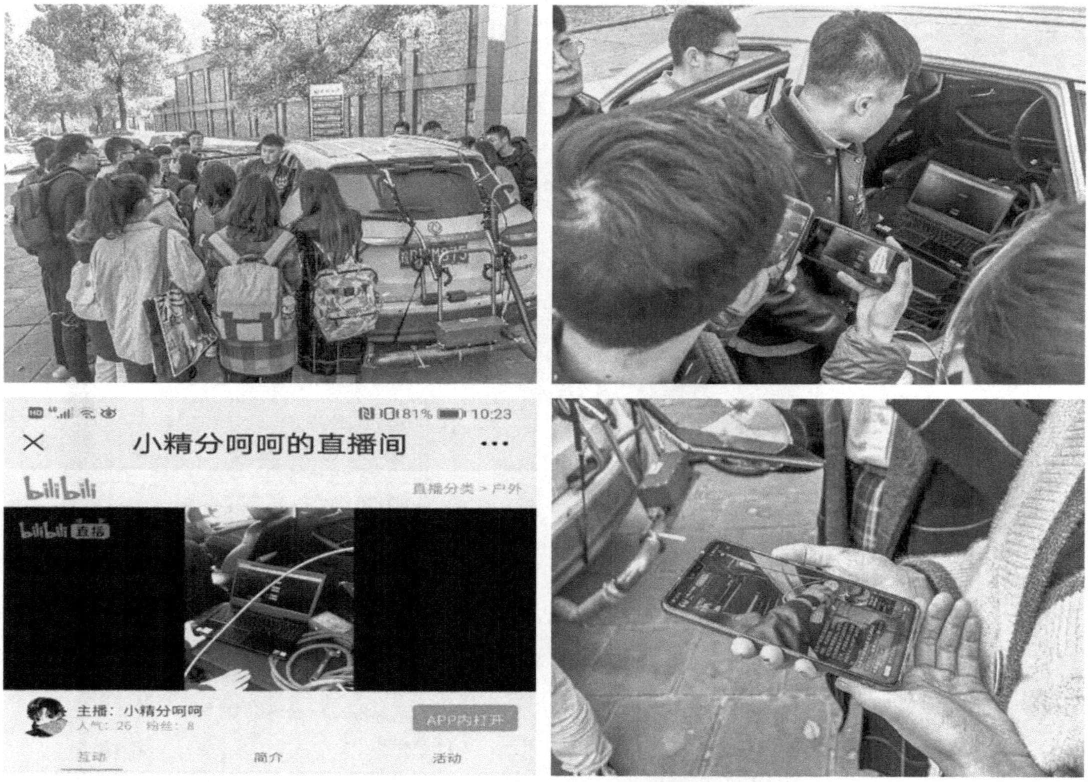

图3 播客模式下的线上线下融合实验模式

（四）考核评价方式

考核评价方式由考勤、项目成绩、实验成绩及期末考试四部分组成，对思政元素的考核也融入其中，详见表2。

四、特色与创新

本案例的特色在于深入挖掘交通空气污染章节教学内容中的思政元素，结合思政元素特点精心设计多元教学环节，形成了“案例讨论、项目探索、实验验证”的思政–专业融合多元教学模式，解决了传统专业教学模式下学生全球视角、人文精神、专业责任、协作创新等培养不足的问题。

表2　　考核评价方式及比重

考核形式	考核方式	考核内容	所考核的课程要求指标点	比重
考勤	平时成绩	课堂出勤率和回答问题及案例讨论的积极性	学习主动性	10%
过程考核	平时成绩	项目完成情况	教师评分占60%，评分标准包括海报制作质量、交流讨论水平、组员贡献等 学生互评占40%，包括海报制作组内部互评和海报介绍组内部互评两部分	30%
过程考核	平时成绩	实验报告	实验报告包含4项评分标准：实验报告撰写是否规范、过程说明是否详细、实验结果是否正确、总结是否深入 检查学生实验报告是否为独立完成，有无抄袭现象，培养学术道德	30%
考试	期末考试	综合认知	理论、方法、实践等知识要点的综合掌握程度 对课程思政元素的理解程度	30%

创新之处体现在以下方面。

（1）思政元素驱动的多维教学案例库建设。凝练思政元素，跨学科跨领域搜集案例，构建了涵盖章节主要知识点，包括国际热点、经典文献、反面案例、学科前沿等在内的多维教学案例库。

（2）引导学生建立“自主、合作、探究”的学习方式，提升学生的主动性，促进教学目标达成。如鼓励学生按在项目任务范围内自主选题，自由组队，组织不同形式的小组讨论，对问题进行主动学习和深入探究。

（3）探索多元高效的“师－生、生－生”互动机制，促使学生充分融入教学环节。如为避免传统学生汇报“台上学生读PPT，台下学生闷头玩”的无效学习，采用画廊漫步＋焦点小组讨论的策略，保证每位学生都有发言机会；引入学生互评考核机制，促使每位学生都对项目有所贡献；探索播客模式下的线上线下融合实验模式，激发学生实验热情。

五、反思与分析

（一）实施效果

课程思政改革以来，通过案例讨论、自主学习、小组合作等多元化的教学模式，显著提升了学生的主动性和积极性，学生海报制作质量、交流讨论的深度逐年提升，教学目标达成度由0.83提高到0.89。

摘录部分学生评教意见如下。

“上课方式非常灵活，小组课堂展示，合作研读论文，让我们很享受合作学习的乐趣。”

“可以学到其他课程一般不会涉及的交通环境方面的知识，对以后相关方面的研究很有帮助。”

“倪颖老师，非常好，很活跃，和大家经常交流，分享文献！”

“倪老师的课堂形式非常多样，课程内容也很有意思！”

专家评教意见为：“讲课比较生动，娓娓道来，教学方法比较丰富，能采用课堂提问、小组讨论等手段调动学生参与思考和互动。”

此外，本课程采用的“画廊策略”小组讨论方式也曾得到上海教育电视台《升学与就业》栏目的报道。

（二）问题与反思

（1）专业课教师的课程思政能力决定了课程的思政内涵和高度。有必要加强专业课教师的思想政治理论学习，增加政治理论知识的储备，这样才能敏锐地找准课程的思政元素，真正做到“潜移默化，润物无声”。

（2）教师教学能力的提升是决定思政－专业教育融合效果的关键。如何找准思政元素和专业教学的结合点，找到合适的案例或配置适宜的教学环节，促进学生自主学习和深度学习，在掌握专业知识的同时树立起家国情怀、职业精神，并培养协作创新能力。因此，需要对教师进行教学法的培训，提升教师的教学能力。

（3）就本课程而言，如前所述，“交通环境工程”是一门跨学科课程，因此，大量跨学科案例的收集和案例库的持续更新是未来思政－专业融合建设的重点和挑战；自主探索项目的优化设置和线上线下混合式实验教学的开展将进一步提升教学效果，促进思政教育目标的达成。

“运筹学”课程思政典型案例

王　坤

西南交通大学交通运输与物流学院　四川成都　610031

一、案例简介

（一）基本信息

“运筹学”课程是西南交通大学交通运输与物流学院面向物流工程与物流管理专业开设的专业基础课，荣获四川省2020年省级“课程思政”示范课，是西南交通大学“物流工程”微专业的7门线上课程之一，入选2017年西南交通大学本科教育教学研究与改革优秀案例，2021年面向西南交通大学和西藏大学的学生开展异地同步直播教学。课程共4学分、64学时，内容涉及线性规划、整数规划、图与网络、动态规划、存储论、排队论、对策论等典型运筹领域的问题描述、建模分析及解决问题的思路、算法设计思路与实现。

（二）课程的思想价值与精神内涵

本课程的思想价值与精神内涵主要体现为：塑造大国工匠精神和社会主义核心价值观，培养科学方法论与高阶思维，支撑我国智慧物流发展和社会经济高质量发展。

（1）用运筹理论“解决问题”的本质掌握“发现问题、问题描述、模型建立、工具求解、优化后分析”的运筹优化全过程，形成运筹优化逻辑思维，在分析与解决问题的全过程中把学习、观察、实践同思考紧密结合起来，形成科学的世界观与方法论。

（2）用运筹理论中的“决策”建立解决问题的数学思维，识别、表达、分析、解决实际问题及复杂物流系统工程问题，强化正确的立场、观点和方法，塑造健康的社会价值导向。

（3）用运筹理论中的“最优”养成辩证思维、系统思维和创新思维，强化健康的工

作者简介：王坤，1982年，西南交通大学交通运输与物流学院，副教授。

作生活态度与目标，形成自主学习和终身学习的意识，培养不断学习和适应发展的能力。

(4) 在思维导图、自批改作业策略、课程设计等教学任务的完成过程中，强化学生对诚信、责任、担当、公正、敬业、友善等价值观的理解。

总体构建“德、思、知、辩、行”五位一体的课程思政体系，将思政元素与专业课程“润物无声”地深度融合，在课程教学各环节中进行强化并贯穿体现，由表及里、潜移默化，在教学全过程中实现社会主义核心价值观的塑造与形成，树立家国情怀，增强社会责任，培养探索未知、追求真理的责任感与使命感，切实贯彻培养社会主义建设者和接班人。

二、思路与目标

本课程为专业基础课，在知识点上更侧重于数学模型与算法设计的学习。根据本课程的基本特点，总体构建“大思政、微循环”的课程思政设计理念。

大思政：支撑我国智慧物流发展的科学思维与方法论、社会主义核心价值观、科学探索精神与精益求精的工匠精神。

微循环：在知识点、人物传记、教学手段、教学环节等多个方面做到润物无声地全员、全过程、全方位融入。

通过课程学习，学生能够：

(1) 在“德、思、知、辩、行”方面提升思想政治水平，树立家国情怀，增强社会责任，培养追求真理的责任感与使命感，塑造社会主义核心价值观。

(2) 掌握物流优化问题中典型优化模型的建模与分析原理，建立解决问题的数学思维，并用于解决实际问题和复杂物流系统工程问题。

(3) 掌握“发现问题、问题描述、模型建立、工具求解、优化后分析”的运筹优化全过程，形成运筹优化逻辑思维，培养自主学习和终身学习的意识与能力。

(4) 掌握运用Excel优化求解工具，并对中小规模的线性规划和整数规划问题进行求解。

(5) 能够协同工作，就复杂实际问题开展调研和有效沟通，并能够熟练运用图表、报告、多媒体等多种工具展现学习和研究成果。

三、设计与实施

（一）教学设计

本课程坚持“以学为中心”，关注学生学习效果的提升，形成了一套“2+5+6”的特

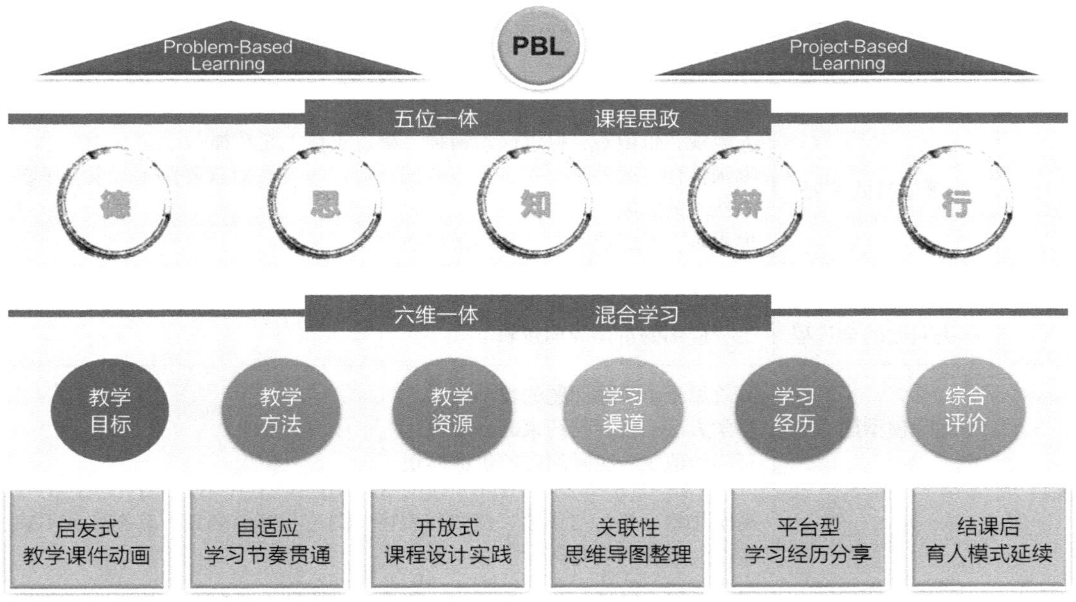

图1　课程教学设计总体框架

色教学模式（图1），即以问题导向和任务导向为驱动的"双PBL"作引领，搭建"德、思、知、辩、行"五位一体课程思政模式和"教学目标、教学方法、教学资源、学习渠道、学习经历、综合评价"六维混合教学过程；在知识点讲授上，采用问题导向的启发式思考，加强课程互动激发学习兴趣；在作业策略上采用学生自批改与提出疑问的方式，串联"做作业—检查作业—改正作业—提问—预习"全过程，实现教学节奏向学习节奏转变；在课程设计上开放选题，实践运筹理论方法解决问题的全过程；在思维逻辑上，采用思维导图方式，达到"跳出计算看问题本质"的目的。

（二）课程思政元素融入案例

1. 知识思政

1）知识点与思政要素

将本课程涉及的所有知识点划分为五种类别，提炼思政元素，如表1所列。

2）案例：单纯形法的几何意义

思政主题：正确的人生观与价值观。

知识点：线性规划可行域的凸集性质、单纯形法设计中沿可行域边界寻优的基本思想、单纯形法换入变量的确定方法与算法搜索方向的关系、换出变量的确定方法与算法步长的关系、单纯形法典式变换与沿边界移动的关系。

思政：在平时的生活与工作中，当我们遇到一个实际问题时，首先需要对该问题的

表1　　教学知识点与思政要素

序号	知识点类别	思政体现
1	运筹学科的发展	人生观、价值观：科学探索精神、精益求精工匠精神 家国情怀：运筹学科对世界与我国社会经济发展的重要作用、卡脖子核心技术的影响 世界观：历史唯物主义与辩证唯物主义
2	运筹理论方法解决问题的全过程	科学研究的系统性思维 工程应用的价值导向逻辑
3	优化模型建立	高阶思维：实际问题的数学表示 科学方法：目标与约束的有效表达 正确价值观：实际问题的价值体现
4	算法设计原理	高阶思维：几何与代数、代数与表格、图论与整数规划、动态性、不确定性、竞争与合作等 科学方法：迭代、分解、类比、变换、简化等 创新意识：基于基本算法的创新设计思维 正确人生观：人生目标的实现途径
5	算法实现步骤	精益求精工匠精神：每一步工作的准确性；耐心、细致；规则、规范、规矩

基本特征进行分析，对应可行域的凸集性质分析。其次，简化问题思考确定某种解决思路，对应由图解法分析得到的单纯形法沿可行域边界寻优的思路。在寻优过程中实现几何直观的认识需要将其转换为可计算的代数，这一过程也就对应了算法设计的搜索方向与步长。在平时的学习生活中，搜索方向对应目标的确定，要向能促进效果提升的方向去努力奋斗。再次，步长对应具体的行动，不宜用力过猛，也不能用力不足，这个度非常重要。单纯形法的迭代设计思想，就像我们实现最终人生目标的过程，它需要我们由一个个小目标的实现开始，经过不断地迭代，每一步都扎实推进，逐渐积累而成。最后，每一次的小目标实现（搜索方向）与扎实工作积累（步长）是取得最终成功的关键。

2. 人物传记（案例节选）

在讲授运筹学课程的绪论及各章节时，由研究学者及其工作贡献引入，介绍运筹学领域全球科学家排行榜，以及运筹学中每个分支领域作出突出贡献的科学家及其主要工作，培养学生的科学探索精神，加深学生对科学研究价值的理解。

案例：全球运筹领域科学家排名。

思政主题：基础研究重要性与卡脖子技术制约。

人物简介：在世界前10万名科学家排名中，运筹学直接领域共有375名科学家进入榜单，其中美国科学家占比44%，中国科学家占比11%（中国大陆地区占比仅4%）。与运筹学相关的领域已经拓展至企业管理、人工智能与图像识别、工业工程与自动化、物流与运输、计算机理论与数学、信息系统等多个领域。其中，以运筹学为领域、以物流与运输为关联领域的科学家有63人，在所有关联领域中人数最多，占比9%。共有735名科学家进入运筹学相关领域榜单，其中美国科学家占比46%，中国科学家占比11%（中国大陆地区有25名，占比4%）。

思政：运筹学的关联领域已经拓展至多个领域，体现出交叉学科的重要性，特别是为前沿领域研究提供了方法论支撑。物流与运输是运筹学关联研究中主要的领域之一，同时与人工智能、计算科学、工业工程等领域形成了明显的学科交叉特征，运筹学对我国行业发展与科学研究前沿都起到重要的支撑作用。中国科学家占比低，从某种程度上反映了在运筹学的基础研究方面，我们国家与其他各国还存在差距，还有不少卡脖子的关键技术问题需要解决，这都需要大家共同努力来解决。

3. 过程思政（案例节选）

1）教学过程与思政要素

本课程主要采用问题导向的启发式教学方式，教学环节包括思维导图、作业策略、课程设计等方面，教学过程与思政元素的对应见表2。

表2　　教学过程与思政要素

序号	教学环节	教学手段与策略	思政体现
1	问题导向启发式教学	以提问式、PPT动画延时的方式，带动学生思考	科学思维训练、创新灵感激发、科学探索
2	思维导图	根据阶段性学习内容，绘制知识点关联的思维导图，在导图中强化理解与思考	科学思维逻辑、系统观、大局观
3	作业策略	转变学习节奏：独立完成—参考答案—自批改—修改—自评—提问—质疑—签字	诚信、反思、质疑、责任、规矩、规则
4	课程设计	问题来源于现实生活，开放式选题，分组完成，构建利用运筹理论方法解决问题的全过程	正确的立场与观点 正确的价值观、人生观、世界观 解决问题的科学素养 团队合作中的责任与担当

2）案例1：作业策略

思政主题：守规矩、立诚信、会评价、敢质疑、有担当。

基本要求：在一周内完成，对实际独立完成、批改、修改、疑问、质疑的全过程有清晰展示，修改后格式规范，能反映知识掌握的实际情况和完成作业的质量。不允许迟交，文件格式为PDF，有本人签名。

思政：必须在规定时间内完成并在线提交，有时间观念，守时、遵守规矩；保留批改与修改的痕迹以及本人签名，需要学生保持基本诚信，并且通过签名为自己的作业质量负责；对个人完成作业的基本情况进行自我评价，体现反思、收获以及仍存在的问题；敢于对参考答案提出疑问，这建立在充分理解的基础之上，反映了学生学习效果的深度。

3）案例2：课程设计

思政主题：全方位提升综合素养。

基本要求：分阶段、分小组合作完成。根据学习与生活经历，寻找问题。通过各种调查方法的综合运用，获取描述该问题的数据、信息、资料，从而清晰描述问题。利用数学规划模型的建模思想与方法，建立数学规划模型；原则上只需简化问题，考虑线性/整数规划模型即可。利用所学的各类算法或通过查找文献资料获取教材之外的算法编程实现，亦可以利用Excel、Xpress、Lingo、CPLEX等求解软件，对所建数学模型进行求解，得到结果；对所得结果的最优性进行分析验证。分析调研获取的各类参数变化对最优解的影响，并将灵敏度分析的结论与实际问题相对应进行说明。

思政：课程设计完成的全过程是一个综合锻炼提升过程，直接体现了本课程的思想价值与精神内涵。在开放式选题环节，需要同学们拥有正确的立场，形成正确的观点，选题不仅要来源于实际问题，还应是有社会价值的实际问题；课程设计的完成过程是对运用所学知识点能力的综合检验，将问题、模型、求解、结论等全贯通，体现科学素养；在实际完成过程中，需要经历调查、数据分析、建模求解等多个过程，需要实事求是、脚踏实地、精益求精，方可保证完成效果。

四、特色与创新

立足中国实践，深挖课程思政元素，构建“德、思、知、辩、行”五位一体的课程思政体系（图2），树立家国情怀，增强社会责任，形成“一观＋四力”，培养探索未知、追求真理的责任感与使命感。

德：立足“全人教育”，为人师表，立德修身，养成学生“德育”人格，践行社会主义核心价值观。

思：用“启发式问题”引导学生缜密思考，探索未知，形成系统性、探索性思维，提升科学判断力。

知：用“思维导图”引导学生形成关联性、结构性思维，树立文化自信和良好的专业素养，提升科学决策力。

辩：用建模与优化思想引导学生形成逻辑性、批判性思维，牢筑辩证唯物主义思想，

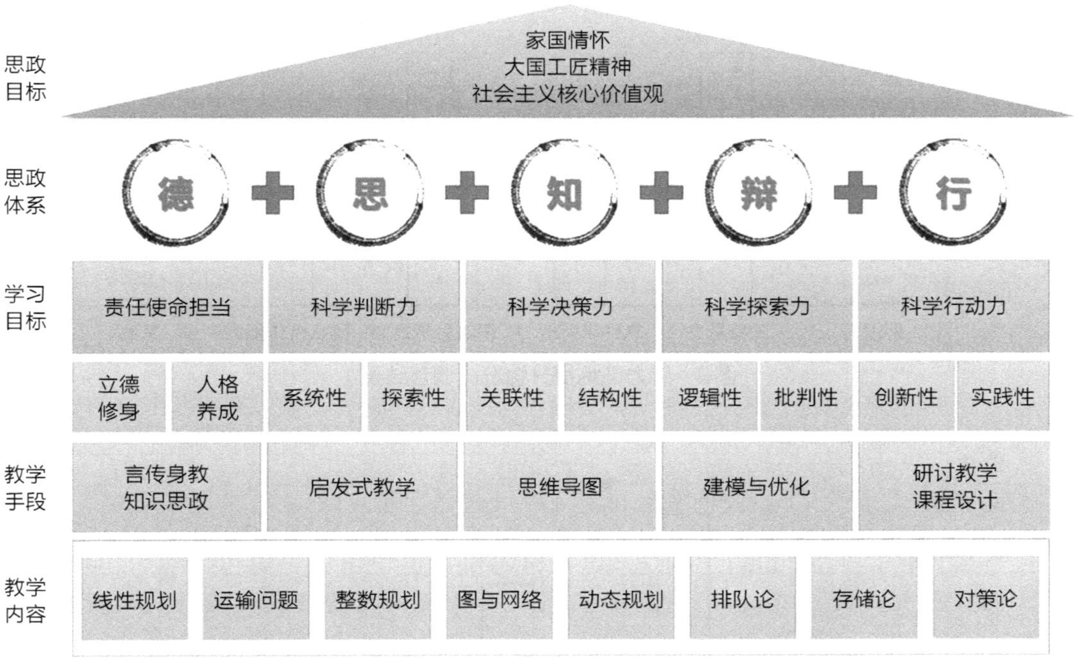

图2 课程思政设计体系

追求真理，提升科学探索力。

行：用研讨教学与课程设计引导学生形成创新性、实践性思维，在实践中学习，在实践中体验，在实践中求真，在实践中创新，提升科学行动力。

五、反思与分析

在立德树人方面，本课程坚持将对学生探索未知、追求真理、勇攀科学高峰的责任感和使命感的培养贯穿于课程教学全过程，在细节中体现精益求精、大国工匠精神的培养，取得了较好的效果，多位同学坚定了“四个自信”，践行坚守了社会主义核心价值观。

根据课程教学调查问卷的反馈结果，63%的同学认为在“价值观”层面的获得感较多，50%以上的同学认为在建模能力、软件求解能力、逻辑分析能力、团队合作能力等方面得到了锻炼提升，如图3、图4所示。

根据学校教务网评价数据，本课程连续7年教学评价在4.72分以上（满分5分），特别是在2020年线上教学期间，被学生评价为最稳定、最有价值的课程，更是得到了4.89分的教学评价。

学生评价截选：“对待工作一丝不苟的态度着实让时常迟到的我们敬佩不已。在指

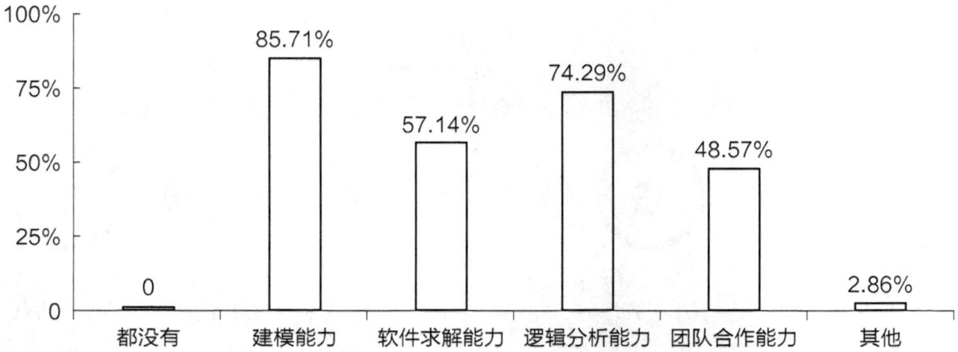

图3 能力锻炼提升情况（调查结果）

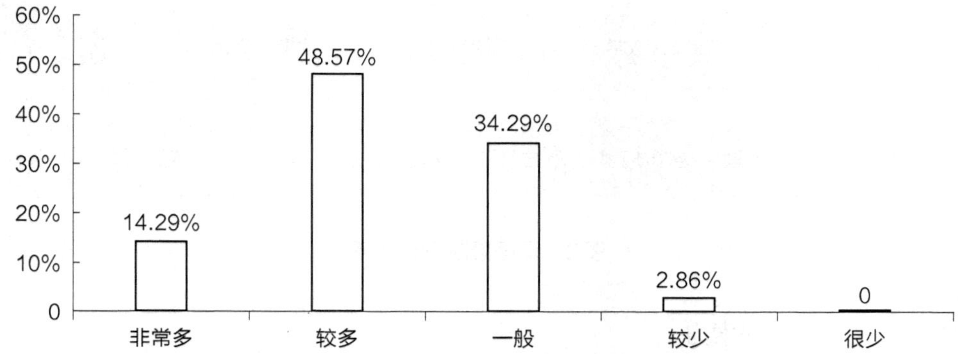

图4 价值观层面的获得感（调查结果）

导过程中王坤老师更像一位学长，给予我们更多的是建议而不是批评指责，对我们遇到的困难都耐心细致地给予帮助。”“王坤老师还会对自己的教学方式不断反思与调整，希望让学生在课堂中主动学习，而不是被动灌输。同时，王坤老师带给我们的不是身为老师的威严与距离感，而是一种师生平等的温暖氛围。他和我们之间相互学习，相互尊重。”“对于诚信问题，老师更加看重，学术诚信、考试诚信是老师时常给学生强调的基本准则，在老师看来，做事先做人，诚信是不可踩踏的一条红线。”“特点总结有三：特点之一是教学思维发散，学一门课，收获的可不止一门的知识；特点之二是教学模式创新，敢于进行多元化尝试，和学生一起总结创新，一届一届地不断完善教学模式；特点之三是互动交流丰富，主动了解学生和分享经验，认真尊重每一位学生的成果与反馈。”

运筹学是专业基础课，教育、教学效果在学生大学期间得到了很好的延续，依托智慧物流行业发展前沿和运筹优化方法，指导学生参加各类科创项目和学科竞赛，近五年来获3项SRTP国创项目立项和1项省创项目立项；获省部级学科竞赛奖励国家级3项，省部级14项。

“交通大数据管理与分析”课程思政探索与实践

胡晓伟　王　健　王晓宁

哈尔滨工业大学交通科学与工程学院　黑龙江哈尔滨　150090

一、案例简介

（一）课程和案例的基本情况

面对大数据的飞速发展和智能交通系统的逐步完善与应用，需要对多源和海量的交通数据进行挖掘和处理。根据当前“新工科”的形势、社会发展对交通运输人才的需求，同时借鉴国内外一流大学和学科的先进经验，哈尔滨工业大学交通运输工程学科开设了“交通大数据管理与分析”（Transportation Big Data Management and Analysis）课程，扩大研究生课程的选择空间，使研究生适应大数据时代的要求，落实以学生发展为中心的理念。

本案例将课程思政的要素有机地融合到交通大数据管理与分析的教学中，潜移默化地传播党的教育方针，通过丰富课堂的实践素材和我国交通事业的发展，激发研究生的学习参与度和创新意识，具体包括理想信念教育与爱国主义教育，共享、绿色、综合、智慧交通发展理念教育，工程伦理教育，创新创业教育和交通文化教育等。

（二）思想政治教育与专业教育的融合情况

结合党的十九大、二十大精神，以及二十届二中、三中全会精神，以全国高校思想政治工作会议精神、《高等学校课程思政建设指导纲要》《交通强国建设纲要》《国家综合立体交通网规划纲要》为指导，进一步加强“交通大数据管理与分析”课程的思想育人功能，将课程思政融入课堂教学全过程，在知识传授中注重价值引领，深入挖掘课程中蕴含的思政资源与元素，结合智能交通、交通大数据的热点前沿方向，激发青年学生的爱国心和交通情。

作者简介：胡晓伟，1984年，哈尔滨工业大学交通科学与工程学院，副教授。

在思想政治教育与专业教育的融合方面，梳理的课程思政元素和专业知识点网络图谱具体见图1。

（三）课程思政教学改革实践情况

“交通大数据管理与分析”入选哈尔滨工业大学第四批教学发展基金项目（研究生课程思政A类）、2020年研究生课程思政教育精品公开课（全校6门）、哈工大首批课程思政建设示范课程建设（全校20门），荣获第二届课程思政竞赛二等奖，入选工业和信息化部“十四五”规划教材。

课程负责人胡晓伟先后在中国交通教育研究会高教研究分会2020年学术年会、教育部高等学校交通工程教指委2020年度工作会议暨第六届全国交通工程教学研讨会作课程思政探索与实践的会议报告。

（四）案例选用意义

“交通大数据管理与分析”课程思政案例结合哈尔滨工业大学的特色，探寻更加贴近交通运输工程专业研究生思想实际的思想政治教育方式方法，结合交通大数据发展的热点与方向，激发青年学生的爱国心和交通情，与时俱进。教学课程团队就该案例在中国交通教育研究会高教研究分会学术年会、教育部高等学校交通工程教指委年度工作会议、全国交通工程教学研讨会作了课程思政探索与实践的会议报告，对全国交通运输工程类高校及交通工程专业课程思政起到了引领示范作用。

二、思路与目标

（一）拟解决的主要问题

如何在课程中将知识学习与价值培养、能力塑造有机融合，培养研究生关注交通热点，应用真实交通大数据开展分析、挖掘并发现问题、提出对策的能力，是本案例要解决的第一个问题。

如何将传统课堂讲授与现代辅助教学工具相结合，理论知识与实践练习相结合，自主学习与课程项目汇报相结合，课前准备与课后研讨相结合，综合提升学生自主学习的积极性，是本案例要解决的第二个问题。

如何将课程思政要素和案例融入交通运输工程领域专用教材《交通大数据管理与分析》的编撰与出版中，加强课程教材的思想政治作用，是本案例要解决的第三个问题。

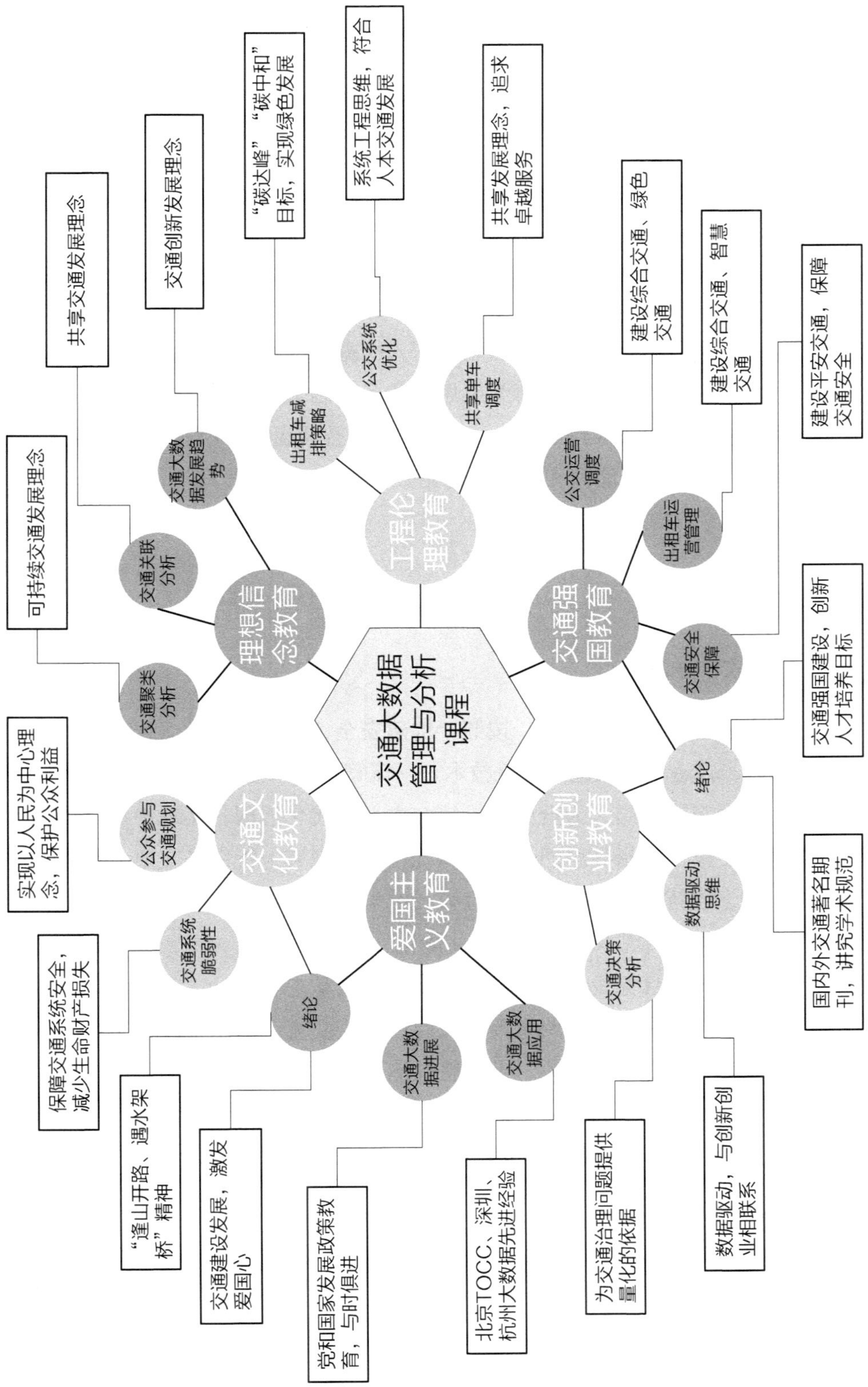

图1 “交通大数据管理与分析”课程思政元素与知识点连接的网络图谱

（二）课程思政教学改革的理念和思路

课程思政改革坚持立德树人根本任务，坚持以学生为中心，其思路主要涵盖了教学大纲梳理修订、教学内容课程思政设计、教学案例设计深化、课程教材思政元素梳理、思政案例库建设、课堂教学改革及课程受益面等方面。

（三）课程思政教学改革目标

课程思政目标在于：在课程教育和教学中进一步加强课程的思想教育功能，在知识传授和能力培养的基础上，注重强调价值引领，深入挖掘课程和实践与教学方式中蕴含的思想政治教育资源，探寻更加贴近青年学生思想实际的思想政治教育方式方法。通过完善课程评价体系，提升学生学习积极性；扩大课程受益覆盖面，提高学科交叉能力；鼓励交通大数据创新，提升创新能力和交流表达能力。

三、设计与实施

（一）课程思政教学理念设计

课程牢牢把握交通“先行官”定位，按照“构建安全、便捷、高效、绿色、经济的现代化综合交通体系，打造一流设施、一流技术、一流管理、一流服务，建成人民满意、保障有力、世界前列的交通强国，为全面建成社会主义现代化强国、实现中华民族伟大复兴中国梦提供坚强支撑”的指导思想，将我国现代交通领域，特别是交通大数据方面取得的先进科研成果、创新理论及实践等内容教授给学生，并可以与本科生课程“智能交通系统概论”相互配合，实现本研课程思政一体化。

将课程思政落实到课程目标设计、教学大纲修订、教学内容设计、教材编著、课件教案设计等方面，贯穿于课前预习、课堂授课和课后讨论交流及动手实践各个环节，培养学生的自主学习能力、问题解决能力、批判思维能力和创新精神与能力。调整教学大纲，明确理论教学和实践教学内容，明确课堂学习、课下练习和课程项目报告的具体内容，合理分配学时，使课程思政的主题与课程完美结合。

（二）课程思政教学案例深化

在教学案例设计深化方面，将课程思政的要素设计为课程案例，有机地融合到课堂教学中，潜移默化地传播党的教育方针（图2），通过丰富课堂的实践素材和我国交通事业的发展，激发研究生的学习参与度和创新意识，融入理想信念教育与爱国主义教育，

图2 “交通大数据管理与分析”课程中融入的课程思政元素

共享、绿色、综合、智慧交通发展理念教育，创新创业教育以及交通文化与工程伦理教育等。结合授课过程中的优秀成果，与适合交通运输工程的大数据分析教材编撰相融合，体现课程思政特点，融入价值塑造、能力培养、专业教育及可操作性。

（三）课程思政案例库构建

在思政案例库建设方面，用习近平新时代中国特色社会主义思想铸魂育人，贯彻党的教育方针，落实立德树人根本任务，提升交通运输工程学科研究生的培养质量与创新能力，加强课程的思想政治作用，充分利用哈尔滨工业大学多学科交叉的优势，并积极与当前交通大数据研究热点和潮流相融合。重点加强理想信念教育与爱国主义教育，共享、绿色、综合、智慧交通发展理念教育，创新创业教育，交通文化与工程伦理教育。

所包含的思政案例库包括《交通强国建设纲要》《国家综合立体交通网规划纲要》《数字交通发展规划纲要》《超级工程（第三季）纵横中国》纪录片、《创新中国》纪录片、“学习强国”App等课程思政资源。

（四）课程思政教学方式与考核方法

在课堂教学改革中，传统讲授与现代辅助教学工具相结合，理论知识与实践练习相结合，自主学习与课程项目汇报相结合，课前准备与课后研讨相结合，综合采用讲授法、案例分析法、视频教学法、学生交流讨论、课程学习报告等。

由于新冠疫情影响，在2020年春季学期授课中，采用了“长江‘雨课堂’+MOOC+直播授课+微信群答疑”的在线教学形式，结合钉钉群互动和长江“雨课堂”过程性考核提高教学质量。从课堂讨论交流、交通大数据研究新方向课程报告提交、网上教学资源学习等方面开展了有益的探索与实践，增强学生自我学习的积极性，引导学生深入思

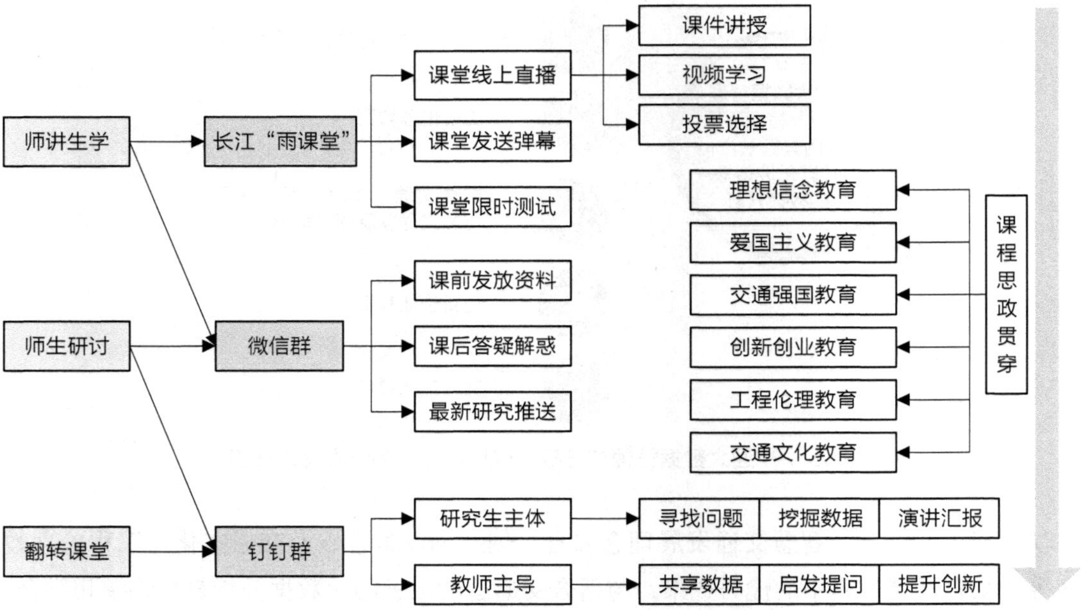

图3 交通大数据管理与分析课程思政教学模式与方法

考和创新，具体如图3所示。

在课程考核中，分模块全过程考核，具体分为课堂交流占20%，课程汇报占30%，课程报告占50%。

（五）课程思政教学评价及反馈

教学团队注重课程教学反馈和学生评价，每学期授课都会征求上课研究生的意见和建议。在2020年新冠疫情期间通过网络充分获取了研究生的意见，并定期开展课程内容的调整、思政要素挖掘等工作。

结合“长江‘雨课堂’”的统计，以及学生通过微信、邮件提出的问题，从学生的角度了解其对在线学习质量的观点和看法，并在下次课上将学生的问题及时反馈到“交通大数据管理与分析”线上课程改革实践中，持续改进和提升教学质量。在课程结束之后，每位研究生可自愿通过邮件、微信、QQ等多种方式反馈对课程的意见和建议。

四、特色与创新

（1）将知识学习与价值培养、能力塑造相结合，培养研究生关注交通热点，应用真实交通大数据开展分析、挖掘并发现问题、提出对策的能力。将共享、绿色、综合、智慧交通发展理念的教育和课堂教学相结合，引发研究生深入思考，为今后的科研、工作和交通出行奠定坚实的基础。结合新冠疫情，重点强调交通大数据在医疗物资运输、风险识别中的应用及疫情下交通需求预测等。

（2）将传统课堂讲授与现代辅助教学工具相结合，理论知识与实践练习相结合，自主学习与课程项目汇报相结合，课前准备与课后研讨相结合，引入讨论式、参与式的教学模式，综合提升学生自主学习的积极性，引导学生深入思考和创新。同时注重讲解一些与课程有关的高水平文章和创新创业项目，增加对课程理解的同时，启蒙学生创新创业思维。

（3）将课程思政要素和案例融入交通运输工程领域专用教材《交通大数据管理与分析》的编撰与出版中，加强课程教材的思想政治作用。潜移默化地传播党的教育方针，通过丰富的实践素材和我国交通事业的发展，激发研究生的学习参与度和创新意识，满足“新工科”发展对交通工程学生培养提出的新需求。

五、反思与分析

（一）课程思政教学改革的实施效果及成果

课程受益面涵盖了哈尔滨工业大学交通科学与工程学院交通运输工程一级学科及其下属的交通运输规划与管理、交通信息工程及控制、道路与铁道工程等二级学科的硕士研究生、博士研究生及留学生等。

自2018年春季学期以来，已先后为113位硕士、博士和留学生进行了4轮授课，2018—2020学年学生评教成绩分别为88.7分和93.33分，均为A等。课程考核方式和评价办法较为完善，育人效果显著。

2020年春季学期“交通大数据管理与分析”课程在结课时有29位同学通过网络以填写统计表的形式反馈了课程的授课情况，每个题干设置了“十分满意”“基本满意”“有待改进”“其他”4个选项，具体统计见表1。

（二）课程思政教学改革成果

“交通大数据管理与分析”课程已发表相关教学改革文章4篇，为《“新工科”下交通运输工程学科大数据管理与分析课程设置探讨》《工程教育专业认证下学生教学参与度提升的探索》《研究生课程在线授课及质量评价研究》《〈交通大数据管理与分析〉课程思政教学探索与实践》。教材入选工业和信息化部“十四五”规划教材。

“交通大数据管理与分析”在课程思政教学实践和理论研究方面，主持和参与教育教学改革项目5项，具体如下。

表1　　“交通大数据管理与分析”课程反馈统计

评判内容	选项	小计	比例
课堂信息量	十分满意	26	89.66%
	基本满意	3	10.34%
理论与实际结合	十分满意	23	79.31%
	基本满意	6	20.69%
讲课思路及深度	十分满意	21	72.41%
	基本满意	8	27.59%
调动学习积极性	十分满意	23	79.31%
	基本满意	6	20.69%
研究生逻辑思维、独立分析、解决问题和创新能力的培养	十分满意	27	93.1%
	基本满意	2	6.9%

中国交通教育研究会2020—2022年度交通教育科学研究重点课题：新时代交通工程课程思政与专业思政一体化建设与探索（JTZD20-55）。

黑龙江省教育厅高等教育教学改革研究项目：“互联网+”时代“交通大数据管理与分析”精品课程建设研究（SJGY20190230）。

中国学位与研究生教育学会面上研究课题：“新工科”下交通运输工程学科大数据管理与分析课程建设（2017Y0602-095）。

教育部新工科第二批新工科研究与实践项目：面向新工业革命和交通强国战略的交通工程专业改造升级与发展模式探索及实践（E-HTJT20201720）。

哈尔滨工业大学“大疫对教育反思”校级专题备案课题：新冠肺炎疫情下研究生在线学习质量评价研究（XYZ2020046）。

哈尔滨工业大学教学发展基金项目（研究生课程思政A类）：交通大数据管理与分析（XYSZ2019007）。

“交通大数据管理与分析”课程已获得教学奖励4项，具体如下。

哈尔滨工业大学2020年春季学期研究生课程第一批在线教学“优秀网络授课教师”；

哈尔滨工业大学2020年研究生课程思政教育精品公开课（XYSZJP2020003）；

哈尔滨工业大学首批课程思政建设示范课程；

哈尔滨工业大学第二届课程思政竞赛二等奖。

（三）存在的问题及改进思路

“交通大数据管理与分析”课程思政建设将围绕专用教材建设、授课方式拓展及扩大该课程的教学覆盖面和受益面开展进一步建设。

1. 教材编写与推广

结合授课过程中的优秀成果与交通运输工程大数据分析的研究进展，正在编写教材，其编撰将体现课程思政特点，融入价值塑造、能力培养、专业教育及可操作性。

2. 授课方式

结合授课过程中学生的意见反馈，未来将进一步加强研讨型教室使用等方面的实践，并在新的培养方案中适当增加学时，以满足学生学习和交流的需求。

3. 扩大覆盖面

通过本研一体化，鼓励交通工程专业、交通设备与控制工程专业等高年级本科生选修该课程，进一步扩大该课程的教学覆盖面。

（四）注意事项

“交通大数据管理与分析”课程已被列入哈尔滨工业大学MEM课程，其生源来自管理、英语、土木、交通等多个学科，如何根据学生的基础和岗位需求，因材施教，有机融合专业教育和课程思政，是需要注意的重要问题。

在应用推广的过程中，建议各高校应结合学科发展和专业历史，将专业和学科底蕴有机融入课程思政之中，培养德才兼备的交通强国建设者与接班人。

参考文献

[1] 中华人民共和国教育部. 教育部关于印发《高等学校课程思政建设指导纲要》的通知[EB/OL].（2020-06-01）. http:/www.gov.cn/zhengce/zhengceku/2020-06/06/content 5517606.htm.

[2] 中共中央国务院. 中共中央 国务院印发《交通强国建设纲要》[EB/OL].（2019-09-19）. http://www.xinhuanet.com/2019-09/19/c1125016261.htm.

[3] 许瑞芳. 一体化视角下高校课程思政建设的四个维度[J]. 中国高等教育，2020（8）: 6-8.

[4] 高德毅，宗爱东. 课程思政：有效发挥课堂育人主渠道作用的必然选择[J]. 思想理论教育导刊，2017（1）: 31-34

[5] 张杰，邹洪涛. 新工科核心素养培养与课程思政协同育人[J]. 教育教学论坛，2019（8）: 60-62.

[6] 胡晓伟，王健，于航，等. 研究生课程在线授课及质量评价研究[J]. 教育现代化，2021，8（70）: 1-4.

“专业入门与专业伦理”课程思政教学案例
——交通运输工程师的社会责任

葛文璇　施　佺　徐勋倩
南通大学交通与土木工程学院　江苏南通　226019

一、案例简介

（一）课程基本情况

“专业入门与专业伦理”是面向交通工程专业大一学生的入门课程，16学时，1学分，是建立交通工程基本概念、了解基本内容、掌握基本学科知识的必修课。课程分为三个知识单元：一是交通运输工程专业人才的知识结构；二是交通运输类专业的内涵、素质要求、发展概况及展望；三是交通运输工程师的社会责任。通过学习，学生系统掌握专业人才的基本要求、人才培养的基本过程以及培养自我修养的基本方法，熟悉专业的特点和内涵、专业的主要内容及发展趋势，掌握交通工程建设的社会责任和每个交通建设者应该承担的内容。课程支撑毕业要求指标点见表1。

表1　　课程支撑毕业要求指标点

指标点	内　容
3.4	在设计中能够考虑安全、健康、法律、文化及环境等制约因素
6.2	能分析和评价专业工程实践对社会、健康、安全、法律、文化的影响，以及这些制约因素对项目实施的影响，并理解应承担的责任
7.1	知晓和理解环境保护和可持续发展的理念和内涵

注：指标点编号是根据专业认证要求制定的人才培养方案中给每门课程分配的指标点。

作者简介：葛文璇，1979年，南通大学交通与土木工程学院，副教授。

（二）案例设计对应课程内容

本案例设计为课程的知识单元三：交通运输工程师的社会责任。

本次授课是课程的第八讲，2学时。教学目标为掌握交通运输工程师需具备法律意识、风险意识、环境意识、人文意识以及可持续发展观等社会责任。以港珠澳大桥建设历程和岛隧总工林鸣个人故事的讲授来实现育人目标，让学生了解在解决交通工程问题时需综合考虑安全、健康、法律、文化及环境等制约因素，以及这些制约因素对项目实施的影响，培养学生的社会责任感，在以后的专业生涯中可以主动担负起交通工程建设者应该承担的环境保护、生态防护、可持续发展和人文意识等社会责任。

二、思路与目标

（一）教学目标

1. 知识目标

系统掌握交通运输建设和交通运输建设者应该承担的社会责任。

2. 能力目标

培养在分析、评价、设计解决交通运输问题时能综合考虑安全、健康、法律、文化及环境等制约因素的工程思维，提升发现、分析和解决复杂工程问题的能力。

3. 素质目标

培养社会责任感，主动担负起交通运输建设者应该承担的环境保护、生态防护、可持续发展和人文意识等社会责任。形成严谨的科学研究作风和踏实认真的实践研究方法，勇于自主实践、主动创新，加强交通强国的情怀。

（二）学情分析

1. 知识经验分析

经过前期学习和实践，学生已经系统学习交通运输类专业人才的基本要求、人才培养的基本过程、培养自我修养的基本方法，以及交通运输类专业特点和内涵、专业主要内容及发展趋势。

2. 学习能力分析

学生已掌握交通运输类专业人才培养框架，对交通运输类专业已有较全面的认识，具备独立思考、概况和判断的能力。

3. 思想状况分析

解决交通运输问题时综合考虑制约因素的工程思维尚未系统形成，学生仍具有强烈的求真探索、追求进步的意愿。

（三）教学知识点

（1）交通运输工程师的法律意识；
（2）交通运输工程师的风险意识；
（3）交通运输工程师的环境意识；
（4）交通运输工程师的人文意识；
（5）交通运输工程师的可持续发展观。

（四）拟解决的主要问题

本案例将探索在OBE理念下，课程思政与支撑毕业要求指标点的有机结合。

三、设计与实施

（一）课前

线上教学平台布置预习——自主学习法。

（1）《交通运输导论》（人民交通出版社）：交通运输工程师的社会责任。

（2）《工程伦理》（中国工信出版集团）：工程伦理学的道德框架；工程师的职业伦理规范；工程伦理困境及解决办法；工程的内部社会责任；工程的外部社会责任；全球化工程中的伦理。

（3）港珠澳大桥新闻报道视频：新华社记者若曦·蒂明斯。

（4）港珠澳大桥官网：港珠澳大桥基本信息。

（5）课程思政：工程伦理、社会责任。

（二）课中

1. 港珠澳大桥建设历程（10 min）——案例教学法

通过观看港珠澳大桥官方宣传片、建设施工照片等，了解学习港珠澳大桥的建设历程。

港珠澳大桥是我国从桥梁大国走向桥梁强国的里程碑之作，被业界誉为桥梁界的“珠穆朗玛峰”，被英媒《卫报》称为“现代世界七大奇迹”之一，不仅代表了中国桥梁

图1 讲授港珠澳大桥建设历程

的先进水平，更是中国国家综合国力的体现，授课照片见图1。

课程思政：民族自豪感、领略中国智慧、坚定中国自信。

2. 港珠澳大桥建设过程中相关问题思考（30 min）——问题导学法

- 从空中俯瞰港珠澳大桥时，会发现它的大致走势是弯的，海上没有任何阻拦，为什么大桥路线要设计成弯的？
- 港珠澳大桥主要由桥梁、海底隧道和人工岛三块构成，那么建一座桥梁为什么要建海底隧道和人工岛？一座桥到底不行吗？
- 港珠澳大桥的海底隧道是目前世界上最长、最大、最深的海底沉管隧道，这样一条海底隧道如何做到滴水不漏？
- 港珠澳大桥的水域生活着国家一级保护动物——中华白海豚，在国家级自然保护区里做超级工程，竟然做到了白海豚"零伤亡"、环境"零污染"，这是怎么做到的？
- 珠江口是世界上最繁忙的航道之一，最繁忙的时候这里每天有4 000多艘船只来往，如果有一艘万吨巨轮撞上港珠澳大桥怎么办？
- 大海总是神秘莫测，这样一座超长跨海大桥，如果碰到了台风等突发事件，港珠澳大桥该如何保障人们的行车安全？

通过问题将学生引入课堂教学的中心，回答问题的过程中，同学们会慢慢地感受到，交通工程不仅仅是国家重要的基础设施，同时也是服务社会、造福人类的工程，交通工程建设者不仅要有法律意识、风险意识，还需要承担环境保护、生态防护、可持续发展等社会责任，互动照片见图2。

课程思政：专业技术、法律意识、人文意识、环境意识、风险意识、可持续发展观等工程伦理。

3. 港珠澳大桥岛隧工程总工林鸣的人物介绍（10 min）——讲授法

通过讲授港珠澳大桥岛隧工程项目队伍的举旗人，中国交建总工程师、港珠澳大桥

图2　港珠澳大桥专业问题的探讨

岛隧工程项目总经理兼总工程师林鸣工作生活中6个故事，来树立行业楷模，从而激励学生为实现民族复兴而奋发图强。

故事①：定海神针；

故事②：“共和国长子”的责任；

故事③：不听话的病人；

故事④：拿着显微镜走钢丝的人；

故事⑤：一线员工笑脸墙；

故事⑥：在一起。

在林鸣的带领下，这支队伍成功攻破了一个又一个世界级难题，不断刷新着世界工程记录。林总工程师以一种“强国筑梦”的责任感，带领团队创造了诸多世界工程奇迹，建设了世界上规模最大的公路沉管隧道和唯一的深埋沉管隧道。这支队伍中的41个集体、24名个人获得了省部级以上的表彰，其中16个集体、9名个人获得了国家级荣誉，1名一线技术工人被誉为“大国工匠”。

完成好港珠澳大桥这份重任，除了需要专业知识，更需要最坚定、最执着的担当品格。林鸣的担当品格，早已成为交通工程业界的一面旗帜。榜样的力量是无穷的，精神的力量是伟大的。学生在听故事的过程中，向榜样学习的种子就会在心中悄悄种下，在以后的专业道路上慢慢生根发芽。课程将中华人文精神润物细无声地融入学生的血液中，为培养出有方向、有良心、有道德、有责任、有使命感的交通工程高级人才添砖加瓦，讲授照片见图3。

课程思政：工匠精神、劳模精神、榜样力量、专业使命感。

4. 港珠澳大桥的工程价值（20 min）——讨论法

以前后座位6~8名学生为一组进行讨论，讨论题目为“港珠澳大桥除了是一项重大的交通工程项目还有哪些价值意义？”讨论结束每组由1名同学代表小组发言，最后教师

图3　港珠澳大桥岛隧工程总工林鸣人物介绍

进行总结。

港珠澳大桥是国家工程、国之重器，其建设创下多项世界之最，体现了一个国家逢山开路、遇水架桥的奋斗精神，也体现了我国综合国力、自主创新能力，更体现了勇创世界一流的民族志气。建设港珠澳大桥是中国支持香港、澳门和珠三角地区城市快速发展的一项重大举措，是“一国两制”下粤港澳密切合作的重大成果。这是一座圆梦桥、同心桥、自信桥、复兴桥。大桥建成通车，进一步坚定了我们对中国特色社会主义的道路自信、理论自信、制度自信、文化自信，充分说明社会主义是干出来的，新时代也是干出来的！

通过讨论将专业学习引向历史、文化的深处，建立课堂与社会的联系，提高学生历史责任感和社会使命感，时刻牢记学习专业的初心和使命，坚持技术发展为了人民、依靠人民、发展成果由人民共享，促使学生主动担负起交通工程建设者应该承担的社会责任，讨论照片见图4。

课程思政：四个自信、一切为了人民的初心使命。

图4　港珠澳大桥工程价值的讨论

5. 单元测验（5 min）——练习法

（1）选择题：建设工程纠纷的解决方法一般有________。

A. 和解　　B. 调解　　C. 仲裁　　D. 诉讼

（2）填空题：交通运输工程师在学习自然科学知识、掌握工程应用技术的同时，还应建立基本的________意识、________意识、________意识和________意识，并树立________的发展观，为和谐社会建设和人类可持续发展作出应有的贡献。

（3）填空题：人类受制于环境，同时又给环境以巨大影响。人类对环境的影响基本上表现在两个方面，一是对环境施加积极的________影响，二是消极的________影响。

（4）判断题：讨论工程项目对环境的影响，并不是要限制工程项目的建设，而是要在工程项目建设中采取积极的态度和科学有效的方法，努力实现工程项目与环境的和谐。

（5）判断题：可持续发展可在不牺牲后代并满足其需要能力的条件下，满足当前的需要。

6. 课程总结（5 min）——复习法

（1）订正单元测验题。

（2）知识单元三教学内容重点回顾。

（三）课后

线上教学平台布置单元作业：

（1）假如你是某项交通工程的一名工程师，你发现某一标段的设计图纸存在技术上的问题，你会怎么做？

（2）假如你是监理单位的一名员工，你发现施工方存在偷工减料的行为，你会怎么做？

（3）假如某项交通工程的某一标段的建设不得不影响到海洋环境，作为工程师，你会怎么做？

（4）港珠澳大桥对我国其他超级工程建设具有哪些启示？

四、特色与创新

（一）国家战略导向的教学理念

课程将交通强国国家战略对环境保护、可持续发展等提出的客观要求与课程教学无缝对接，课程思政贯穿授课全过程，服务于毕业要求指标点，培养学生成为既具有专业意识又具有行业责任担当的新时期综合型人才。

（二）问题导向的教学模式

课程面向两性一度的课程建设需要，采取教师主导与学生讨论并重的教学模式。通过设置的问题，教师与学生半分课堂，教师通过问题启发式地进行主导教学，讲述知识点；学生则围绕课堂讨论问题，进行分组讨论和观点展示，教师参与讨论和点评。

（三）全过程教学考核评价

课程采用课前、课中、课后考核全过程的评价模式，三部分的成绩都纳入课程考核成绩。课前通过线上学习平台的后台数据可以查看学生预习情况，课中采用单元测验的方式可以得到学生学习情况的即时反馈，课后通过作业可以全面了解学生对本单元知识点的最终掌握情况。

五、反思与分析

（一）实施效果及成果

本案例注重课程设计，较好地满足了高质量学习的需求，增加了课程的挑战度，增强了学生的获得感。课堂互动感强，学生参与度高。从课堂反应来看，学生们认真听讲，紧跟教师授课步伐，积极思考，甚至课间也都在相互讨论。

从课堂的师生互动、小组讨论、课上单元测验以及课后作业的反馈情况来看，教学目标顺利完成，教学效果好。

1. 单元测验分析

单元测验平均分90分，正确率达到90.4%，说明绝大多数同学在课堂上就已经掌握了单元知识点，仍有欠缺的部分可通过课后作业来完善，学生线上答题情况分析见图5。

图5 单元测验情况分析

2. 课后作业分析

所有学生都回答出了本次课程的知识要点，在专业学习的同时，还建立了基本的法律意识、风险意识、环境意识和人文意识，并树立了可持续的发展观等。例如交通工程201班的朱同学在作业中写道：工程师们要（1）具有一定的法律意识，制定合理的合同或协议，妥善处理合同纠纷；（2）具有一定的风险意识，对建设方案进行合理的风险评估，并且做足风险减免、风险分隔，以及后备应急措施和风险自留的准备；（3）具有一定的环境意识，了解人类环境、自然环境、社会环境和聚落环境，知晓此工程对已有环境的影响，对未来环境的影响，达到项目和环境的和谐；（4）具有一定的人文意识，做到对人文资源的保护和开发，树立正确的价值观，既关心工程建设的经济性，又不忘对人文的关怀，处理好科技所带来的便利性与传统人文环境的矛盾，取得适度的平衡，有效地保护好、处理好、使用好、利用好人类优秀文化遗产，避免发生破坏；（5）树立可持续发展观，合理利用资源，拓展生存空间，开发新的绿色资源。

部分同学还对课程内容进行了延伸，例如交通工程202班王同学在作业中写道：工程师们在用专业知识服务社会、造福人类的过程中，不仅需要承担一定的社会责任，还必须深入了解国家可持续发展战略，担负时代赋予的社会责任，促进交通行业的可持续发展。又如交通工程202班叶同学在作业中写道：在工程建设时应秉持绿色发展、生态优先的理念，同时也应考虑工程对国家发展、长期繁荣稳定以及与外国交流合作的重要意义。

3. 其他证明材料

（1）教学案例获评南通大学“课程思政”优秀教学案例（图6）。

（2）本次授课多次作为课程思政示范课由学院组织面向全校开设公开课，示范课海报见图7。

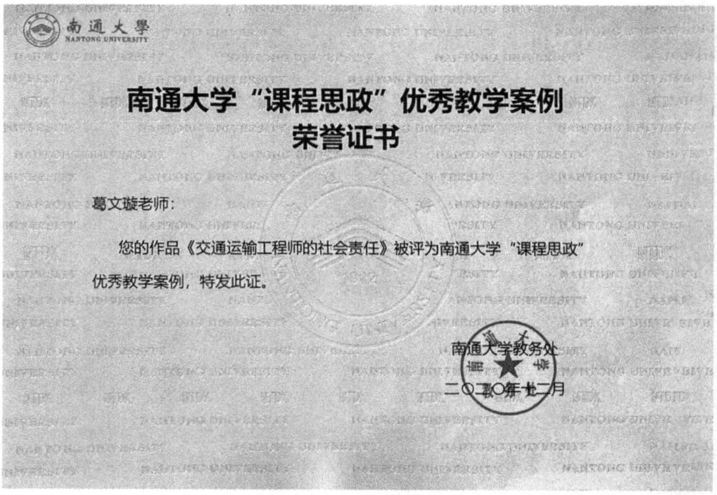
南通大學
NANTONG UNIVERSITY

南通大学“课程思政”优秀教学案例
荣誉证书

葛文璇老师：

您的作品《交通运输工程师的社会责任》被评为南通大学“课程思政”优秀教学案例，特发此证。

南通大学教务处
二〇二〇年十二月

图6 “课程思政”优秀教学案例荣誉证书

图7 示范课海报

（3）本课程教学案例在高校交通运输类专业课程思政研究联盟会暨第一届理事会第一次会议上作专题汇报，参会照片见图8。

图8 参会照片

（二）存在的不足

（1）小组讨论控场能力有待提高，如有可能今后尽可能安排小班授课。

（2）学生对少学时考查课的重要性认识不足，不愿投入更多的时间和精力，部分学生只是做到了上课认真听讲，课后投入少，导致课后作业情况参差不齐。

（三）今后的改进思路和注意事项

（1）采用现代化教育技术，如课堂派、智慧树等，优化课程设计，进一步提高学生的课堂参与度和课堂教学效果。

（2）充分利用网络学习平台的后台监控数据，加大对课后学习的指导和监控，课程考核更加多元化。

综上所述，知识单元三的授课从知识与能力、情感与态度、价值与立场这三个维度，完成了教学计划，同步实现了价值塑造、知识传授、能力培养三位一体的教学目标，将思想政治教育无痕融入了专业教育全过程，提高了育人效果。

“轨道交通概论”课程思政教学案例

艾岳巍

中南大学交通运输工程学院　湖南长沙　410075

一、案例简介

（一）课程和案例的基本情况

“轨道交通概论”课程的授课对象为交通设备与控制工程专业的本科生，是该专业学生的专业基础课程之一。通过学习该课程，学生可以对轨道交通运输业有概括性的认识和了解，并掌握国内外的轨道交通发展历史以及轨道交通运输业、轨道交通运输设备和轨道交通运输工作的基本概念、原理及运用。本课程一方面能为学生学习后续课程提供必要的基础知识；另一方面，可以帮助学生充分了解世界轨道交通发展现状和趋势，从而开阔眼界，及时地去努力学习并掌握轨道交通运输设备的新知识和新技术，激发出学生对轨道交通行业的浓厚兴趣。通过融入课程思政元素，使思政教育与轨道交通专业知识教学有机地结合起来，实现知识教育、价值引领和能力培养相统一的育人目标。

“轨道交通概论”课程思政案例主要针对中国铁路的发展历程及中国高速铁路、重载铁路发展的成功经验，引导学生们向为祖国高质量快速发展无私奉献的先辈们学习，培养学生爱岗敬业、无私奉献、勇于创新的工匠精神，树立起浓厚的家国情怀，立下学好本领、报效祖国的雄心壮志。

（二）思想政治教育与专业教育的融合情况

“轨道交通概论”课程思政教学中，在学生重点掌握我国早期铁路发展历程及高速铁路、重载铁路所经历的引进、消化吸收、自主创新过程的基础上，贯彻落实立德树人的根本任务，以社会主义核心价值观和中华优秀传统文化教育为灵魂和主线，坚持“价值

作者简介：艾岳巍，1989年，中南大学交通运输工程学院，副教授。

塑造+知识传授”“能力培养+智慧启迪”的育人理念，深入挖掘轨道交通概论课程中蕴含的思想政治教育元素，提取课程内容中思想政治教育融入点并映射至课程教学全过程，推动“轨道交通概论”课程与思想政治理论课同向同行，形成协同效应，让学生树立起深厚的爱国情怀，立下报效祖国的雄心壮志，为实现中华民族伟大复兴的中国梦而努力奋斗。

（三）课程思政教学改革实践情况

“轨道交通概论”课程经过多年的建设与发展，已组建了高水平的教学团队，特别是在课程思政教学方法与人才培养方面积累了丰富的经验，并取得了丰硕的教学改革研究成果。其中，获批省部级、校级教学改革研究等项目7项，发表高水平教改论文3篇，获“中南大学优秀班导师”、三十佳教学竞赛二等奖、“中南大学课程思政示范教师”“中南大学课程思政示范教师团队负责人”等荣誉多项（详见教学改革成果）。

课程教学改革研究主要工作包括：修订了“轨道交通概论”课程思政教学大纲，组建了课程思政教学团队，形成了一套课程思政教案，并在课程思政专题研讨会上多次分享教学改革实践经验等。具体如下。

1. 完成“轨道交通概论”课程思政教学大纲的修订

在教学大纲原有课程目标中，增加了课程思政育人目标。充分挖掘“轨道交通概论”课程中蕴含的思想政治教育元素，提取课程内容中的思想政治教育融入点并映射至课程教学全过程，见表1。对课程目标、课程要求、教学时数、实践等部分进行了修订，见表2。

表1　“轨道交通概论”课程思政元素映射与融入

章节	教学内容	思政映射与融入点
第1章	轨道交通的国内外发展历史和趋势	结合典型历史事件充分展现轨道交通的重要性，让学生了解我国轨道交通所经历的岁月历程，培养学生的爱国主义精神
第2章	轨道交通线路的组成、主要技术标准、轨道的钢轨道岔部分、路基的排水及铁路限界	通过介绍轨道交通各线路的重要性以及组成，让学生深刻认识到每一部分的作用都是不容忽视的，身处各个岗位都能发挥出自己的优势，培养立足岗位、爱岗敬业的精神
第3章	轨道交通机车车辆（动车组）构造中的走行部分、制动装置以及轨道车辆的基本类型和外形	通过学习轨道交通机车车辆类型的多样性及各部分的突出特点，学生可结合自身特征，充分发挥自身优势，为祖国的发展作出贡献

表2　“轨道交通概论”课程教学大纲的修订对照

项目内容	原版要点	新版新增修订要点
课程达成目标	通过学习该课程，学生可以对轨道交通运输业有概括性的认识，并掌握国内外轨道交通发展历史以及轨道交通运输业、轨道交通运输设备和轨道交通运输工作的基本概念、基本原理及基本运用，一方面为学生学习后续课程提供必要的基础知识，另一方面也让学生充分了解世界轨道交通发展现状和趋势，从而开阔眼界，及时地去努力学习和掌握轨道交通运输设备的新知识和新技术	了解并掌握国内外轨道交通发展的新历程以及对轨道交通运输行业所产生的深远影响，同时弘扬爱国主义精神，激发学生的爱党、爱国热情并使其在实际学习工作过程中付诸行动，正确引导学生努力学好知识的同时树立报效祖国的雄心壮志，让他们早日成为国家栋梁，为实现中华民族伟大复兴的中国梦而努力奋斗
课程基本要求	按照本专业培养方案的培养要求，参照培养方案中课程体系与培养要求的对应关系矩阵，阐述本课程所承载的知识、能力和素质培养的具体要求 知识：了解包括普速铁路、高速铁路和城市轨道交通在内的轨道交通运输业的发展历史，熟悉和掌握轨道线路、机车、车辆、动车组、通信信号、车站、行车组织、重载铁路等有关轨道交通运输设备以及轨道交通运输工作的基本概念、基本原理及基本运用，了解和熟悉轨道交通安全管理的重要性和特殊性，以及基本的运输安全分析方法与评价方法 能力：培养学生将所学知识和技能应用于解决实际问题的工程能力，通过分组讨论和课外作业或论文，培养学生的文档写作能力和创新能力，注重培养学生发现问题、分析问题和解决问题的综合能力，全面提高学生的自我学习能力 素质：形成对轨道交通运输行业运作的整体宏观认识，建立从行业整体发展角度分析专业问题的系统思维模式，提升理解行业管理与决策的基本素质。通过课程中的分组讨论和分组作业培养学生的沟通交流、实践应用、团队协作和思维创新等方面的综合素质	建立从先进轨道交通运输行业整体发展角度分析专业问题的新系统思维模式，提升理解行业管理与决策的新理念。通过课程中的分组讨论和分组作业培养学生的沟通交流、实践应用、团队协作和思维创新等方面的综合素质，同时激发学生的爱国热情，根据自身定位选择为国家作出贡献的领域，深刻认识到自身的优势在爱国及报效祖国中所起的重要作用，树立遵纪守法的意识，发散性了解国家、社会各种工作组织的运行机制，弘扬爱国主义情怀，深入理解国家社会中的各种奖惩措施机制，启迪学生认识到高精尖技术的重要性，引导学生努力学好知识，早日成为国家的栋梁，报效祖国
理论教学部分	主要包括轨道交通建设与发展、轨道交通线路、轨道交通机车车辆、轨道交通车站、轨道交通信号与通信设备、轨道交通运输组织、轨道交通安全管理、高速铁路与重载运输	国家的发展在轨道交通行业发展历程中的作用，轨道交通领域的大国重器、工匠精神与榜样的力量，先进轨道交通领域的信息化、自动化、智能化等全新技术
实践教学部分	无	参观学习大国重器、工匠精神及榜样实习基地，实地教学

（续表）

项目内容	原版要点	新版新增修订要点
教学时数和授课内容分配情况	轨道交通建设与发展，2学时；轨道交通线路，4学时 轨道交通机车车辆，1学时；轨道交通车站，4学时 轨道交通信号与通信设备，5学时；轨道交通运输组织，6学时 轨道交通安全管理，6学时；高速铁路与重载运输，4学时	轨道交通建设与线路，4学时；轨道交通领域的大国重器，1学时 轨道交通机车车辆与车站，3学时 轨道交通领域工匠精神与爱国主义教育，2学时 轨道交通信号设备与运输组织，8学时 轨道交通领域榜样的力量，2学时 轨道交通安全与高速重载运输，8学时 先进轨道交通领域的信息化、自动化、智能化等全新的技术产业，3学时
成绩考核与评定方式	重点考核学生获取知识的能力、应用所学知识分析问题和解决问题的能力、实践动手能力和创新能力等；采用多种形式（笔试、口试、答辩、测验、论文等）、多个阶段（平时测试、作业测评、课外阅读、社会实践、期末考核等）、多种类型（作品、课堂实训、课堂讨论、社会调查、竞赛等）等全过程的考核；成绩评定加大过程考核及阶段性考核成绩比例（原则上≥40%），减少期末成绩的占分比例	增加以下考核： 参与课堂讨论；弘扬爱国主义精神案例学时；树立刻苦钻研榜样案例学时；参观学习大国重器、工匠精神及榜样力量等实习基地
使用教材及主要参考书	1.《铁道概论（第六版）》（佟立本） 2.《铁道概论》（龚娟） 3.《铁道概论》（肖荣） 4.《高速铁路概论》（佟立本） 5.《高速铁路概论》（韩宝明） 6.《城市轨道交通概论》（蒋阳升）	增加以下教材及参考书： “中国先进轨道交通关键技术丛书”（钱清泉、田红旗等） 《大国重器》（贲德） 《工匠精神读本》（宦平）

2. 组建“轨道交通概论”课程思政教学团队

通过组建课程思政教学团队，深入贯彻落实立德树人根本任务，实现将价值塑造、知识传授、能力培养、智慧启迪融为一体；做到为人师表，将价值观融入知识传授、能力培养和智慧启迪之中，帮助学生塑造正确的世界观、人生观、价值观，坚定学生理想信念，将家国情怀、文化素养、宪法法治意识、道德修养等作为“轨道交通概论”课程重点优化内容，履行高质量人才培养的义务。

3. 构建专业能力培养与教学育人相结合的课程思政教学模式与多维度评价方法

在课程思政教学模式方面，从强化历史意识、弘扬创新精神、宣扬榜样力量、践行高尚品德、传播先进事迹等方面构建了“轨道交通概论”课程思政新型教学模式，培养学生刻苦钻研、敢于创新、敬业奉献的品质，树立爱国主义精神与报效祖国的理想。

针对课程思政教学成效评价方法，从教学相结合、课堂内外呼应、学校工作延续性、学习生活相促进、时间推移性等方面，构建多维度专业课程思政教育评价方法，并形成有效的反馈机制，为后续进一步强化课程思政的教学综合效果提供指导与支持。

4. 参加课程思政专题研讨并分享课程思政研究与实践经验

教学团队积极参加了学校的课程思政专题研讨会与交流会，多次作为代表在会上分享“轨道交通概论”课程思政教学研究与实践经验，就课程思政建设研究工作与各专家开展了深入交流。坚持“价值塑造＋知识传授、能力培养＋智慧启迪”的育人理念，推动“轨道交通概论”课程与思想政治理论课同向同行。

（四）案例选用意义

基于中国铁路的发展及高速铁路、重载铁路的成功经验，引出先辈们的英勇事迹、大国工匠、大国重器等案例，与学生们展开深入研讨，激发学生们强烈的社会责任感与使命感。引导学生们学好本领、报效祖国，做好新时代的接班人和建设者，树立起为中国高铁持续领跑世界作出贡献的伟大爱国主义精神与报国情怀。

二、思路与目标

（一）拟解决的主要问题

通过“轨道交通概论”课程的学习，贯彻落实立德树人的根本任务，以社会主义核心价值观和中华优秀传统文化教育为灵魂和主线，深入挖掘课程中蕴含的思想政治教育元素，提取课程内容中思想政治教育融入点并映射至课程教学全过程，进而推动“轨道交通概论”课程与思想政治理论课同向同行，形成协同效应，让学生树立起深厚的爱国情怀，立下报效祖国的雄心壮志，是本课程需解决的主要问题。

（二）课程思政教学改革的理念和思路

通过挖掘课程中蕴含的思想政治教育元素，将其融入课堂教学、课外研讨及实践等各教学环节中，激发学生的爱国热情。让学生根据自身定位选择为国家作出贡献的领域，深刻认识到自身优势在报效祖国中所起的重要作用，强化遵纪守法的意识，发散性地了解国家、社会各种工作组织的运行机制，弘扬爱国主义情怀，深入理解国家社会中的各种奖惩措施。另外，启迪学生认识到高精尖技术的重要性，引导学生努力学好知识，早日成为报效祖国的栋梁。具体思路为修订课程思政教学大纲，在原有课程目标中，增加课程思政育人目标；组建课程思政教学团队，深入贯彻落实立德树人根本任务；构建课程思政新型教学模式与多维度评价方法；参加课程思政研讨会，不断提升育人成效。

（三）知识、能力、素质目标的设定与达成度分析

1. 知识目标

了解包括普速铁路、高速铁路和城市轨道交通在内的轨道交通运输业的发展历史，熟悉和掌握轨道线路、机车、车辆、动车组、通信信号、车站、行车组织、重载铁路等有关轨道交通运输设备以及轨道交通运输工作的基本概念、基本原理及基本运用，了解和熟悉轨道交通安全管理的重要性和特殊性，以及基本的运输安全分析方法与评价方法。

2. 能力目标

培养学生将所学知识和技能应用于解决实际工程问题的能力，通过分组讨论和课外作业或论文，培养学生的文档写作能力和创新能力，注重培养学生发现问题、分析问题和解决问题的综合能力，全面提高学生的自我学习能力。

3. 素质目标

形成对轨道交通运输行业运作的整体宏观认识，建立从行业整体发展角度分析专业问题的系统思维模式，提升理解行业管理与决策的基本素质。通过课程中的分组讨论和分组作业培养学生沟通交流、实践应用、团队协作和思维创新等方面的综合素质。贯彻落实立德树人根本任务，以社会主义核心价值观和中华优秀传统文化教育为灵魂和主线，坚持"价值塑造＋知识传授、能力培养＋智慧启迪"的育人理念，深入挖掘课程中蕴含的思想政治教育元素，提取课程内容中思想政治教育融入点并映射至课程教学全过程，推动"轨道交通概论"课程与思想政治理论课同向同行，形成协同效应，让学生树立起深厚的爱国情怀，立下报效祖国的雄心壮志，为实现中华民族伟大复兴的中国梦而努力奋斗。

4. 目标达成度分析

针对教学过程中的具体情况，设置了课程思政目标达成度分析表，如表3所列。通过目标达成度分析表，从达成途径、考核方式、期望达成度及实际达成度等方面分别对各目标的达成过程及结果展开分析。另外，设置了课程思政教学持续改进表，见表4。基于课程思政目标达成度分析结果与上次建议，分析课程思政目标达成度形成的原因并拟订下次改进措施，综合考虑各部分的具体情况，形成综合评价结论。通过对课程思政目标达成过程的持续改进，确保课程思政目标的最终达成。

表3　“轨道交通概论”课程思政目标达成度分析

课程目标	达成途径	考核方式	期望达成度	实际达成度	是否达成
知识目标：了解包括普速铁路、高速铁路和城市轨道交通在内的轨道交通运输业的发展历史，熟悉和掌握轨道线路、机车、车辆、动车组、通信信号、车站、行车组织、重载铁路等有关轨道交通运输设备以及轨道交通运输工作的基本概念、基本原理及基本运用，了解和熟悉轨道交通安全管理的重要性和特殊性，以及基本的运输安全分析方法与评价方法	课前导学 课堂讲授 课堂讨论 课后实践	期末笔试 课堂答辩 课后作业 论文实践测评	0.7	0.75	达成
能力目标：培养学生将所学知识和技能应用于解决实际工程问题的能力，通过分组讨论和课外作业或论文，培养学生的文档写作能力和创新能力，注重培养学生发现问题、分析问题和解决问题的综合能力，全面提高学生的自我学习能力	课前导学 课堂讲授 课堂讨论 课后实践	期末笔试 课堂答辩 课后作业 论文实践测评	0.7	0.73	达成
素质目标：旨在培养学生对轨道交通运输行业的全面宏观理解，发展系统性思维，提升行业管理和决策能力。通过小组讨论和合作学习，提高学生的沟通、实践、团队合作和创新思维等综合素质。课程强调立德树人，融合社会主义核心价值观和中华优秀传统文化，采用综合育人模式，挖掘课程中的思想政治元素，实现价值塑造与知识传授、能力培养与智慧启迪的有机结合。通过将思政教育融入课程教学，与思想政治理论课形成协同，激发学生的爱国情感和报国志向	课前导学 课堂讲授 课堂讨论 课后实践	期末笔试 课堂答辩 课后作业 论文实践测评	0.7	0.71	达成

表4　“轨道交通概论”课程思政教学持续改进

阶段	上次建议	本次实施情况	下次建议
教学	1. 增加课程思政先进事迹案例 2. 提高素质目标的达成度	深入挖掘“轨道交通概论”相关课程思政教育元素，调动课堂的活跃气氛	在思政案例讲解前，首先分享给学生，让学生进行预习，然后在课堂讲解中展开深入研讨，让学生感悟大国工匠等先进事迹背后的精神力量，厚植爱国主义情怀，培养造就时代新人
考核	细化课程思政考核考核范围及评价指标，优化分值比例	1. 将课外预习、课堂参与度及思政元素的展开等方面纳入了考核过程，并设定了对应的评价指标 2. 优化调整了各考核部分在课程目标中的比例	1. 提高预习及深入讨论参与度的比重 2. 适当提高考核标准
评价审核结论及反馈	审核结论：达成（√）　　未达成（　） 持续改进意见：同意按持续改进计划改进。		

三、设计与实施

（一）教学理念

在课程思政教学中，充分挖掘课程中所蕴含的丰富思想政治教育元素，贯彻落实立德树人的根本任务，以社会主义核心价值观和中华优秀传统文化教育为主线，坚持"价值塑造+知识传授、能力培养+智慧启迪"的育人理念，并将其融入各个教学环节中，使思政教育与轨道交通专业知识教学有机结合起来，实现集知识教育、价值引领和能力培养相统一的育人目标。

（二）教学环节的设计

在课程思政教学过程中，设计有导学、讲学、实践等不同的环节，分别通过以下信息化平台展开。

1. 信息化平台

采用Zoom会议+腾讯会议+课程QQ群+课程微信群+中国大学MOOC平台+线下教学的方式，形成线上线下混合式教学信息化平台，如图1所示。

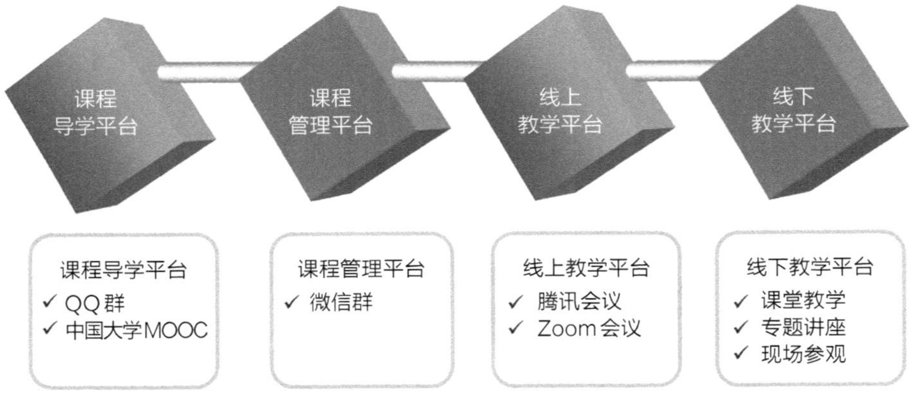

图1　线上线下混合式教学信息化平台

2. 线上线下教学环节

根据教学资源的不同类型，采用不同的发布方式，如图2所示。结合线上线下教学，所形成的线上线下混合教学资源平台如图3所示。

1）QQ群提供课程导学资源

课程QQ群主要用于发布较大容量或需长时间保存的课程导学资料，如电子版教材、导学视频、学生作业习题、网上学习资源链接等。

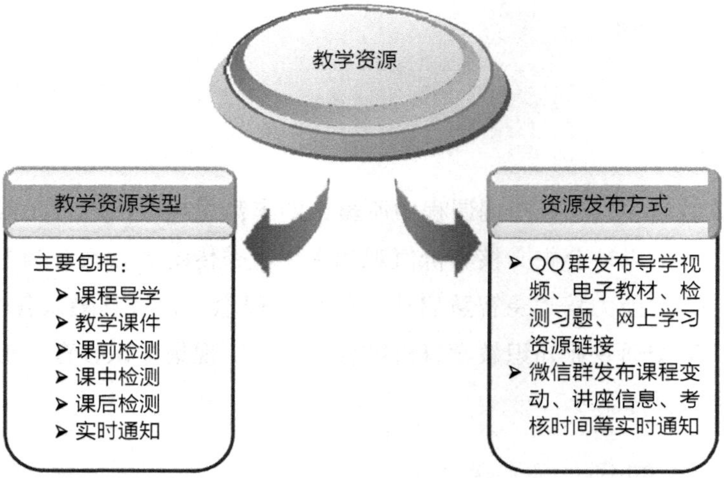

图2　教学资源与发布

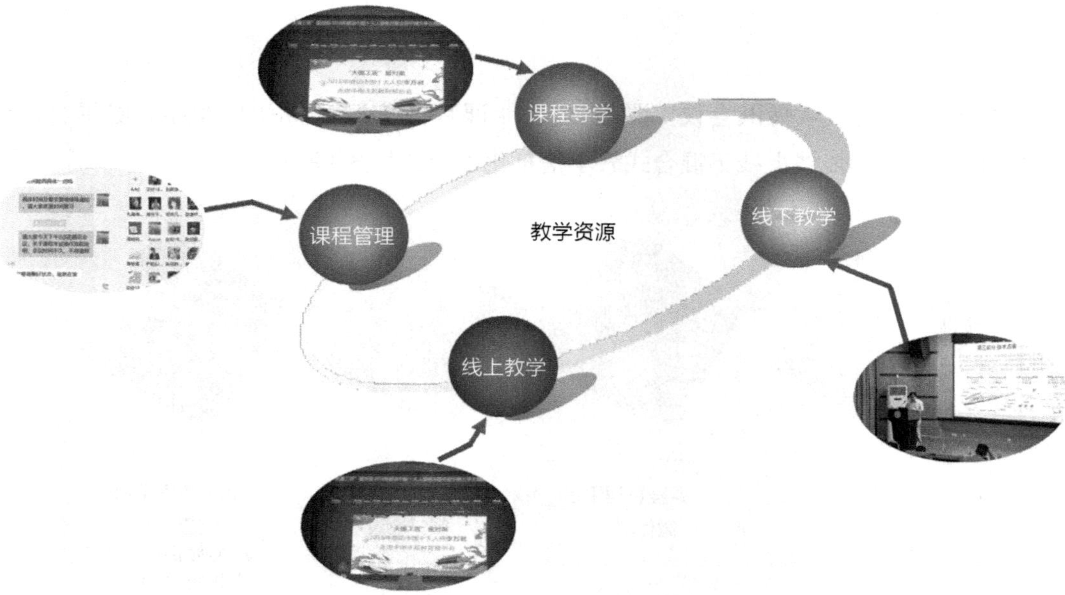

图3　线上线下混合教学资源平台

2）微信群提供课程管理平台

课程微信群用于发布教学过程中的各种通知与补充参考资料等，在微信群中还可以对学习过程中遇到的问题进行文字答疑，学生可随时留言提问。

3）腾讯会议/Zoom会议线上教学平台

利用腾讯会议/Zoom会议进行线上直播教学，剖析课程重点难点内容，组织学生开展课程内容讨论，线上答疑，开展企业专家线上专题讲座，探讨学术前沿问题及虚拟仿真实践等。

4）线下现场教学平台

在线下现场教学中主要进行课堂多媒体教学，课堂面对面讨论，邀请企业专家进校园开展讲座，组织学生进入企业现场以及教育基地参观学习等。

（三）教学方式方法

课程思政教学过程中，采用的教学方式方法主要有课堂现场教学、线上教学、专业实践教学、教育基地参观学习及系列讲座等。具体教学方式、方法如下。

1. 课堂现场教学

课堂现场教学主要包括PPT及先进事迹视频展示，启发学生查找相关视频的自学探究法，引入思政教学元素的启发式问答法等教学方式，如图4所示。

图4　课堂现场教学

2. 线上教学

通过采取线上线下教学相结合的方式，丰富教学形式，充分满足学生的个性化需求，如图5所示。

3. 专业实践教学

带领学生深入机车车辆制造现场，并对轨道交通设备关键部件的实物及制造过程进行详细讲解，加深学生对专业知识的理解，并培养创新实践能力，如图6所示。

4. 基地参观

深入轨道交通行业爱国主义教育基地，让学生切身了解轨道交通工具的发展过程，培养爱国主义精神和家国情怀，如图7所示。

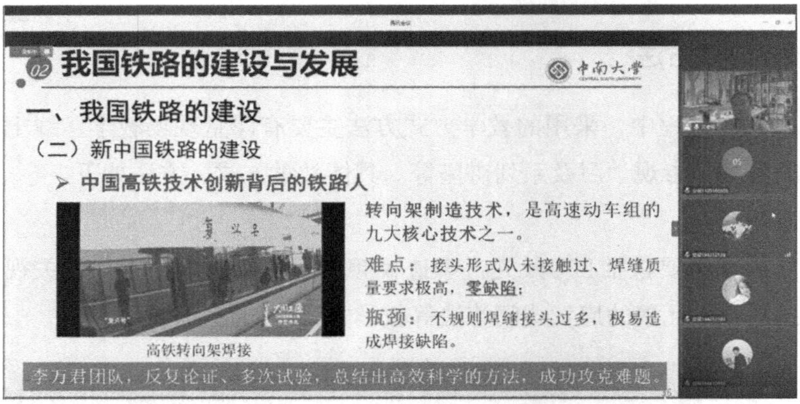

图5　线上教学

图6　专业实践教学

图7　基地参观

5. 系列讲座

通过邀请轨道交通领域大国工匠、全国劳模等榜样人物进入校园、课堂进行讲学，让学生感悟大国工匠精神背后的力量，领略在平凡中坚守成就的不凡；坚定学好专业课程、融合实践与创新的理想信念，不忘初心使命，践行工匠精神，如图8、图9所示。

图8 “大国工匠进校园”李万君老师报告

图9 中车青岛四方机车车辆股份有限公司副总工程师丁叁叁报告

（四）教学过程的组织与实施

1. 课前设计

1）重点与难点

重点：轨道交通线路的组成、主要技术标准、轨道的钢轨道岔部分、路基的排水及铁路限界等。

难点：轨道的平纵断面结构和布置、道岔的构成和基本工作原理等。

2）测试题

在课前、课中和课后分别设置测试题，通过QQ群将题目预先发布，在学生完成后公布参考答案并附详细解析。

课前预习测试题：在课前预习中，通过较简单的问题检测预习效果，重点在于提升学生的自学能力。

课中巩固讨论题：针对课堂中所讲授的重点与难点知识，设置讨论题检测学生对理论知识的掌握情况，以巩固所学知识为重点，并考查学生对知识的运用能力。

课后提升测试题：课后设置综合分析题，提升学生综合运用知识的能力，激发学生对感兴趣知识点的钻研精神。

3）课程思政典型案例

在课程思政教学实践过程中，主要从强化历史意识、弘扬创新精神、宣扬榜样力量、践行高尚品德、传播先进事迹等方面构建课程思政新型案例，旨在激发学生学习兴趣的同时，掌握专业知识，培养刻苦钻研、敢于创新、敬业奉献的爱国主义精神与报效祖国的理想，如图10所示。具体如下。

（1）强化历史意识：随着时代的发展，轨道交通行业各部分都经历了历史性的发展与巨变。在课堂上介绍相关内容时，通过对其渊源进行阐述，能够使学生在掌握相关理论知识的同时，强化历史意识，加深记忆与理解，帮助学生形成完整的知识框架，激励他们学习前辈们艰苦奋斗、敢于创新的高尚品德与宝贵精神。

（2）弘扬创新精神：我们能够享有轨道交通行业大力发展的成果，和祖国各界人士的努力奋斗是分不开的。从近代西方列强在中国领土上修筑铁路，到目前中国高铁通车里程和商业运营时速均达到世界第一，所走过的每一阶段都离不开自主创新。通过弘扬创新精神，激励学生勇于创新。

（3）宣扬榜样力量：课程内容中涉及许多为我国轨道交通行业的发展无私奉献的故事，可以从中提炼一些先进的感人事迹，在介绍相关知识点时结合讲解与分析，例如耳熟能详的杰出爱国工程师詹天佑等。通过宣扬榜样的力量，培养学生强烈的爱国主义精神。

（4）践行高尚品德：结合我们身边一些优秀先进事迹的案例，如往届优秀毕业生校友回校交流等，收集一些大家比较感兴趣的知识内容，形成专题活动，开展高尚品德先进事迹学习活动。

（5）传播先进事迹：鼓励学生将课堂中所学的专业知识与育人知识进行应用，回归到基层组织与学校中开展爱国主义宣讲、志愿者等主题活动，传播先进人物事迹，弘扬

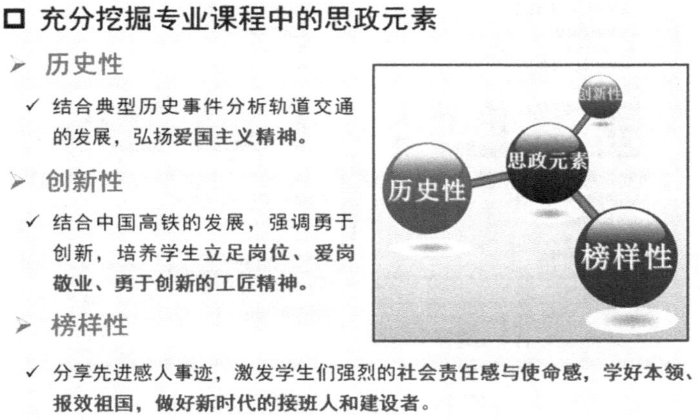

图10　专业课程思政元素挖掘

爱国主义精神。通过课堂教学、实践教育等形式进行学习，让学生能够将所学的知识付诸行动。

案例1：我国早期的铁路。介绍爱国工程师詹天佑的故事，激励学生勇于创新，培养浓厚的家国情怀与爱国主义精神。

案例引入：介绍我国早期具有代表性的几条铁路，引入案例进行分析。介绍中国领土上出现的第一条铁路，中国人民自己创办的第一条铁路，中国人自主设计、施工修建的铁路，进行比较分析，让学生能够加深记忆。通过引入案例分析，展示中国人民的“国若有难，必挺身而出”的爱国主义精神和报效祖国的情怀。

思政点剖析：通过讲述先辈们的英勇事迹，启发学生们铭记历史、勿忘国耻、顽强拼搏，树立起为祖国富强而发奋学习的信念，刻苦学习，以优异的成绩回报祖国，培养强烈的爱国主义精神。

案例2：我国高速铁路的建设。讨论中国高铁从跟跑、并跑到领跑的过程，引导学生敢于创新，培养立足岗位、爱岗敬业的精神。

案例引入：高速铁路是信息技术、自动控制技术和新材料、新工艺等多种技术综合的高新技术集成。早期，我国陆续引进了日、德、法等国技术，联合生产了时速200 km的动车组。后来，高铁技术人员凭借执着的精神，对由数十万个零部件所组成的动车组进行了消化吸收学习，研发制造出了以和谐号CRH380为代表的多种型号动车组。经过8年的自主创新，时速350 km的中国高铁“复兴号”成功运营，中国高铁成为世界上一道亮丽的风景，如图11所示。中国高铁成功实现了从跟跑、并跑到领跑的目标。在介绍完中国高速铁路的发展历程后，深入分析铁路人的辛勤付出案例，强调敢于创新的重要性。

思政点剖析：我国高速铁路能够取得举世瞩目的成就，与背后勇当先行的铁路人的辛勤付出是分不开的。在具有世界顶级技术的高速动车组生产中，展现才华的中国中车

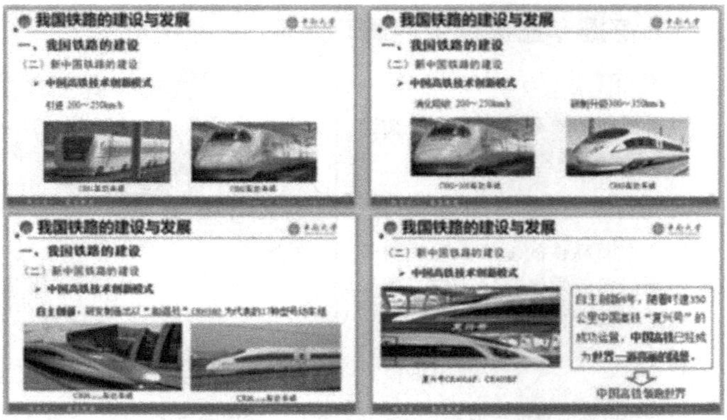

图11　中国高铁领跑世界

技术工人，被李克强总理赞誉为“中国新一代高铁工人”。在这支光荣的队伍中，全国劳模——李万君，凭借精湛的焊接技术和敬业精神，为我国高铁事业的发展作出了重要贡献，被誉为“高铁焊接大师”，如图12所示。作为中车长客股份公司首席操作师，32年来他始终坚守在轨道客车转向架焊接岗位，苦练技术、攻克难关，成为公司焊接领域的技术专家，获“全国劳模”“感动中国十大人物”“大国工匠”等多项荣誉。

未来，我们轨道交通将向更高速度、更高安全性、更加智能化方向发展。学生们应该向李万君等大国工匠学习，培养自己立足岗位、爱岗敬业、勇于创新的工匠精神，将个人理想与国家重大战略需求相结合，实现自己的人生价值。

图12　“高铁焊接大师”李万君

思政点剖析拓展：国家的强大涉及方方面面，通过观看《大国工匠》《大国重器》纪录片（图13），更进一步激发学生们强烈的社会责任感与使命感。学生们应该学好本领、报效祖国，做好新时代的接班人和建设者，培养出为中国高铁领跑世界作出贡献的伟大爱国主义精神与报国情怀。

2. 课中组织

根据所设计的教学资源，课堂中的教学流程如图14所示。

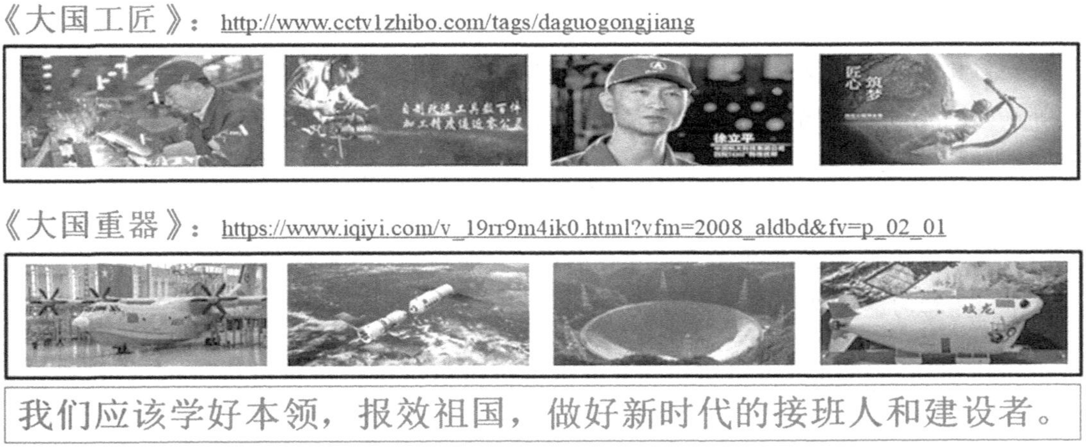

图13 《大国工匠》《大国重器》纪录片学习

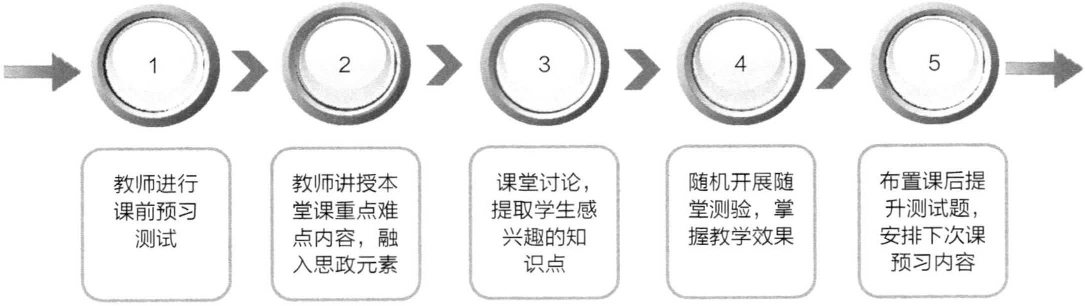

图14 课堂中的教学流程

3. 课后测评

完成课堂教学后，及时对教学效果进行测评。测评形式采用笔试、答辩、测验、论文等，从以下具体方面展开考核。

作品、课堂实训、课堂讨论、先进事迹活动社会调查、先进事迹宣讲、实践竞赛等教学全过程的考核。

课外阅读学习先进事迹案例，观看《大国重器》《工匠精神》及《榜样》纪录片，参与社会实践基地学习等。

激励学生自主学习，深刻领悟，形成一套科学合理的教学效果评价体系，并在实践中不断修正与完善。

（五）考核评价方式

考核评价主要分为两个阶段，短期考核评价和长期考核评价。第一阶段考核内容重点考查学生在校期间获取知识的能力，应用所学知识分析问题和解决问题的能力，实践动手能力和创新能力以及对社会主义核心价值观和中华优秀传统文化的综合素质领悟程度等，如图15所示。考核方式采用多种形式（笔试、答辩、测验、论文等）、多个阶段(平时测试，作业测评，期末考核，课外阅读学习先进事迹案例，观看《大国重器》《工匠精神》及《榜样》纪录片，参与社会实践基地学习等)、多种类型（作品、课堂实训、课堂讨论、先进事迹活动社会调查、先进事迹宣讲、竞赛等）等教学全过程的考核，激励学生自主学习，深刻领悟。

图15 课程考核方式

第二阶段针对整个课程思政教学成效的长远评价，提出了从教学相结合、课堂内外呼应、学校工作延续性、学习生活相促进、时间推移性等方面，构建多维度专业课程思政教学评价方法，并形成有效的反馈机制，为后续进一步提升课程思政的教学综合效果提供指导与支持，如图16所示。

四、特色与创新

“轨道交通概论”课程思政教学改革过程中，通过设计丰富的教学环节，采用创新的教学方法，在各教学环节专业知识中融入如《大国工匠》《大国重器》等相关课程思政元素，能够很好地激发出学生们的浓厚兴趣，引导学生积极主动思考，互动程度很高，推

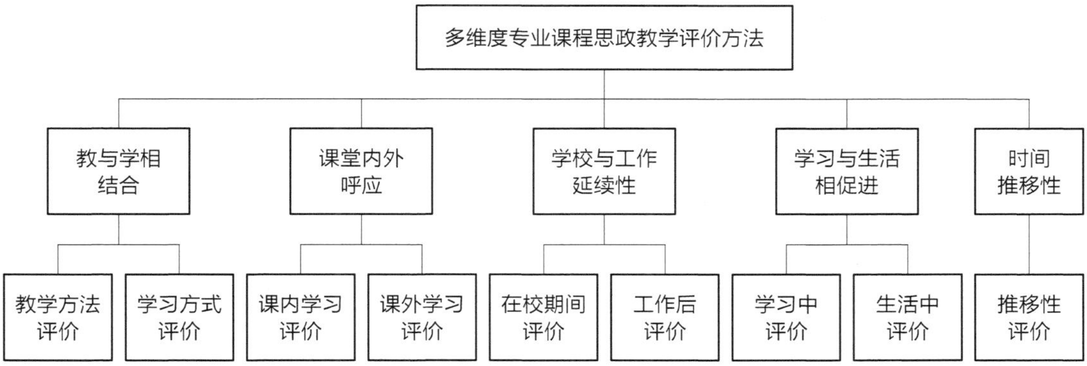

图16 多维度专业课程思政教学评价方法

动轨道交通概论课程与思想政治理论课程同向同行，形成良好的协同效应。具体“轨道交通概论”课程思政教学改革的特色和创新之处如下。

（一）聚集优秀资源

在各教学环节中，聚集线上线下优秀资源，包括：导学视频、电子课件、网上学习平台、建立交流通道、线上线下互动等，能够让学生学习过程灵活、便捷，且能够及时了解学生的学习情况。

（二）智慧启迪

基于各教学环节内容与教学目标，突出各部分的重点与难点内容。同时，结合课堂教学、专题讨论、课后答疑等各教学方式，引导学生积极、自主学习与探索，能够获得良好的效果。

（三）协同育人

在课程思政教学过程中，通过引入先进事迹案例，邀请企业专家进课堂以及在校外优秀基地开展现场参观学习交流等方式，很好地形成了教学、科研、企业的协同育人模式。

（四）持续改进

针对课程思政教学过程中所设定的目标，引入了达成度分析及持续改进机制，并对达成途径及考核等进行不断修正，确保课程思政目标能够以高达成度实现。

五、反思与分析

（一）课程思政教学改革的实施效果及成果

1. 课程思政教学改革的实施效果

1）学生反馈

“轨道交通概论”课程思政的实施范围为交通运输工程学院交通设备与控制工程、轨道交通信号与控制两个本科专业的大三学生，包括“轨道交通概论”理论课程及实践教学各环节，每年受益学生200余名。本课程包括理论教学、实践教学等各环节，获得了广大学生的一致好评。在前几轮教学实施完成后，学生给予的评分位于全校课程前列。特别是通过组织学生开展实践教学以及前往爱国主义教育基地参观学习等教学方式，令学生的知识、能力、素质及思政等多方面综合素质得到了很好的培养与提升。

2）校内外同行、推广应用情况及示范辐射作用

“轨道交通概论”课程思政自实施以来，与校内外同行开展了深入的交流与研讨，所形成的教学改革理论方法获得了同行的高度评价。同时多次受邀在学校课程思政专题研讨会、课程思政建设交流会上作报告（图17），分享课程思政研究经验与实践典型案例，获得了各位同行、专家的高度评价，推动了“轨道交通概论”课程与思想政治理论课程同向同行，形成了良好的示范辐射作用。具体如下。

2021年11月，参加全国高校教师课程思政教学能力培训；

2021年10月，参加中南大学课程思政工作推进暨课程思政教学研究示范中心评选会议；

图17　课程思政典型案例分享专题会交流

2021年4月，参加中南大学课程思政与教学创新研讨会；

2020年12月，参加交通学院课程思政研究中心成立大会暨课程思政专题研讨会，并发言分享经验；

2021年6月，参加交通学院课程思政建设专题研讨交流暨师德专题教育动员部署会，并发言分享经验。

2. 课程思政教学改革成果

“轨道交通概论”课程思政实施以来，在课程思政元素的挖掘、融入、教学环节设计、教学模式构建及评价方法等方面展开了深入的教学理论与实践研究，并取得了丰硕的成果。其中，获批省部级、校级教学改革研究等项目7项，发表高水平教改论文3篇，获中南大学优秀班导师、三十佳教学竞赛二等奖、中南大学课程思政示范教师、中南大学课程思政示范教团队负责人等荣誉多项，“轨道交通概论”课程入选2021年中南大学课程思政示范课程。

（二）存在的问题及改进思路

通过“轨道交通概论”课程思政教学实践，向学生传授专业知识的同时，培养了学生刻苦钻研、敢于创新、敬业奉献的精神，让学生树立起了强烈的爱国主义精神与报效祖国的理想，较好地实现了集知识教育、价值引领和能力培养相统一的育人目标。后续教学改革研究中，在课程思政案例构建、课程思政教师团队建设、创新教育模式、育人效果考核及教学方法体系方面仍需持续改进，挖掘更多、更广的思政教育元素，培育学生科技报国的家国情怀和使命担当，弘扬大国工匠精神，科学合理地拓展“轨道交通概论”课程的广度和深度，取得更多的研究成果。

后期，“轨道交通概论”课程将主要从课程思政案例构建、教学团队建设、专业课程思政教学过程中时间的分配与管理、育人效果考核方式等方面持续实施改进，汇编一套完整的课程思政教学方法体系，力争在各高校相关专业课程中进行推广，形成更广泛的示范效应。具体如下：

（1）继续深入挖掘轨道交通专业课程思政教育元素，从契合度、生动性、可操作性等方面完善课程思政案例；

（2）加强“轨道交通概论”课程思政教学团队建设，组织教师参加课程思政交流学习，吸纳优秀教师参与到“轨道交通概论”课程思政教学过程中，为课前导学、课堂理论教学、课程实践及课后巩固等环节配备专业教师辅导；

（3）基于前期所提出的教学模式与评价方法，对“轨道交通概论”课程思政教学过程各部分时间的具体分配与管理进行调整研究，完善各环节时间的分配；

（4）分析前期教学成效评价方法所获得的结果，调整育人效果的考核方式，对人才培养的整个考核过程设置更加科学、合理、可行的考核指标并持续改进，提升教学成效评价方法的可操作性；

（5）汇编一套完整的“轨道交通概论”课程思政教学方法体系，包括课程思政教学模式、专业课程思政教学内容分配方案、典型思政案例构建方法、科学育人成效评价方法以及课程思政可推广成果等。

讲好新时代中国故事，描绘“一带一路”倡议下的共同愿景

——面向留学生的“交通工程”课程思政教学探索与案例建设

辛飞飞[1]　王晓博[2]

1. 同济大学交通学院　上海　200092；2. 同济大学经济与管理学院　上海　200092

一、案例简介

“交通工程”是交通运输工程专业的基础课程和国际通用课程。同济大学交通学院自2011年以来，连续10年坚持开设“交通工程”全英语专业课，已经成为本专业开课时间最长、选课学生最多的全英语课程之一，2018年获同济大学“名课优师”表彰。

“交通工程”全英语课程的授课对象主要是来华留学生。在“一带一路”倡议带动下，来华深造的留学生数量显著增长。作为国内面向基础设施规划建设的优势学科，“交通工程”专业对于留学生具有较高吸引力。通过交通运输领域国际化的课程平台，向留学生讲好“新时代的中国故事”，强化“一带一路”倡议重大战略意义，描绘共同的美好愿景，是增强留学生认同感和使命感的有效途径，但也是当前课程思政中亟待加强的薄弱环节。

基于长期的全英语课程建设实践，教学团队针对留学生来源国背景差异大、语言能力参差不齐等状况，开展了问题导向的课程思政教学创新设计，创造“平等、有效沟通，友善、思辨并重”的课堂氛围。在充分信任的基础上，展示中国交通事业的新面貌、新挑战、新机遇，凸显中国对于世界交通和经济发展的重大贡献，展示大国工匠精神。在“交通工程”各章节内容中，结合留学生的认知和学习特征，找准课程思政的有效“切入点”，用新理念融入思政要素。使留学生在掌握知识的同时，加深对我国交通科技、教育和文化领域的认同，为进一步提升我国的国际影响力提供有力支撑。

作者简介：辛飞飞，1980年，同济大学交通学院，副教授。

二、思路与目标

第一，讲好留学生课、做好课程思政，相互尊重、平等而有效的沟通是前提。针对各国留学生文化、社会背景差异大，语言水平和学习习惯各异等现状，教学团队在教学方法上进行了大胆创新，引入了同济大学经济与管理学院面向留学生的“跨文化管理”课程团队成员，有效提升了交通领域专业教师对留学生学习规律的认知，以及跨文化有效沟通能力，对于增强课堂感染力、提升思政教学水平大有裨益。

第二，本课程立足“专业基础课”定位，从课堂教学、课外实验、社会实践、考核等环节，挖掘课程思政融入点，努力做到自然且有深度地融入，而不止于简单的宣传说教。在教学过程中设计了大量的中国优秀本土案例，开发了可用于留学生教学的交通工程课外实验系统，建立了面向留学生的国家重大战略规划资料库，积极探索一条新时期背景下具有中国特色的“国际化专业课程”教学之路。

第三，充分调研来华本科留学生和研究生的专业背景和学习需求，明确并细化“交通工程”全英语专业课程与同类中文课程的差异化教学目标。结合各类学生需求，梳理课程大纲和授课内容，形成根据生源地分布特征进行动态调整的机制与方法。

三、设计与实施

（一）明确课程思政内涵

教学团队立足“专业课”定位，构建模块化的“交通工程”全英语课程思政教学体系。按照“大国担当——责任感与使命感”模块、“一带一路——国际协同发展”模块、“大国工匠——自主自强创新”模块、“可持续发展——造福人类福祉”模块，分别从中国故事、中国贡献、中国人才和中国责任四个方面阐述思政内涵，并对应课程内容中的各主要知识点。

根据以上课程思政教学体系模块，课程团队重点设计了8个思政教学案例资源，见表1。

（二）建立国际视野的有效沟通平台，促进思政教学落地

课程的授课目标不应只局限于讲授基本理论与基本方法，还应帮助学生提高其对不同国家、地区文化和组织文化的理解与掌握能力，以及与不同文化背景的人进行沟通的能力。既强调夯实理论基础，又注重沟通技巧，才能创造有利于落实课程思政、讲好中国故事的课堂环境。基于以上考虑，在课堂教学中需达到的沟通目标和手段如下：

①帮助学生理解全球化的驱动力，以及全球化对于不同地区、不同领域造成的影响；

表1　面向留学生的“交通工程”课程思政内涵与案例

模块	课程思政内涵	课程思政切入点	专业教学知识点和典型案例
1	“大国担当”——责任感与使命感	中国故事，结合交通强国战略，回顾中国改革开放以来的交通建设成就，增强使命感与大国情怀	交通工程起源与发展； 中国交通发展战略和重要政策解读
2	“一带一路”——国际协同发展	中国贡献，强调“一带一路”倡议对于促进国际合作和协同发展的重大贡献，成员国在交通和经济发展方面取得的显著成就	交通网络，多模式跨国运输通道，中欧班列； 交通规划，国际交通网络和枢纽规划建设，交通基建国际援助
3	“大国工匠”——自主自强创新	中国人才，聚焦中国交通科技创新，培养工匠精神，培养实践过程中的创新精神，提升专业自信	交通工具，高铁自主创新，航空航天成就； 交通设施，重大交通基础设施建设技术，超级工程
4	“可持续发展”——造福人类福祉	中国责任，中国交通发展过程中对于绿色、生态和可持续性的重视，提出“双碳目标”的重要意义	交通环境，“碳达峰”和“碳中和”目标，汽车排放标准提升、能源结构调整政策； 交通安全，以人为本，交通法规持续完善，信息技术保障安全

②理解文化差异对感知、释义和态度的影响，分析感知效果如何影响不同文化之间师生的交流；③领会言语和非言语方式的重要性，认识到存在多种沟通方式可以加深课程理解；④认识到不同文化背景者可能因沟通不畅而产生冲突，掌握解决跨文化冲突的一些方法。

通过充分的教学演练，教学团队逐渐掌握了一定的跨文化沟通技巧，并用于面向留学生的教学。在此基础上，利用系统的、以学生为中心的方法来实施课程思政教学。教学过程中始终贯穿并明确三个关键信息，如图1所示。①学习目标——教师想要学生学

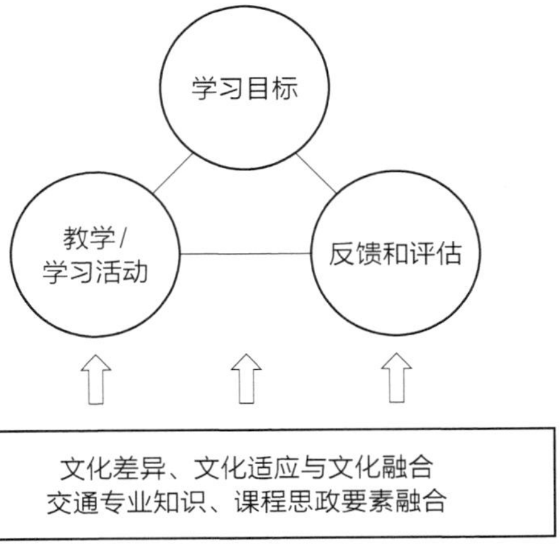

图1　课程思政教学实施关键要素

到什么？②教学/学习活动——为了让学生完成这些学习目标，教师与学生需要做哪些工作？③反馈与评估——如何让学生了解这些目标正在被完成？

培养学生自主学习是国际化教学实践的另一重要方面。通过体验、信息获取和自我反思等关键要素的良性互动，满足国际留学生日益增多的创新实践需求，如图2所示。

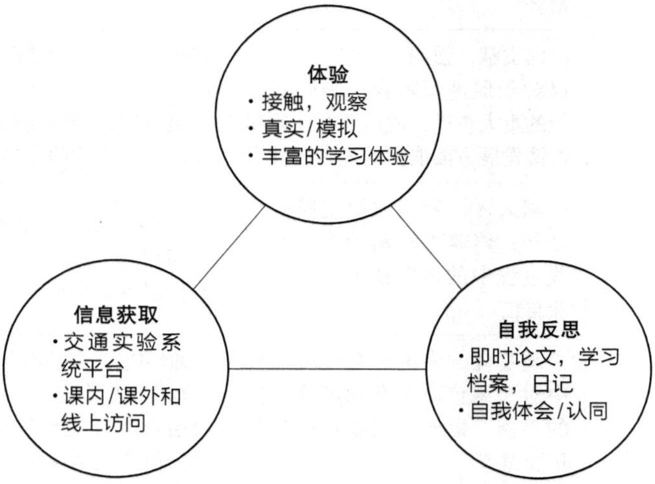

图2 培养学生自主学习的关键要素

在教学实施过程中，教学团队积极探索启发式、探究式、讨论式、参与式教学实践，充分调动学生学习积极性，激励学生自主学习。同时，本课程积极协调本国学生与留学生之间的互动学习关系，做到相互促进。设计大量的小组讨论、团队作业题目，通过启发式、探索式教学方法激发留学生学习兴趣，增强融入感和认同感。

（三）借助信息化手段，构建突出时代性的课程思政系列案例

案例教学是实现课程思政最为有效的终端手段。在面向留学生的课程思政案例收集和制作过程中，教学团队充分借助信息化手段，通过视频、图像、动画等多媒体素材，围绕各个课程思政切入点，建立了完整的案例资源集，并不断动态更新。使留学生在学习过程中，既能学到知识、又能激发兴趣，体现自然融入的思政教育内涵。典型案例列举说明如下。

（1）动态展现“一带一路”倡议下的成就，力证“一带一路”倡议中的建设呈现的强大韧性与活力，包括印度尼西亚雅万高铁、尼日利亚拉伊铁路、肯尼亚蒙内铁路、中巴经济走廊的瓜达尔港等重大交通基础设施建设，以及新欧亚大陆桥中欧班列等，体现大国责任和担当。

（2）中国不只有“速度”，而是坚定走可持续发展之路。从“双碳”政策“绿色出

行”“节能减排”等政策出台，展现了中国作为负责任的大国，对全球可持续发展作出的重大贡献，描绘“人类命运共同体”未来愿景。

(3)“大国工匠”实干精神与“中国创造”。在课程相关章节内容中引入港珠澳大桥、川藏公路、中国高铁等项目在研发、设计、制造、施工过程中的先进人物事迹介绍，激发学生面对困难勇于突破的使命感和责任感。

(4) 通过对武汉市地理空间区位以及交通需求特征的分析，启发学生思考和理解城市在疫情下作出关键防疫决策的必要性和正确性。

(5) 课内、课外贯通，将课程思政延续到留学生学习的全过程。为了使留学生能尽快融入专业学习环境，安排了实训环节，包括上机操作实验、中国城市交通问题分析、交通基础设施建设国际合作等阶段考核作业。通过实训环节增加师生互动交流与深度合作，提升留学生的认同感。同时利用线上学习平台，使留学生可以获取各种学习资源和案例素材，显著提升了学习自主性。

四、特色与创新

“一带一路”倡议和“交通强国”的建设背景，为交通运输工程学科提供了丰富的课程思政来源。但对于面向留学生的“交通工程”课程而言，不能将面向本国学生的课程思政教学内容和方法进行简单植入。本课程教学团队通过学科交叉实践，主动探索面向留学生开展课程思政教学的内涵和方法，总结出以下几点创新。

(1) 强化师生“跨文化对等沟通”能力，作为落实课程思政的前提。引入跨文化管理教学思路和方法，建立本国教师和不同文化背景的留学生之间的“互信互助”教学沟通语言体系。不局限于“语言沟通”，同时还强调“非语言沟通”的重要作用。使留学生真正产生融入感和信任感，为课程思政的开展打下坚实的基础。

(2) 实现课程思政元素与交通专业知识点的自然融入，避免单一化宣传说教。在案例教学过程中，强调国家之间的互利互惠、共赢合作，而非单方面展示中国成就。科学合理运用信息手段，优化教学案例的表现力和感染力，激发留学生的兴趣，进而强化课程思政传导效果。

(3) 充分考虑不同背景留学生的未来发展方向和研究需求。实现教学内容国际化与本土化的结合，编制专用讲义，避免照搬国外大学同类课程教案。积极研究强化课外环节，增大学生课外阅读量和作业量，编制了课外习题集等教辅资料，将课程思政带入教学全链条环节。

(4) 挖掘留学生课外实训环节的思政价值。教学团队建立了线下课堂与线上实验室连续贯通的“学习资源共享平台”，支持在线实验、线上师生互动等，使学生的课外自主学习时间提升2倍以上。在锻炼动手能力的同时，显著增强留学生的融入感和认同感。

五、反思与分析

作为专业基础入门课程，全英语“交通工程”课程在留学生中的受关注程度高，选课人数超出预期。在全面实施课程思政教学案例以后，留学生对于课程学习的兴趣更为浓厚。从学生提交的课程案例分析与学习报告来看，80%以上体现出了“一带一路”的建设成就。学生认为本课程打好了交通专业知识基础，同时拓宽了知识面，融知识性、趣味性和文化理解于一体。特别是来自不同国家和地区的学生自发组成团队，开展自主体验式学习，基于案例调研和分析，通过访谈、问卷调查、视频摄录等手段，集体完成团队作业并形成高质量课程报告，有效地提升了学生对于交通问题的分析解决能力，增进了相互之间的文化认同感。

同时，通过对近年来授课过程的总结，也反映出了一些问题，需要在后续教学实践中逐步解决并加以完善。

（1）由于选课学生来自不同的国家和地区，教育背景、文化背景、社会背景存在一定的差异性，约10%的留学生由于英文水平受限影响了学习效果，需要加强课前和课后辅导，在教学过程中必须重视学生英文听说能力不平衡的现象，加强辅导教师的作用。由于课堂时间有限，虽然留学生对于“中国故事”课程思政案例体现出了浓厚的兴趣，但配套的课后英文案例资源仍然较为有限，需要群策群力，进一步花大力气进行专门建设。

（2）学生对待团队作业的态度和完成质量差异较为明显。团队作业是提高学生之间沟通和协作能力的重要手段，同时可以弥补课堂教学时间不足的问题。但由于学生来自多个国家和地区，教育背景差异较大。大部分学生对待团队作业态度积极，完成情况质量比较好；但是也存在部分学生，由于文化价值观的差异，在对待课程作业完成的时间节点、团队合作的参与意识、成绩评价的重视程度等方面存在差异，加之学习和生活习惯不同、英文水平所限，完成作业质量受到影响。因此，有必要加大教学团队师资投入，考虑对留学生进行更有针对性的全面帮助提升，包括心理和学习能力方面。

（3）随着“一带一路”倡议的纵深发展，国内高校国际化办学力度不断加大，越来越多的留学生有机会来到国内高水平大学学习深造，为建立真正意义上的国际化课程平台创造了客观条件。面向来自不同国家、具有不同文化背景的国际留学生，全英文课程“交通工程”能够满足不同母语背景留学生的学习要求，在夯实交通专业基础的同时，培养和训练学生之间的组织、沟通与协调能力。此外，学生之间的文化差异和思维习惯差异本身就可以作为课程的生动教学案例。从学科发展的角度来看，通过“交通工程”全英文课程建设，能够扩大国内高校交通运输工程学科的国际影响力、增进国际学术交流，为国外知名大学与国内高校开展教育教学交流和科研合作提供平台和课程支持，为共建美好未来培养更多人才。

参考文献

[1]《交通强国建设纲要学习读本》编写组. 交通强国建设纲要学习读本[M]. 北京：人民交通出版社，2020.

[2] 中华人民共和国教育部. 一流本科教育宣言[EB/OL].（2018-06-22）[2024-04-23]. http://www.moe.gov.cn/jyb_xwfb/xw_fbh/moe_2069.

“交通工程导论（双语）”课程思政教学案例

——践行工匠精神、厚植爱国主义情怀

柳　堤

北京工业大学城市交通学院　北京　100022

一、案例简介

“交通工程导论（双语）”是交通工程专业学科基础必修课，肩负着思想政治上引好路、开好头、做表率的使命担当。本课程用习近平新时代中国特色社会主义思想铸魂育人，在过去2年实践教学中，通过案例教学、政策解读、混合课堂、VR体验等方式，将爱国奉献、文化自信、责任担当等思政元素融合贯穿在知识传授中。本案例是基于课程第一章“概述”，包括交通、交通工程的基本概念、国内国际交通发展现状、城市交通发展新趋势、工程伦理等知识点，配合知识点设置了3类共7个思政元素，分别是以下内容。

爱国奉献，家国情怀。梳理交通工程领域感人事迹和人物故事，将爱国主义、奉献精神等思政元素融入教学：①传承老一辈交通人精神——中国铁路之父詹天佑；②弘扬新时代交通人精神——时代楷模其美多吉。

文化自信，民族自信。分享近年来新闻报道的我国交通工程领域成功案例，学习国家政策和新闻案例：③导读并交流《交通强国建设纲要》；④学习最新交通政策、成果和新闻；⑤通过体验VR实验课感受高原雄奇和大美天路（青藏铁路）。

全球视野，责任担当。了解“一带一路”政策背景、现状和部分案例，担负起中国交通工程师的使命责任：⑥共建“一带一路”政策及案例学习；⑦学习了解“双碳”目标和绿色低碳交通政策。

本案例引导学生在初次接触专业课时，便对我国交通事业形成良好第一印象，心怀“国之大者”的理念，树立建设交通强国远大理想、报国初心、厚植爱国主义情怀，为后续学习城市交通规划、交通运输管理等专业课奠定良好基础，扣好专业学习“第一颗扣子”。

作者简介：柳堤，1987年，北京工业大学城市交通学院，讲师。

二、思路与目标

（一）拟解决的主要问题

有的学生对前途和未来发展感到迷茫，踌躇在择业就业、情感纠纷、留学考研之间，专业认同感低，缺少自信心、使命感。因此，本课程要引导学生心怀“国之大者”的理念，强化把握大局、胸怀天下的使命担当，激励担当交通事业的使命感，提升专业学习自信心。

（二）课程教学理念

遵循“以学生为中心”的教学理念（图1）。尊重学生，教师营造环境、引导发展，做好学生价值观、人生观启迪和引领。将课程思政与线上慕课相结合，更多的实践案例让学生切身体会。应用新的教学技术和手段，如虚拟仿真体验课，助力课程思政的实施和传播，多角度、多模式实施课程育人。并及时收集学生意见反馈，反省教学得失。

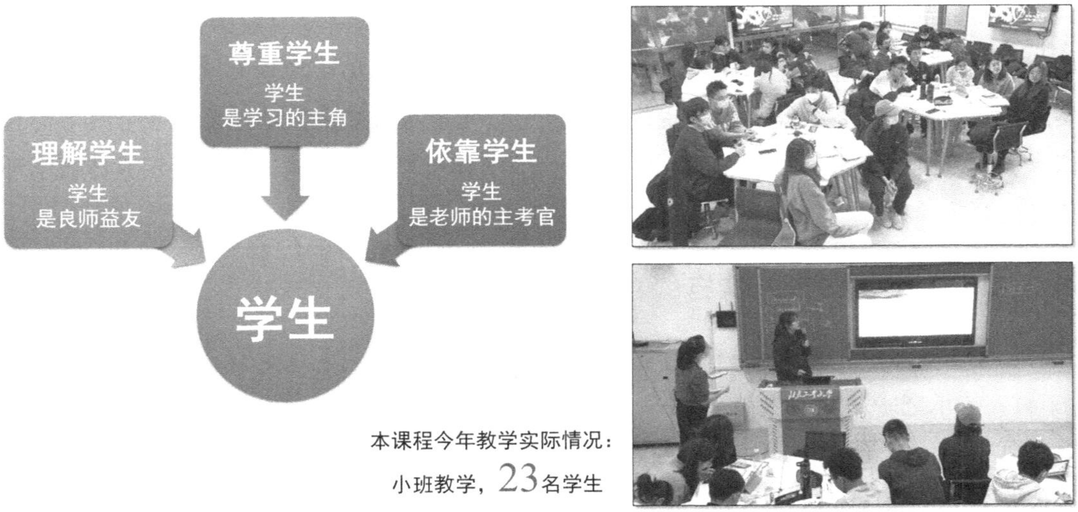

图1 遵循“以学生为中心”的教学理念

（三）“知识－思政”深度融合思路

知识点对应思政点，让学生感同身受；思政点对应共情点，让学生回味，重在启迪。课程思政是课程内容的深度思考与价值引申，并不是简单的比喻。聚焦思政，自然地融入知识点，掌握知识的内涵与外延，并清晰地讲解，然后才是思政的引申。营造共情场景，课程思政会体现在教学的各个环节。通过对知识点的讲解，讲出原理，讲出故事，给学生新的启迪和思考，用我国交通成就案例、名人事迹等思政元素，引导学生心怀“国之大者”，增强自信心、责任感、使命感。

（四）教学目标设定与对应思政元素

知识目标：国内国际交通发展现状、城市交通发展新趋势（思政元素③⑦）。

能力目标：培养学生解决复杂工程问题的创新实践能力（思政元素④）。

思维目标：培养学生利他思维，熏陶人文情怀、工程伦理思维（思政元素②）。

价值目标：培养学生精益求精的大国工匠精神，激发学生科技报国的家国情怀，以及担当使命的价值目标（思政元素①⑤⑥）。

三、设计与实施

（一）教学设计总体思路

将习近平新时代中国特色社会主义思想贯穿“交通工程导论（双语）”课程思政建设始终，按照北京工业大学“课程思政”建设总体部署和2020版教学大纲要求，结合教学实际，将爱国奉献、文化自信、责任担当等思政元素融入知识教学，采用线上线下混合课堂、政策解读、文献回顾、焦点小组讨论、VR体验等教学方式方法，制定具体教学环节和内容。

（二）教学案例的组织实施

1. 爱国奉献，家国情怀

1）传承老一辈交通人精神——“中国铁路之父”詹天佑

百年前，被誉为“中国铁路之父”的詹天佑是位爱国报国的仁人志士，曾在任交通部技监、主持全国交通技术工作期间，驳斥德籍总工程师雷诺贬低并排斥中国工程师之言论，维护了我国工程师之地位及修路主权。他以汉口欧美同学恳亲会会长身份发表演说，号召青年应各出所学，各尽所知，使国家富强，不受外侮，足以自立于地球之上。

课前布置作业，了解詹天佑事迹。课上请学生从知识点出发讲述詹天佑的事迹，或者课上由教师直接讲述詹天佑报国建铁路的故事。从百年前京张铁路建设，打破中国人不能自建铁路的谬论，到新时代的冬奥会京张智能高铁开通，引导学生通过百年新旧对比，感悟中国交通人的不懈奋斗与报国情怀。若条件允许，争取利用北京工业大学地域优势，推动校地合作、馆校合作，与北京的博物馆、展览馆，以及各个交通相关企业事业单位合作，谋划参观铁路爱国主义教育基地“詹天佑纪念馆”等课内外活动，引导学生感受革命精神，体会划时代的大国交通发展变化，萌生在新时代交通报国的学习热情。

2）弘扬新时代交通人精神——时代楷模其美多吉

时代楷模其美多吉在平均海拔3 500 m以上的雪线邮路上默默奉献了28年，确保来自党中央的声音、四面八方的邮件通过四川省甘孜藏族自治州的雪线邮路，送往雪域的各个角落，用真情奉献为促进藏区经济社会发展作出了积极贡献。其美多吉被群众誉为“雪线邮路的幸福使者”，他于2019年被评为“最美奋斗者”“感动中国2018年度人物”。

课上教师提供线上内容，观看其美多吉相关报道、颁奖演讲视频等资料。其间，重点强调四川省甘孜藏族自治州的雪线邮路，交通道路路况、涉及的自然条件等交通相关内容，引出知识点，随后点题：其美多吉28年如一日地驾驶邮车在平均海拔3 500 m的雪线邮路上运送邮件，为的是确保来自党中央的声音及时传达到祖国雪域高原，确保四面八方的邮件准确到达。

2. 文化自信，民族自信

导读并交流《交通强国建设纲要》。课程中设置了《交通强国建设纲要》等政策学习、解读和研讨，中英文双语教学，国内外案例并举。

（1）本双语课程引导学生用全球化思维、国际化视角，带领学生研读、讨论国家政策法规文件，包括《交通强国建设纲要》《民法典》等党和国家政策文件、法律法规，使学生对我国交通建设顶层设计和长远规划有整体认知，对未来毕业就业有宏观性和前瞻性思考，可以通过学生小组讨论等互动式教学手段展开。学习和领悟交通强国建设的时代意义和现实地位，双语的政策教学也为学生自学国外文献、科研检索等提供有力支撑，让学生能够在国际交流中更加自信地介绍我国交通现状和发展蓝图，从而巩固爱国主义情怀、把自身专业前途与党和国家发展需求紧密联系，为建设交通强国、实现中华民族伟大复兴贡献青春力量。

（2）学习最新交通政策、成果和新闻。在讲授“国内外交通工程发展概况”等知识点的过程中，引入近年来新闻报道的我国交通工程领域成功案例和名人事迹。

分别在课前、课堂上和课后布置任务（图2），让学生去主动学习和了解我国交通的发展，包括粤港澳大桥建成通车；全国铁路营业总里程达到14.6万km；高铁营业里程超过世界的三分之二，居世界第一位；全国公路通车总里程达到519.8万km，其中高速公路16.10万km，稳居世界第一。用交通建设亮点、成功案例和名人故事，激励和提升学生对交通事业的自豪感和认同意识。

（3）通过VR实验课体验高原雄奇和大美天路（青藏铁路）。本课程自主开发并拥有自主知识产权的VR体验课“大美天路”，通过多种新思路、新工具，在沱沱河车站

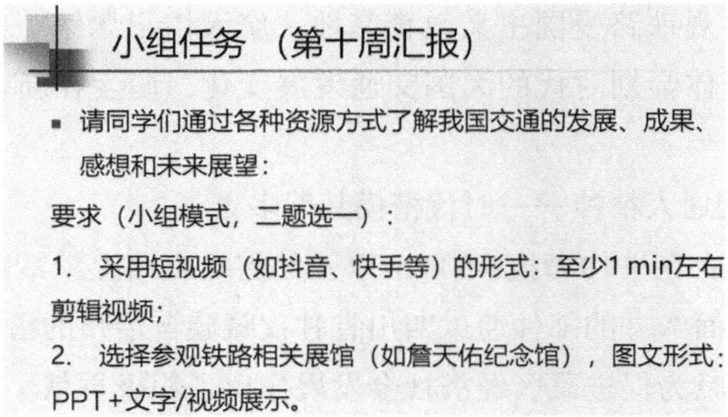

图2　焦点小组任务（思政）之一

模拟交通调研并计算规划方案，提高学生学习兴趣；营造多感官的沉浸体验，让学生足不出户就能体验我国青藏铁路交通的雄奇、参观长江源石碑，萌生专业自信和爱国情怀（图3）。

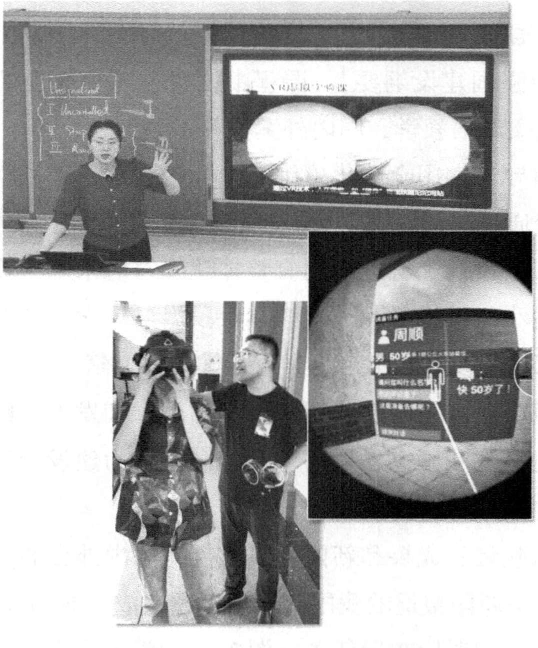

图3　尝试开展VR实验课“大美天路”

学生在VR漫游时，可进入长江源石碑、沱沱河站站台、车站南边的唐古拉镇等地点，观察场景景物细节及周边情况，进入车站后，开启交通客流量调查任务。

3. 全球视野，责任担当

（1）共建“一带一路”倡议政策及案例学习。引导学生关注“一带一路”倡议建设，通过课堂上列举亚欧高速铁路网络、海外中国科技园区等“走出去”项目，拓宽学生全球视野，为工程认证国际接轨奠定基础。

用好线上线下混合课堂，在贯彻“大力弘扬交通工程中的家国情怀”等教学目标、学习“一带一路”倡议等知识点的过程中，发挥线上课程形式多样的优势，给学生共享经过挑选的新闻视频、科普短片、“带路”案例等，采用较为轻松的手段、最为真实的案例，促进学生完成相关知识的学习了解，让枯燥、严肃的思政教育更加生动、深刻。可以推荐学生在线下和课后继续关注相关网上资源并布置作业，实现线上领学和线下自学衔接。

（2）学习了解“双碳”目标和绿色低碳交通政策。习近平主席在第七十五届联合国大会一般性辩论上提出：“中国将提高国家自主贡献力度，采取更加有力的政策和措施，二氧化碳排放力争2030年前达到峰值，努力争取2060年前实现碳中和。”这一重要宣示为我国应对气候变化、绿色低碳发展提供了方向指引，擘画了宏伟蓝图。

课程思政加入“双碳”目标，引导和指导学生关注绿色交通、低碳交通，从金融、技术、立法、生活方式等方面，激发学生讨论热情，关注政策导向，指导就业选择和科研选题（图4）。

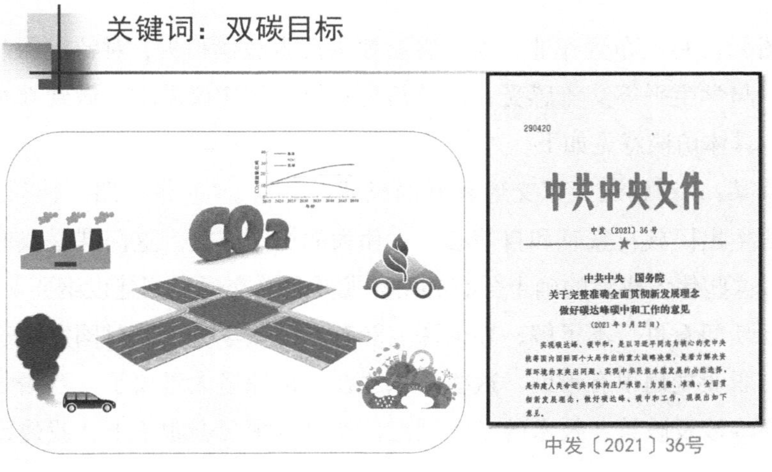

图4 学习了解“双碳”目标和绿色低碳交通政策

（三）考核评价与反馈

本课程非常重视考评与反馈，包括量化打分和访谈意见等。

量化打分。课后由学生给老师打分评价，并在每次加入思政元素或课程内容调整后，及时收集学生意见反馈，吸纳后修改课件。例如，一次课后测评中，有47%的学生有共情反馈，表示“很有趣”“节奏舒服”“有耐心”；有40%表示希望继续学习与专业相关的

47%的学生有共情反馈，
表示“很有趣”“节奏舒服”
“有耐心”

40%表示希望继续学习
与专业相关的思政内容

持续改进
- 2018年增加多媒体演示
- 2019年增加学生参与、案例研讨
- 2020年增加Vlog作业
- 2021年增加VR体验内容
- 2022年增加AR体验内容

序号	答案文本
1	小班教学比较好
2	老师很耐心，解答同学的问题
3	会多次强调重点
4	授课方式及内容
5	老师中英文讲解，所有同学都能够听懂
6	能把专业知识和专业相关的思政部分巧妙相结合
7	结合生活中的交通理解书本上的定义，清晰明了。
8	给我们看了很多相关的视频资料，很有趣
9	有很多延伸拓展
10	我认为本课程是对于交通工程的学生非常重要的一门课，可以让我们对专业有最初步的认识，比较好的部分就是老师经常会在课上教学的过程中与思政结合，增加我们对时事的了解程度，例如播放全球可持续交通大会开幕式的习主席讲话视频等，让我们更加认识到自己作为一名新时代大学生和交通人身上肩负的责任。
11	老师讲解清晰明了，细心耐心
12	比较贴近所学的专业，与生活实际也比较结合
13	中英文混合教学
14	中英文混合授课

第4题:
除目前上课所讲内容，你还有哪些方面是想通过上课获取的 [填空题]

查看详细信息

序号	答案文本
1	没有
2	交通工程毕业后就业的具体内容
3	考试题
4	无
5	无
6	暂无
7	生活上的交通
8	中国交通的未来，我将来可以为交通做什么
9	大概了解目前比较前端的知识
10	我还想获取一些目前交通方面的前沿论文，但是以我们目前的水平很难全部深刻理解，所以需要老师帮助我们讲解一些论文中的思路或者名词。
11	暂无
12	交通发展的历史
13	更多交通工程现状及发展前景
14	上课讲的内容的实际应用
15	课堂教学部分的部分国家或国际先进的研究方向和领域介绍。

图5 某次课后学生评价反馈

思政内容（图5）。每次布置作业，通过答题效果反省教学得失；对特定课改内容，会通过访谈学生，与学生平等交流感受，记录其真实想法和建议需求，做到教学内容创新的供给侧改革。具体访谈意见如下。

学生王某某：“看到近年来交通领域的成就，高铁、‘一带一路’倡议下的发展等，发自内心地萌生出民族自豪感和自信心，为伟大的祖国点赞。这门课是我们上的第一门专业课，学习这些伟大成就的确十分有必要，尤其是《交通强国建设纲要》等政策解读，之前只是电视新闻看过，不了解，导论课上能有老师领学，让我对国家交通大政方针有个了解，这对职业规划很有帮助，这些知识放在导论课里太重要了。双语学习还是有难度，尤其是一些涉及政策、技术的专业词汇，如果没预习会跟不上，我建议讲政策时就用中文吧，英文听起来有难度。此外，之前的导论课教材是个白色课本，跟现在的这个线上新教学课件内容不太一样，新的线上课堂有很多新内容。”

学生马某某：“双语教学特别适合这种重要的交通成就介绍，有国际领先的感觉，我作为中国人很自豪，这是我们强大的祖国带给我的。有很多成绩我自己之前不太清楚，有的时候出现了政策介绍，从交通转到政策、政治内容，虽然都与交通有关，但稍微能感觉到这是在进行宣传教育。不过这些从国家顶层设计的角度介绍交通工程，形式新颖，比原来的按交通工程知识介绍这门学科发展现状，要生动有趣，这种国家的宏观视角还是挺好的，耳目一新。”

四、特色与创新

（一）提高政治站位，心怀“国之大者”

本课程以习近平新时代中国特色社会主义思想为思政建设指导思想，提升政治站位，站在党和国家事业发展全局中来重新谋划“交通工程导论（双语）”有关章节内容，突出交通强国建设、共建“一带一路”倡议等党和国家对交通事业的总体擘画，在教与学的过程中践行“两个维护”，树牢“国之大者”。

（二）弘扬报国情怀，强化使命担当

本教学团队持续打造国家精品课程，深挖交通领域爱国英雄事迹，及时收集交通相关感人事迹和人物故事，分类梳理近年来新闻报道的我国交通工程领域成功案例，这些案例在目前教材内容、教学实践中还相对稀缺，亟待补充。

（三）提升全球视野

双语课程中国内外案例并举，引导学生用全球化思维、国际化视角，学习和领悟交通强国建设的时代意义和现实地位，让学生能够在国际交流中更加自信地介绍我国交通现状和发展蓝图，从而巩固爱国主义情怀、把自身专业前途与党和国家发展需求紧密联系。

五、反思与分析

（一）实施效果概述

“交通工程导论（双语）”这门国家精品课程传承了几代北京工业大学师生的拳拳情怀和辛勤汗水，打造双语教材标杆，树立了国家精品课程形象，接轨了国际工程标准，正向着思政建设新征程开拓创新。近年来，本课程有幸连续4年获得校级资助，是2020年校“课程思政”优秀教学案例、示范课培育项目、2021年北京市高等教育学会资助项目，课程思政建设已取得了初步进展。

（二）课程反思

本课程思政建设旨在落实践行习近平总书记关于“中国特色社会主义取得举世瞩目的成就，为思政课建设提供了有力支撑”等重要论述，立足于党和国家建设交通强国的

新时代，在“国内外交通工程发展概况”“交通工程的发展趋势介绍”等知识点教学过程中，新增了我国近年交通发展成就、共建“一带一路”倡议下的成果等内容，强化学生文化自信、民族自豪感和学科认同感，同时对《交通强国建设纲要》等国家大政方针进行介绍和解读，引导学生树立成为交通强国建设接班人的远大理想。

本课程思政建设遇到一些挑战。一是思政教学目标下双语内容的筛选。从目前的学生反馈看，大二学生对涉及国内政策的英语词汇掌握较少，存在听不懂英文政策介绍的情况，这给思政教学带来阻力。在双语教学的必修课上，对思政内容进行恰当的中译英翻译，在理解中国文化的基础上用英语准确表达文化意境、思想内涵，讲好中国故事，是双语思政教学面临的独特问题。二是教学路径不同，教学效果有待考察。新增思政元素以宏观交通政策为主，由国家交通发展的顶层设计引入，从国家政策到交通行业现状，再到交通工程学科构架，是自上而下的教学思路，这种方式与传统的先讲概念定义，再讲案例，学科前沿的自下而上知识点教学方式有较大不同。教学效果的验证还有待多次实践之后收集学生反馈。三是学生反馈收集得还不够充分，学生“需求画像”还不精准。疫情期间没有开展线下授课，本课程虽然开发了线上视频课程，但因学期关系，仍未普及使用，测试时学生受众少，反馈也较少，需求差异还不明晰，需要后续跟进调研。

（三）改进思路

一是引入新理论，指导思政元素与专业知识深度融合。本课程正在开展引入“共情-系统”理论到教学当中，设计并运用心理学量表，定量分析“知识-学生-思政”关联度最高的教学方案。该理论的引入目前已进入信度效度测算阶段，需要听取专家意见、调查更多样本，来不断完善和改进。

二是开发新方法，积极推动新信息技术应用教学实际。本课程已经设计了具有自主知识产权的VR课程内容，并尝试投入，但因为设备和技术的限制，暂时没能普及使用，设计内容也需要不断丰富和完善。

三是梳理知识点，建立知识点思维导图。帮助学生建立知识点体系的同时，以课程知识讲授为主，提炼思政元素，最终将课程知识升华为思政教育。学生在课程中受到了科技创新能力和科学态度与人文情怀的培养，对于其后续学位论文的研究和未来科技创新具有重要的基础作用和引领价值。

四是编撰新教材，深度融合“知识—实践—思政”。本课程正在基于现有经典、精品教材，对知识进行再梳理，新增国际、国内的交通工程案例和科研前沿，提炼思政案例形成新的双语数字化教材。让传统经典工程、科技前沿更好地与思政结合并传递给学生，把思政元素与知识点和工程实践紧密结合，完成“知识—实践—思政”的思维牵引。

交通运输系统发展与挑战

姚振兴　李　岩　邵海鹏

长安大学运输工程学院　陕西西安　710064

一、案例简介

（一）课程与案例的基本情况

"交通运输系统导论"是交通工程专业本科生的学科基础课，课程服务于培养工程技术精湛、文化素养高尚、社会责任担当，具有领先的世界眼光、胸怀天下的家国情怀、洞察复杂中国国情能力的交通强国建设领军人才。结合学科发展的新形式、新挑战，本课程在完善学生专业基础知识的同时，通过"元素植入法"打造"专业＋思政"的特色课程教学范式。2021年，该课程已入选国家级课程思政示范课。

课程案例"交通运输系统发展与挑战"旨在通过对交通运输系统的发展历程进行知识性、历史性、逻辑性的讲解，引起学生对课程的学习兴趣，并且将现代交通运输系统的技术和中国历史传承与发展进行关联，帮助学生建立开放、逻辑严密的思维方式，初步形成对本专业的认同感、自豪感，同时加深对我国传统文化的热爱，提升文化自信。

（二）专业与思政融合及实践情况

1. 优化教学大纲，明确德育目标

深入实践"教之以事而喻诸德"的思政教改理念，系统梳理课程内容与知识结构，以专业知识教学为依托，深入挖掘课程思政教育融入点，优化课程教学大纲，实现各章节专业知识教育与思政教育的"无缝衔接"，系统布局课程德育目标。如当概述世界交通发展历史时，引导学生自主思考，树立正确的世界观、人生观、价值观，将个人价值与国家命运相联系；在讲述我国交通运输系统面临的机遇与挑战时，开展中国梦、初心与

作者简介：姚振兴，1989年，长安大学运输工程学院，副教授。

使命教育等。

2. 强化课程设计，拓展教学方法

深化开展教学研讨，围绕专业教学与思政教学目标制定精细化教学方案，进行交通与思政有机融合的教学环节设计，倡导多维多元教学方法体系，将“灌输式”教学变为多思、互动、实践式教学方法，探索“通感教学＋互动教学”“实践教学＋名家讲坛”等教学新模式。

3. 健全保障机制、倡导教学反思

以全员参与、全方位策划、全链条质量把控为标准，课程全过程打造人才培养质量控制体系，落实“三全育人”方针；注重教学监督、效果评价、课后反思，健全课程建设保障体系，全方位提高教学质量。

二、思路与目标

（一）教学思路

在本节课程之前，学生对交通工程专业的知识尚不太了解，如何让学生更好地了解中国交通发展史，帮助学生建立专业自豪感，同时通过交通运输系统产生、发展、挑战的讲授，引导学生可以更好地了解交通领域的新技术、新方法的重要性，激发学生的学习热情，把实现个人价值同党和国家的前途命运紧紧联系在一起，是本次课程拟解决的主要难题。

因此，本课程从熟知的交通方式产生和工业技术革命对交通方式的转变，分析城市发展与交通的关系。采用启发式教学来探究交通促进经济发展的内涵，讲述从京杭大运河到京张铁路的发展，在此阶段水运推动城市发展的优越性降低，而铁路成为沿线城市快速发展的催化剂。随着交通运输系统的进步与工业技术的发展，交通运输系统又面临新的技术挑战，无人驾驶、智慧道路、电动汽车、出行即服务等对交通运输系统产生了新的冲击，应对技术进步需要交通强国，交通强国助力中国梦的实现。通过循序渐进展开专业与思政元素的融合，以“交通强则城市兴”呼应“交通强则国家强”。通过不同阶段人物与事件的有趣性，增强学生对学习内容的记忆和理解。

（二）教学目标

(1) 知识目标：了解世界交通发展史，理解这个时代的突出特征，厘清应该传承和变革的内容；了解交通运输系统各个领域的基本理论和专业基础；了解交通运输系统的基础设施、运输工具、技术特征、规划与管理技术、问题与对策等；建立各种运输方式优势互补、协调发展的观念。

(2) 技能目标：对交通运输系统具备一定的认知和分析能力；具备初步的从专业角度分析和解决交通运输系统问题的能力；具有初步的交叉学科之间的关联能力，能够针对专业知识点运用逻辑分析工具。

(3) 思政目标："为学须先立志。志既立，则学问可次第着力。立志不定，终不济事。"在学习交通发展历程时，必须帮助学生树立正确的世界观、人生观、价值观，把实现个人价值同党和国家的前途命运紧紧联系在一起；讲授交通运输系统的功能和挑战时，引导学生自主思考，培养学生拥有自己的思想，能自己决断、坚守。

三、设计与实施

(一) 教学总体设计

引入方式：从生活中熟知的交通运输系统导入其功能和特点，启发式探究交通运输系统的地位和作用，从城市的兴衰与交通的关系进一步感受交通强国的重要性。

展开方式：采用循序渐进的方式讲授，从交通运输系统的演变方式了解城市兴衰，从京杭大运河到京张铁路，交通运输系统发展中新技术的出现引申到交通强国应对未来的技术挑战和使命。

难点表述：交通发展与人类社会发展的关系，大众对交通运输系统的认知和专业人员的视角差异，如何充分应用现代工业技术发展交通运输系统，满足交通强国的技术支撑。

重点表述：交通运输系统不是一个单一的系统，其具有复杂系统的所有特征；它不是一个孤立的学科，而是多学科交叉。交通运输系统重点是服务于社会各种群体，在新技术挑战下进行跨学科领域学习。

思考总结：在教学安排内容中，需要将概念和片段化内容有机连接起来，通过典型人物和事件强化记忆，形成固化知识点，同时能够了解未来交通发展的需求，激发下一章节内容学习的兴趣。

收尾方式：基于课程讲授的主线——交通运输系统的发展历程，将发展阶段的人类文明与工业技术对应，呼应工业4.0技术未来的影响、交通强国的意义。

系统设计：通过城市发展与变迁的分析，讨论交通运输对城市发展经济作用机理；现阶段交通强国的内涵和技术支撑；当代大学生如何担当使命和挑战。

课程思维导图如图1所示。

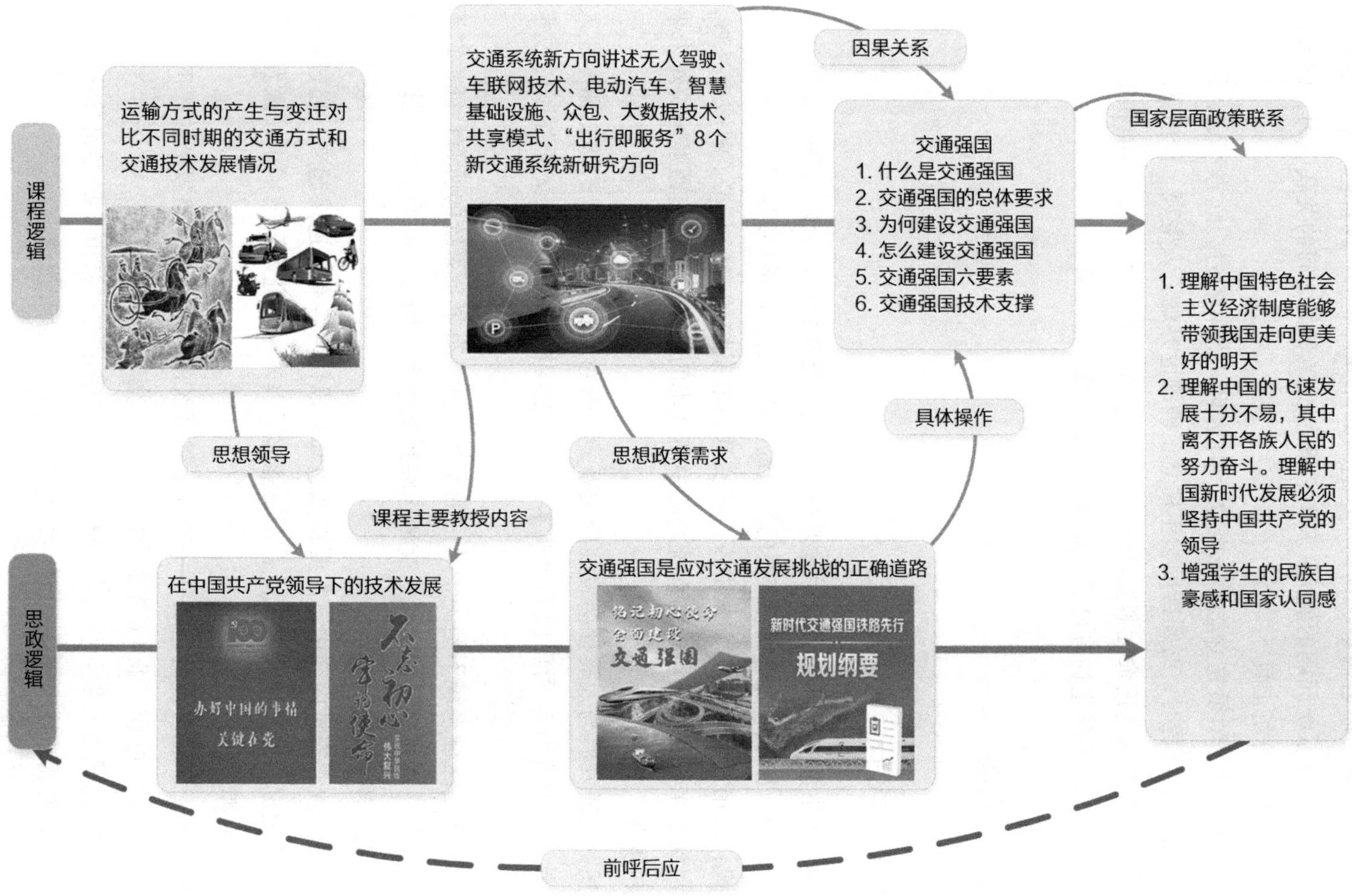
课程逻辑
运输方式的产生与变迁对比不同时期的交通方式和交通技术发展情况
交通系统新方向讲述无人驾驶、车联网技术、电动汽车、智慧基础设施、众包、大数据技术、共享模式、“出行即服务”8个新交通系统新研究方向
因果关系
交通强国
1. 什么是交通强国
2. 交通强国的总体要求
3. 为何建设交通强国
4. 怎么建设交通强国
5. 交通强国六要素
6. 交通强国技术支撑
国家层面政策联系
1. 理解中国特色社会主义经济制度能够带领我国走向更美好的明天
2. 理解中国的飞速发展十分不易，其中离不开各族人民的努力奋斗。理解中国新时代发展必须坚持中国共产党的领导
3. 增强学生的民族自豪感和国家认同感
思想领导
课程主要教授内容
思想政策需求
具体操作
思政逻辑
在中国共产党领导下的技术发展
办好中国的事情
关键在党
不忘初心
牢记使命
交通强国是应对交通发展挑战的正确道路
全面建设
交通强国
新时代交通强国铁路先行
规划纲要
前呼后应

图1　教学思维导图

（二）教学活动模式

（1）研讨型课堂：讲授自动驾驶系统案例，并结合“交通强国”介绍，实施“专题教学—互动交流”教学模式，课堂学生“分组讨论+交流”，保障课堂思政的教育质量，深化学生对专业的认知并激发学习兴趣，提升责任感和使命感。通过研讨型互动课堂，打破传统演讲式教学模式，增加师生之间互动讨论，创设了积极、有效的教师与学生交互沟通的平台。以学生为中心，关注他们的兴趣所在，不拘泥于书本中的知识，给予学生更多的时间和空间去思考、交流，激发学生的创造力。

（2）翻转课堂：学生按照自身的兴趣爱好和技能自由选择小组，以课程讨论小组的形式，以“我家乡的交通发展”为题，图文结合，让每个学生上台讲述家乡的交通标志性建筑和交通基础设施建设情况，完成本课程的开放性作业，展示每个省份近几十年来在交通领域内的蓬勃发展。通过了解各地交通业的发展，可以增强学生的家国情怀，促进学生的责任心并增强使命感，引导学生建立专业自信心、了解专业使命、培养正确的专业理想信念与价值情怀。

（三）课程思政融入设计

本节课在完备学生专业基础知识的同时，充分发掘我国交通运输系统发展和挑战中的思政元素，明确学生专业学习目标和思政要点，引领学生人生观和价值观的塑造，具体课程思政点融入方案如表1所列。

表1　　课程思政点教学融入设计方案

教学内容	讲授重点	设计意图	思政点
【内容要点】对比不同时代运输方式的区别，展现科技进步及中国发展速度	梳理各种运输方式的产生历史	在学生脑海中建立不同运输方式的发展脉络	工业技术进步对交通方式的促进，中国共产党领导下中国科技的发展速度奠定了交通强国的理念基础
【历史变迁】顺着交通运输的历史变迁，通过“驿站交通网络”“大运河交通”阐明不同时期交通运输在经济发展中扮演着极为重要的作用	城市发展与交通运输息息相关	明确交通运输在城市经济发展中的重要地位	京杭大运河体现了中国古代水利航运工程技术领先于世界的卓越成就，凝聚了中国政治、经济、文化、社会诸多领域的庞大信息
【案例分享】在京杭大运河的基础上，明清时期我国利用海上交通和陆上交通开展对外经贸	交通运输在国际贸易往来中的重要作用	再次强调交通运输对国家经济发展的重要作用	让学生体会到城市兴衰与交通的密切关系

（续表）

教学内容	讲授重点	设计意图	思政点
【引入】展示京张铁路纪录片视频。京张铁路促进城市发展	1. 讲述在落后时期我国交通曾经历了怎样的困难发展时期 2. 强调交通强国的重要性	增强学生对交通强国理念的认同感	中国制造，提升学生的民族自豪感和专业认同感
【重要技术①】展示无人驾驶汽车的图片	让学生对无人驾驶技术有初步的了解，讲授无人驾驶技术的相关研究方向	带领学生走近交通运输发展的前沿领域	科技是第一生产力，当代大学生要以国家未来发展为己任，培养家国情怀和责任心
【重要技术②】讲述车联网技术的优点以及发展现状	让学生从人、车、路三方面考虑交通问题，避免从单一角度思考	帮助学生建立多向思维	唯物辩证地去看待事物
【重要技术③】介绍电动汽车发展现状，并让学生思考类似新能源汽车优缺点以及未来发展过程中可能存在的问题	结合当下交通问题，讲授电动汽车的发展前景	让学生们了解我国在电动汽车领域的发展优势，以及对核心技术的掌握情况	通过“绿水青山就是金山银山”“碳达峰，碳中和”战略介绍我国的大国风范与责任担当
【重要技术④】让学生对智慧交通中的重要组成部分——智慧基础设施有一定的了解	智慧交通的发展现状和前沿研究方向	激发学生对智慧交通的好奇心以及对之后相关技术的研究兴趣	依托“新基建”，让学生深刻理解“以人民为中心”“建设让人民满意的交通”的制度优越性
【重要技术⑤】介绍相关企业的众包业务	道路信息和用户信息大数据对交通发展的重要性	对比国内外相关企业的众包业务，突出我国企业的技术优势和功能优势	发展交通科技，助力交通强国

（四）课程考核评价方式与成效

本课程旨在培养学生对本专业的学习兴趣，增加其基础知识以及专业技能，结合思政元素后，又产生了新的思政育人教学目标，因此课程评价与成效分析是一个动态优化的过程。

（1）考核评价方法重构：采用过程与结果、定量与定性、个人与团队、科学与人文、能力与素养“五结合”方式，根据思政点与教学内容构建关系矩阵，编制课程思政试题并分析试题与思政点对应关系；由学生通过无记名在线回答上述试题的形式，确定学生对课程思政内容的教学目标达成情况。

（2）同行及学生高度评价：在全国交通工程教学研讨会等校内外交流中，同行均表示课程建设适应交通强国战略和行业发展需求，在知识传授中融入价值引领，将专业课程变身爱国主义大课。用人单位高度评价本专业毕业生专业基础扎实，踏实肯干，善于在工作中学习，不少已成为单位技术骨干。近5年来本科生评教满意率从85.5分提高至93.7分并持续稳定。2021年该课程获批“国家级课程思政示范课”，课程思政教材和MOOC也即将上线。

四、特色与创新

（1）在总体设计上，从国家交通运输发展战略及重大交通发展成就中深入挖掘思政元素，与专业知识点实现有机结合，“润物细无声”地推进全方位育人。

（2）在教学方法上，创新采用“教师引导＋以学生为中心”的交互式组织方式，增强学生主观能动性，在交流与思考中实现思政引导。

（3）在考核评价上，设置多方位多层次闭环考评机制，通过开放的考核形式督促和引导学生，以评促建，优化课程思政设计。

五、反思与分析

高校课程政治教育工作是一项复杂工程，在当前实现中华民族伟大复兴的关键时期，面对经济社会发展的新趋势、新矛盾，高校思政体系建设也面临着新挑战、新使命。《高等学校课程思政建设指导纲要》的印发实施，必将进一步使新形势下的思政教育模式提质升级，打造出环环相扣、层层递进的课程思政体系。

“交通运输系统导论”是交通运输工程相关专业学生首先接触的学科基础课程，是构建“面向未来、服务国家、引领行业、世界一流”学科特色，培养工程技术精湛、文化素养高、社会责任感强，具有高瞻远瞩和家国情怀的交通强国建设领军人才的重要抓手。因此，在思政育人目标的引导下，如何将片段化的专业知识点和思政点结合，实现“形散而神不散”的内容，需要强化专业知识主线，将思政内容嵌入专业内容教学过程中，使课程思政内容不是一个单一添加，而是专业知识的嵌套。本案例进行了课程思政探索与实践，改进了教学理念、丰富了教学模式，探索出多元化的教学方法，从专业讲授中能够体现国家战略发展目标和社会主义制度的优越性，增强学生专业自信，同时能体现出“中国梦”和“交通强国”的方略。在课程教学过程中通过融入情境的自然过渡，可以看出学生们对课程思政的接受度较高，能有效激发学生爱党、爱国、爱社会主义、爱人民的情怀。

六、致谢

本论文受2024年长安大学研究生教育教学改革项目（300103140064）、2023年长安都柏林国际交通学院教改项目（CDIC-JG-200306）、教育部产学研协同育人项目（220702002144555）资助。

砥砺前行，奠基新时代，铁路与新中国同向同心同行

——“交通运输系统分析”教学专题设计

王 琳

西南交通大学交通运输与物流学院 四川成都 610031

一、案例简介

（一）课程和案例的基本情况介绍

“交通运输系统分析”课程是西南交通大学交通运输专业和交通工程专业的专业基础课，主要内容为系统分析的基本理论与方法及其在交通运输领域中的实践应用与探索创新。

结合我国交通运输行业发展演变的实践过程，揭示交通运输系统与经济社会系统之间的紧密关系，阐述不同阶段交通运输系统工程发展的实践成就，展望我国交通运输工程未来发展的新机遇，是该课程的一项重要教学内容。本案例由西南交通大学任课教师主讲并牵头组成教学团队，以该教学内容为基础，采用专题授课的形式，以“专业课直播（+MOOC）+混合式教学”三校异地同步直播方式，对西南交通大学交通运输与物流学院、西藏大学工学院和新疆农业大学交通与物流工程学院的相关专业学生进行有关课程思政教学改革的实践，并通过后续各年级在其他教学班的推广使用而不断更新完善，形成一个独立完整的教学单元。

（二）思想政治教育与专业教育融合情况

“交通运输系统分析”课程侧重对工程科学基本功的强化训练和系统思维的初步培养，并紧密衔接工科平台课程与交通运输专业课程，在近年我国交通运输系统加快建设和质量提升的背景下，该课程的重要性更加凸显。基于课程思政的融合性特点，该课程的教学改革充分利用自身专业课程内容中所蕴含的丰富思想政治教育资源，通过课程思

作者简介：王琳，1980年，西南交通大学交通运输与物流学院，讲师。

政与专业课程的教学目标、教学过程和教学方法的有机融合设计，针对课程的全部授课内容，均结合选定知识点，设计了多个课程思政课堂教学环节，以及课内外作业与讨论、案例教学、项目实操和教学专题等教学组织方式，供教师结合学生的专业方向和教学环境予以参考选用，以引导学生在掌握专业知识（外显学习）的同时，充分发挥各种非认知因素的作用，进行认识现象、感知场景和代入思考的课程思政学习活动（内隐学习）。

（三）课程思政教学改革实践情况

“交通运输系统分析”课程近年来通过西南交通大学校级本科教育教学改革项目《交通运输多种类专业课推进课程思政的教学方案设计与实践》《铁路设计与运营系列专业课课程思政体系建设与示范实践》等支持，其教学团队开展了大量教学研究和实践，发表了《对大学工科高年级学生关于价值观教育观点和偏好的调查与分析》《结合课程特点的交通运输系统分析课程思政教学探索》等教学改革论文，课程已形成基于课程思政理念的完整教学方案和微课案例，有关教学改革研究与实践活动已被纳入专业思政教改体系，并实现了可持续运行。

（四）案例选用意义

以轨道交通为骨干的综合交通及公共交通体系与生产生活深刻相关，根据国家战略需求和产业政策的导向，轨道交通正在与国内外经济社会各部门产生更大规模的产业关联和职业需求，以其为基础进行授课，更能够紧扣行业发展、课程内容，并抓住学生兴趣。

同时，铁路系统作为国家重要的基础结构部门，一百多年来的发展历史孕育了优秀的行业文化与深层次的精神境界，是中国社会发展强大精神动能的重要组成部分，中国铁路具有完整纯粹的思想政治基因和深厚的社会主义核心价值观传承，以其为基础进行专业教学和价值观培育的任务是非常合适、具有推广价值和辐射效应的。

二、思路与目标

（一）拟解决的主要问题

在讲授以铁路系统为代表的我国交通运输行业发展演变过程中，揭示交通运输系统与经济社会系统之间的紧密关系，帮助学生在学习我国交通运输环境变迁、供求关系与结构演化等专业知识的同时，更好地理解该课程沟通科学、技术与社会的实践底蕴，更好地实现从专业知识情境通过人际互动情境进入到精神情境，激发学生的系统思维、工程精神、价值理性和报国情怀。

（二）课程思政教学改革的理念和思路

本案例设计与实施的基本理念是“构建特定情境下的对话”，其具体内容和实现思路为：

首先，密切联系工程实际，体现专业课程的科学属性，着重关注学生的心理基础，提高课程内容与学生心理特征和认知的吻合度，同时创设专业学习的伴随情境，实现对社会主义核心价值观认知与体验的激发和培养。

其次，突出以知识和认识融合为特征的对话式教学，改变单向度的惯性教学思维，从由教师意识为主的解释输出转向为具有平等视野的理解对话，同时特别注意在师生和生生之间构筑适度开放和平等参与的对话环境。

最后，在课堂上通过即时交流来了解和判断学生的情感体验和价值认知情况，同时通过课后访谈来对学生的学习效果进行综合评价。

（三）课程思政教学目标的设定

与专业知识融合的课程思政教学目标体现在：帮助学生在面对工程问题时，有意识地形成对事物进行多角度和多层次的认知与逻辑，以现实的事物、客观的认识手段和特定的目的去协调公共机构、社会公众、交通运输系统的使用者和经营者等多方目标与利益，从而在处理交通运输系统问题时能够做到实事求是和全面思考，实现交通运输工程项目的可持续发展及社会效益，使学生具备工程师的专业能力。

在本专题中，综合本课程中“系统结构与功能”“路网规划原则”“运输需求分析”“客货流的生成”及“区域交通系统优化的目标”等知识点，融合在一个系统化的教学专题项目和视听情境中予以回顾。

与思维方式融合的课程思政教学目标体现在：引导学生既要从科学视角审视交通运输多样化需求产生的现实根源与逻辑必然性，也要从哲学视角审视经济社会发展与交通运输需求相互关系的理论内涵、当代价值与实践意义，倡导批判性的科学精神和理论联系实际的工程素养。

在本专题中，通过史实和事实来引导学生正确认识并深刻理解在不同历史时期中，经济社会发展所表现出的国情、路情，对交通运输行业发展具有非常重要的意义，从而进一步体会系统工程思维在交通运输领域的应用。

与实践要求融合的课程思政教学目标体现在：培养学生具备分析和辨明经济社会需求的问题意识，特别要认识到理论知识运用于现实社会时所产生的效果与影响，具有从科学技术与人、自然和社会关系的视角去理解科学技术的主动意识，在科学技术的实践活动中加深对其应用情境的抽象概念理解，并从中体会科学技术的特征，培养学生把理论知识转化为实践的能力与素质，以及在此过程中自然产生的工程师职业责任、社会责任和科技报国情怀。

在本专题中，通过校友的亲身体验/工作事例，结合学生完成课程项目的体会，帮助学生更好地理解交通运输系统工程的问题导向特征，以及在学科、专业及技术方法运用方面的综合性特征，从而对工程师职业能力、工程素质和专业视野产生更深刻的体验。

三、设计与实施

（一）教学设计

1. 教学目标的设计体现与学生认知逻辑相一致的价值层次

学生开始进入第5学期的专业课程学习阶段，之前的大学学习生活经历使每个人的专业意识、公民意识和社会意识获得较大程度的觉醒，对专业发展和人生社会同时产生了较多的思考，也面临着较多的困惑，在进行自我探索的同时，更希望能够得到更好的解读和引导。因此，从专业知识、思维方式和实践要求三个方面提出了前述与认知和习得技能相融合的情感发展和价值形成目标，既符合交通运输专业基础课的课程地位和性质，也符合学生在此阶段的学习需求，能够起到对学生的思想行为和专业知识共同促进的作用。

2. 教学内容的设计立足于专业课程所蕴含的强相关思政资源

考虑到学生对价值观教育普遍具有开放的心态和广泛的兴趣，与社会媒体所传播的热点相结合，选取了交通强国背景下铁路与我国经济社会发展历史、现状与未来的专题，既能紧密结合课程专业知识，又能反映交通运输科学技术的实现方法和作为工程人员的建设参与者与社会的关系，帮助学生在此过程中体会技术、社会、经济和政治等要素在本专业领域的融合实践。

3. 教学方法的设计强调促进情感体验的对话模式和感知氛围

说教型的教学方法在对大学生开展思政教学方面的效果并不总是令人满意，因此，考虑到学生的学习经历和预期，采用“对话”作为基本的教学方式，辅以多媒体展示和网络连线的手段，邀请专业课教师、思政课教师和行业内专家校友，共同构成多元化教学工作团队，围绕教学目标和教学资源，构建专门化的学习情境，引导学生在学习过程中自发地产生专业上自我认知并深化情感体验。

4. 教学评价的设计尝试构建以信息提供为主要手段的评估文化

可靠且可准确量化的教学效果评价方法本身就是一个难点，对课程思政教学效果开展评价，重视所获结果的信息提供作用，即为教师和学生提供信息，帮助其改善现状，是本案例设计的切入角度。在教学过程中，授课老师通过即时问答或自由发言的形式来获得有关学生的学习体会和价值认知情况的反馈；并通过在课程作业和期末考卷中设置有关交通运输系统的社会效益评价等问题来了解学生将价值认同与专业知识结合的情况，同时将平行班作为对照组进行教学效果评估的初步尝试。

（二）教学实施

使用具备全景屏幕的沉浸式智慧教室，由西南交通大学交通运输与物流学院与马克思主义学院、西藏大学工学院和新疆农业大学交通与物流工程学院的多位主讲教师和辅导教师作为共同授课人，教务工作人员负责记录教学反馈与效果呈现情况以及进行学情数据分析，来自中铁第一勘察设计院集团有限责任公司、中国铁路成都局集团公司以及中国兵器工业集团北方国际的专家校友们作为嘉宾在线参与。西南交通大学、西藏大学和新疆农业大学共有三个教学班（约120名学生），在“三校异地同步授课模式”下，分别在成都、拉萨和乌鲁木齐的校内智慧教室，实现实时共享课堂。受课时数影响，实际教学实施过程与下述教学设计环节相比略有删减。实际授课时长约为4学时。

教学全过程由主讲教师主持，教学过程分为5个模块。

1. 筚路蓝缕，百废俱兴——人民铁路人民建

在本模块中，主讲教师采用视频和图像的展示，以新中国第一条铁路——成渝铁路建设为例，讲述在集中力量办大事的制度优势下，我国全民一心、共同努力完成这一国家标志性工程的壮举，不仅对当时新中国加快实现国民经济恢复、塑造新的国家形象至关重要，还极大改变了川渝地区的交通格局，对新中国成立初期西南地区国民经济的恢复和发展都具有重要意义。通过交流，帮助学生初步认识铁路的设计和建设过程，以及深刻体会成渝铁路的建设参与者把国家、社会和公民的价值要求融为一体，面对巨大困难所表现出的职业责任感和无私奉献精神。

来自成都铁路局的校友讲述设计和建设单位的历史与发展，当时专门成立的负责领导成渝铁路建设工作的西南铁路工程局，就是现在本专业学生主要就业方向的中铁二院、中铁二局和成都铁路局的前身。校友还进一步介绍成渝地区双城经济圈综合交通运输发展规划下的成渝两地路网建设情况。通过交流，帮助学生对本专业所传承的红色基因和未来可能肩负的行业责任有更深的认识。

2. 百炼成钢，华丽转身——改革开放后的中国铁路

在本模块中，主讲教师紧扣交通运输供需关系及交通运输系统结构与功能的动态关

系等专业知识，讲述这一时期中国铁路发展面临的困境以及如何突破发展瓶颈、走向市场并进入发展新阶段的过程，点明交通运输供给的结构调整应顺应经济社会发展的需要，兼顾经济效益和社会效益，特别是铁路系统作为国民经济的基础结构，既要保证自身经济可持续，又要发挥公益性作用而承担社会责任，如何在二者之间保持平衡，这极为考验工程和管理人员的智慧。通过引导学生对比从长辈处以及网络上了解的以往“春运”坐车难的情况，以及现在我国铁路运力获得巨大增长的现实，帮助学生认识到工程类专业更应该从课本知识转为深入社会实践，为具有更广泛的专业视野，应注重工程伦理、关注现实问题，不惧变革，敢于正视不足、问题和困难，尊重经济社会发展的客观规律，勇于探索，勇于突破。

来自铁一院的校友通过自己的工作经历和体验，告诉学生应注意提升自己的综合素质和专业能力，注意理论联系实际，注意拓展自己的知识面，具备普遍联系和全面发展的思维，提高正确认识问题、分析问题和解决问题的能力。通过交流，帮助学生对毕业后要从事工作的多专业知识融合性、综合性以及持续学习的要求有更深刻的认识。

3. 中国速度，领跑时代——中国高铁：带给世界的新名片

在本模块中，主讲教师讲述我国铁路网及高速铁路网的规划和建设历程，及以沈志云院士和翟婉明院士为代表的铁路技术和管理人员在此过程中所作出的重大贡献，并勉励学生要培养精益求精的大国工匠精神，要具有科技报国的家国情怀和使命担当，要积极了解经济社会发展的需要，了解相关专业和行业领域的国家战略，了解国际形势下我国建立完备的产业和经济运行体系以及保障人民美好幸福生活的发展需要，应具有攀登科学高峰的责任感和科技报国的使命感，将来能够结合我国的发展实际，实事求是，勇于创新。

之后，主讲教师介绍我国铁路网发展延伸到西北边疆地区的情况，不仅实现了高速铁路对疆内大、中型城市的广覆盖，还通过“一带一路”倡议中建设的互联互通基础设施和中欧班列的常态化运行，进一步发挥国际物流的骨干作用，并带动沿线地区的经济发展与文化交流。

由学生结合自己的专业知识，讲述智能化和“互联网+”等新技术在新疆铁路系统中的应用及重要意义，同时也分享自己对铁路作为国有企业承担公益性社会责任方面的了解和认识，增进对职业道德和社会责任的体会。通过交流，帮助学生建立对铁路行业未来发展的客观认识，对新时代的行业发展形势有具体的了解，激发学生勇于探索的创新精神和创造意识。

4. 交通强国，伟大复兴——铸牢中华民族共同体意识

在本模块中，主讲教师讲述几十年来西藏交通建设和发展的历程、成就、经验与展望，以“两路精神”为核心，鼓励学生立足时代，热爱家乡，了解世情、国情、民情，

理解各民族经济发展共同富裕，推动各民族文化互鉴融通，增强中华民族的思想共识与情感互通。

有关教师和学生讲述各自对西藏历史的变迁和感受，用切身体会鼓励大家要坚定对中国历史的了解、对中华文化的自信、对中华民族优秀品质的传承以及对中国特色社会主义核心价值观的认同，敢于探索适合中华民族的发展道路，敢于并善于对国际上的异见发声，具有关心、关注国际形势和国家发展的积极意识，逐步培养自己具备发挥专业特长建设祖国和维护民族团结的智慧和能力。通过交流，帮助学生更好地体会到祖国的伟大复兴，不仅是国力的逐步强盛，更是属于中华民族大家庭的各民族人民共同富裕，共享成果，共同进步。

5. 钢铁巨龙，奠基未来——中国新基建，未来已来，功成有我

在本模块中，由各位教师和学生自由发言，畅谈对我国交通运输系统发展变迁的认识和收获，与正在海外承担轨道交通运营管理与教育培训任务的、来自北方国际的校友一起，展望未来中国新基建所面临的发展机遇和国际挑战，从更深的层次和广阔的视野，来认识交通运输系统与经济社会环境之间的紧密关系，从不同阶段、不同地域的交通运输系统发展的实践、成就和经验中，体会到作为工程师所应具备的职业能力和社会责任，展望未来所面临的新机遇与新挑战下应有的家国情怀和使命担当。

四、特色与创新

（一）与专业知识深度融合的课程思政教学内容

发挥学科特色优势，挖掘课程特色资源，以交通运输系统演进专业知识为基础，以铁路与我国经济社会发展互动发展变迁为主线，将专业知识与思政要素真正相互融合，在我国铁路系统发展的历史逻辑、现实逻辑和时代逻辑中体现出交互性、体验性和整合性，教学内容具有一定的体量，给学生呈现出系统完整的内容及关联思考的线索，构建了以整体教学单元为单位的课程思政育人场域。

（二）先进通信技术手段支撑的开放式对话式课堂

智慧教室所提供的异地同步直播和网络连麦模式技术支持，是开放式、对话式课堂成为课程思政教学创新实践的保障。教学过程中既可以实现教师团队有计划地按铁路历史发展进程框架授课的总体把握，又能够通过自由发言与交流传递针对学生个体的特定知识，既保障了一般意义上的知识传授和理论阐释的规范性和严整性，又体现了思政教育的灵活性和特需性。现代同步教学直播技术所支撑的“三校互联”异地同步课程模式，

能够容纳更多的教学活动参与者，在更广阔的地域范围内实现课程思政教学的互动性情境和学生的情感性体验及实质性效果。

五、反思与分析

（一）课程思政教学改革的实施效果

教学活动结束后由主讲教师牵头与团队教师一起分析教学记录中有关学生的发言情况，进行学生个别访谈，评阅学生感想体会，并结合日常教学中对学生情况的了解以及对照组教学班的学生认知情况，综合分析判断学生对课程思政教学的效果。从近年实践来看，相比常规教学条件，本班学生通过进入专题情境学习，有更充分的条件通过多媒体方式感知鲜活案例，有更充分的学习时间和讨论空间以及与多位老师、学生和业内专家直接交流的机会。价值认知机会的增加和认同氛围的增厚，直接提升了学生的感性体验，进而使得课程思政教学更具吸引力、感染力和解释力。

有学生在课后提交的学习体会中写道："通过这次课程，我不仅了解了交通运输系统与经济社会系统的相互关系的一般规律，更深层次地体会到了，在新中国成立之初，交通事业解决的是'有没有'的问题；在改革开放和社会主义现代化建设新时期，面对交通对经济社会发展形成的瓶颈制约，交通事业解决了'够不够'的问题。在上述过程中，工程师的专业能力、奉献精神和家国情怀起到了重要的作用。而在进入中国特色社会主义新时代后，交通强国政策引导交通供给转向运输服务水平的提升，这也是我们新一代年轻人肩负的时代重任和历史使命。"

也有同学写道："不同时期的铁路精神虽然内容各异、形式多样，但是从时代维度上来看，都是中华民族精神在不同历史时期的凝练和映射。在新的时代，守护祖国安全，服务生产生活，加快铁路科技创新与发展，兴路、强国，从交通运输专业出发，从认真学好每一门课程做起，是我们共同的价值追求和愿景。"

还有同学写道："站在时代的维度上，才更能深刻地体会到，那些现代科学与技术所创造的工程，是来源于建造者们的价值准则，也正是他们的价值判断，赋予了这些工程以灵魂。对我国交通运输事业社会价值的深刻理解，与批判创新的科学精神和实事求是的工程素养一样，是作为一名工程师应该具备的。"

本课程的"三校异地同步授课"模式作为西部高校优质教学资源共享的探索实践，获得了教育部高等教育司的认可，并将随着"慕课西行"工作的进一步开展，具有课程思政教学辐射度和影响力。

（二）存在的问题及改进思路

首先，受学习习惯和所处年级带来的专业视野限制，有些学生对专业相关的社会科学知识缺乏了解，对本专业领域的工程实践的认知也具有一定的局限性，因此在参与课堂对话时无法进行积极的思考和交流。对此，今后应加强对有关教学内容的预习指导，通过学生间的互助学习、教师预先给定阅读材料或布置特定选题等方式精准施策。

其次，现代通信技术的运用对任课教师提出了巨大的挑战。此时的主讲教师更像是一位主持人，要保证在既定的教学目标下照顾到学生的共同性和特异性需求，起到重要的融合纽带作用，课堂节奏、教学内容和交流情况均需要主讲教师即时调整。对此，今后应加强对新教育技术环境下的主讲教师教学组织能力的培训和提升。

最后，开放式、对话式课程思政教学活动依赖现代教育技术的支撑和激励制度的保障，才能容纳更多的校内外教育教学资源和交流环节。对此，今后需要在各层面推动智慧教室的建设和应用以及对有关教学改革实践的支持机制，以更完整地实现教学设计以及开展教学效果评估。

注：本案例的首次课堂教学实施是由作者与西藏大学工学院教师次仁欧珠和新疆农业大学交通与物流工程学院教师刘泓君及三校教学班学生合作完成的。感谢西南交通大学教师闫海峰、胡子祥、刁成林、程美静、赵红霞和唐巧梅，中铁第一勘察设计院集团有限责任公司校友宁骥龙、中国铁路成都局集团公司校友徐俊和中国兵器工业集团北方国际校友杜东先，对本教学案例的完成所提供的支持。

“智能交通概论”：课程思政与专业教育的有机融合与创新实践

时朝阳　高健智　邹志云
华中科技大学土木与水利工程学院　湖北武汉　430074

一、案例简介

（一）课程和案例简介

“智能交通概论”是交通运输工程专业的创新意识启迪类课程。通过本课程，学生可以了解智能交通的基本概念、发展历程、主要支撑技术与主要应用领域的问题、方法和成果，为将来投入该领域的研究和开发奠定一定的基础。

“绪论”是本课程的第一讲，主要围绕智能交通的发展背景、历程及前沿，将课程内容与社会热点、国家战略相结合，教育引导学生不仅要有运用先进技术解决交通问题的能力，还应具有高度的政治责任感、历史使命感和职业荣誉感。

（二）思想政治教育与专业教育的融合情况

围绕“知识传授与价值引领”的目标，分别提炼“培育学生行业认同度，爱岗敬业，力求创新，提升社会责任感”“增强爱国情感和民族自豪感，塑造学生成长为有担当的技术性人才”等思政元素，精心撰写教案，将专业知识点与思政育人元素融合成果呈献给学生。

（三）课程思政教学改革实践情况

通过采用“课堂教学＋延伸学习、分组调研＋集中汇报＋小组互评”的方式，形成“知识讲解—案例分析—实践调研—翻转课堂—理性领悟—价值认同”的渐进式教学方法；化解学生在专业知识学习中的理解障碍和认知困难，培养学生踏实严谨、吃苦耐劳、

作者简介：时朝阳，1989年，华中科技大学土木与水利工程学院，副教授。

团队协作、实践创新等良好的专业素养，使学生具有坚定的政治立场和意识形态，献身科学，服务国家。

（四）案例意义

通过对智能交通系统相关发展背景、发展历程及发展前景的了解，使同学们走近、感知、投身智能交通，感受祖国交通发展的科技魅力，增强专业认知和认同感，致力于科研，打造大国重器，为交通强国贡献才华和力量。

二、思路与目标

当前课程教学中，往往呈现出专业教学与思想政治教育二者分离的状态。虽然教师重视教学方法、教学内容、教学质量、教学经验和教学改革，但是对学生的思想政治引导不够，对学生的思想和心理影响不大，在一定程度上影响了思想政治教育的效果。

面对上述"重专业教育、轻思政育人"的问题，本课程团队首先结合具体案例，挖掘提炼智能交通中思想政治教育资源，提出了"思政引领、问题导向、学科融合"的教学理念，教育引导学生坚定中国特色社会主义"四个自信"及"历史自信"，强化爱国主义精神，把"爱国情、强国志、报国行"融入教学内容和教学过程之中。其次，结合新冠疫情防控形势以及线上教学的特点，团队又进一步挖掘了相关思政元素，并革新了教学思路，将疫情防控需求、为人民服务宗旨与智能交通的应用结合起来，提升学生的社会责任感，使学生深刻认识中国共产党人"不忘初心、牢记使命"的思政要点，增进学生对习近平总书记"坚定信心、同舟共济、科学防治、精准施策"要求的理解。在知识和能力培养中，同时做好大学生思想引领和价值观的塑造工作，把课程中的文化基因和价值范式转化为弘扬社会主义核心价值观的教学载体，提升教学的生动性、真实性，实现教书和育人的统一。

三、设计与实施

（一）思政融入教学环节的设计

本课程思政建设的顶层设计要点为：贯彻党的思想，加强道德修养，牢固社会责任，增强家国情怀，弘扬民族精神，牢记改革创新，详见图1。从以下两个途径展开探索。

1. 充分利用课堂教学主渠道，在专业教学中渗透思政教育

课堂教学是实施思政教育的主阵地，充分利用课堂教学，在专业教育中渗透思政教

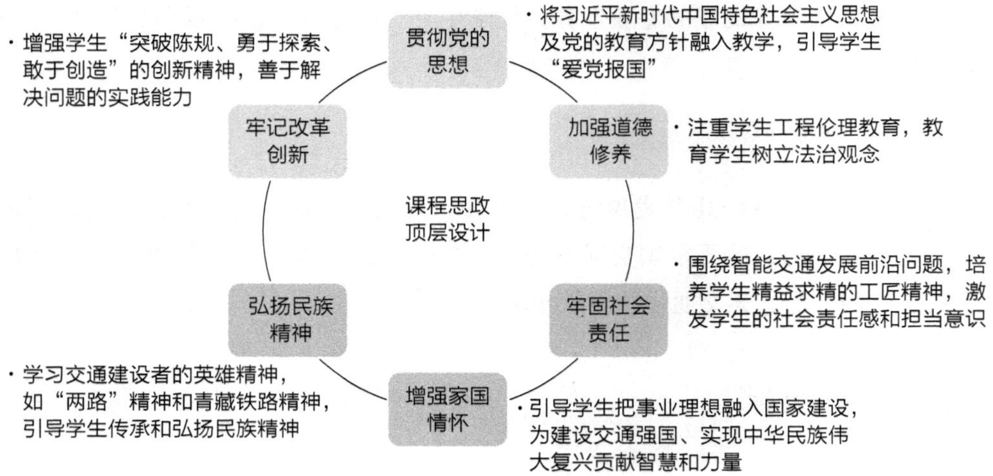

图1　本课程思政建设的顶层设计要点

育，是当今课程改革的核心。坚持以高质量的教学专题和教学设计来支撑高质量的思政课堂。例如，在讲智能交通发展史的过程中可以融入部分形势政策宣讲；部分专业知识点可与文化自信、道路自信等思想政治教育内容结合起来；教师还可以通过专业分析来解释当今社会的需求、国家的需要，从而引导学生坚定理想信念，牢固社会责任。具体每个章节的价值引领目标见表1。

表1　“智能交通概论”课程价值引领目标

专业知识点	价值引领目标
绪论	国情观念、爱国精神、国际视野
智能交通基本理论与技术	团队合作、科学思维、创新精神
智能交通信息采集与处理	职业规范、吃苦耐劳、团队合作
构建智能交通系统	国家战略、时代精神、工匠精神
智能交通行业应用	职业规范、工匠精神、创新精神

2. *充分发挥生产实习及社会实践作用，构建全方位育人体系*

思政教育不仅仅局限于短暂的课堂学习，更体现在其他延伸教学环节。首先，作为第二课堂，生产实习及社会实践是学生将所学理论知识与社会生活实际相结合，并实现知识与能力迁移的过程，也是学生探索创新的平台。在实践过程中，教师为学生提供近距离的言传身教，不仅使学生切实感受到教师对自身的指导和关爱，同时也赋予指导教师责任感、使命感。其次，结合专业特点，开展不同的社会实践、生产实习活动，有利于学生在实践过程中坚定理想信念，增强专业技能，有助于培养学生成为合格的社会主义建设者和接班人。同时，实现学科德育有效延伸，构建全方位学科实践育人体系，让学生真切体验迁移知识、成长愉悦、审美道德认知提升的成就感和自信心。

鼓励教师指导学生运用专业技术，并融入思想政治元素，参加专业竞赛，例如全国大学生交通科技大赛、智能交通创新与创业大赛、“互联网+交通运输”创新创业大赛等。通过不同专业的学生组队参赛，可以充分运用各自所学，既提高了专业技术水平，又提升了思想政治素养。

（二）教学方式方法

通过丰富的图片、动画及视频，使学生直观了解智能交通的要点，掌握智能交通的基本技术和方法。在讲授课程各知识点的过程中，通过引导学生对实际问题的探究，培养学生如何利用先进信息技术解决、优化传统交通问题的能力；通过对智能交通发展历史的客观分析，培养学生的辩证唯物主义思维和历史唯物主义思维。

通过翻转课堂、参观学习、课外调研强化学生的工程思维训练，培养学生踏实严谨、吃苦耐劳、团队协作、实践创新等良好的政治素养，使学生具有坚定的政治立场和意识形态，在国家交通强国战略中不断贡献自己的知识能力。

（三）教学理念

任何脱离学科特点和课程内容的课程思政都是无源之水，无本之木。思政元素的挖掘必须密切结合“智能交通概论”课程特点，认真梳理思政元素与课程内容的关系。通过专业教育与课程思政的有机融合，在强化专业认知的同时，培育学生爱国主义精神，增强其使命担当，实现价值引领、知识教育、能力培养的有机统一。

（四）考核评价方式

基于“智能交通概论”教学内容与毕业要求指标点的关联性，制定本课程质量评价方法，具体考核办法如下：

(1) 过程考核以学生课堂出勤率、课堂回答问题情况，以及作业、讨论、测试为考核依据，占比20%。

(2) 实践考核以专题调研报告、课堂集中PPT展示、各小组分享互评为考核依据，占比20%。

(3) 结课考核采用闭卷考试，占比60%。

（五）教学过程的组织与实施

将思政元素融入“智能交通概论”课堂主要通过以下五种形式：

（1）课前新闻播报。课前由学生轮流播报与智能交通相关的新闻，主要针对两方面内容：交通痛点、安全事故相关新闻；新技术的应用等传播正能量的新闻。

（2）多媒体视频教学。选取典型教育视频，如《70年交通出行巨变》《大国交通—车路智行》等，讨论视频中所用的智能交通理论与技术方法，从中了解智能交通领域的最新成果，感受我国综合国力的强大，后发优势赶超发达国家，增强学生的民族自豪感。

（3）专家分享。聘请交通领域专家进行智能交通行业应用案例的讲解，使学生学习理论技术应用于行业的技能和方法的同时，感受技术的力量，提高学生的专业使命感。

（4）实践教学。组织学生到深圳市交通监控中心、公交调度中心等合作单位进行参观，了解行业的痛点、难点及最新技术的应用，提升学生利用所学服务社会的成就感和责任感。同时，通过现场教学，使学生获取新知识并巩固旧知识，感受工作人员认真负责的工作态度和精益求精的工匠精神，提升专业认同感。

（5）调研分享。根据不同主题对智能交通的发展现状、问题及解决方案进行调研，进行PPT分享和小组互评，通过“翻转课堂”让学生切身感受我国智能交通的快速发展，增强民族自豪感，提高团队合作精神。

四、特色与创新

本教学团队首先提出了“思政引领、问题导向、学科融合”的智能交通教学理念，努力挖掘“智能交通概论”课程内容“源于实践、为了实践、服务于实践”的本质，通过编制课程思政教学知识体系、建设思政教学习题库，达到在教学中引导学生坚定“四个自信”，着力把“爱国情、强国志、报国行”融入实现中华民族伟大复兴奋斗中的思政教学目标。

其次，在理解课程思政的意义和内涵的基础上，本团队根据“智能交通概论”课程特点，在教学设计中切入、引申和体现思政元素，以灵活和创新的方式融入并运用思政元素，如在“绪论”中集中论述、在专题中巧妙融入、在考核中有所体现等。不仅使课堂思政更加贴近生活实际，引起互动产生共鸣，还有效避免了课程思政枯燥乏味，保证和提升了课程思政的教学效果，实现教书育人的融合统一。

五、反思与分析

（一）实施效果及成果

1. 提升团队教师的思政素养，提高“课程思政”的能力

教师的育德意识和育德能力，直接关系课程思政的质量和效果。在课程思政建设的

过程中，本团队教师充分认识到开展课程思政的重要性，将教书与育人的双重职责落实贯彻到课堂教学当中，通过课程专业知识与思政元素教育的融合统一，形成协同效应，实现专业知识传授、职业能力培养与思想价值引领的“三位一体”教学育人目标。

2. 将“思政引领”纳入课程的价值目标，提高育人效果

在课程承担的知识目标和技能目标之外，在教学大纲中加入“价值引领”的思政目标。通过对智能交通行业岗位发展状况及前景的分析，结合行业职业岗位需求实际，不仅促进学生掌握本课程的基本知识和专业技能，提升学生对智能交通行业岗位的认知，培养学生的专业自信心，还能增强专业课程的思政育人效果。

3. 修订课程教学大纲，优化课程教学方法

通过深入挖掘“智能交通概论”课程思政元素，优化课程设计，可以较好地满足学生对高质量学习的需求。虽然增加了课程的挑战度，但也增强了学生的获得感。从知识与能力、情感与态度、价值与立场三个维度，充分发挥第一课堂的主渠道作用，并融入课前新闻播报、“工匠”进课堂等教学手段，激发学生的学习热情，实现价值塑造、能力培养、知识传授三位一体的教学目标。

4. 延伸课堂教育，发挥学生主观能动性

通过打破常规的教学组织形式，延伸课堂教育，充分发挥学生的主观能动性，通过“翻转教学”等方式，将学生由专业知识和思政教育的被动接受方转变为主动输出方。加强第二课堂的实践育人作用，通过现场实践、实地调研及生产实习等多种手段，对课上内容进行消化吸收，增强自身对职业的认同度；鼓励并指导学生参加专业竞赛，既提高了专业技术水平，又提升了思想政治素养。

（二）存在的实际困难和问题

（1）“智能交通概论”课程思政建设是本团队的初次教学实践，在教学过程中不断尝试思政要点与知识要点的有机融合，但是思政要素的融入比例可能失之偏颇。因此，如何把握思政和知识要点融合比例，力求取得教书育人双丰收，是本团队亟待解决的问题。

（2）教学设计中加入了渐进式教学方法，但是“实践调研、生产实习”等元素受到学生参与性、经费、疫情等因素的影响，并未达到预想的效果。由于缺乏社会经验和实践调研，学生对于理论的理解、技术的应用、行业的发展大打折扣，降低了课程专业教育和思政教育的效果。因此，如何保质保量地进行社会实践调研、生产实习等课堂延伸教育，是课程思政建设面临的第二大问题。

（3）部分学生对思政教育的重要性认识不足，不愿投入更多的时间和精力，在小组任务中合作意识不强，参与度不均衡，可能导致小组合作流于形式，降低了“翻转课堂”

的教学效果。因此，如何提高每个学生的参与度和合作效率，保证从被动接受到主动输出的角色转换效果，是保证课程思政教育效果面临的第三个问题。

（4）缺乏合理有效的考核评价机制。课程思政教育是一种隐性教育，很难直观地考察教学效果，也很难体现在教师个人考核评价制度中。因此，在当前的考核评价体系下，如何调动团队成员的积极性，长期有效地不断改进工作，是本团队面临的第四个问题。

（三）改进思路及注意事项

课程思政元素不仅内涵深刻而且蕴含丰富，本团队所挖掘的思政元素只是其中的一小部分，课程思政教学仍要把握好政治的高度、理论的深度、历史的厚度、现实的力度。如采用现代教育技术，优化课程设计，进一步提高学生的课堂参与度和教学效果；通过回看教学视频和对学生进行调研，合理掌控思政和知识融合比例；多方联动、协同育人，打造学业发展咨询室，将课程思政融入学习全过程；多措并举、强化师资，全员参与强化课程思政建设。

需求 vs. 需要

——运输需求认知

郑亚红　蒋惠园　董升平

武汉理工大学交通与物流工程学院　湖北武汉　430063

一、案例简介

（一）“运输经济学”课程建设情况简介

“运输经济学”是交通运输专业的一门专业必修课，在教授过程中不断进行教学内容和教学方法的改革和创新，将翻转课堂、案例式教学、项目式教学等创新模式融入课堂，致力于课程内涵和课程文化建设。2018年3月完成了线上课程建设，2020年12月课程被认定为武汉理工大学课程思政示范课程和课程思政示范课堂，2021年4月获批武汉理工大学线上线下混合式一流本科课程。

（二）“运输经济学”课程思政教育与专业教育的融合

“运输经济学”的一大特点是通过案例教学法，使理论与实际应用相结合。讲授过程从理论知识点延伸到运输经济现象、问题的分析，很多教学知识点都可以进行思政元素的提炼，见表1。目前一些课程的思政教育难度在于其对思政元素生搬硬套，显得突兀，而“运输经济学”的很多知识点可以很自然地同价值观教育、德育教育、国际视野等相结合。此外，同一些课程只能“润物无声”地进行隐性思政教育不同，“运输经济学”还可以“惊涛拍岸”地强化显性思政，如对我国目前交通运输发展现状的介绍，可以激发学生的大国情怀；紧跟“双碳”目标等热点以及时事要闻、政策的阐述，可以引发学生共鸣，使得学生在与多元媒体、多源信息的接触过程中，形成一些思想撞击、共识等，进而提高学生的学习兴趣和认可度。

在思政育人方面，构建微观、中观、宏观三个层面的思政育人体系，微观层次上培

作者简介：郑亚红，1984年，武汉理工大学交通与物流工程学院，讲师。

表1 “运输经济学”课程思政元素凝练

知识点	思政元素及融入点	思政目的	思政育人层次
交通运输业的性质	我国产业结构特征及国际对比——国际视野、民族振兴使命 马克思劳动价值理论——历史唯物主义	民族振兴使命和唯物主义的培养	宏观层次
交通运输业的作用	我国自然资源分布现状、运输规模——大国情怀 交通运输活动与资源、能源、环境之间的关系——可持续发展观	大国情怀、价值观的引导	宏观层次
运输需求的影响因素	我国经济发展水平现状、居民收入水平现状、运输行业发展现状——大国情怀、民族自豪感	大国情怀、民族自豪感的培养	宏观层次
运输需求弹性分析	企业营销策略同需求价格弹性的关系——辩证思维、科学方法	科学方法及思维的培养	微观层次
运输供给的内涵	我国运输结构中的问题分析及《推进运输结构调整三年行动计划》《交通强国建设纲要》引入——民族振兴使命	民族振兴使命感的培养	宏观层次
运输供给影响因素	我国和谐号动车组、大飞机C919的研发过程——危机感、荣誉感等国情教育、事业和行业自信	国情教育、事业和行业自信的培养	宏观、中观层次
运输市场的宏观调控	节假日需求管理调节案例——科学发展观、科学思维	科学发展观、科学思维的培养	微观层次
交通运输项目投融资管理	欧洲隧道项目失败案例——敬畏之心、责任感	敬畏之心、责任感的培养	微观层次
运价管理	高速公路差异化收费相关政策解读——行业需求	行业规范、职业自信、创新精神	中观、微观层次

养学生科学辩证思维、实事求是、诚实守信、勇于创新等个人品格，实现价值观的引领；中观层次上培养学生国际视野、经世济民、行业规范、职业自信、诚信服务、德法兼修等职业素养；宏观层次上培养学生家国情怀、民族荣誉感、时代使命感和责任感等政治人格。

（三）“运输经济学”课程思政教学改革实践情况

“运输经济学”在校级精品课程的基础上，在国家一流专业交通运输专业的建设背景下，对标一流课程建设标准，立足专业培养目标，以成果导向教育和多学科思维与经济学理论融合为导向，响应“课程思政”号召，优化重构教学内容和教学方法，已被认定为武汉理工大学课程思政示范课程和课程思政示范课堂。

在思政课程建设过程中，注重显性思政与隐性思政的结合，从课程目标、课程内容、教学方式、评价方式等多方面将专业知识学习同思想政治教育紧密结合。在课程思政教学实施的过程中，主要从课程思政元素的挖掘、融入、内化、深化和强化五个方面进行探索。

（四）《需求 vs. 需要——运输需求认知》案例选用意义

《需求 vs. 需要——运输需求认知》案例来自“运输经济学”中“运输需求”这一章的内容。运输需求同后续章节运输供给、运输供需分析等内容密切相关，运输需求这个概念对于学生来说貌似熟悉，其实真正理解其含义有一定难度。因此在课程教授过程中，会作为重要知识点来进行讲解。此外，在讲授过程中，同课程其他知识点类似，也涉及思政教育。因此，将运输需求的认知作为“运输经济学”课程思政教学改革的一个案例，是具有强代表性的。

二、思路与目标

（一）交通运输专业经济学类课程思政教学改革存在的主要问题

专业课如何通过课程思政教学改革，实现立德树人的目标，成为教学研究热点问题。诸多高校积极开展课程思政教学培训、课程思政教学案例设计竞赛等活动，以推动课程思政建设，但就目前情况来看，依然存在以下问题。

1. 课程思政育人效果不佳

经济学类课程作为交通运输专业课，教师在传统教学过程中普遍偏向理论知识和方法的讲授，在思政教育和人文精神培养等方面有所忽略，专业课的育人功能未能得到有效发挥。

2. 学生对自身定位不清，对交通运输行业认识不深，对专业认同感不高

在价值观念多元化的今天，学生功利主义思想日益严重。一些学生仅仅为了拿到一个大学文凭，为毕业找工作做铺垫，忽略了自身的人格发展和价值观、世界观的塑造。另外，从学情调查问卷结果来看，学生对我国交通运输行业发展和现状认识不深，超过50%的人对专业本身的认同感不高。

3. 专业课教师缺少示范参照案例，课程思政改革动力不足

很多专业课教师已经从思想上认识到了课程思政的必要性，却苦于没有示范案例进

行参考，实施课程思政过程中无法形成系统的可操作性的体系，因此造成了课程思政改革动力不足，或实施效果不明显等问题。

（二）“运输经济学”课程思政教学改革的理念和思路

“运输经济学”从课程目标、课程内容、教学方式、评价方式等多个方面将专业知识学习同思想政治教育紧密结合。以下主要从课程目标分解和目标达成途径两个方面介绍“运输经济学”课程思政教学改革的理念和思路。

1. 课程目标分解

对标一流课程建设标准，高校专业课程的课程目标首先强调课程“两性一度”的体现；其次，课程目标应该具体，具有良好的达成度和可评价性；最后，应该同目前的相关政策一致，如符合课程思政的要求等。

“运输经济学”课程目标包括知识目标、能力目标和素质目标三个方面，见图1。

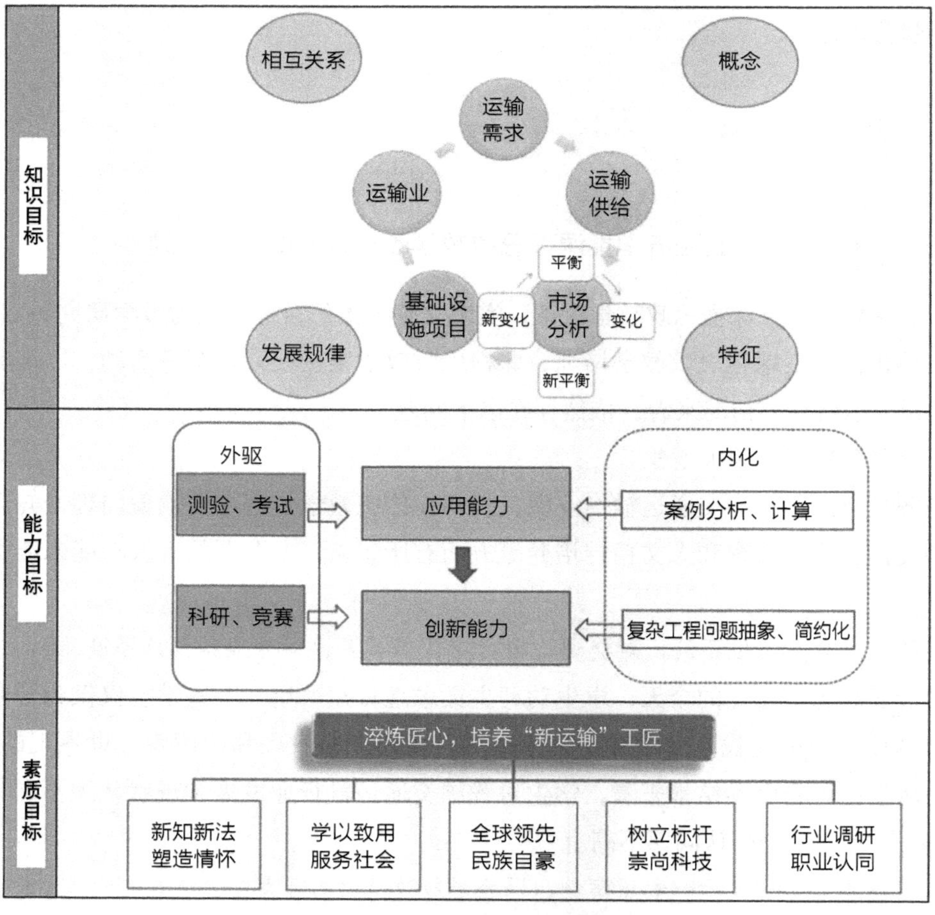

图1 “运输经济学”课程目标

2. 目标达成途径——架构“知识—应用—素质—创新”进阶式教学内容体系

课程充分考虑学生学习需求，以“运输经济学”课程知识体系为载体，对接国家职业标准、行业职业标准，结合新工科背景下企业对学生的多元职业能力要求，落实人才培养方案和修订课程标准，将课程重构为“知识—应用—素质—创新”四层递进项目，见图2。

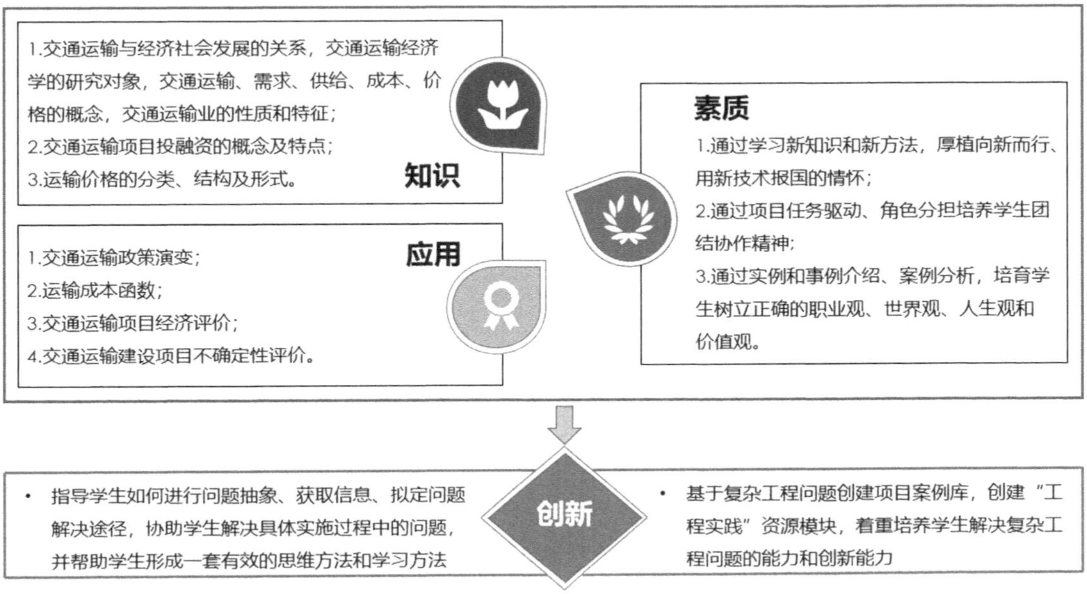

图2 “知识—应用—素质—创新”四层递进教学内容体系

三、设计与实施

（一）融合课程思政的总体教学设计

为落实立德树人的素质德育目标，课程组对“运输经济学”课程进行了“一条主线，五个结合”的课程思政改革。一条主线，即以交通运输行业和运输经济学发展历程所展现的物质文明和精神文明为主线；五个结合，就是在习近平新时代中国特色社会主义思想指导下，将授课内容同新时代中国工匠精神的五个内涵（爱岗敬业、精益求精、执着专注、创新进取、匠心筑梦）有机融合，实现“一条主线引领人、五个结合培育人”的育人目标。采用翻转课堂、案例式教学、项目式教学、头脑风暴等教学方法，将课程思政贯穿于课前、课中、课后全过程。

《需求 vs. 需要——运输需求认知》案例中，运输需求的分析需从运输对象、流量、流程、流向、流速/流时、运价六个要素以及运输需求结构着手。以LNG的运输需求为例介绍运输需求分析过程，进而介绍我国现在的运输需求结构状况，拓展至2018年国务院印发的《推进运输结构调整三年行动计划》，2019年9月中共中央、国务院印发的《交通强国建设纲要》等。

（二）融合课程思政的教学环节设计

《需求 vs. 需要——运输需求认知》案例，教学课时为1课时。整个教学设计过程包括学情分析、教学目标设定、教学流程详析三个部分。

1. 学情分析

①知识基础：通过线上视频的观看和阅读资料等已经了解运输需求这个概念，但对其内涵并不清楚。

②认知、实践能力：学生具备一定的资料、数据查询和报告撰写能力。

2. 教学目标设定

（1）知识目标：了解运输需求的概念及内涵。

（2）能力目标包括下列内容。

①掌握运输需求分析的步骤，会对某项运输需求进行完整分析。

②创新能力：辨析需求和价格之间的关系。

（3）素质目标为以下内容。

①培养学生严谨、敢于探索的学习习惯，培养团队协作意识，塑造学生唯物辩证、实事求是、开拓创新等品格。

②拓展学生的知识宽度和维度，培养在运输政策、运输行业、运输相关产业等方面的认知。

③拓展学生对公共事务的关注、对国家政治生活的关心，培养学生的大国情怀、民族自豪感。

3. 教学流程详析

整个教学流程包括课前启“智”、课中明“智”和课后强“智”三个环节。

（1）课前启“智”。

“运输经济学”已经建立了在线开放课程，学生可以通过观看在线课程平台上的视频预习基本的概念和方法。为了更好地引导学生进行思考，在线学习完毕后会设置一些问题进行测试，例如，该案例中设置的问题为“生活中经常遇到的交通拥堵是什么原因造成的？”在网络教学平台开启话题，引导学生进行思考、讨论。该环节的设计方案见表2。

（2）课中明“智”。

除了教师讲授，该门课程需要在线下完成的项目包括学生分组进行讨论和分组完成

表2 课前启“智”环节教学设计

教学内容	教师活动	学生活动	设计意图
引例思考：生活中经常遇到的交通拥堵是什么原因造成的？	1. 网络教学平台推送相关学习资料 2. 网络教学平台发起话题讨论：比较校园、社区、城市马路等的交通情况 3. 及时回复相关讨论	1. 在线学习，查阅资料，回复话题 2. 对本次任务进行知识储备，提出问题并积极参与在线讨论	推送行业前沿发展现状及趋势相关资料，引导学生深入了解行业，激发学习兴趣

大作业。该门课程会布置一些诸如查阅《交通强国建设纲要》、2021年我国交通运输现状等需要查阅、搜集数据资料的作业，以及一些开放性问题（如我国春运期间运输供给不足问题的解决措施）的作业，需要学生自发查阅资料文献，最后以PPT形式在课堂上开展讨论。大作业是让学生以小组为单位针对交通运输经济领域内的某一主题，以撰写论文的方式提交作业，并以PPT演讲的方式进行线下讨论。

该案例中主要通过讨论、随堂小测试、案例教学等不同环节，引导学生思考，加强对“运输需求”概念的深度理解和认知。该环节的设计方案见表3。

（3）课后强“智”。

基于前面学情分析得知，通过基础强化训练等课程的学习，学生具备一定的资料、数据查询和报告撰写能力，因此布置开放性的小组作业，一方面巩固理论知识，加强所学方法的应用，另一方面旨在加强学生的逻辑思维、问题分析、资料收集、团队协作等多种能力的锻炼。

该案例中设置“网约车运输需求分析”报告撰写环节，巩固学生对“运输需求”概念的理解和运输需求分析方法的应用。该环节的设计方案见表4。

（三）考核评价方式

本课程评价模式是“大作业（30%）+小作业（20%）+期末闭卷考试（50%）”。同时在一定程度上引入了形成性评价模式。

形成性评价是为“教和学”提供反馈和纠正的评价，终结性评价是在课程结束后判断学习者学习成果的评价。大学课程往往只在期末进行一次考试，虽然平时成绩也设置了一定的比重，但终究是以期末考试这种终结性评价为主对学生学习效果和达成度进行评价。大学课程考试完后任课教师并不会对试卷进行讲解，因而大部分学生根本无从知晓自己哪些知识点没有掌握，甚至认知上的误差没有得到纠正。因此，大学更有必

表3　　课中明“智”环节教学设计

教学环节	教师活动	学生活动	设计意图
明共识——引例话题讨论的共识达成（5 min）	【引例启发】检测线上讨论的效果，给出参考答案 【思政教育】我国地铁建设情况（国情教育）	【概念认知】 【聆听讲解】	初识运输需求同运输供给两个概念
测新知——没有购买能力的运输需要是否属于运输需求（5 min）	【发布任务】完成运输需求概念小测试 【思政教育】支付能力与“脱贫攻坚”（大国情怀）	【接收任务】 独立测试 【聆听讲解】	深度理解运输需求的概念
辨概念——交通运输需求和交通运输需求、运输量的区别（10 min）	【引导思考】创设问题情境，引导学生思考：交通运输需求和交通运输需求、运输量的包含关系 【新知讲解】结合图示，讲解三者之间的包含关系，适时提问互动	【概念辨析】 观察图示，聆听老师讲解三者的主要区别	辨析交通运输需求和交通运输需求、运输量的区别，更好地了解运输需求的概念
举实例——举例说明运输需求的异质性（10 min）	【举例说明】结合生活中的小例子，比如市内出行需求和快递运输需求，来说明运输需求的内涵以及异质性特点	【举一反三】 从运输需求六个不同要素对不同的运输需求进行区分	通过举例说明运输需求六要素的含义，促进学生对运输需求异质性的理解
强应用——学习完整地进行运输需求分析的（10 min）	【案例教学】LNG运输需求分析 【思政教育】新能源与节能减排、“碳达峰”“碳中和”（与时俱进）	【归纳总结】 完整的运输需求分析的步骤	学习完整地进行运输需求分析的步骤，为后续任务打好基础
拓视野——个别运输与宏观运输需求（10 min）	【案例教学】我国运输需求结构分析 【思政教育】《推进运输结构调整三年行动计划》《交通强国建设纲要》（国情教育）	【小组讨论】 运输结构的影响因素	通过小组讨论，加强学生对运输需求结构的理解

表4　　课后强“智”环节教学设计

学习内容	教师活动	学生活动	设计意图
导师制课堂拓展任务：利用课后拓展学习资料，完成“网约车运输需求分析”报告	1. 指导学生完成拓展任务 2. 根据学生课堂学习考核结果，依据学生掌握情况，发放个性化资料 3. 教学平台讨论区解答学生提问	通过网络教学平台接收并完成个性化资料学习	结合热点布置课后任务，激发学生对运输需求特点的探索，为后面一节学习内容“运输需求的特点和影响因素”作铺垫

要推行形成性评价。特别是对于课程中融入的思政教育效果，更是无法通过考卷的形式进行考核和评价。本课程基于武汉理工大学网络教学平台所构建的在线课程，在每次作业中设置优秀作品进行展示，见图3。在批改过程中对学生的主要问题进行点评，见图4。

图3 优秀作业展示

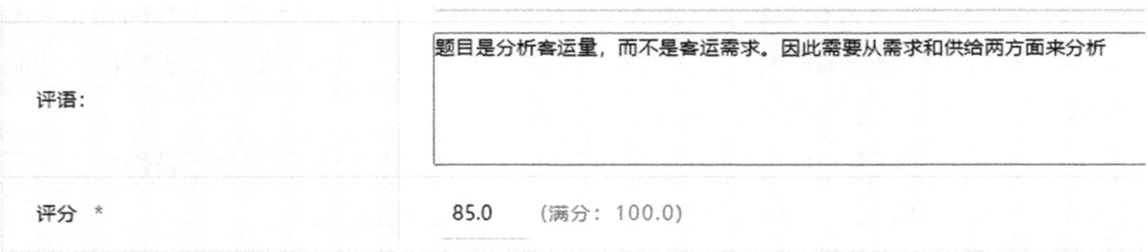

图4 网络教学平台上对学生作业的反馈

大作业或其他一些需要分享讨论的PPT演讲环节则是以面对面交流、答辩的方式进行，对每组同学的问题（如一些论点是否正确或者是否已经过时，分析思路是否正确，分析方法的选用是否合理等）进行逐一点评。

《需求 vs. 需要——运输需求认知》案例中，“网约车运输需求分析”报告大作业的评价标准见表5。

表5 学生大作业（报告）评分标准

评审项目	评价内容	分 值
整体认知	国情、产业、行业相关政策的敏感度	10
学习态度	自主学习、精益求精的学习态度	10
团队合作	团队分工合理，体现了团队协作精神	10
技术水平	调查与分析方案、步骤的合理性、科学性等	20
文献阅读及应用能力	资料搜集能力、文献综述能力等	10
研究、创新能力	研究方法、研究结论的正确性，创新点等	20
写作与总结提炼能力	结构，逻辑，表述	10
规范性	报告（论文）撰写情况、图纸规范性等	10

四、特色与创新

（一）特色

（1）以复杂工程问题驱动的教学理念为切入点，研究线上线下混合教学模式下“运输经济学”课程思政建设和教学模式的改革路径；

（2）“理论知识＋工程实践＋思政教育”并重，将核心知识点与复杂工程问题相关的案例以及科研课题结合的同时，将思政教育元素自然、顺滑地贯彻其中，进行模块化教学资源设计，丰富课程资源内容，优化教学方式；

（3）改变以老师为主体、学生被动学习的模式，模拟工程实践情景，鼓励学生进行代入式、沉浸式的学习，提高思维维度、强化认知、提升创新能力。

（二）创新点

（1）“润物无声”地进行隐性思政教育同“惊涛拍岸”地强化显性思政教育相结合。

（2）在思政育人方面，构建微观（价值观、人格塑造）、中观（行业认知、职业素养）、宏观（时代使命和责任）三个层面的思政育人体系。

（3）对标国家一流课程建设标准，从课程目标、课程内容、教学方式、评价方式等多个方面将专业知识学习同思想政治教育紧密结合。

（4）在课程思政教学实施的过程中，从课程思政元素的挖掘、融入、内化、深化和强化五个方面进行探索。

五、反思与分析

（一）课程思政教学改革的实施效果及成果

1. 课程教学效果

（1）拓展“运输经济学”课程教学的知识宽度和维度，丰富课程内容。新制定的教学目标同之前的相比，更加科学、全面，而且在教学设计时，对教学目标进行了进一步的细化，由此指定的教学要求和教学活动更加合理、具体并切合学生实际。

（2）提升课程思政内涵，打造具有鲜明特色的课程文化。以学生为中心的，基于OBE的教学模式更能调动学生主动参与教学的积极性，教学活动也更加突出学生的主体地位。在课堂增加了分组讨论的环节，大部分学生积极地发言，表达自己的见解，营造了较好的课堂氛围。例如在第二章第二节交通运输需求分析，运输需求的生产派生弹性的学习过程中，对其值的正负进行了讨论，很多同学都积极举手发言，参与度很高。从考试结果看，关于运输需求弹性这个知识点的掌握情况普遍较好。这也实证了学生主动学习的效果要好于被动学习。

（3）学生学习效果得到提升。从交运1801班的整体情况看，运输经济学的学习效果要好于往届，比如交运1701班，在线教学平台布置的平时作业完成质量有了明显的提高，见图5。从大作业分享过程中的讲解以及小作业的作答情况等来看，学生普遍已经

标题	已提交作业数	已批阅数量	平均分/满分
交运1801第七章作业	27	27	94.4/100
交运1801第6章作业	27	27	94.8/100
交运1801第2、3章作业	27	27	93.4/100
交运1801第1章作业	26	26	92.6/100
交运1701第六章作业	27	27	86.3/100
交运1701第七章作业	27	27	93.2/100
交运1701第五章作业	26	26	90.6/100
交运1701第四章作业	26	26	92.3/100
交运1701第三章作业	26	26	99.5/100
交运1701第一章作业	24	24	87.8/100

图5　交运班网络教学平台作业完成情况对比

对我国目前运输市场的现状、运输结构改革、运输供需矛盾、节能减排、智能交通运输、新基建等行业重点、热点问题有了较深刻的了解和客观的认识，特别是在节能减排、可持续发展的交通运输、智能运输等问题上对国际前沿技术等有一定的了解，表现出一定的国际视野和行业热点问题敏感性。

2. 思政教育教学改革成果

（1）课程大纲的修订。在课程目标中增加“学生应具有正确的价值观，理解个人与行业、社会的关系，具有辩证唯物思想，能够科学地评价交通运输工程项目对环境、社会可持续发展的影响”的素质目标。细化了课程考核、学生能力评价、达成的标准。

（2）课件、教学视频的更新。基于案例导学模式和面向OBE的复杂工程问题驱动教学模式，引入行业热点事件、政策文件等作为导学案例，将科研过程遇到的问题等作为驱动教学、学生思考的问题，进行课件修订和线上教学视频更新。

（二）存在的问题及改进思路

经过两年多的课程思政教学改革，虽然有一定的成效，但是仍存在一定的问题，例如在大作业讨论的答辩环节，学生普遍对教师提出的问题不能很好地回答，主要表现在一些细节知识点或者数据的来源、准确性的质疑等方面。针对学生答辩能力不足的问题，后续将增加这个环节的训练。

上海港绿色发展之路

于　敏

重庆交通大学交通运输学院　重庆　400074

一、案例简介

（一）基本信息

1. 课程介绍

“港口经济学”是交通管理专业开设的专业拓展类选修课程，课程主要讲授港口经济活动及运营管理、港口市场供需理论、港口合作与竞争、港口产业发展、港城互动关系、港口与环境等基本理论与方法。通过本课程的学习，学生可以了解港口行业发展基本动态，熟悉港口经济活动与相关产业、城市、环境之间的关系，掌握港口用户与服务、港口竞争要素、港口投资与集聚相关知识和原理。同时培养学生关于港口发展的系统思维方式，全方位、多角度看待港口经济问题，利用相关理论去认识和解释具体案例的发展现象及其原因，以及对其未来发展环境做出正确判断，对其发展轨迹做出正确预测，对其主要发展路径做出评述和建议的能力。

2. 案例描述

党的十八届五中全会以来，“创新、协调、绿色、开放、共享”的新发展理念逐渐深入人心。绿色港口是以绿色观念为指导，将港口发展和资源利用、环境保护有机结合，走资源消耗低、环境污染少、增长方式优、规模效应强的可持续发展之路，最终做到人、港口与环境和谐统一、协调发展。2013年上海港集团正式启动创建绿色港口工作，通过实施环境管理体制、绿色发展规划、绿色运输、节能减排、自动化码头建设等一系列举措，逐渐摸索出港口高质量绿色发展路径，并取得了一定的成效。

作者简介：于敏，1986年，重庆交通大学交通运输学院，讲师。

（二）思政教学实践情况

1. 思想政治教育与专业教育融合情况

“港口经济学”课程是交通管理专业2018版培养方案新增的双语选修课程，共32学时，第5学期开课，目前已开展两次授课。根据课程内容和“创新、协调、绿色、开放、共享”发展理念，此次选取的思政主题是港口绿色发展，与课程第六章“港口与环境”紧密相关。

2. 课程思政教学改革情况

由于课程理论性相对较强，知识框架体系、主要思想理论及课程案例源于国外，与学生毕业后的工作实际有一定的距离，学生理解和接受起来有一定的难度。以上海港绿色发展为切入点，可以帮助学生拉近理论与现实的距离，让学生对绿色发展理念有了更深、更形象的认识。课程采用双班教学、小组讨论汇报和学生独立学习相结合的方式，以“理论讲授—案例探讨—小组汇报”的教学方法，帮助学生掌握和应用相关知识要点，教学紧跟港口行业发展前沿动态，活跃了课堂氛围。学生课堂参与程度高，效果明显。

3. 案例选用意义

习近平总书记反复强调“绿水青山就是金山银山”，绿色港口建设充分体现了这一思想理念，通过案例学习，帮助学生理解生态保护、绿色发展的重要性，引导学生主动学习党中央有关“新发展阶段、新发展理念、新发展格局”的系列论述。同时，案例体现了港口企业社会责任担当、创新进取精神，有助于学生树立正确的行业价值观。

二、思路与目标

（一）主要思路

1. 拟解决的主要问题

通过课程思政教学改革，解决思政教学与专业教育融合不紧密、教学过程枯燥、成效不明显等问题。

2. 改革理念与思路

重新梳理课程知识要点，厘清适合开展思政教学的章节，深入挖掘思政元素，融入合适的思政案例。引入上海港绿色发展理念、举措以及成效的演示，总结我国绿色港口建设主要路径，激发学生客观思考港口经济活动与社会、经济、环境、城市的关系，将专业教育与价值观培养有机结合起来，引导学生关注行业发展，树立正确的价值观。

（二）育人目标

港口与环境是“港口经济学”课程最后一讲，主要围绕港口发展与环境保护的矛盾点，分析港口绿色转型的必要性、障碍及具体措施，引导学生正确认识港口经济活动在新时期面临的主要形势与挑战，理解港口企业的社会担当和可持续发展要求，培养学生的使命意识和行业高质量发展价值观。

（1）知识目标：理解港口生产运营对周围环境产生的负面影响，主要污染类型及来源，港口绿色发展的必要性。

（2）能力目标：培养学生多角度、全方位看待问题的系统思维，合理认识和解释港口发展现象及原因，有效把握未来发展趋势的能力。

（3）价值目标：提升保护环境、节约资源的人文修养，增强学生对国家发展理念的认同感，激发青年学生应有的责任担当与使命意识。

三、设计与实施

（一）教学环节设计及方式

1. 思政教学环节设计

将思政案例完全融入课程教学内容中，以课程知识点为主构建教学环节，在各环节内借助问题引导学生思考、讨论。结合课程内容共设置三个环节。

（1）问题导入环节：通过问题设置，引导学生思考港口发展与环境保护的矛盾点，以及港口发展应该减少对环境的负面影响。

（2）港口污染类型及来源：讲授课程内容，明确港口经营活动主要造成空气、水等污染，污染的主要原因是什么，为后面教学环节开展作铺垫。同时，结合上海港绿色港口建设实例，引导学生思考绿色港口建设的主要原因。从国家的经济与社会层面进行思考讨论。

（3）港口防治措施：讲授课程内容，明确现实港口为建设绿色港口所采取的主要措施。同时，结合上海港绿色港口建设实例，引导学生思考绿色港口建设的途径，引导学生社会责任担当意识，勇于创新，利用新方法、新技术解决实际问题。

2. 教学方式方法、理念

（1）收集国内大型港口促进绿色港口建设的相关资料，利用学习通下发课前预习资料、课程思考问题，帮助学生提前熟悉课程知识点，较快进入学习状态，思考所学内容。

（2）课堂教学中借助视频、图片、事实数据展示，让学生对港口污染、举措及成效有直观的认知。

（3）通过案例演示、问题讨论，帮助学生建立知识框架体系、理解港口行业在环境保护方面的形势和要求，鼓励和引导学生利用所学“港口经济学”理论知识，对具体港口的发展提出自己的构想和建议。

3. 考核评价方式

（1）课前利用问卷形式了解学生对课程的认知程度、学习需求、学习态度等方面的实际情况，便于有针对性地教学。课后也设置关于课程内容的问卷，考查学生对思政内容的把握程度。

（2）课程考核包括平时成绩和期末考试成绩两部分，平时成绩通过布置包含思政内容的大作业、小组讨论等形式进行；期末考核将“港口绿色发展”主题融入期末考试中的案例分析，考查学生的理解程度与学习效果。

（二）教学过程组织与实施

此次课程主要包括三个教学环节，各环节教学内容、教师与学生相关活动、设计意图以及时间安排见表1；课程相关展示如图1所示。

表1　　教学过程组织与实施

教学环节	教学内容	主要活动	设计意图
课前导入 （5 min）	问题1：港口生产经营活动会对环境产生污染吗 问题2：港口污染具体有哪些	结合港口经济活动提出问题1、问题2，学生讨论思考后提出看法，教师总结	引导学生思考港口发展与环境保护的矛盾点
港口污染分类及来源 （20 min）	1. 港口污染实例 2. 港口污染主要类型：①空气污染；②水污染；③其他，如噪声 3. 港口污染来源：车、船、设备燃油消耗 讨论1：为什么要重视绿色港口建设	港口经营活动大量消耗燃油造成空气污染，罗列相关事实数据，总结港口污染类型，并以实例说明； 引入上海港绿色港口建设发展基本过程，提出问题，引导学生思考讨论，最后教师总结	帮助学生理解港口污染类型及来源；引导学生将行业发展与社会、经济联系起来，满足可持续发展要求
港口防污染措施 （20 min）	1. 港口节能减排：设备“油改电”、船舶在港排放要求等 2. 清洁能源（电力、天然气）使用：LNG集卡车、岸电设施等 3. 港口粉尘、噪声处理 讨论2：怎么实现港口绿色化发展	教师理论讲授港口污染防治相关措施； 引入上海港绿色港口发展实例，展示上海港实施的主要措施及取得的成效。提出问题，引导学生思考讨论，最后教师总结	激发学生思考港口发展过程中面临的主要形势，引导学生不怕困难、勇于创新，利用新技术、新方法解决实际问题

图1 部分小组汇报展示

四、特色与创新

（1）根据“创新、协调、绿色、开放、共享”新发展理念选取思政案例切入点，与课程知识点融合紧密，实现思政渗透性教学。

（2）以小组汇报为辅，通过问题导入—思考讨论—个人总结，学生参与积极，思政教学效果明显。

五、反思与分析

（一）实施效果及成果

1. 明确课程价值目标，育人效果明显

“港口与环境”主题与社会、经济联系紧密，很容易演变为说教、枯燥的内容介绍，引入上海港绿色发展案例，相关素材资源丰富，有利于学生直观了解港口对环境的影响，加深对港口的经济活动的认识，熟悉新理念在港口领域中的贯彻落实，对于培养学生的责任担当、人文素养具有积极的教育作用。

2. 注重课程设计，学生参与度高

有效划分课程主题，鼓励学生自愿组队选择港口进行汇报，充分调动了学生主动学习的积极性，锻炼了组员分工协作、资料收集与整理分析、PPT制作与视频剪辑、上台汇报讲演的能力，事后小组相互点评，指出好的一面和待改进的地方，较好地满足了学生对高质量学习的需求，课程难度和学生收获感均有所提高。

3. 课下积极沟通，师生关系融洽

坚持有温度的理论教学，课下积极与学生交流，了解学生学习状态、学业生活困惑，拉近师生距离，鼓励学生认真学习、积极参与课程实践，创造良好融洽的课程学习氛围，传递正确、积极向上的观念。

（二）存在的问题及改进思路

1. 存在的问题

经过不断改进，仍存在一些问题：(1)“港口经济学”课程属于新兴学科，跨越多学科，涉及面广，理论性强，还在不断壮大发展中，课程内容选择需要进一步明确；(2) 学生课下阅读相关资料的情况难以把握；(3) 部分学生对选修课不重视，只保证上课认真听，小组作业应付了事，不愿投入精力完成。

2. 改进思路及注意事项

(1) 梳理课程内容，厘清主要知识点与思政融入点，选取合适的案例，加强专业教育与价值培养的有机结合。

(2) 优化课程教学设计与组织，结合学生学习实际情况，设置合理的小组项目，进一步提高学生的课堂参与度和满足感，提升教学效果。

(3) 积极采用新的教学信息技术，提高学习通的使用频率，加强课后相关阅读资料的指导与监控。

“交通设计”（路段过街设计）课程思政教学案例

马莹莹　林永杰　徐建闽　秦筱然
华南理工大学土木与交通学院　广东广州　510640

一、案例简介

（一）课程简介与课程目标

“交通设计”课程是面向交通系统特征与问题，对现有和未来的交通系统及其设施进行优化设计，科学地确定交通系统的时间、空间及建设与管理要素。该课程具有理论基础广、综合性和实践性强、创新要求高等特点。课程不仅重视解决复杂问题能力的培养，更加注重对学生进行工程实践创新意识和工匠精神方面的培养和塑造，为适应未来的工程技术工作打下基础。本门课程的目标可以概括为“一能力，两意识”，即学生在学习本课程并通过考核后，应建构起在设计层面解决交通系统的复杂实际问题的知识和方法体系（高阶性），并建立应用先进的交通分析技术对交通系统现状和方案进行分析与评价的工程意识（创新性），建立解决工程问题的可持续发展观、职业道德、社会责任意识和工匠精神（挑战度），如图1。

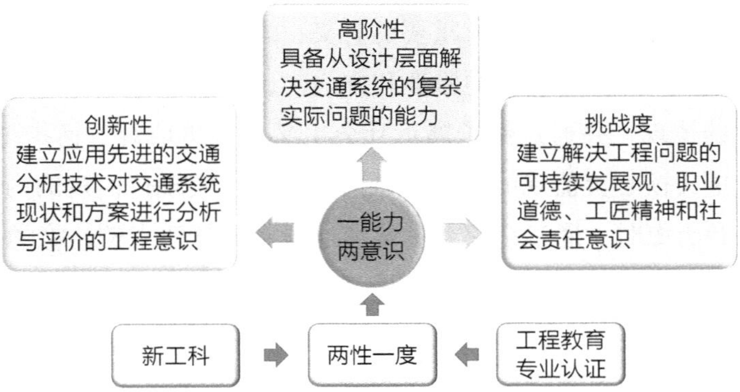

图1　课程目标

作者简介：马莹莹，1983年，华南理工大学土木与交通学院，教授。

（二）课程教学理念

本门课程的教学理念是“以学生为中心，以产出为导向，思政成网，纲举目张”。首先，从学生角度出发，进行学情分析、教情分析，把学生作为课程学习的主体，选用合适的教学方法。其次，以产出为导向，在课程教学时，要考虑教学方法和教学实施过程的结果和效果，要有提升学生的学习体验并形成及时反馈的机制，不断改进教学方法。最后，在课程思政体系构建和实施形式方面，要做到纲举目张，形成思政网络，使得整节课、整门课的思政内容成为一个有机的整体和网络。学生在学习时，能够从不同的章节内容中不断接受与不同课程教学内容相融合的思政教育，帮助学生逐步树立正确的人生观、价值观、工作态度和工作方法等。在教学方法上，课程思政也要特别讲究，不宜过于生硬地进行思政课似的进行思政教育，但也不必过于隐晦，因此，应该做到显性思政和隐性思政相结合，多种教学方法相结合的课程思政教学方法。

（三）思想政治教育与专业教育的融合情况

本门课程的课程思政内容和元素贯穿整门课程始终，与课程内容紧密结合，主要内容包括：帮助学生树立正确的工程价值观，培养学生追求科学真理、坚守职业道德的精神，强化学生对社会主义核心价值观的认同与践行，培养学生一丝不苟、精益求精的工匠精神，帮助学生形成实事求是、科学严谨的工作态度，激发学生的爱国热情和建设祖国的使命感和责任感。课程思政的实施方式通过任课教师的讲解、示范、实践等多种形式贯穿在课程的全过程中，实现“润物细无声”的思政效果。例如，在进行课程教学过程中，老师首先就是一个示范者，通过严谨的教学态度、认真的备课、精心的课堂组织、课后的及时反馈等多个环节，影响学生的学习态度以及以后的工作态度；在进行项目指导时，对于工程项目严格要求，精益求精，对于学生的设计图从布局到细节要求严格，让学生明白设计图中的每一条线都有重要的意义，培养学生在设计中严谨的态度和精益求精的工匠精神；在讲解交通设计的原理和方法时，反复并重点讲解社会主义核心价值观在交通设计中的体现，并通过例子展示社会主义核心价值观如何指导交通设计工作，深化学生对社会主义核心价值观的理解和认同，并逐步实现价值观的内化；在讲解交通设计在中国的发展历史时，通过介绍老一辈交通学者的鲜活案例，将学生带入具体的情境中，引发学生道德共鸣和价值认同，并号召同学们“我辈更该担当，握好接力棒，为祖国为人民而奋斗！”

（四）案例选用的意义

本案例以交通设计课程的“路段过街设计”为例，进行课程思政教学设计和教学效果的展示。通过这一节课，展示如何将课程思政融于课程教学的细节中，包括授课的内容、方法和工作态度等，实现“润物无声”的育人效果。该案例对设计类、工科类等课程都有一定的借鉴作用。同时，在课程教学方法和教学设计方面也采用了启发式、研讨式的教学模式，也有一定的示范作用。

二、思路与目标

（一）本案例的课堂教学目标

本案例的课堂教学目标共包含三个维度，分别是知识与能力、过程与方法、情感态度和价值观，主要内容如图2所示。

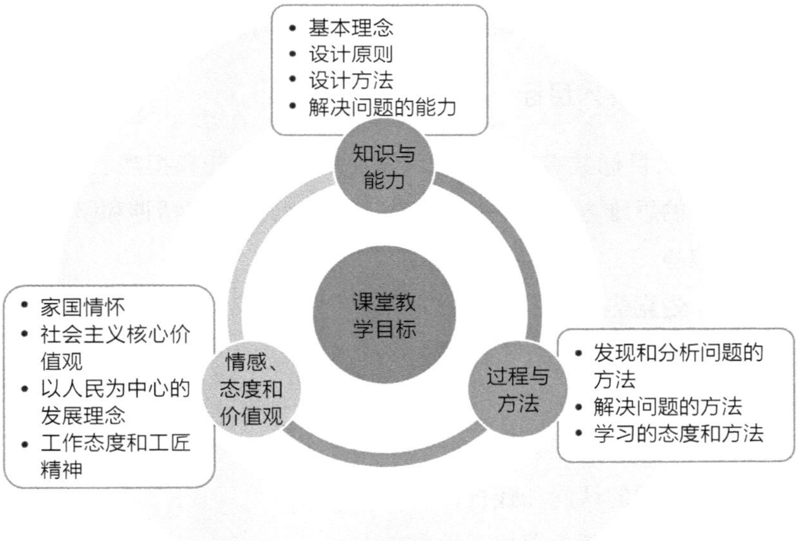

图2 课堂教学目标

1. 知识与能力

理解并能够践行路段行人过街横道设计的基本理念——以人民为中心；

能够深刻认识路段过街横道的作用以及设计原则；

能够辨识出行人过街横道存在的主要问题，并提出改善对策，形成解决行人过街交通复杂问题的能力；

能够对过街横道进行精细化设计，理解设计原理和理念，并能够应用社会主义核心价值观指导过街横道的设计工作。

2. 过程与方法

发现问题的方法：能够识别过街横道存在的问题并进行归纳总结，提高辨识能力和归纳能力；

分析问题的方法：能够运用辩证思维分析行人过街的问题，提高分析能力；

解决问题的方法：能够运用调查研究的方法、理论联系实际的方法解决行人过街存在的问题；

学习方法：合作学习、探究学习。

3. 情感态度和价值观

激发作为社会主义建设者和接班人的使命感和责任感；

认同和践行社会主义核心价值观；

理解和践行以人民为中心的发展理念；

强化科学严谨、实事求是的工程实践态度和精益求精的工匠精神。

（二）本案例的思政育人目标

本节课的思政育人目标共有4个方面，分别是强化责任和担当、塑造正确的价值观和工程观、培养科学的思维方法和正确的工作态度、弘扬工匠精神和坚守职业道德。

1. 强化责任和担当

激发学生爱国、爱党热情；

增强建设祖国交通的使命感和责任感；

增强专业认同感。

2. 塑造正确的价值观和工程观

社会主义核心价值观的认同和践行；

让以人民为中心的发展理念根植于学生心中。

3. 培养科学的思维方法和正确的工作态度

强化科学严谨、实事求是的工作态度；

提高分析能力和辨识能力；

能够用辩证思维分析行人过街问题。

4. 弘扬工匠精神和坚守职业道德

诠释工匠精神；

增进人民福祉是交通工程师的根本准则。

三、设计与实施

（一）课堂教学总体设计

本节课共有两条主线，一条专业内容教学主线，另一条为思政教育主线。以"新时代交通人的使命和担当"开篇，两条主线在推进过程中相互交融，最后落脚点为工匠精神，总体设计见图3。

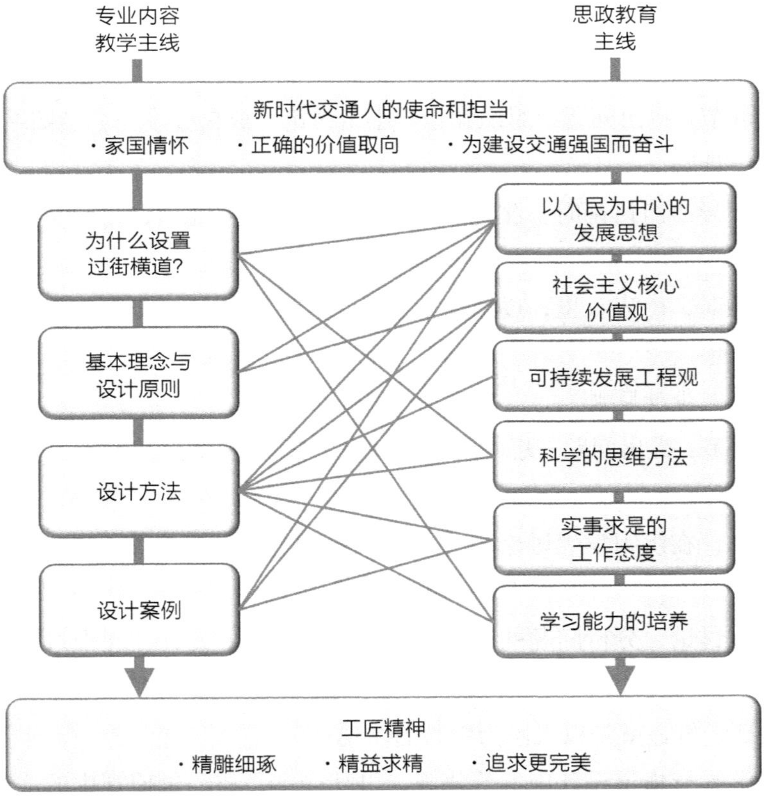

图3 课堂教学设计

（二）课程思政融入专业教学的教学环节设计

本节课程共有5个模块，分别是新时代交通人的使命和担当、为什么设置过街横道、基本理念与设计原则、设计方法和设计案例，分别对5个教学模块进行课程思政教学设计。

1. 新时代交通人的使命和担当

主要教学环节：时事讲解→讲话视频观看→讲解、强调、归纳。

思政融合设计：

通过佩戴党员徽章，引发同学们的关注，引出前一天发生的重要事件“庆祝中国共产党成立100周年大会”及会上习近平总书记的讲话；

通过和同学们共同观看学习讲话中关于青年的论述部分，激发学生建设祖国的使命感和爱国热情；

进一步强调讲话中对于新时代青年的殷切期望，并通过习近平总书记在福建考察时的讲话告诉学生青年人应该怎么做，进一步引出作为交通人的使命和担当；

明确提出“不忘初心为人民”，希望同学们能够谨记，做社会主义的建设者和接班人。

2. 为什么设置过街横道

主要教学环节：提出问题→组织和指导小组讨论→成果分享→总结归纳。

思政融合设计：

在组织和指导小组讨论时，注重培养学生的合作学习能力，指导学生思考问题的方法，帮助学生逐渐形成辩证思维思考问题；

在总结归纳时，由表及里，逐渐探究问题本质，并解释工程设计中如何体现以人民为中心的发展思想。

3. 基本理念与设计原则

主要教学环节：提出问题→思考与讨论→引导归纳得出结论。

思政融合设计：

以问题入手，在组织学生讨论时，逐步引导学生透过现象看本质，提高辨识能力和分析能力；

通过思考与讨论，分析问题的原因是没能从人的需要设计并建设过街横道，进一步引出并强调过街横道设计的基本理念是“以人民为中心，为人民谋幸福”，把过街横道设计得安全、便捷、舒适就是以人民为中心的体现；

进一步讲解人行横道设计中的价值观，以社会主义核心价值观中的文明、和谐、自由、平等、法治、友善作为主要价值观，开展行人过街横道的设计工作；

最后，围绕基本理念和价值观，引出该项设计工作的项基本原则，且强调以人为本是核心。

4. 设计方法

主要学习过街位置选择、过街横道宽度设计、行人驻足区及附属设施设计三个模块内容，每个模块的主要教学环节：提出问题→组织讨论与分享→引导归纳得出结论。

思政融合设计：

提出问题和组织学生讨论时强调实事求是的工作态度，指导学生用辩证的思维思考问题，帮助学生逐步形成科学的思维方法和正确的工作态度；

在讲解设计参数和原理时，结合设计内容，讲解具体的设计怎样体现以人为本的设计理念，进一步体现了社会主义核心价值观中的哪些内容，帮助学生进一步理解和认同以人民为中心的发展思想和社会主义核心价值观；

通过布置一项学生实践作业，让学生通过实测确定人行横道的通行能力，传递给学生严谨求实的精神，也让学生明白工程实践中实事求是的重要性，培养正确的工作态度。

5. 设计案例

主要教学环节：提供案例图片→讲解与讨论→总结与升华。

思政融合设计：

利用案例图片讲解设计原理和方法的时候，着重解释以人民为中心的理念和社会主义核心价值观的体现，特别是强调整个工作对人的关注，让以人民为中心的理念深植于学生心中；

在案例讲解中，引入开展此工作的工作态度，进一步强调实事求是的重要性；

在很多细节设计讲解和展示之后，将这些工作进行总结升华，引出工匠精神，并解释工匠精神的内涵，以及工匠精神和以人民为中心的理念的统一。

（三）教学方法

1. 情景再现法

通过实地照片等多媒体方式为学生设定实际工程场景，并尽量与学生日常生活相关，例如，在讲述行人过街的问题时，放出行人乱穿马路的照片的同时也请学生回想自己过马路的经历，以及当时的具体情境，然后把师生放到具体情境里面进行分析。学生在理解问题和设计方法的同时，可以明白在实际工程项目中怎样应用，怎样落实以人民为中心的发展理念和社会主义核心价值观等。

2. 问题引导式教学法

通过抛出问题，引发学生思考，然后辨识问题，分析问题本质，进一步提出解决方案。

3. 探究式教学法

以启发学生的思维为核心，通过由浅入深、由表及里的引导和启发，让学生通过观察、推理、对比、联想、讨论等途径主动探究，发现并建构知识体系。

4. 朋辈学习法（合作学习）

通过小组合作的形式进行任务的完成和知识的建构。本节课组织了多次小组讨论，并请学生应用白板进行头脑风暴的结果记录和整理，再各小组分享讨论成果（图4）。让

图4　朋辈学习场景

学生在交流与合作中相互促进、取长补短，实现共同进步，同时培养协作意识和团队精神。根据学生的反馈，该方法在教学实践中取得了良好的效果。

（四）评价考核方式

本节课的考核以课后作业的形式开展，作业内容如下：

（1）组织调查，测试1米宽的行人通道的通行能力；

（2）选校内一个路段进行过街横道的设计。

其中，作业1主要考查学生的工作态度、工作方法等方面的思政元素，作业2主要考查学生对于以人民为中心的理念和工匠精神的理解和指导实际工作的情况。

四、特色与创新

（一）深入挖掘思政元素，构建课程思政元素网络

从工科专业的特点出发，结合课程内容，以立德树人为中心，以责任与担当、职业道德和工匠精神、正确的价值观和工程观、科学的思维方法和工作态度为主要维度，构建课程思政网络。

（二）创新教学策略与方法，专业教学主线和思政教育主线相融合

将专业教学内容作为课程教学的明线，将思政教育作为课程教学的暗线。在课程教学过程中，两条主线并行，并根据教学内容融合贯通。例如，在“交通设计”课程中，以“什么是交通设计，为什么做交通设计，怎样做交通设计”作为专业教学主线，以“落实以人民为中心的发展理念，践行社会主义核心价值观”为思政教育主线，根据课程

内容将二者有机结合，引起学生在思想上的共鸣。

好的课程思政效果，需要有富有吸引力的课堂。因此，教学方法的多样化是课程思政效果的重要保障。任课教师根据课程内容的需要，将讲解、示范、实践、调研、讨论等多种教学方法融合在课程教学和课程思政的全过程中，实现课程思政的入脑入心。

（三）精细化课程思政教学设计，将思政内容融入专业教学中

专业教学内容和课程思政内容并不是一一对应的关系，同一学习单元会体现不同的思政内容，同一思政元素也会在不同的学习单元中反复出现。因此，在课程思政的教学设计时，要深入到课程和课堂教学的每一个细节，开展精细化课程思政设计，将思政教学内容与专业教学内容深度融合。

五、反思与分析

(1) 将学生作为学习的中心和主体，以建构知识和方法体系为目标，分阶段开展多模式和多种方法相结合的教学活动，取得了良好的效果，特别是在解决问题的实践能力培养方面效果显著，得到学生的广泛认可。

(2) 将问题驱动和项目驱动相结合、课内与课外相结合、课堂与实践相结合，通过问题的解决实现课程知识的内化，能够充分发挥学生的主观能动性。

(3) 深度融合的课程思政对学生价值观的塑造和职业道德及精神的培养具有重要的作用，通过提高学生思想认识和学习主动性，能够大大促进学生对课程内容的学习和能力的培养。

依托港珠澳大桥案例的思政教学实践

王云泽　李　松

石家庄铁道大学交通运输学院　河北石家庄　050043

一、案例简介

（一）课程简介

“道路勘测设计”是交通工程专业的主干课程，是公路建设中首先会涉及的问题，道路勘测设计成果的好坏直接影响交通安全、通行能力以及工程造价等问题。该课程的主要任务是对道路立体线形的研究，掌握相关标准和规范的基本知识。主要研究汽车行驶与道路各个设计元素间的关系，以保证在设计速度、预计交通量以及地形和其他自然条件下，行驶安全、经济、旅客舒适以及路容美观。实际上涉及的是人、车、路、环境一体化工程，是研究驾驶者的心理、汽车的运行轨迹、汽车动力性能以及交通流量和交通特性与道路几何线形间的关系。

（二）案例简介

港珠澳大桥全长55 km，连接香港、澳门和珠海，通车后直接缩短了港珠澳三角区的距离，被英国的《卫报》评为“新世界七大奇迹”之一。它跨越伶仃洋，东接香港，西接珠海和澳门，是我国“一国两制”政策框架下粤港澳三地首次合作建设的大型跨海交通工程，被人们称为“世纪工程”。

（三）思想政治教育与专业教育的融合情况

在教学过程中，结合港珠澳大桥工程实例，基于总体设计考虑的因素讲述了路线平纵设计、横断面组成、自然生态保护、航道净空考虑、选线总体设计原则、以人为本

作者简介：王云泽，1988年，石家庄铁道大学交通运输学院，副教授。

的设计理念等内容，并将工程中建设者们勇于创新、爱岗敬业的社会责任感融入专业知识讲解中，培养学生的职业热情，激发学生树立为社会和国家发展贡献力量的理想和信念。

（四）课程思政教学改革实践情况

通过港珠澳大桥工程案例的思政教学，在专业知识的讲述过程中培养学生们的爱国情怀、工程师责任以及环境保护、持续创新等素养，以“润物细无声”方式，将理想信念教育、中华优秀传统美德、职业道德、工匠精神、劳动教育、美育教育、国防教育等融入专业课教学之中。

（五）案例选用意义

港珠澳大桥具有多项世界之最，它是目前世界上最长、耗资最高、拥有最长海底沉管、最具有挑战性、预计使用寿命最长的跨海大桥，创造了400多项新专利，整体设计和关键技术全部自主研发。在这一大国重器的背后，是千千万万建设者高超的专业知识和高尚职业道德的体现，更代表了我国先进的交通建设水平和强大的综合国力。此案例不仅是本课程专业知识的具体实践，更包含了丰富的课程思政元素。

二、思路与目标

（一）拟解决的主要问题

主要解决思想政治教育与专业知识教育融合不紧密、思想政治教育案例与专业知识相关性较差、学生应用实践能力不足等问题。

（二）课程思政教学改革的理念和思路

本着在思政教学中学习专业知识，在专业知识教育中提升职业素养的教学改革理念，在教学过程中以港珠澳大桥为工程实例，与教学内容相结合，贯穿于绪论、平面设计、纵断面设计、横断面设计及选线设计章节内容，理论教学与实际工程相结合，进行专业训练和工程实践，教学内容与课程思政相结合，丰富专业课学习内容，提高学生学习的兴趣和动力，培养学生科学的世界观、正确的人生观和价值观、健全的人格和社会责任感；培养学生具有坚定的政治方向，热爱社会主义祖国，拥护中国共产党的领导；培养学生遵纪守法、爱岗敬业、团队协作、乐于奉献、勇于创新。

（三）知识目标设定、对应与达成

通过结合案例的思政教学，让学生能够综合考虑选线因素，掌握道路工程选线知识。

（四）能力目标设定、对应与达成

通过案例教学，使学生具备综合考虑选线因素，能够选择线形的能力，具备开拓创新、持续学习的能力。

（五）素质目标设定、对应与达成

通过案例教学，使学生具备对工程负责、对人民负责和对国家负责的工程职业素养，能够艰苦奋斗、热爱祖国。坚定学生理想信念、厚植家国情怀、加强品德修养、弘扬进取精神。

三、设计与实施

（一）课程思政融入的教学环节

1. 绪论教学环节

“道路勘测设计”教学过程中，绪论借助港珠澳大桥向同学们展示中国基础设施建设的发展，体现了一个国家逢山开路，遇水架桥的奋斗精神，体现了我国综合国力和自主创新能力，体现了勇创世界一流的民族志气，使同学们对交通工程专业及课程学习的荣誉感与使命感油然而生。

2. 平纵线形设计环节

结合港珠澳大桥的曲线设计和桥梁隧道之间的纵坡设计为学生讲述平纵设计的重要性，让学生理解建设者们在平纵线形设计中所彰显的高超技艺和集体智慧，培养学生们敢于担当、不断创新的新时代大国工匠精神。

3. 选线设计环节

借助港珠澳大桥对中华白海豚保护区的保护来讲解选线的原则和理念，结合港珠澳大桥设计中对活动断裂、软土震陷、砂土液化等不良地质现象的处理，讲解各种不同地形地质条件下的选线方法。培养学生主动保护环境、持续学习等基本职业素养。

4. 总体设计环节

通过讲解港珠澳大桥总体设计原则，分条对应课本上的总体设计环节，如确定路线平面线位方案应充分考虑与水上锚地的关系，也应充分考虑与珠海、澳门口岸及香港侧海中桥梁的关系，让学生深刻理解总体设计中应遵守的原则，成为有责任、有视野、有担当的新时代工程师。

（二）教学方式与方法

1. 讲授法与案例教学法相结合

专业知识采用讲授法，港珠澳大桥思政教育采用案例教学法，二者结合在专业中讲思政，在思政中演实践。

2. 开展线上、线下混合式教学

采用线上、线下混合教学模式，首先让学生在线上学习专业基础知识，要求学生线下分组查阅港珠澳大桥相关资料，深入挖掘各个环境背后隐含的工匠精神；其次在课堂上进行学习成果汇报，授课教师进行点评和提问，加深学生对该课程的理解和认识。有意识地帮助学生加强课后巩固的效果，通过微信、QQ等渠道定期与学生进行交流。

3. 以学生为本，开展小组讨论

针对港珠澳大桥的各个环节，在专业知识讲授后，要求学生就工程中的某些专业知识及思政元素进行深入讨论并进行论述，检验学生的学习效果，并锻炼学生们团结协作的能力。

4. 基于“SPOC”模式的疫情网上教学模式

将课程视频、网站链接、课程讲义、作业、测试、自动评分等教学资源通过学习通布置给学生，同时要求学生在课外观看视频，完成相应的作业，并参加由教师组织的专题讨论，了解学生知识掌握的薄弱点，然后在线下课堂教学中重点讲授相关问题，并在课上与学生一起点评、互评部分作业或其他任务。考虑到新冠疫情对现场教学模式造成的影响，“SPOC”模式非常符合新形势下教师与学生的教与学，SPOC模式提供了一种可基于MOOC的授课方法，教师可以把相关资料上传到班级群里，然后采用QQ课堂、腾讯会议、钉钉等直播软件与学生线上直播交流，在实践中学生反映非常好。

（三）教学理念

本着学专业就是学思想，学案例也是学专业的教学理念，以学生为本，让学生在专业知识和案例中跳进跳出，通过专业知识在案例中反复呈现，不仅让学生在真实案例中学习交通工程专业中的关键技术，更能让学生感受到国家交通工程发展取得的辉煌成就，从而增强学生的职业责任感和荣誉感，真正在教学中做到对青年学生的价值引领和人格塑造，培养学生成长、成才，把“爱国情、强国志、报国行”自觉融入坚持和发展中国特色社会主义事业、实现中华民族伟大复兴的奋斗之中。

（四）考核评价方式

1. 基于学生课程思政学习效果的层级设计评价

第一，学生思想政治教育知识发展评价，包括思想政治教育知识自身、基于专业立场对思想政治教育知识的理解，占考核成绩的30%。第二，学生思想政治教育运用能力发展，即评价学生基于专业立场运用思想政治教育知识分析与解决问题的能力、基于专业行为角度对思想政治教育知识的运用能力，占考核成绩的30%。第三，学生情感、态度、价值观发展，占考核成绩的40%。

2. 基于学生思想政治素养发展的过程性实施评价

过程为主、结果为辅。基于学生学习中的表现，侧重采取描述性评价，从不同维度对学生的表现进行记录、描述，以准确反映学生变化，小组讨论记录、小作业、发言记录都可以作为评价依据。将撰写的论文、调查或研究报告作为终结性评价，以反映学生发展的阶段性成果。这种评价可以与学生自己的预期、教师课程设计的预期相结合，不仅能反映学生真实水平，同时也能作为教师教学反思的重要依据。

（五）教学过程的组织与实施

1. 形成科学的融入通道：课程思政教学安排

港珠澳大桥中的思想政治教育元素既有“显”式的也有“隐”式的，非常适合在教学中采取“显”“隐”结合的形式。“显”式的可以在合适的知识点以合适的时机“进入”，并保持合适的体量；“隐”式的则可以引导学生进行思辨，辅助专业知识的学习。

2. 构建科学的融入方式：思想政治教育主题的切入

问题创设：由某节课涉及专业领域的思想政治教育问题引发学生思考，或促成小组讨论。

事件或案例导入：结合本节课专业知识点相关的港珠澳大桥建设事件，从具体的思想政治教育维度切入，阐述其背后的思想政治教育元素，促进讨论。

故事导入：针对相应的专业知识点，结合港珠澳大桥建设中发生的故事，引导学生进行探索。

情境导入：基于情境预设，引导学生进入港珠澳大桥建设情境，逐步推出思想政治教育主题。

比较导入：在专业知识层面对比港珠澳大桥与国外的交通工程，进而导入“责任感和使命感”或“民族精神”等思想政治教育主题。

3. 提升融入效果：课程思政教学活动的组织

在每节课前提供给学生港珠澳大桥材料，明确提出课程思政问题，为学生预留思考的时间和空间，并初步形成基本讨论路线，学生基于课前准备随机发言、发问，教师作出回应并引导学生进一步思考、探讨。学生可在教师指导下，在较短时间内进行交流和讨论，形成“微专题研讨”。课后教师提出明确的思想政治教育主题，要求学生基于前期准备，采取合作方式，从不同维度分析、阐述、补充并得出完整结论。

4. 提升融入的针对性和有效性：课程思政的教学调控

在课前应与学生进行有效互动，并形成思想政治教育预设。基于学生学习体验立场，及时优化教学。

四、特色与创新

（一）特色

港珠澳大桥作为交通工程建设的奇迹，将其作为道路勘测设计的思政案例，对于学生的思政教育是非常自然的，可以起到“润物细无声”的效果。港珠澳大桥案例应用专业知识全面、深入并有极大的创新，蕴含的思政元素广泛而鲜明。将其融入专业教学的各个知识环节，既作为案例教学辅助学生对专业知识的掌握，又促进学生对工程实践的理解，更提高了学生的工程职业素养，一举多得。

（二）创新

1. 专业教育与思想政治教育深度融合

将港珠澳大桥建设的各个环节融入专业知识的讲解之中，让学生思想接受正向的深刻洗礼，在港珠澳大桥宏大的气势中深入学习专业知识的应用，潜移默化，实现专业教育与深度教育的深度融合。

2. 理论与实践相结合

课程专业知识是基本理论，港珠澳大桥是专业的深入实践，通过港珠澳大桥案例的引入，学生可以在案例中锤炼基本理论，亦可以通过基本理论理解专业实践，港珠澳大桥案例作为桥梁完美实现了理论与实践的结合。

3. 真实与虚拟仿真互相印证

通过课程设计和虚拟仿真实验让学生更加理解真实案例的设计内涵和意义，为课程思政的效果评价提供了较好依据。

五、反思与分析

（一）课程思政教学改革的实施效果及成果

1. 知识点与思政元素有机融合，培养复合型人才

通过对整个课程进行课程思政融入，配以多样的知识案例教学方法，思政由枯燥、乏味的理论变成生动、真实的案例，极大地调动了学生学习的积极性和参与性。在整个案例分析和讨论阶段，能注重突出学生的主体地位，强调学生在分析案例中的独立思考、自主分析能力，学生主动与被动接受的方式方法更加多样化；能锻炼学生的团队协作能力、语言表达能力、沟通能力和理论联系实际的能力。

2. 课程建设富有成效，教学质量评价优秀

从具体的教学实践来看，课题气氛热烈融洽，学生学习热情高涨，课程成绩得以提升，教学效果反馈理想，学生评教满意度100%。结合课程建立了课程思政案例库，搭建开放式在线课程平台，建立移动课堂资源，供学生反复学习。线上教学资源的利用，明显提高了学生积极性。

3. 多维度思政教育成果初绽放

（1）最近两级毕业生就业率接近100%，越来越多的学生选择国内升学或者留学，学生对个人的人生规划开始有了巨大转变，对于专业知识的追求也有了更高的升华。

（2）笔者撰写的《道路勘测设计课程思政元素的挖掘与实践》荣获交通强国战略下的交通运输类专业课程思政教学研讨会“优秀奖”。

（3）积极进行案例库建设，2020年《交通运输工程专业〈工程伦理〉课程思政教学案例库建设学》被立项为省级案例库建设项目。

（4）《2020年工程教育认证+“双一流”建设背景下交通工程专业人才培养体系研究》被中国交通教育研究会立项。

（5）个人连续两年教学评价位列全校前5%，连续两年获得校级教学质量奖。

（二）存在的问题

（1）教师工程实践能力较弱，难以较好地引导学生学习工程案例；

（2）实践平台资源较少，学生难以形成系统的工程认识；

（3）考核方式和评价手段不够健全，还需要进一步完善。

（三）改进思路、注意事项

1. 提高教师的课程思政意识与能力

成立由专业教师和思政课教师组成的教学团队，针对专业课教师开展富有针对性和

示范性的“课程思政”教学指导，使其能够精准运用思想政治理论分析教学中的现实问题，从而达到提升专业教师课程思政能力的目的。通过提升教师的思政意识和思政能力，使专业教师做到教书与育人相统一、言传与身教相统一、潜心问道和关注社会相统一、学术自由和学术规范相统一，最终达到知识传授与价值引领的目的。

2. 搭建课程思政实践平台

学习的“道路勘测设计”相关专业知识最终要运用到社会实践中，因此需要用好的实践运用的平台。通过科教融合项目、社会实践活动以及专业学科竞赛等平台，让学生在运用知识中增进工程技术人员的情感和对社会应用专业知识现状的了解，这样既提高了学以致用的能力，还增强了专业学习自信心。丰富课程相关资源，加大课程资源更新力度，做到课程资源紧贴时代脉搏、与时共进，课程资源每年新增热点话题不少于5个。

3. 深化课程教学改革创新

坚持习近平总书记关于高校思想政治理论课教育教学的“八个统一”原则，进一步强化政治性、价值性，引导学生辩证认识、理性分析现实问题，引导学生把人生抱负落实到脚踏实地的实际行动中来，把学习奋斗的具体目标同民族复兴的伟大目标结合起来；加大对学生的认知规律和接受特点的研究，发挥学生主体性作用；强化启发式教育，引导学生发现问题、分析问题、思考问题；继续深度挖掘课程和教学方式中蕴含的思政资源，实现全员、全程、全方位育人。

4. 深化考核评价改革创新

逐步建立健全多角度、全方位的考核机制来评价学生，实现课内与课外有效衔接，探索尝试口试与笔试相结合、开卷与闭卷相结合、教师评价与学生自评、集体互评相结合，课堂表现与日常行为相结合等方式，确保课程思政育人实效。

5. 结合课程思政评价结果进行持续改进

“道路勘测设计”课程思政教学改革是系统而长期的工程，从顶层设计到具体落实都需要循序渐进和搭建长效机制，不断推动课程思政教育的创新发展。课程思政教学改革的重要环节之一是如何将评价结果运用到持续改进中。通过对学生成绩以及教学改革的问卷调查进行分析，发现还需要在思政元素的挖掘、思政切入点及结合度等方面进行总结和改进，最终构建适合本课程特点的课程思政教学机制。

参考文献

[1] 夏韬循，夏辰朗. 港珠澳大桥建筑的设计内涵及历史意义[J]. 美与时代（城市版），2019（11）：30-31.
[2] 程丽云，张晓光，杨淑玉.“中国古代史”课程思政的实践与反思[J]. 佳木斯大学社会科学学报，2020，38（4）：215-216，219.

[3] 田林. 基于“一带一路”课程思政的道路勘测设计教学方法研究[J]. 山西建筑，2020，46（21）：181-182.

[4] 张华，张海伟，张新惠. 基于课程思政的道路勘测设计教学探索与实践[J]. 黑龙江教育（高教研究与评估），2020（7）：22-23.

[5] 张永强，王文华，李栋国，等. 融入课程思政的《道路勘测设计》在线教学探索与研究[J]. 长春工程学院学报（社会科学版），2020，21（2）：108-111.

[6] 陈再发. 课程思政融入“船舶机舱自动化”课程教学的设计与实践[J]. 安徽电子信息职业技术学院学报，2022，21（5）：24-28.

[7] 吴满意，唐良虎. 十九届六中全会精神融入“思想道德与法治”课程的几点思考[J]. 思想政治课研究，2022（3）：149-159.

“航空运输市场学”课程思政教学案例

白　杨　张生润

南京航空航天大学民航学院　江苏南京　211106

一、案例简介

（一）思想政治教育与专业教育的融合情况

“航空运输市场学”是交通运输（民航运输管理）专业的专业必修课、核心课，在专业培养中有着重要的地位。交通运输（民航运输管理）专业致力于培养适应现代民航事业发展需要，既有扎实的交通工程知识体系，又有较强的管理能力和良好的团队协作精神的高素质、复合型人才。通过思想政治教育与专业教育的融合，梳理专业课程所蕴含的思想政治教育元素和所承载的思想政治教育功能，优化课程设置，修订专业教材，完善教学设计体系，加强教学管理。实现专业课程与思想政治教育同向同行，形成协同效应，在培养学生专业技能的同时，有效提升学生的人文素养、思想品德素养、行业文化素养，实现“学院有特点、专业有特色、学生有特长”的建设目标。

（二）课程思政教学改革实践情况

“航空运输市场学”的教学目标是通过航空运输市场营销理论和运作实践的教学，培养学生航空运输市场的理论分析能力和制定科学营销策略的实践能力。通过课程思政教学改革，将民航市场学理论、民航市场政策、民航产业发展有机融合，以现状与问题为出发点，以国家民用航空市场政策为切入点，以掌握中国特色民航市场理论为目标，利用翻转课堂、实践训练、在线课堂等多种教学模式，培养适应我国航空运输市场发展需要的高素质专业人才。

作者简介：白杨，1977年，南京航空航天大学民航学院，副教授。

（三）案例选用意义

航空运输市场的发展就是我国民航产业发展的具体化，市场改革始终是指导民航产业发展的重要工作。我国民航企业对市场营销活动极为重视，都设有强大的营销机构，采取科学和系统的营销策略以应对发展需要。民航企业丰富的市场营销实践为“航空运输市场学”理论研究和人才培养提供重要条件。通过课程思政教学，可以让学生有更直接的思想感悟，可以透过理论知识、数据分析看到行业发展的内涵与基础，引导学生感知民航大国、民航强国的发展路径，掌握我国民航市场与中国特色社会主义市场经济、民航业高质量发展的内在关联。

二、思路与目标

（一）总体思路

在“航空运输市场学”的课程中推进课程思政改革，对教学内容进行拔高，提炼课程的思政元素，从“民航文化基因”“民航价值范式”“民航精神能量”开展基于民用航空市场专业知识的思政育人，以专业技能传授为载体，加强学生的思想政治教育，将科学精神、工匠精神、社会责任、家国情怀等要素与课程教学融合互动，实现专业课思政教育层面的“协同育人”目标。

（二）拟解决的主要问题

1. 传统课程资源有待提升和完善

课程资源包括教学大纲、教学内容、教材开发等方面。目前采用的教材是由笔者编写的《航空运输市场营销学》(2021年8月出版)，该课程其他的资源还要基于当代大学生身心发展特点，精选教学内容和案例，把思想政治教育元素有机融入教学之中，使教师教学和学生学习有温度、有触感、有质量，唤起学生的家国情怀和行业自豪感。

2. 虚拟教学资源建设需要加强

虚拟教学资源建设主要包括在线课程开发、虚拟案例库建设等，要充分发挥信息技术在思政教育过程中的巨大作用，打造MOOC、微课等重要的在线学习平台。

3. 实践教学资源体系需要强化

以项目式课程建设为基础，将有限的“课程思政”课堂内教学拓展为广阔的“课程思政”课堂外实践活动，使学生真切感受国家的发展与强大，培养学生的民族自豪感与爱国意识，增强学生立志投身民航的决心，将个人的成才梦与实现中华民族伟大复兴的中国梦有机融合。

三、设计与实施

（一）课程思政总体教学设计

建立“课堂教学导入思政、网络平台助学思政、实践教学强化思政、企业平台拓展思政”的四位一体的课程思政教学体系设计。总体教学设计如图1所示。

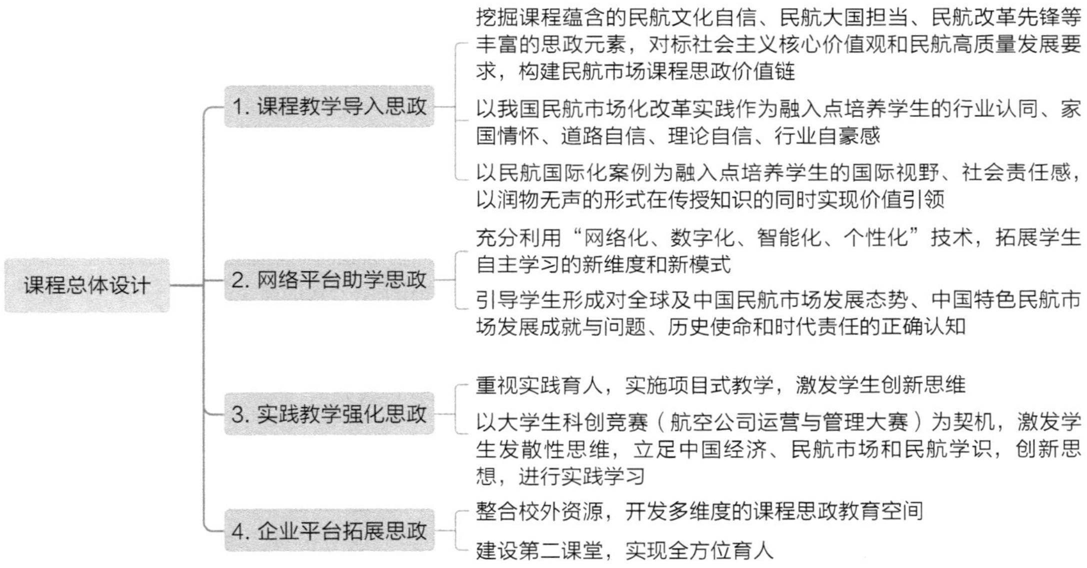

图1　课程思政总体教学设计

（二）课程思政教学环节设计

“航空运输市场学”共有十章教学内容，针对每章内容，以突出中国民航市场化改革以及民航市场政策的实践为特点，设计各教学环节的思政主题，如表1所列。

（三）课程思政教学方法设计

在有机融入课程思政的基础上，针对当代大学生的思想特点设计教学实施策略、方法及手段。

（1）课前MOOC指导：通过课程建设以及现有的数字化教学平台，课前推送课程信息资源，以问题为导向，利用学生碎片化时间，引领学生主动收集资料，引导学生定制

表1 课程思政教学环节设计

教学内容	教学环节	学时	课程思政主题
第一章 市场营销学概述	课堂授课、讨论	2	中国市场化改革的历史； 中国特色社会主义市场经济的特点
第二章 航空运输市场的特征	课堂授课、讨论	4	讲授中国民航市场发展历史，让学生了解中国民航市场发展的轨迹，增强行业认同感
第三章 航空运输市场营销环境分析	课堂授课、讨论	6	以中国民航市场改革政策为引领，分析中国民航市场政策环境，体现制度自信； 以中国经济发展数据为引导，分析中国民航市场的经济环境，彰显民航大国风范
第四章 航空消费行为分析	课堂授课、讨论	4	分析中国经济高速发展背景下，旅客消费行为的变化及特点； 重点分析中国旅客对全球航空市场增长的影响
第五章 航空运输市场细分及目标市场选择	课堂授课、讨论	10	分析中国航空公司的商业模式，不同市场定位对满足消费需求的作用，让同学们掌握“民航价值范式”； 让同学们探索中国航空市场结构特点
第六章 航空运输市场的产品策略	课堂授课、讨论	6	介绍中国航空公司的航空品牌、企业文化蕴含的家国情怀和社会责任； 以航空公司国际化战略的案例为切入点，培养学生的国际化视野
第七章 航空运输服务营销策略	课堂授课、讨论	4	讲授中国民航服务理念，突出中国文化特色
第八章 航空运输市场销售渠道策略	课堂授课、讨论	10	讲授中国民航对销售代理人管理规则的发展变化； 讲授中国自有航空产品销售渠道建设，突出技术自信和行业自信的要素
第九章 航空运输市场的价格策略	课堂授课、讨论	10	讲授中国民航运价制定以及价格改革的政策，指出改革是市场发展的根本动力； 讲授中国民航如何利用价格手段保障有序合理市场竞争，体现制度自信
第十章 航空运输市场促销策略	课堂授课、讨论	6	讲授新技术在航空服务及品牌宣传中的运用，突出智慧民航主题

个性化自主学习方案，建立对知识点的初步认知。

（2）课中翻转课堂：课中通过以问题为导向的翻转课堂、利用课题讨论等方式开展课程教学过程的组织与实施思政知识大讨论，增强师生互动、生生互动。

（3）课后第二课堂：设计并组织各类民航市场、服务类专业知识竞赛，民航科创项目竞赛，大学生创新项目竞赛等，鼓励学生积极参与，借助课后第二课堂，强化理论知识应用能力。

（4）课外实践平台：借助民航企业下厂实习、自主实习以及项目式实习等实践活动，打造完善的校外实践平台，增强学生投身民航的事业心和奉献精神，升华课程思政教学目标。

（四）考核评价方式

建立多元化考核评价体系，主要包括过程评价、实践评价和总结评价。将随堂问答、阶段性测试、研究报告或小论文等纳入过程评价；将小组作业、团队合作能力纳入实践评价；将基础理论考核与综合素质考核纳入总结评价。

利用“学习通”教学平台，完成考勤、作业上交情况、案例讨论、学生互评、随堂问答等动态性和过程性考核。同时利用“学习通”平台完成课前预习、课中学习和课后复习，将线上线下考核有机结合的信息化教学模式融入考核评价体系。图2为“学习通”作业示例。

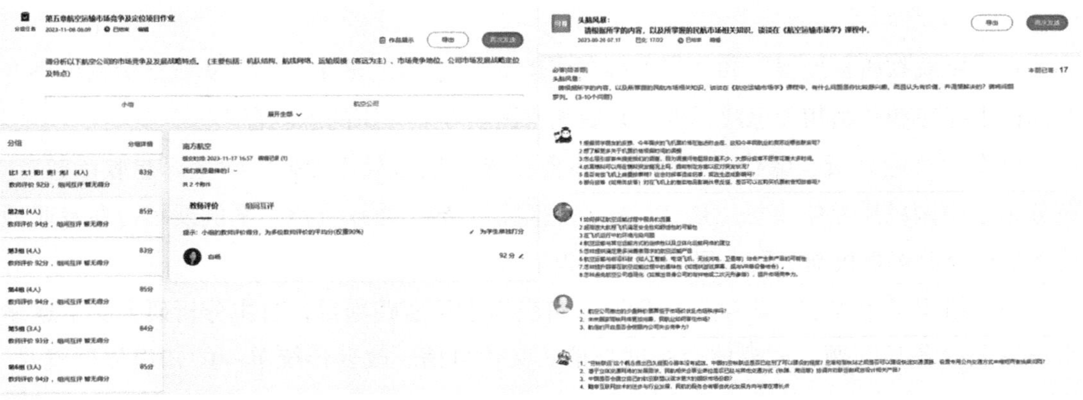

图2 “学习通”作业示例

（五）教学过程的组织与实施

以第三章航空运输市场营销环境分析中的思政主题——中国民用航空市场化改革历程及成效分析为案例，教学过程的组织与实施如图3所示。

第一，进行思政元素的提炼，强调改革是我国民航市场发展的根本动力，在课程预习阶段，让同学们梳理我国主要的民航市场改革政策，思考课前问题，包括市场改革的背景条件，政策改革的主要内容、目的等。第二，在课堂教学阶段，学习小组交流各自

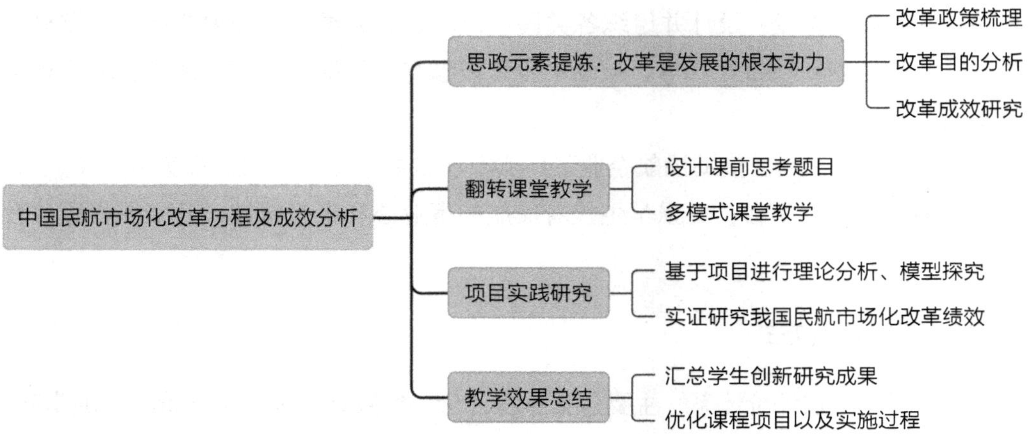

图3　教学过程的组织与实施

的预习成果，结合理论讲授与案例讨论，进一步深化学习内容。第三，在课后实践阶段，学习小组补充相关数据资料，根据课堂讲授的相关理论和分析模型，进行实证研究。第四，学习小组提交研究报告，并进行教学效果总结。

四、特色与创新

在“民航高质量发展”和“新工科”背景下，“航空运输市场学”从航空运输市场专业知识中提炼和总结相关思政元素，开展基于民航专业知识的思政育人。

以案例讨论分析、课程项目研究、专业技能传授为载体加强大学生思想政治教育。充分结合中国民用航空市场发展实际，通过政策引导、数据支撑、案例展示，在专业理论教学中充分彰显民航大国、民航强国的发展成效。

积极组织学生参加大学生实践创新、自由探索等实践项目，自主分析研究航空运输市场发展的各类问题，充分体会制度自信、文化自信。改变传统单一的知识传授模式，实现价值导向下的知识传承、文化传承。

五、反思与分析

（一）实施效果及成果

本案例构建了“课堂教学导入思政、网络平台助学思政、实践教学强化思政、企业平台拓展思政”的四位一体课程思政教学体系，在原有教学内容框架的基础上系统融入课程思政元素，形成了以“中国特色社会主义市场经济与中国航空运输市场的关系”“中国航空运输市场改革发展历程”“中国航空公司品牌建设之路”“全球竞争中乘风破浪的中国航空公司”为主线的四大思政模块，在此基础上，设计了“课前MOOC指导、课中翻转课堂、课后第二课堂、课外实践平台”的全流程跟踪教学方法，较好地实现了课程知识教育和思想政治教育的有机统一。

实施效果体现在以下三个方面。

（1）学生精益求精的大国工匠精神得到浸润。

结合中国航空运输市场改革中遇到的诸多困难，设置特定情境，让学生先尝试换位解决问题，利用课后第二课堂和课外实践平台资源提供采访和调研等机会，待学生提出自己的解决方案后，再讲述国家、民航局、领导者、民航从业人员等如何克服困难，带领民航取得飞速发展的历程，让学生体验其中的成就感和获得感，提高主动思考和独立思考能力。

（2）学生课堂参与度明显提升。

由于注重在课前MOOC和微课视频资源中融入思政元素，能够激励学生主动学习教师提供的材料，针对讨论题主动查阅文献，学生课前的充分准备让课堂中提出问题、小组讨论等师生和生生互动充满活力。

（3）学生思辨能力得到锻炼。

对比融入课程思政教学前后的学生考试成绩分布图（图4和图5）可看出，综合课程思政教学和多元化考核评价体系后，高分成绩（90分以上）比例从之前的8%增加到24%，比例显著提升，无不及格学生。“航空运输市场学”面向大二学生，在整个民航运输管理专业课程体系中，是学生接触最早的专业课程，学生成绩的全面提升实现了通过课程思政“守好一段渠”中的“前段渠”的目标。

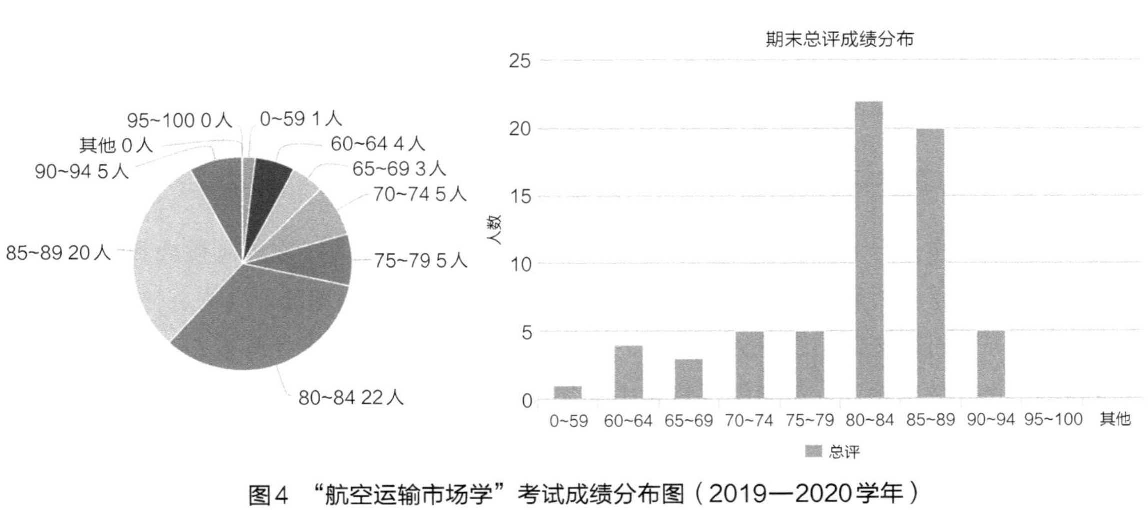

图4 “航空运输市场学”考试成绩分布图（2019—2020学年）

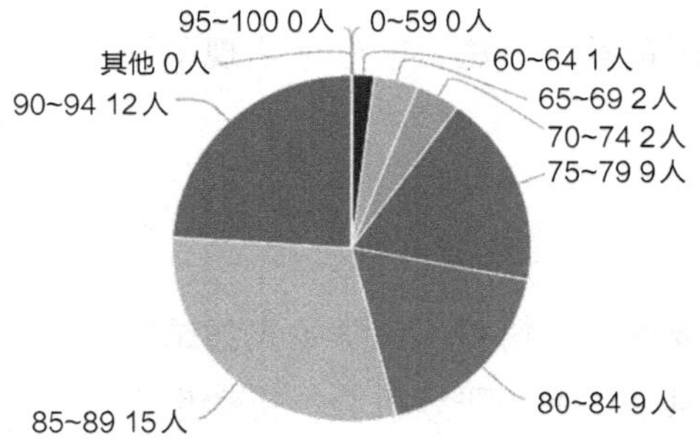

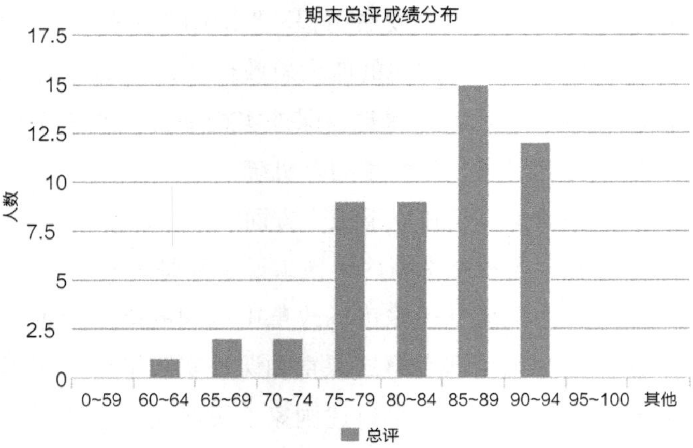

图5 “航空运输市场学”考试成绩分布图（2020—2021学年）

（二）存在的问题及改进思路

“航空运输市场学”课程思政教学改革目前存在的问题是：

(1) 挖掘课程中的民航思政元素的深度还不够。

(2) 先进教学理念和教学方法在课程思政教学中的应用水平有待提高。

针对上述问题，提出改进思路如下：

(1) 运用“一依据，三结合，四融入”模型，深入挖掘与“航空运输市场学”最相关的课程思政元素。

(2) 探索OBE教学设计与实施方法、BOPPPS有效教学结构方法等先进教学方法的应用。

(3) 理解和掌握活力课堂打造的宏观视角和多维框架，学习打造活力课堂的建构框架和方法，应用“八路对话”、“五星教学”框架、“3253”结构化研讨框架、“后三浪教学设计”等促进知识和情感有效转化的方法，从真正意义上激活学生、激活老师、激活过程、激活场域，最终促进学生产生改变。

（三）结合教学实际反思概述

课程思政融入专业课程教学不是一道简单的物理工序，而是一次充满挑战和艺术的“化学反应”，是一项复杂而精细的育人工作。通过重新认识和梳理课程结构、教学内容、教学教法等，对思想政治教育元素的融入进行系统化、再造性的设计和实践，在构建课程体系、完善教学设计、制定课程目标中强化育人导向，在考核标准中充分融入诚实守信、精益求精、创新思维、积极进取等思政元素，全面、深层次地挖掘教育教学数据和素材。同时，注重提高课程团队及其成员的思想政治素质和立德树人意识。

参考文献

[1] 颜珍平，颜谦和.“课程思政”融入专业课程教学的研究与实践[J]. 计算机时代，2021（6）：87-90.

[2] 高明.“新工科”背景下“课程思政”建设研究[J]. 黑龙江教育（高教研究与评估），2021（6）：83-86.

[3] 王伟. 高校金融类专业课程思政建设路径研究[J]. 北京教育（高教），2021（6）：23-25.

[4] 孙杰，常静. 高校加强“课程思政”建设现实路径选择[J]. 中国高等教育，2018（23）：15-17.

[5] 于歆杰. 论混合式教学的六大关系[J]. 中国大学教学，2019（5）：14-19.

[6] 曹丹平，印兴耀. 加拿大BOPPPS教学模式及其对高等教育改革的启示[J]. 实验室研究与探索，2016，35（2）：196-200.

面向交通强国和双碳的“五合五入”课程思政建设

——以“交通运输工程概论”为例

刘 兵 朱顺应 夏 晶 王 红

武汉理工大学交通与物流工程学院 湖北武汉 430070

一、案例简介

课程名称：交通运输工程概论。

本课程为交通运输工程大类的基础专业课程，是多门核心课程的先导课，其主要起到五大功能：(1) 深化前序专业导论；(2) 与同学期的认识实习、基础强化训练互补；(3) 支撑后续专业核心课程；(4) 引导双创活动；(5) 在上述基础上，以期点亮同学们的未来求学之路，见图1。

近年来，课程围绕新工科、教学方式、考核方式、教学评价、思政融入、线上资源

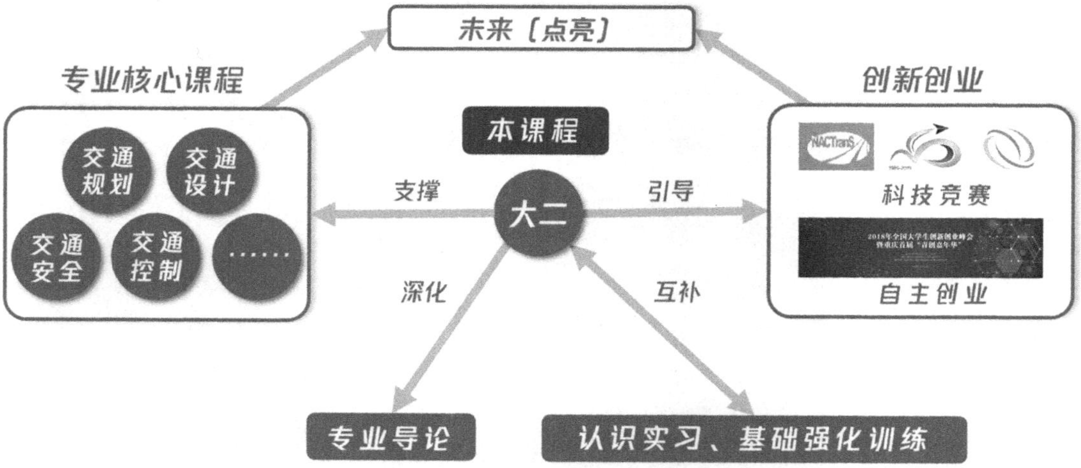

图1 课程定位

作者简介：刘兵，1984年，武汉理工大学交通与物流工程学院，副教授。

等方面开展了持续动态建设：2018年获校青教赛一等奖，2019年获批校教学团队；2020年获批校思政示范课程和校一流课程（国家级在评），并立项省级思政教研项目；2021年获湖北省首届高校教师教学创新大赛二等奖，同年获校思政微课大赛一等奖，2022年获第二届高校教师教学创新大赛校级特等奖（已推省赛）。

本课程围绕大纲、教案、课程网站、公众号、课后讨论、大作业、授课方式和教学评价等环节全面开展了全链课程思政教学设计与实践。

二、思路与目标

（一）拟解决的主要问题

1. 交通强国、碳达峰碳中和理念的内化

交通强国，碳达峰、碳中和（以下简称“双碳”）自身即为思政，如何将其蕴含的理念、要求内化于课程中，由表层向深层不断发展，内化于心、外化于行，最终达到“强国有我、双碳有我”，是亟需解决的主要问题之一。

2. 全教学周期的系统化思政实践

思政改革涉及大纲、教案、讲义、习题集、课程网站、微信公众号、案例资源库等全系列教学资源，以此方可支撑全教学周期教学活动思政实践，其亦涵盖课前、课中、课后、课程大作业等各环节，是亟需解决的主要问题之二。

3. 思政元素融入的科学性和合理性

如何结合课程内容特点、思维方法和价值理念（如综合交通体系建设），找准思政映射融入点，遵循态度形成规律，形成“依从—认同—内化”的过程，有机促进价值目标和知识、能力目标的有机融合，是需要解决的主要问题之三。

（二）改革的理念和思路

课程组遵循苏霍姆林斯基全面和谐教育发展观，基于OBE模式，围绕交通强国和“双碳”战略，结合交叉学科特征和两性一度要求，采用布鲁姆目标分类法从知识、能力、价值三方面重塑了教学目标。

针对目标，基于“五合五入”理念和“发明问题解决理论”（Theory of Inventive Problem Solving，TRIZ）方法，从“大纲、内容、案例库、网络平台、实践平台”等方面开展资源建设，其中，“五合”为结合新工科、前沿、案例、多知识点、其他课程；“五入”为引入中国故事、导入大政方针、融入国士风骨、化入传统文化、注入正能量。此外，为进一步体现学科交叉特征，通过社会网络构建真实、动态案例库。

为提升教学模式的实施效果，借鉴交通前沿出行即服务（Mobility as a Service，MaaS）理念，针对各学习环节进行教学优化设计。课前，以故事、案例、游戏、影视驱动，激发兴趣，形成感性认识，提升课程温度；课中，感性升至理性，理论反哺实践，深度化；课后，思维导图引导复习，提升系统性，并通过课外推送，提升学习广度。同时，将游戏设计HOOK模型引入教学设计，该模型包含让用户养成使用习惯的四大要素：触发、行动、奖励、投入。以教学内容、情感为内部触发，以游戏化积分设计为外部触发，以可见和不可见奖励为刺激，促使学生进一步投入学习活动。

最后，围绕评价和持续改进，从“多元考核—达成度—课程/堂满意度”三个维度构建评价体系，以动态持续提升，见图2。

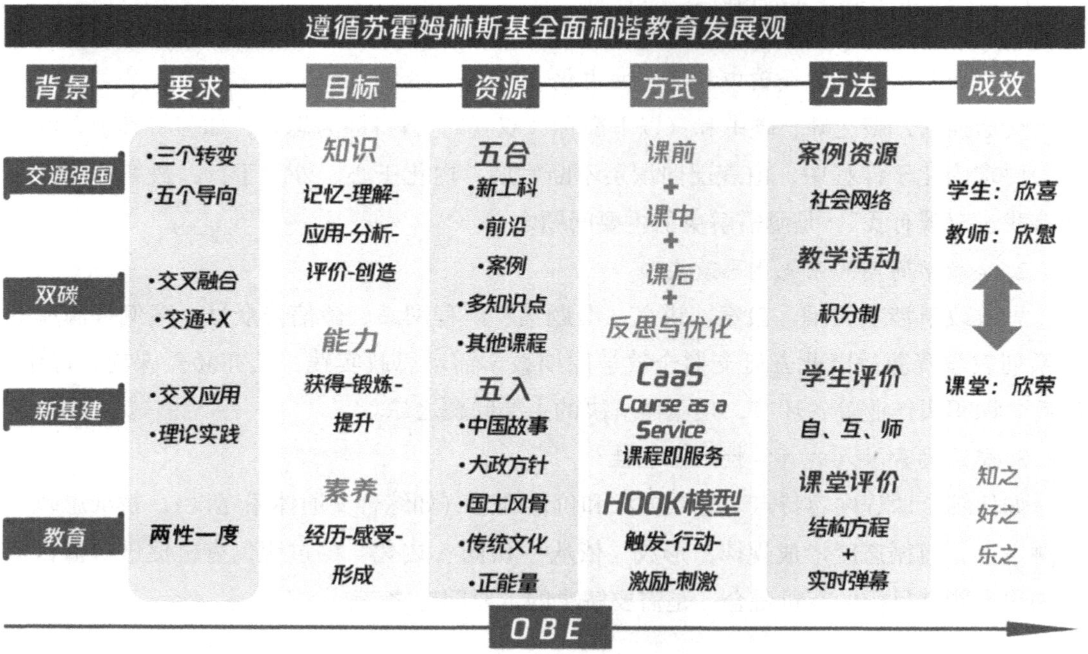

图2　总体理念

（三）课程教学目标

课程采用布鲁姆目标分类法，从记忆、理解、应用、分析、评价、创造六个层次确立了知识目标；从获得、锻炼和提升三个层次确立了能力目标；并从经历、感受和形成三个层次确立了素质目标，见图3。

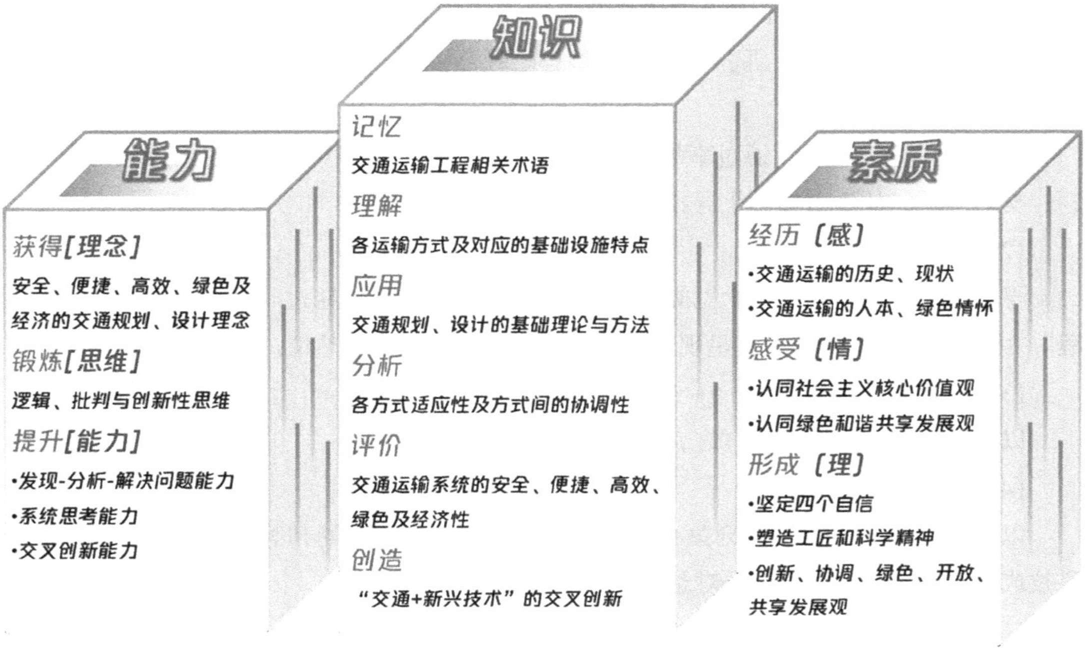

图3 教学目标

三、设计与实施

（一）融入方法

采取TRIZ理论，将知识、教师、学生、课程教学设计分别看作四个场（图4），运用

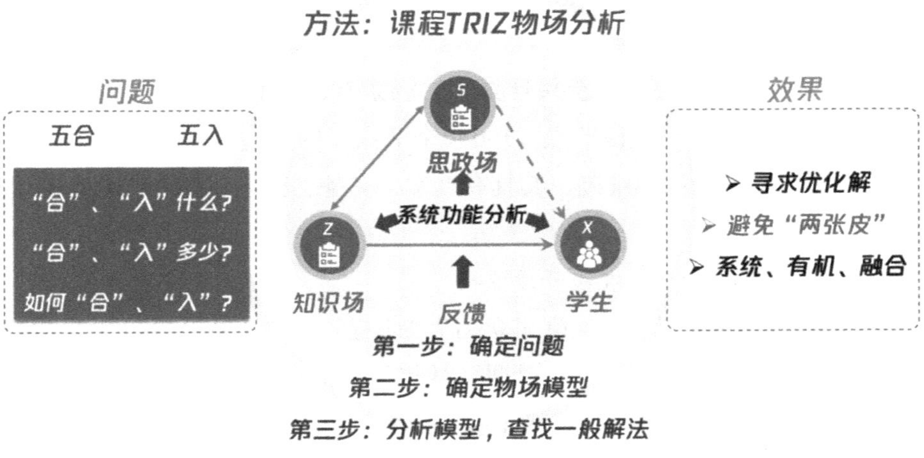

图4 基于TRIZ的思政融合

物场模型分析之间联系，促进思政有效融合。

通过TRIZ物场分析，形成了四种典型思政融合模式。

(1) 案例驱动。

以典型事故为驱动，通过事故案例分析其发生的原因并引申到事故中潜藏的交通问题、交通难题，从而引导学生寻找创新性解决方法。

(2) 成就驱动。

寻求工程知识与中国伟大成就的结合点和切入角度，通过“大国工匠”“超级工程”“大国崛起”等环节无痕呈现，以此正向激励学生的创新热情。

(3) 榜样驱动。

以榜样之事育人，以榜样之言服人，以榜样之德树人。

(4) 时政驱动。

以社会网络为媒介，时刻关心国家以及国际会议新闻、期刊等，动态融入国家最新科技成就、国家相关政策、全球最新时事。

（二）典型案例

典型案例框架见图5。

（三）资源保障

1. 教学大纲

围绕各章各节分项开展思政元素挖掘和融入探索，样例见图6。

2.“五合五入”的课程教案

各分学时教案，包括基础知识点、科学元素结合、思政元素融入、教学目标达成、课前预习、课中讨论、课后推送与思考题等环节，样例见图7。

3. 基于社会网络的课程案例资源库

人往往受困于认知洞穴中，新兴且真实的场景有助于打开认知洞穴。鉴于此，构建了与企业、政府、媒体等关键节点（100余个节点）的多边社会网络，引入案例、数据、思政等资源，有别于简单堆砌，其具有真实、完备、稳定、高效、动态等优点，见图8。

4.“思政、新工科”融合的在线开放课程

结构上，按照“基本信息”“单元学习”“课程资源”“课程活动”“‘交通强国’时”“大师故事”“交通大数据”“智能网联”“创新创业”九大模块建设。其中，“交通强国时”包含大政方针、交通精神、超级工程、最美工程、通达工程、交通抗疫、过江等子模块，并将持续更新，见图9。大师故事主要由赛文交通网发布的《交通工程十校十师》

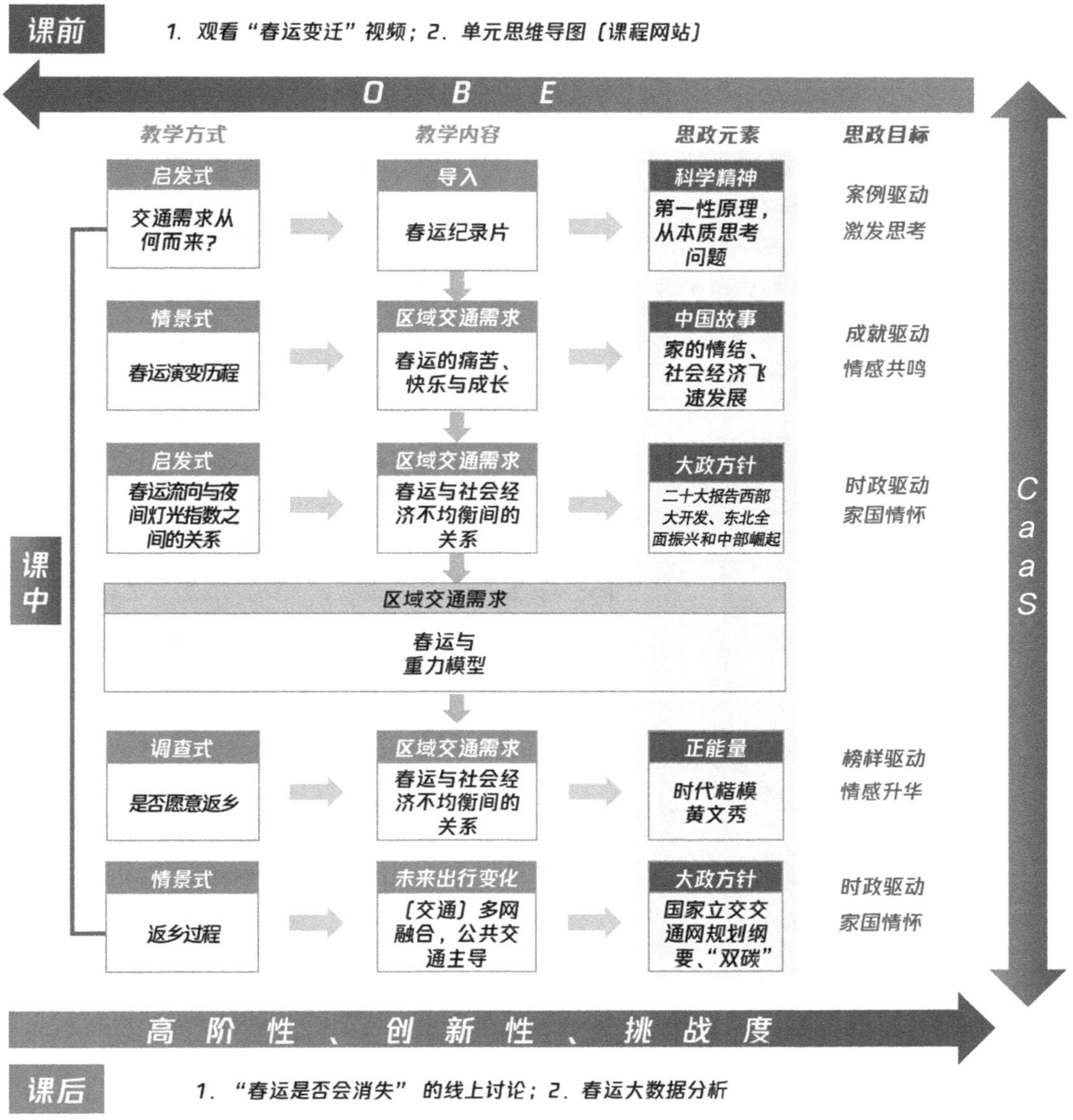

图5 典型教学案例

节	思政融入方式	思政元素	思政目标	教学方法、载体
1.1 道路发展史	·化入传统文化 ·引入中国故事	·《史记·秦本纪》《逸周书·大聚》《春秋》等对古代道路的描述 ·中国公路网最系列 ·川藏公路、“两路”精神	坚定文化自信、坚定政治方向、增强民族自豪感、培育拼搏精神	方法：讲授式、演示法（央视相关视频） 载体：课堂、网站辅助视频

图6 教学大纲思政融入样例

授课时间	第 4 周	课次	9
授课方式	理论课√ 讨论课√ 实验课□ 习题课□ 其他□	课时	1/2

授课题目〔教学章、节或主题〕：……

教学目的、要求
知识目标〔分记忆、理解、应用、分析、评价、创造〕
能力目标、思政目标

教学方式： 课前……课中……课后

考评方式： 课堂表现〔积分制〕+随堂测试

内容及时间分配：A、导入〔5′〕B、区域交通〔22′，8′辩论〕C、城市交通〔18′〕D、措施〔40′，10′辩论和5′随堂测试〕E、小结〔5′〕F、反思 G、课后

教学重点： ……的特征及产生机理
教学难点： ……的辩证思考

科学元素〔五合〕
新工科：…… 前沿：……
案例：…… 多知识点：…… 其他课程：……

	创新性教学方式	前沿	案例	多知识点	其他课程
目标	✔	✔	✔	✔	✔

思政元素〔五入〕
引入中国传统文化：……；引入中国故事：……；
引入大政方针：……；注入正能量：……

	中国故事	大政方针	国士风骨	传统文化	注入正能量
目标	✔	✔		✔	✔

“两性一度”目标

	高阶性	创新性	挑战度
目标	✔	✔	✔
方式	通过研究成果的矛盾激发学生辩证思考	与新工科、前沿等结合，如大数据、15分钟城市	结合本节课程所学知识对武汉市进行规划

课前预习〔提前2日推送，辅以思维导图〕

教学基本内容	学生活动	备注
……限于篇幅，中间过程省略		
E、小结		
E.1 文字小结 E.2 推荐参考书目 E.3 作业及思考题		
F、课堂反思		
G、课后		
G.1 推送课外阅读材料 G.2 推送下节课程预习要求		

图7 教案样例

图8 社会网络案例库示意

图9 “交通强国”时子模块

系列纪录片组成（已获转载授权），同时还包含交通行业的古今大师。

5. 微信公众号建设

结构上，按照“基础知识”“创新案例”“学科前沿”三大模块进行建设。其中，基础知识包含国家相关政策、思政实践、创新创业、学长经验分享、学术出版规范等子模块，并将持续更新。

6. 课后讨论思政设计与实践

以全教学周期思政化为指导思想，在网站中设置讨论环节，有机融入思政元素，主要包括：

（1）“新冠疫情”下交通的思考。

（2）“美丽中国”规划下交通发展路径。

（3）“四好农村路”“脱贫攻坚战”与“交通强国”之间的关系。

（4）“一带一路”倡议对港口的意义。

7. 课程大作业思政设计与实践

将课程大作业与思政元素有机结合起来，主要包括：

（1）交通强国背景下交通学子的担当及学习模式。

（2）农村公路的发展路径研究。

（3）人工智能下交通行业的变局与创新。

（4）后疫情时代港口发展模式研究。

（5）探索治理交通污染的途径。

（6）论低碳经济条件下交通运输业的可持续发展。

8. 教师思政能力提升实践

思政育人的同时，思政优师，使专业课教师胜任、善任、乐教、善教。拟从底线思维建设、思政素质提升、课程思政实践和课程思政优化四个层次持续提升，见图10。

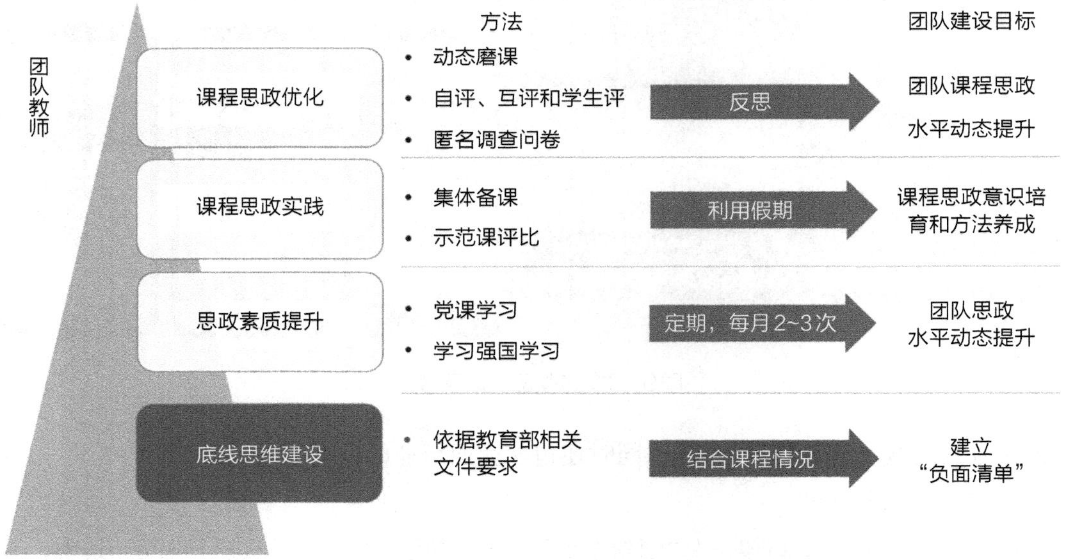

图10　教学团队思政提升

（四）教学方式方法

1. 基于课程即服务（Course as a Service，CaaS）的教师引导流程

为提升引导成效，以CaaS为理念，提出了“九步式”线上/下引导流程（图11），围绕学生的九个活动，包括：体系自学、视频自学、拓展阅读、沉浸学习、引导学习、研

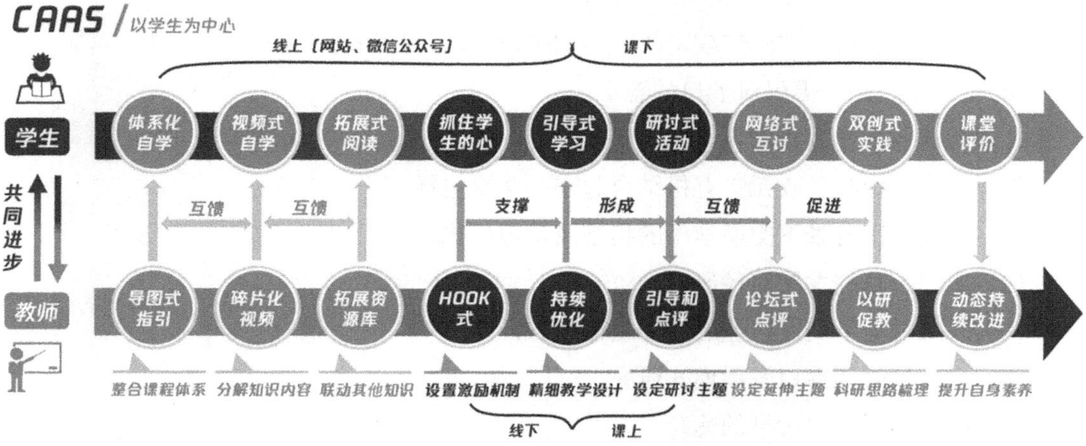

图11　CaaS教学流程设计

讨活动、网络互讨、双创实践和课堂评价，匹配教师活动，实现教学相长。

2. 多元授课方法

遵循品德形成的“知—情—意—行”过程，通过情境式教学、项目化教学、沉浸式教学等多种教学方法，在多样化的课堂教学之中，发挥教师的引导作用、学生本人的主体作用，由表层向深层不断发展，最终实现内化于心、外化于行的目的，见图12。

（五）考核评价方式

1. 多元考核

采取积分制，将课前、课中、课后各学习活动均纳入过程性考核，以此对每位同学开展形成性评价，见图13。

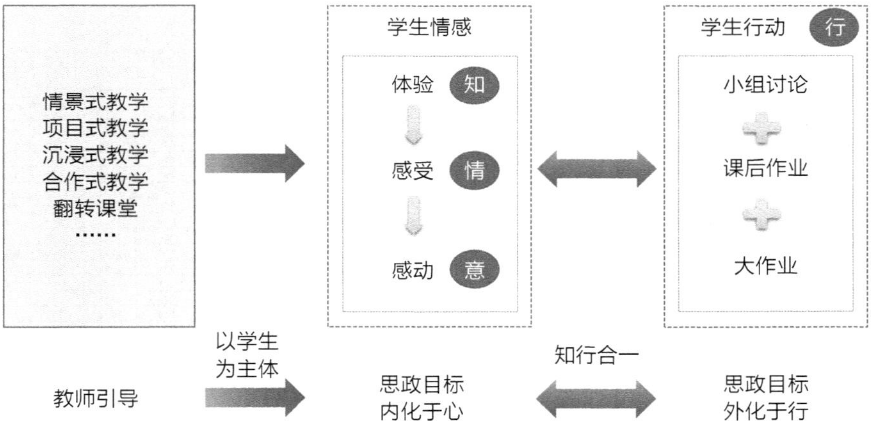

图12 授课形式与教学方法

图13 全过程考核体系

2. 达成度

参考工程教育认证模式，确定各考核方式下课程目标与指标点达成，计算各学生总体课程目标与指标点达成度，以此作为持续改进依据之一，见图14。

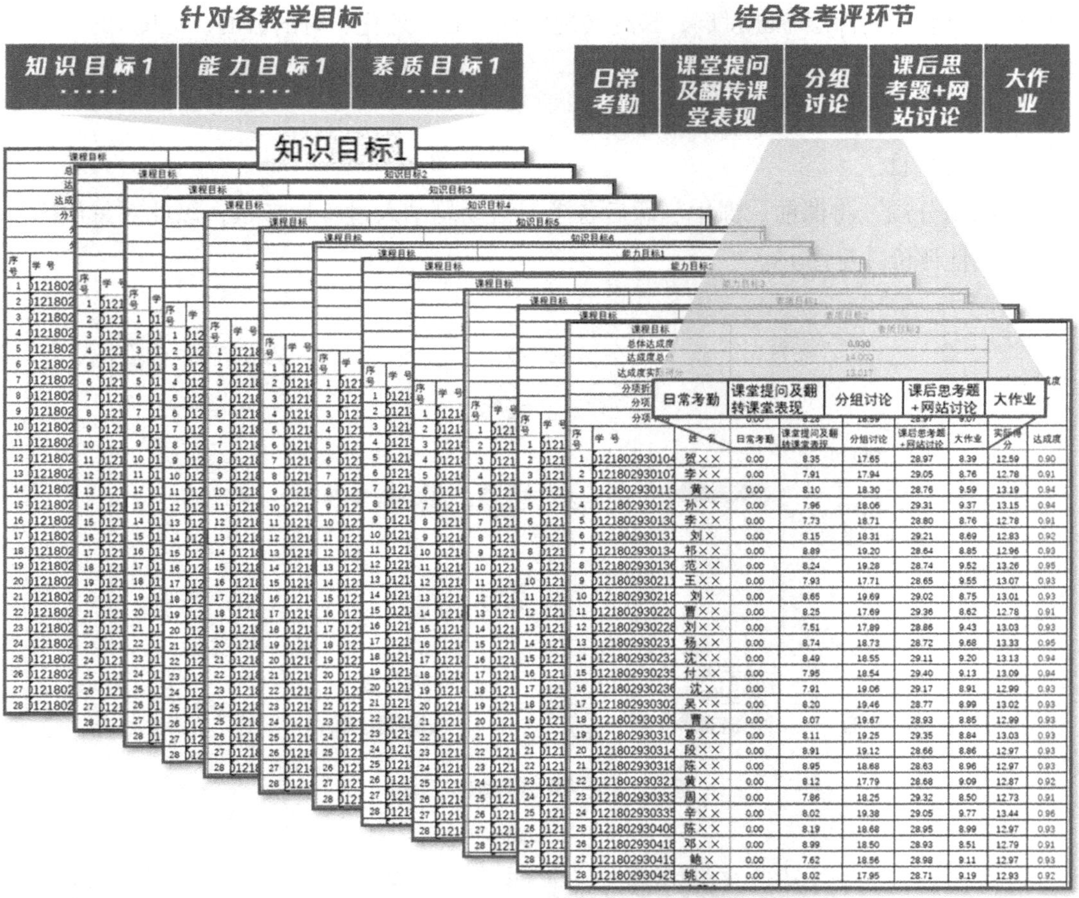

图14 课程达成度评价

3. 满意度评价

结合课程组科研成果，引入服务满意度理论，采用结构方程构建影响因素与满意度间的定量关系模型，其包含课堂和课程两个层次（图15）。

4. 问卷调查

思政方面，90%以上的同学认为本课程对树立正确的人生观和价值观有显著的提升作用，见图16。

图15　基于结构方程的多层次评价

2.您认为任课教师在理想信念道德情操、扎实学识、仁爱之心等方面表现对您的道德品质的影响程度。　[单选题]

选项	小计	比例
非常大	57	91.94%
较大	5	8.06%

3.您认为任课教师挖掘出来的课程内容背后的故事、规律以及体现出来的精神对您的道德品质的影响程度。　[单选题]

选项	小计	比例
非常大	56	90.32%
较大	6	9.68%

4.您认为任课教师的课程教学，对您在爱国和爱党爱社会主义、关心国家发展和民族复兴方面的帮助程度。　[单选题]

选项	小计	比例
非常大	57	91.94%
较大	5	8.06%

19.教师在道路工程 CAD 实验课讲授涉及思政知识时您认为对您的正向影响。　[单选题]

选项	小计	比例
很大	61	98.39%
很小	1	1.61%
没有	0	0%
本题有效填写人次	62	

图16　思政成效问卷调查

四、特色与创新

（一）交通强国背景下，科学、思政深度融合的“五合五入”教学理念

围绕“五度”，提出“五入五合”元素融合模式，以创“芯、心、新和欣”为步骤，系统性开展课程思政改革。

（二）全教学周期系统化思政实践

覆盖大纲、教案、讲义、习题集、课程网站、微信公众号、案例资源库等全系列教学资源，以此支撑全教学周期教学活动思政实践，涵盖课前预习、课中讨/辩论主题、课后网站讨论、课程大作业等环节。

（三）“科学化、定量化”课程思政改革方法

将科研方法引入教学优化设计：（1）采用TRIZ优化思政元素融合方式；（2）采用社会网络创“芯”建设案例资源库，构筑思政融合基础；（3）采用HOOK模型开展创“心”教学设计，提升思政融合成效；（4）采用结构方程模型开展课程思政教学效果评价，促进持续提升。

五、反思与分析

（一）实施效果及成果

1. 学生成效

通过表象特征，体现在三个方面的显著增多：（1）深夜咨询的问题；（2）节假日的交流；（3）课程以外的沟通。2018—2020年，课程组获国家及省部级科技竞赛奖项10余项，申请/授权发明专利30余项，成果被新华网、中国青年报、新京报广泛报道，见图17。

2. 学生评价

创新效果较为显著，2019年获评校级“学生心目中最喜爱的老师”，见图18。

3. 学生满意度

2019年，教学效果很好和较好占比为100%；2020年，进一步提升，教学效果很好和较好占比为100%，其中很好的比例由86.36%上升至93.15%，见图19。

4. 教师奖励

在教学相长的环境中，课程组成员亦获多项奖励和称号，包括：省教学创新大赛二

图17　学生成效

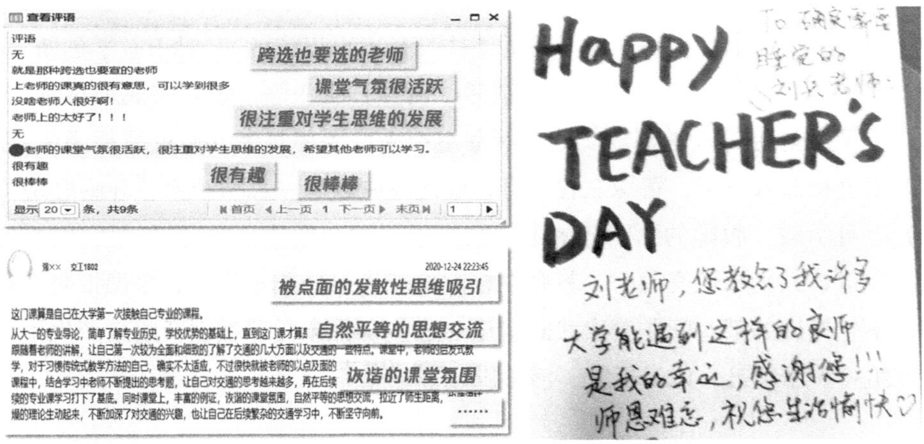

图18　学生评价

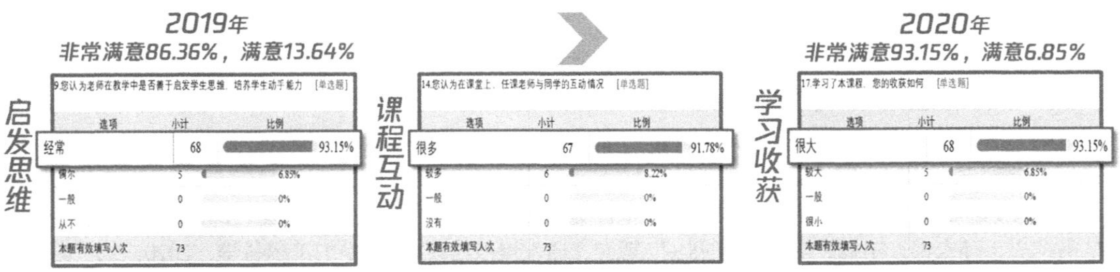

图19　学生满意度调查结果

等奖、中国公路学会一等奖、产学研特聘专家、优秀班主任、师德先进个人等，见图20。

（二）持续改进

（1）持续完善自我，如苏霍姆林斯基说：“没有个人的思考，没有对自己的劳动寻根

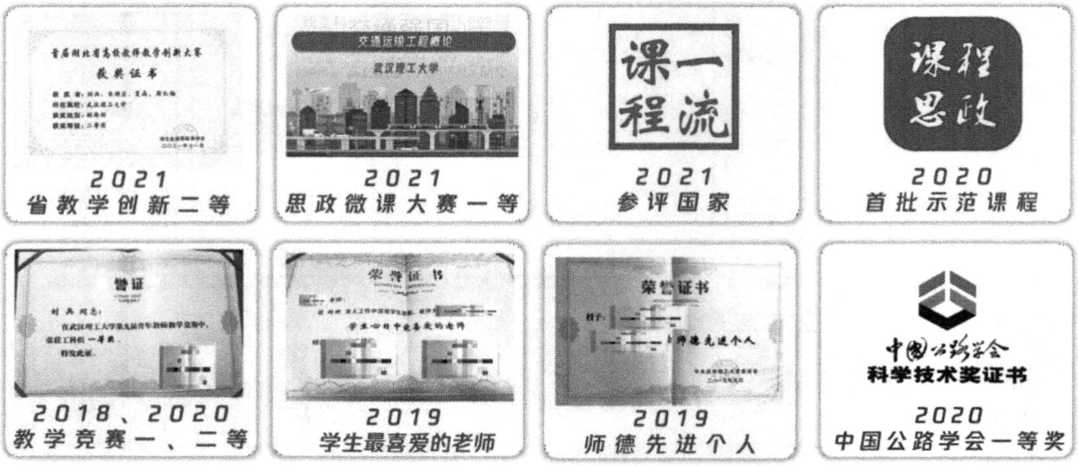

图20 教师奖励

究底的研究精神，那么任何提高教学法的工作都是不可思议的。”对于教学创新，其对教师的课堂驾驭力提出了更高的要求，如情感、语言、应变等，教学将成为科学和艺术的结合体。为了更好提升教学创新实效，课程组拟采取课程复盘（通过视频录像）的模式对每节课堂进行深入分析，每课三省吾身，以此汲取教训、总结经验、开阔思路。

（2）以身示教，教师的影响范围不仅仅限于课堂，教师日常言行对教学效果亦会产生影响，如讲解鼓励绿色交通时，教师在校园内却大量使用小汽车；提倡批判性思维时，教师却对学生提出的某些问题给出武断定论。这些言行会对课程创新成效产生不利影响，因此课程组将严于律己，以身示教，潜移默化。

参考文献

[1] R·M·加涅，W·W·韦杰，K·C·戈勒斯，等. 教学设计原理[M]. 5版. 王小明，庞维国，陈保华，等译. 皮连生，校. 上海：华东师范大学出版社，2018.

[2] 肖甦，宋瑞洁. 新时代教师角色的应然，实然与使然：基于苏霍姆林斯基人学教育思想的审视[J]. 现代教育管理，2021（3）：8.

[3] 张传萍. 翻转课堂的内容分布模式：基于布鲁姆教学目标分类[J]. 教学与管理，2015.

[4] 高柯夫，孙宏彬，王楠，等.“互联网+”智能交通发展战略研究[J]. 中国工程科学，2020，22（4）：5.

[5] DM Johnson. Hooked-How to Build Habit-Forming Products[J]. Sunshine Business Dev，2014.

[6] 徐迅，罗枭，张万朋. 后疫情时代高等教育的“流动空间”及治理策略：网络化治理视角[J]. 高校教育管理，2021，15（6）：12.

基于ISO9001标准的果蔬农产品供应链物流标准化创新

刘惠斌　朴惠淑　郑红星
大连海事大学交通运输工程学院　辽宁大连　116026

一、案例简介

人类命运共同体理念导向的国家高质量发展战略落实离不开系统工程与标准化创新过程，系统工程与标准化创新过程作为人类行为活动离不开价值观支撑。借助价值观、系统工程和标准化创新之间的关联逻辑，研究供应链物流系统并凸显物流标准化创新的重要性，培育社会主义核心价值观引领的物流标准化创新人才既是“物流标准化创新”课程教学目标，也是“物流标准化创新”课程思政教学目标。

将“价值引领（社会主义核心价值观）、知识传授（供应链物流系统及其技术与标准化创新之间的关联逻辑）、能力培养（标准化创新能力）”融为一体，引导学生善于思考，培育具有新时期中国特色社会主义思想的物流人才，需要全新的物流标准化创新理论与方法。

民以食为天，果蔬农产品始终备受人们关注。大到肆意地使用农药、激素等所带来的温室效应对气候环境以及人类健康的影响，小到日常“菜篮子”民生问题。围绕果蔬农产品供应链物流系统工程活动的各种案例，借助ISO9001质量管理体系标准实训软件，通过引导学生分析建立身边实际案例的质量管理体系，培育学生的系统思维和标准化创新思维，树立从底线意识、关联意识、问题责任意识以及创新意识为关注点的新时期中国特色社会主义思想，达成思想政治教育与专业教育的有效融合。

ISO9001质量管理体系标准凸显两个特点：一是目标导向型底线管理思维的充分体现；二是关注目标达成过程方法的充分体现。基于ISO9001标准实训软件的案例分析教学环节为“物流标准化创新”课程思政教学改革提供了有效的实践平台。

作者简介：刘惠斌，1973年，大连海事大学交通运输工程学院，讲师。

该案例不仅有利于落实国家高质量发展战略，引导人们关注“三农”以及气候环境问题，而且人人便于触及的果蔬农产品供应链物流系统，非常有利于推进教学互动过程中的可持续学习。

二、思路与目标

将社会主义核心价值观自始至终贯穿于课程设计和实施过程是“物流标准化创新”课程思政教学改革的理念。借助ISO9001标准模式，将社会主义核心价值观融于目标体系，通过管控目标达成过程来实现价值引领的思政教育和专业教育的有效融合是“物流标准化创新”课程思政教学改革的基本思路。

“物流标准化创新”课程思政教学需要解决三个问题：一是数字化时代标准化创新重要性的认知；二是价值引领的标准化创新思维内涵；三是价值引领的物流标准化创新思维培育需要经过哪些教学环节。

将社会主义核心价值观融于标准化创新的过程，以培育具有社会主义核心价值观引领的物流标准化创新思维的物流人才为总目标，关注知识、能力、素质目标的达成过程，选择适宜的教学内容、教学案例、教学方法以及考核方法，探索社会主义核心价值观引领的“学、教、用”多方互动可持续学习育人模式是“物流标准化创新”课程思政教学改革目标，其改革思路以及知识、能力、素质目标的设定、对应和达成等如图1所示。

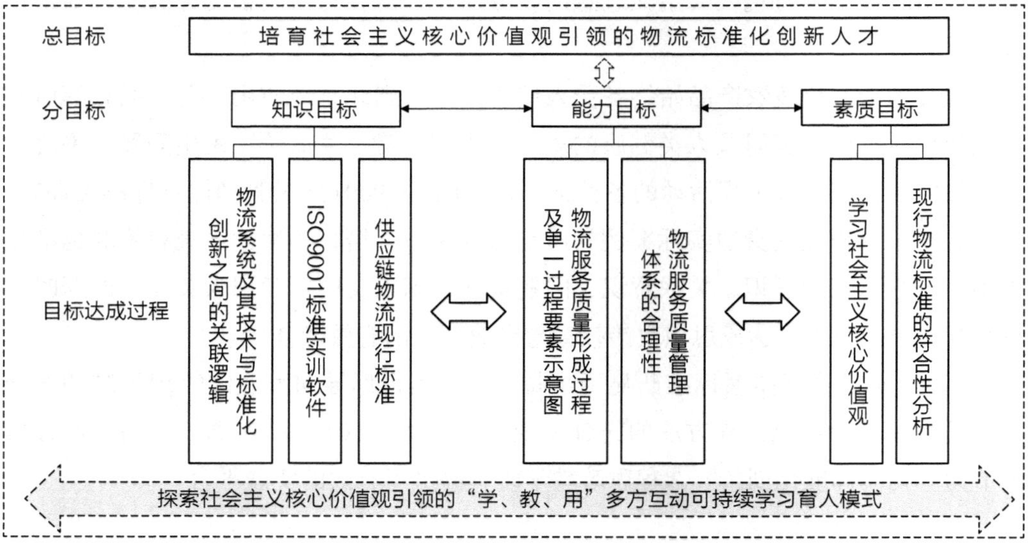

图1　物流标准化创新课程思政教学改革思路

三、设计与实施

ISO9001标准的目标导向和过程方法自始至终贯穿于“物流标准化创新”课程的教学设计和实施过程。

教学设计环节需要根据教学服务产品约束、教学过程约束、教学过程策略、现有资源清单以及社会主义核心价值观等内容，经过课程需求识别、教学大纲设计、教材建设、案例开发、实训实验软件开发、评价结果、管理教材和案例等过程，开发教学核心资源库。

教学实施环节需要根据教学对象范围、教学资源、教学计划、教学特定需求以及社会主义核心价值观等内容，经过教学需求识别、课表/课件/教学日历、教学过程、评价结果等过程，开发个性化教学服务产品，并将新的核心资源和约束反馈给教学设计环节，并根据市场新的需求不断扩充教学对象范围和教学内容，以实现教学服务的可持续良性发展。参见图2。

（一）课程思政教学设计

教学设计环节关注点是教学大纲制定、教材建设、案例开发、实训实验软件开发。其中，教学大纲作为课程顶层设计，是教材建设、案例开发、实验软件开发的主要依据。为了达成图1“物流标准化创新”课程思政教学改革目标并满足教学大纲要求，教学团队基于前期课程思政教学改革成果，重新规划建设了配套教材、案例和实验软件。

教材对应“学（理论篇）、教（方法篇）、用（应用篇）”多方互动可持续学习育人模式设计了内容体系。其中，理论篇围绕知识体系，聚焦价值观、系统工程与标准化创新之间关联逻辑、物流服务产品线工程、数字化时代标准化创新重要性、社会主义核心价值观引领的标准化创新思维内涵、物流标准体系框架、社会主义核心价值观引领的物流标准化创新过程等内容；方法篇围绕教学实施，聚焦有助于“物流标准化创新”课程思政教学目标实现的教学方法；应用篇围绕现行物流标准，聚焦有助于课程思政教学的典型案例开发。

显然，教材不仅有利于落实“学、教、用”多方互动可持续学习育人模式，也有利于将社会主义核心价值观融入物流标准化创新过程，开展课程思政教育。

（二）课程思政教学实施

教学实施环节关注点是教学方法、考核评价方式以及教学过程的组织与实施。

1. 教学方法

理论、实践和实验相结合的一体化教学方法是“物流标准化创新”课程改革方向，

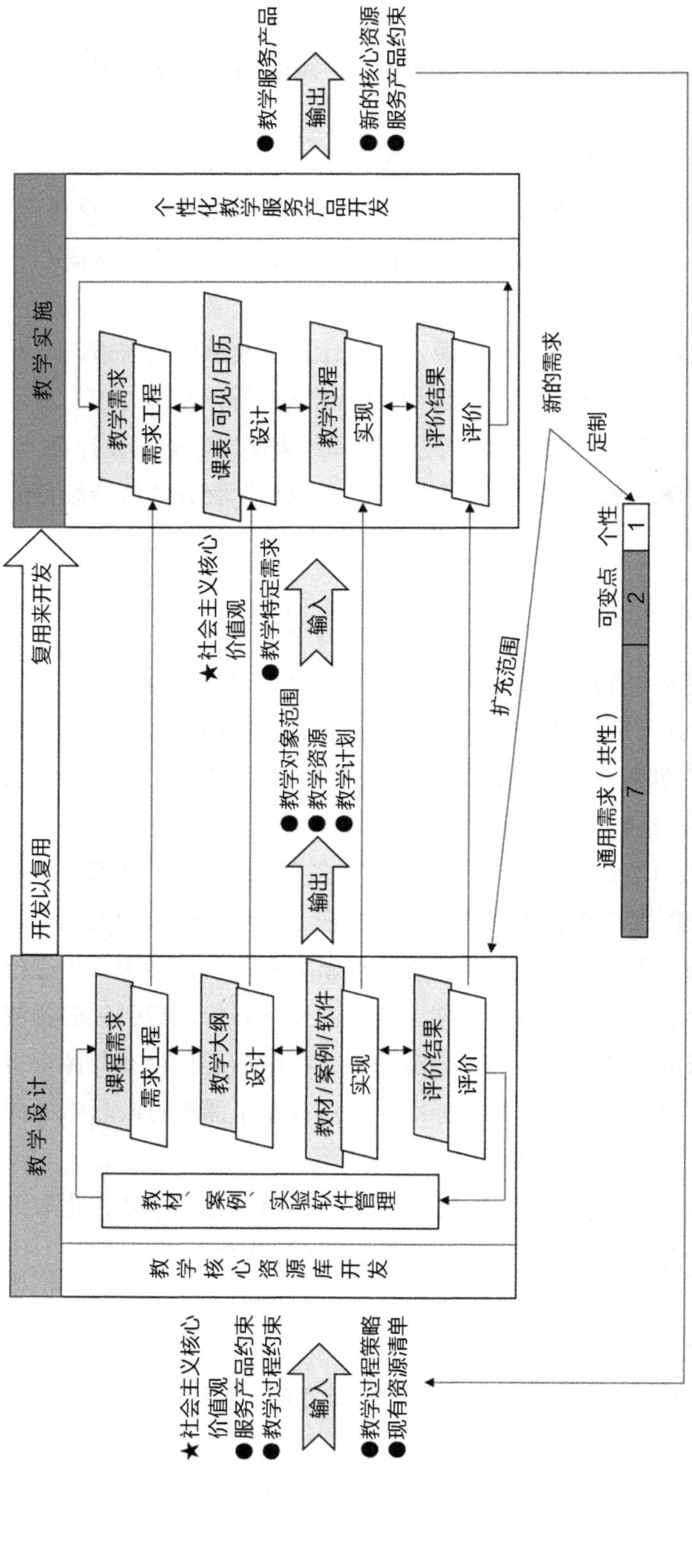

图2 基于过程方法的教学设计与实施可持续发展关联

也是必须采纳的教学方法。

当前课程采用的ISO9001标准产学研一体化教学软件是本课程教学方法的典型例子。针对果蔬农产品供应链物流系统的不同案例，借助一问一答可视化人机互动方式，为不同案例创建适宜的质量管理体系过程，不仅有利于学生了解现实中的果蔬农产品供应链物流系统，更重要的是作为典型的思维导向型产学研一体化教学软件，非常有助于培养学生社会主义核心价值观引领的标准化创新思维和“过程方法”思维。

虽然信息化、智能化以及虚拟仿真等技术大大“赋能”于教学过程，但教师在教学过程中的核心和主体作用是毋庸置疑的，再智能化的设施离开了教师智慧也只能成为工具。教学团队研究提出的基于过程方法的思维导向型精益教学方法有助于教师智慧和智能化设施的有效融合，依此推进了“物流标准化创新”课程思政教学改革。

传统的线下面对面教学方法仍然是教学过程不可缺少的重要组成部分。特别是，面对面教和学互动产生的效果是任何单方面或线上的教和学过程无法替代的。如何将可独立的教的过程和学的过程从传统的线下教学过程中划分出来，借助综合信息技术，进行线上线下混合并行教和学是教学过程改革的大方向。线上线下混合并行教和学，不仅能优化教师和学生的时空资源，而且更重要的是容易实现教学系统的过程管理，便于找出问题、解决问题，以追求教学过程的持续改进。

2. 考核评价方式

过程和结果都是评价的重要组成部分。对教学系统而言，教和学互动产生的教学过程和结果是受教师和学生共同因素影响的。将教师和学生作为整体，利用标准化创新导向的系统工程方法，建立教学过程评价体系是完善教学评价体系和提高教学质量的关键。

本课程采用过程和结果兼顾考核方式。最终成绩由平时成绩和期末成绩两部分构成。平时成绩包括课堂课后善思能力即善于思考与课程相关内容并提出问题（占总成绩的20%）、实训实验报告即选择调研果蔬农产品供应链物流系统案例，利用ISO9001标准实训软件为其创建质量管理体系（占总成绩的30%），根据各项得分按比例折合成平时成绩分数；期末成绩占总成绩的50%。期末成绩由期末考试卷面成绩（满分100分）折算得出。各项课程目标分数分配见表1。

3. 教学过程的组织与实施

课程教学过程可以分三个环节进行。

（1）理论授课环节：采用线上线下混合方式，讲授物流标准化创新理论知识；

（2）实训实验环节：采用在线“人机交互”方式，体验实践，引导并启发学生思考问题、提出问题和解决问题，以培育学生系统思考、逻辑思考和标准化创新思考的能力；

（3）答疑环节：采用线上线下混合方式，开展1对1、1对N等多种形式答疑。

表1　　考核各项课程目标分数分配

课程目标	目标描述	各考核环节折合分数分布			课程目标分数
		善思能力	实训实验报告	期末考试	
课程目标1	培育人类命运共同体理念导向的系统思维和标准化创新思维，树立以底线意识、关联意识、问题责任意识以及创新意识为关注点的新时代中国特色社会主义思想	5	5	5	15
课程目标2	认知人类需求、系统、系统工程、协同、标准、标准化、创新等相关概念之间逻辑关联性，理解共性与个性、标准与法规、模型与模块等概念之间的区别和关联，并能举例解释	5	–	10	15
课程目标3	理解供应链管理环境下的物流系统工程、供应链物流系统模块化设计和运作以及物流服务产品线工程等应用知识，认知物流标准化创新的必要性，并能举例解释	5	–	10	15
课程目标4	能够应用物流标准体系框架以及物流标准化创新过程方法，学习、分析、评价和创新物流领域相关标准	5	–	15	20
课程目标5	能够应用ISO9001标准学习软件，分析建立物流系统质量管理体系，树立基于底线管理的物流标准化创新思维	–	20	5	25
课程目标6	积极探索开发应用基于物流标准化创新过程相关要素之间关联性的产学研一条龙虚拟仿真系统，打破受成本高昂、时空等条件所限，难以观摩并实践实际物流系统所带来的学生思维和想象力屏障，提高学生分析和解决实际问题的能力	–	5	5	10
合　计		20	30	50	100

四、特色与创新

结合物流专业特点，开展社会主义核心价值观引领的标准化创新思政教育是“物流标准化创新”课程思政教学改革的最大特色。可以说，“物流标准化创新”课程既是专业课程，也是思政课程，其思政教育和专业教育的高度融合效应可为类似专业课程思政教学提供参考。

关注系统工程与标准化创新之间关联逻辑而非现行标准，形成课程内容体系是本课程教学改革的最大创新；基于ISO9001标准的物流标准化创新思维，助推社会主义核心价值观引领的底线管理是课程思政教学改革的另一创新；基于智能化实训软件的教学过程不仅有利于开展个性化教学，而且也有助于认知由“人智”变为“机智”，再由“机智”影响“人智”的标准化创新思维过程，又是一个教学方法创新。

五、反思与分析

从关注“现行物流标准”到关注“供应链物流系统工程与物流标准化创新之间关联逻辑”，历经十多年的课程教学精益改革过程而形成的“物流标准化创新理论与方法”，为“物流标准化创新”课程思政教学改革带来了较好的效果，也取得了可喜的成果。主要包括物流标准化创新思维培育方法及其在研究生培养中的应用、基于思维导向型精益教学的物流标准化课程建设、物流专业人才系统思维能力和质量意识培育方法与关注点、物流专业本科毕业论文选题导向与指导模式等公开发表的教研论文。

其中，“物流标准化创新思维培育方法及其在研究生培养中的应用”研究成果充分体现在研究生指导工作中。研究生A同学从选题（关注“三农”问题，提高农户收入为焦点，选择研究农户主导的果蔬农产品供应链物流系统优化）、成果发表（《工业工程与管理》期刊发表的《考虑单元化物流的果蔬销售与配送整合优化》）到完成学位论文（单元化物流导向的果蔬订单选择与配送路径整合优化），无不体现出社会主义核心价值观引领的物流标准化创新思维过程。

本思政教学案例取自基于A同学研究成果的物流标准化创新课程思政教学改革思路和成果。

本课程思政教学存在的主要问题体现为三点：①毫无实践经验的在校学生难以理解抽象的物流系统工程与物流标准化创新过程；②受成本高昂、时空等条件所限，难以观摩并实践实际物流系统而带来的学生思维和想象力屏障；③来自不同地区和不同家庭的学生所拥有的知识体系和思维取向差异较大，需要一定的个性化教学服务，但受资源所限，难以落实。

基于综合信息技术的虚拟仿真技术和智能化技术不仅可以实现复杂物流系统的仿真可视化，也能实现可视化的人机界面交互过程及人与人互动环境仿真，而且智能化设施也能赋能于教学过程，以满足个性化教学服务需求。

借助综合信息技术，将图2基于过程方法的教学设计与实施可持续发展关联性充分展示出来，构建学以致用的物流标准化创新一体机教学系统（表2）是物流标准化创新团队追求的目标。

本课程思政教学过程注意事项有三点：①教的过程注意关注社会主义核心价值观有

表2　　物流标准化创新一体机教学系统构成

<table>
<tr><th rowspan="2">系统构成</th><th colspan="8">最终用户</th></tr>
<tr><th colspan="2">学生</th><th colspan="2">老师</th><th colspan="2">管理人员</th><th colspan="2">研发人员</th></tr>
<tr><td rowspan="3">业务应用</td><td>选课中心</td><td>问答社区</td><td>课程管理</td><td>自定义集群</td><td>班级论坛</td><td>消息通知</td><td>班级论坛</td><td>研发中心</td></tr>
<tr><td>实验文档</td><td>实验环境</td><td>考试中心</td><td>作业部署</td><td>实验案例</td><td>实验排课</td><td>虚拟机管理</td><td>试题库</td></tr>
<tr><td>课程地图</td><td>数据集市</td><td>学习分析</td><td>班级管理</td><td>成绩管理</td><td>课堂监控</td><td>视频库</td><td>数图可视化</td></tr>
<tr><td rowspan="5">教学内容</td><td colspan="4" rowspan="2">物流标准化创新理论课程</td><td colspan="4">ISO9001标准产学研一条龙虚拟仿真实训实验镜像</td></tr>
<tr><td colspan="4">冷链物流标准产学研一条龙虚拟仿真实训实验镜像</td></tr>
<tr><td colspan="4" rowspan="3">物流标准化创新
产学研一条龙虚拟仿真实训实验课程包</td><td colspan="4">危险品物流标准产学研一条龙虚拟仿真实训实验镜像</td></tr>
<tr><td colspan="4">快消品物流标准产学研一条龙虚拟仿真实训实验镜像</td></tr>
<tr><td colspan="4">……</td></tr>
<tr><td rowspan="3">云计算服务</td><td colspan="3">存储管理</td><td colspan="3">实验快照</td><td colspan="2">虚拟机资源管理</td></tr>
<tr><td colspan="3">监控管理</td><td colspan="3">容器引擎</td><td colspan="2">容器调度管理系统</td></tr>
<tr><td colspan="3">GPU资源调度</td><td colspan="3">容器镜像管理系统</td><td colspan="2">POd管理系统</td></tr>
<tr><td>虚拟化</td><td colspan="3">基于KVM计算虚拟化</td><td colspan="3">存储虚拟化</td><td colspan="2">网络虚拟化</td></tr>
<tr><td>硬件服务器</td><td colspan="3">CPU/GPU</td><td colspan="3">存储资源池</td><td colspan="2">网络资源池</td></tr>
</table>

效融于教学内容，追求正确引导；②学的过程注意关注标准化创新内容是否违背社会主义核心价值观，实现反向确认；③不同思维取向同学对课程思政教育的认知取向。

参考文献

[1] 朴惠淑，宁亚美，刘惠斌．考虑单元化物流的果蔬销售与配送整合优化[J]. 工业工程与管理，2021，26（6）：113-120.

[2] 朴惠淑，于菁菁，张燕，等．基于思维导向型精益教学的物流标准化课程建设[J]. 航海教育研究，2019，1（36）：83-87.

[3] 朴惠淑，刘惠斌．物流标准化创新思维培育方法及其在研究生培养中的应用[J]. 航海教育研究，2020，3（37）：78-82.

[4] 朴惠淑，刘惠斌．物流标准化创新理论与方法[M]. 大连：大连海事大学出版社，2023.

线上课程教学的"认识实习"课程思政案例

许　薇　陈　敏　高锐锋

南通大学交通与土木工程学院　江苏南通　226019

一、案例简介

（一）本课程基本情况

"认识实习"是高校交通运输类专业学生重要的独立实践教学环节，是在专业课学习之前学生了解和认识专业的初始阶段，是初窥专业知识，形成专业思想，建立专业观念，培养职业素质、社会责任、爱国情怀的重要过程。"认识实习"一般开设在第二学期，修习之前学生已完成专业概论课程的学习，对于本专业的专业概况、研究内容、发展方向有了初步认知。

（二）当代大学生学情分析

近几年，工科类学生熟记基本知识速度快，但对专业知识理解不深入。学生对于现代化电子设备兴趣浓厚，且上手快、操作顺，但存在高中阶段强记概念、解题的惯性思维，学生对于知识的应用能力不够，对于运用课程内容解决实际问题的接触不多，实际动手能力不足；学习的主动性不强，对于自身职业规划的思考没有清晰的认识，在选择专业和学习研究方向上对家长意见的依赖性大。当代大学生一方面自我意识强，具有独立意识；另一方面又不完全成熟，人生观、价值观、道德观不够清晰。

（三）本案例的基本情况

本案例对标新时期高等教育理念，以价值引领为核心目标，以学生毕业时达到的能力与水平为最终目标，结合新冠疫情对外出实习冲击的影响，弱化传统教学模式下知识传授的理论性和全面性，重新设计课程教学目标，组织教学内容，改变教学设计，研讨

作者简介：许薇，1980年，南通大学交通与土木工程学院，讲师。

考核方式变革。实施课程思政建设后，许多学生改变了原先对于专业“苦、难、累”的误区，了解了专业前沿“高、精、尖”的创新发展方向，树立了向前辈学习、奋发图强、勇于创新、报效祖国的信念和理想。

二、思路与目标

（一）课程难点分析

因为“认识实习”对于专业人才培养的突出地位，大部分高校均赋予该课程2~4个毕业要求指标点强支撑。如何通过1周左右的实践达成课程目标，尤其是一些非技术性指标，如“工程与社会”“环境和可持续发展”“职业规范”“沟通”等目标的达成，如何有机地将课程思政元素融入“认识实习”，达成价值引领的核心目标，是“认识实习”课程建设的内在难点。

与理论课程教学相比，实践性教学环节存在课程目标对应毕业要求指标多、内容设置随意性强、外出开展实施困难、评价体系不完善、双师型教师紧缺等难点，且因疫情影响，对校外实习参观冲击巨大，认识实习的正常开展面临着空前挑战，这是“认识实习”课程建设的外在难点。

（二）课程可证教学改革思路

面对这些难点，南通大学交通与土木工程学院召集相关专业“认识实习”课程组，组织集体研讨交流，共同制定“认识实习”总体目标，将“认识实习”课程目标分为知识目标、能力目标和素质目标。知识目标——根据各专业知识体系设置，主要内容为了解、掌握相应专业知识。能力目标——对应知识点，训练应用专业知识解决实际复杂工程问题的能力。素质目标包括三个方面，树立吃苦耐劳的价值观，甘于平凡、为国奉献的职业观，不断革新、勇于创新的社会责任感。

三、设计与实施

对应课程目标，以及防疫规定，尽量减少学生外出参观次数，以网络教学资源为基础，引入线上线下混合式教学模式，开展教学改革探索。主要的教学思路为，引入带有课程思政元素的优秀教学视频资源，课前先线上发布给学生自主学习，再组织校内集体观看，就学习内容开展讨论，课后撰写实习日志和学习心得。以一次（半天）的学习内容——大兴机场的建设为例，具体教学环节设计如表1所列。

表1　具体教学环节设计（大兴机场建设学习）

教学内容和教学过程	专业知识与思政的融合
（1）工程介绍（15 min） 大兴机场建设概况讲解，通过图片、视频资料，介绍大兴机场的兴建的背景、工程概况、建设过程流程、技术难点等 北京大兴国际机场被《卫报》评选新世界七大奇迹，并排名榜首。它位于中国北京市大兴区和河北省廊坊市交界处，北距天安门46 km、北距北京首都国际机场67 km、南距雄安新区55 km、西距北京南郊机场约640 m，为4F级国际机场、大型国际枢纽机场、国家发展新动力源，与北京首都国际机场形成协调发展、适度竞争、具有国际竞争力的“双枢纽”机场格局，推动京津冀机场建设成为世界级机场群 北京大兴国际机场工程建设难度世界少有，其航站楼是世界最大的减隔震建筑，建设了世界最大单块混凝土板。北京大兴国际机场获技术专利103项，新工法65项，国产化率达98%以上。上千家施工单位，施工高峰期间5万余人同时作业，全过程保持了“安全生产零事故”，全面实现廉洁工程目标。北京大兴国际机场航站楼是世界首个实现高铁下穿的航站楼，双层出发车道边世界首创，有效保证了旅客进出机场效率。机场跑道在国内首次采用“全向型”布局，在航空器地面引导、低能见度条件运行等多方面运用世界领先航行新技术，确保了运行效率和品质。机场在全球枢纽机场中首次实现了场内通用车辆100%新能源，是中国国内可再生能源利用率最高的机场	从机场的兴建的背景出发，突出我国的经济高速发展的需求，通过我国经济快速发展的需求，引导学生感受到祖国的繁荣与强大，从而结合思政教育元素，提升学生的民族自豪感，鼓励学生认真学习，早日成为德才兼备的新时代人才，报效祖国 （思政元素：富强、爱国） 通过工程建设难度世界少有，以及众多世界第一数据的讲解、介绍，融入创造精神、梦想精神的教育，鼓励学生在学习以及今后的职业生涯中，怀抱梦想、勇于创新 （思政元素：文明、创新）
（2）机场结构概况（15 min） ①设计概况 在介绍工程结构设计条件、设计要求、设计方案过程中，全面介绍专业相关知识，使学生对于本专业的研究内容、专业方向、发展前沿，逐步了解，从而反思自身职业发展方向，树立职业信念，并将大兴机场与一般的机场相比较，突出其超级工程的卓越地位，工程技术人员敢想、敢拼的工匠精神 ②关键技术难点 介绍工程的相关技术难点，介绍国际先进的专业技术理念和知识，进一步拓展、延伸，与前续、后续课程相结合，强化工程知识的理解与应用，明确专业方向，开拓前沿视野	通过工程超高难度的建设要求，以及无相关先例参考的设计条件，突出我国科技人员科学严谨的实践态度，以及自主创新的开拓精神 （思政元素：创新、爱国）
（3）机场钢穹顶提升（20 min） 巨型穹顶，由63 400根钢结构焊接而成，总重量达5.5万t，约等于半个鸟巢的用钢量，整体提升50 m。每一根钢构件焊接误差不能超过2 mm。施工难度之大，要求之高，世界少有。工程管理人员的指挥、协调、配合工作的具体实施 通过动画展示整个结构的提升过程，以及技术负责人剖析施工方案的重点和难点，使学生对于钢结构的结构体系、各部分组成、施工工艺、吊装难点等有一个初步的了解	通过工程中惊人的数据对比“5.5万t”“提升50 m”“误差不超过2 mm”，突出建设科技人员不畏艰难，敢于挑战的开拓精神，鼓励学生向前辈学习，勇于挑战 （思政元素：公正、法制）

（续表）

教学内容和教学过程	专业知识与思政的融合
（4）BIM技术的应用（20 min） 大兴机场是一个区别于其他项目的复杂工程，传统建筑CAD图纸极其复杂，就算是一个有着丰富经验、从事行业多年的专业人士，面对众多的变幻和繁杂设施的平面图纸，其识图理解工作也十分艰难，应用BIM技术，构件三维空间建筑、结构、安装模型，其各部分的结构表现在电脑中以三维模式展现，并可对于局部缩放、旋转，其表现更加直观、清晰，对于技术人员后续的安装、操作提供了更多的便利条件 BIM技术在结构设计、建设安装、智能设施安装优化中不可替代的作用，没有现今建筑信息的大发展，就不可能有这些复杂的、创造性的超级工程的出现 通过视频、图片、动画等资料，介绍建筑信息模型技术的发展、内容、特点等，让学生对于工程管理学科前沿技术有初步的了解，培养其对于学科学习的兴趣，建立其对于专业的敬畏感和自豪感	BIM技术是工程领域新型的技术，目前在我国还处于起步阶段，其对于整个设计、建造、管理、运营过程的颠覆性变革，已逐渐凸显出来，以BIM技术对于工程领域颠覆性的变革为切入点，引导学生重视新方法、新技术的学习，鼓励其开拓思维，大胆革新、踏实实践 （思政元素：敬业、创新）
（5）河北地震突发事件（10 min） 2018年2月，突发地震事件后，为保证工程的顺利进行，技术人员人工爬上相当于44个足球场大小的屋顶，一片一片地检查屋顶现有结构的完整性和安全性	通过图片中人与屋顶体量的巨大差异，强化敬业精神、严谨作风，让学生感受到大国工匠的情怀，产生认同感和自豪感，激发其向困难挑战的自信心 （思政元素：敬业、公正）

认识实习的考核分为实习报告、实习日志和答辩环节三大部分。其中，每一部分又可以对照指标点要求细分具体考核点，如实习日志（大兴机场建设）可以对应毕业要求6（工程与社会）；实习日志（专业高科技企业参观）可对应毕业要求4（研究）；实习报告中的实习体会可对应毕业要求8（职业规范）；答辩环节可对应毕业要求10（沟通）；等等。课程考核的设计应与支撑毕业要求相对应，根据毕业要求制定课程目标，根据课程目标设计考核内容和方式，通过考核结果反思考核设置、课程内容组织、课程教学方式是否达到预期效果或者是否存在可提升空间，从而完善教学设计，提高教学质量，持续改进。

四、特色与创新

（一）优选教学案例

选取贴合实际生活，契合社会热点，有高度、有深度、有温度的教学案例。案例教学具有趣味性、实践性、开放性、互动性等特点，结合理论知识，通过课前精心设计，课堂合理组织，优选经典案例，发掘和培养校外优秀校外教师，从实际工程中传授工程知识，传递正能量，可以提高学生互动积极性，激发学生运用各种信息、知识、经验、观点，来锤炼辨析能力、分析能力、决策能力、协调能力、表达能力和综合能力，用正确、积极、健康的理念和信仰武装学生，培养具有高度社会责任感、良好科学文化素养、踏实能干职业道德和创新意识的人才，达到立德树人的根本目标。

（二）结合现代化教学技术

将现代化教学技术与课程思政建设有机融合。科技发展日新月异，现如今网络的全覆盖，媒体的传播增速，对于课程教学提供了许多优质素材和便利渠道，将思政元素与优秀网络课程资源充分融合，将价值引领教育向课前、课后有效延伸。同时，可以借助现代化技术，将实践内容相关知识提前发布在QQ群，供学生课前熟悉，课上可以借助课堂派、慕课堂等在线教学管理平台，组织课堂提问、分组讨论等，提高教学效率和教学受益面。

五、反思与分析

在课程教学过程中，注重思政元素的嵌入和核心价值理念引导，培养学生的民族自豪感，通过国内优秀工程案例的剖析讲解，鼓励学生向前辈看齐，踏实学习，积极实践，增强专业素养，为祖国建设奉献自己的力量。学生的学习积极性被调动了，课堂教学气氛也变得活跃了起来，学生评价课程：“这些案例学着有意思，感觉国家好强大，前辈们好优秀，我们要向他们学习。同时，通过案例讲解，有些不明白的概念，也能明白了。”学习的效果及效率得到了显著提升。

通过调查，同学们对于专业的认同感明显增强，对于课程学习的动力不断被激发，学习效率显著提升。多样化的教学媒体资源，让他们体会到专业知识和技能的重要性，学习过程中，线上线下混合式的教学模式，削弱了以往学习过程中存在考核前突击思想的惰性，提高了学生自主学习的动力和能力。同学谈及：“刚开始的时候，要回答问题还有点不好意思，怕答错，后来这样的机会多了，也就习惯了。怕答错，那就课前预习啊，网络上都有资料。讨论时，老师会给有价值的回答加分，挺有趣的，课前的努力有了成绩，很自豪。”考核模式的改变，更加客观地反映了每一位同学课程学习的状态，同学们普遍反映课程考核结果更加公正、客观，考试改革评价结果显示，学生不仅在技术性知识掌握上的水平有了提高，对于知识的应用、评价、综合的能力也得到了显著提升，课程修习的总体成绩也较以往有了提升。

今后可以进一步挖掘课程思政设计点，在理论讲解、实例应用、案例分析、方案综合等方面全面融入思政元素，完成在线课程视频的完善与替换。搜集课程思政案例，建立案例分析库。研究课程思政效果评价方法，并进一步实践，形成较为完善的、可执行的评价机制。

弘扬“自主创新”的北斗精神，冲破“卡脖子”之困

李为为

重庆交通大学交通运输学院　重庆　400074

一、案例简介

（一）课程和案例的基本情况介绍

1. 课程简介

“车辆定位与导航技术”是交通设备与控制工程专业的专业选修课，课程设置的目的是让同学们掌握卫星导航定位等导航定位系统的基本理论，熟悉路径规划、电子地图、移动通信等关键技术在车辆定位与导航中的应用方法；并使学生具备定位与导航系统的方案设计、精度分析、设备选用以及车辆定位与导航信息获取与分析等能力。

2. 案例简介

案例通过北斗系统建设中攻克无“钟”之困和破解布“站”之难的两个故事，帮助同学们更好地理解北斗卫星导航系统的组成及特点，同时培养了学生要传承好、弘扬好“自主创新”的北斗精神，要勇于攻克“卡脖子”等关键核心技术，在交通强国建设中贡献自己的力量。

（二）思想政治教育与专业教育的融合情况

“车辆定位与导航技术”课程中第6.1.4节，教学内容为“BDS卫星导航定位系统”，需要讲授北斗卫星的组成以及特点等内容。新时代北斗精神已成为“两弹一星”精神、载人航天精神的血脉赓续，思政元素多样且内涵丰富，而且与本课程的教学内容有很强的关联性，故事性也很强，有助于同学们更好地理解相关知识点，可以实现课程思政润物无声。

作者简介：李为为，1979年，重庆交通大学交通运输学院，教授。

（三）课程思政教学改革实践情况

采用课内教学、课外研讨和学生独立学习相结合的方式，以“感性体验—理性领悟—人生浸润—价值认同”的渐进式教学方法，在帮助学生更好地掌握北斗卫星导航系统的组成及特点知识点的同时，对于培养学生的家国情怀、社会责任感和历史使命感等具有积极的教育作用。该课程于2019年入选学校“课程思政优秀案例”。

（四）案例选用意义

北斗系统是党中央决策实施的国家重大科技工程，也是国家重大战略性时空基础设施，北斗系统的研制与建成，对我国确保时空信息安全具有重要意义。结合案例使同学们了解我国北斗卫星导航系统攻克无“钟”之困和破解布“站”之难的艰难建设历程，激发学生的学习热情、使命感和责任感。让学生牢记中国命运必须自己掌控，中国重器必须自己打造，中国建设必须自力更生！激励广大学生立志服务于国家重大需求，将个人理想融入国家伟业。北斗精神有很强的思想性和励志作用，对青年学生的成长是难得的好案例。

二、思路与目标

（一）课程思政教学改革的理念和思路

本课程思政教学改革主要思路是：改变过往只侧重于专业知识传授的模式，通过深入挖掘专业知识与思政点相结合的育人元素，力争做到二者的有机融合，最好是通过典型故事案例的讲解帮助同学们更好地理解专业知识点。课程树立了“自主创新”的课程思政主题，本案例通过讲述北斗如何攻克无“钟”之困、破解布“站”之难等故事，引导学生主动思考“国之忧即我之忧，科研之难关即我等之使命”，将专业教育与价值观培养有机地结合起来，引导学生将个人发展与国家、民族的命运结合起来，投身于北斗卫星导航系统在交通运输领域的应用事业中，成为社会主义事业的合格接班人。

（二）目标设定及达成

（1）知识目标：使学生掌握北斗卫星导航系统的组成及特点，理解星载原子钟以及地面段的作用。

（2）能力目标：培养学生运用北斗卫星定位系统解决实际交通运输领域问题的能力，增强学生工程实践技术，提高职业素养。

(3) 情感目标：培养学生传承好、弘扬好自主创新的北斗精神，要勇于攻克“卡脖子”等关键核心技术。

(4) 价值目标：培养学生家国情怀和使命意识，在交通运输行业中不断推动北斗应用，建设交通强国。

三、设计与实施

（一）教学基本情况

教学基本情况详见表1。

表1　　教学中情况一览

课程名称	车辆定位与导航技术	**授课专业**	交通设备与控制工程
授课阶段	第六章“卫星定位与导航技术”	**授课班级**	18级设控1—3班
教学单元	6.1.4 BDS卫星导航定位系统		
教学内容分析	主要介绍北斗卫星导航系统的组成及特点。同学们需要对星载原子钟以及地面段在卫星定位导航系统中的作用等内容有更深入的理解		
学生现状分析	1. 学生已熟悉了卫星导航系统的定位原理 2. 学生已熟悉了GPS卫星导航系统的组成及特点		
教学重点	1. 讲述北斗如何攻克无“钟”之困，帮助同学们深刻理解星载原子钟是导航卫星的“心脏”，其性能对系统定位和授时精度具有决定性作用。帮助同学们更深刻理解卫星导航系统本质上是一个“测时—测距”定位系统 2. 讲述北斗如何破解布“站”之难，按照传统全球卫星导航系统的建设和运行模式，需要在全球范围内建立分布均匀的地面站。北斗系统独辟蹊径，自主创新了“星间链路”技术，帮助同学们更好理解地面站的作用以及空间段与地面站的相互联系		
参考资料	1. 科普中国视频 2. 北斗的宣传片 3. 央视的北斗纪录片 4. 新时代北斗精神主题宣讲会 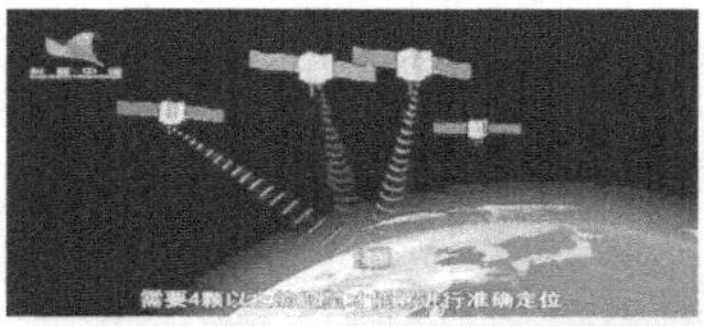  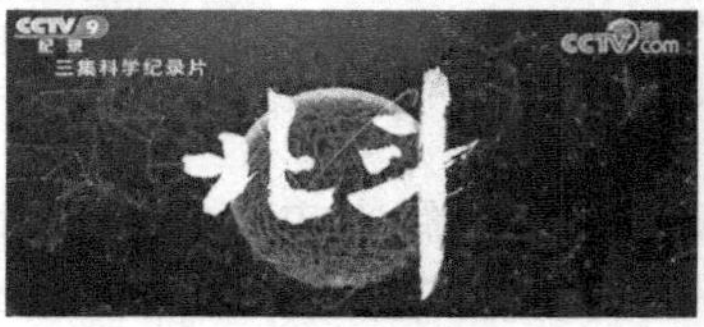 		

（续表）

<table>
<tr><td rowspan="2">教学资源及信息化手段</td><td>教学资源：教学大纲、教学周历、PPT课件等；
信息化手段：重庆交通大学在线学习中心、学习通</td></tr>
<tr><td>重庆交通大学在线学习中心
教学PPT及视频资料

使用环节和目的：课前预习，课后加强</td></tr>
<tr><td>教学方法</td><td>采用“案例导入，创建话题”方法，创设轻松愉悦的教学氛围，激发学生对专业知识点的学习兴趣。同时利用好线上学习资源，引导学生课前、课后通过相关视频资源更好理解相关知识点。课后通过研讨实践等方式，培养学生发现问题、分析问题、解决问题等综合能力</td></tr>
</table>

（二）教学安排

教学安排思路示意详见图1。

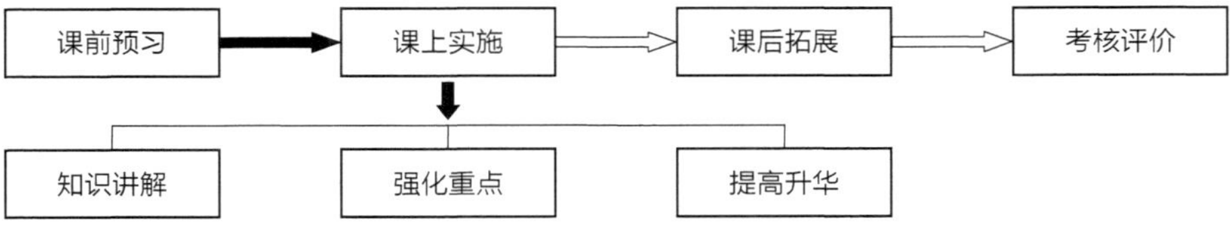

图1 教学过程实施思路

1. 课前预习

课前预习的详细内容见表2。

表2 课前预习内容一览

教学环节	教学活动
课前预习	**内容安排** 教师指定学习通中教学资源库中的课件以及科普中国、北斗宣传片视频等资料，借助QQ群等通信工具发布课前预习任务包括 (1) 了解北斗卫星导航系统的组成及特点 (2) 观看科普中国、北斗宣传片视频资料 **设计意图** 观看视频直观易懂，让学生对知识点有个概略了解，效果较好

2. 课上实施过程

课上实施过程具体见表3。

表3 课上实施过程一览

教学环节	教学活动
1. “讲” 知识讲解 （1 min）	**内容安排** 1. BDS的组成介绍 北斗卫星导航系统与GPS类似，也是由空间段、地面段和用户段三部分组成 空间段：由若干高轨道卫星、倾斜地球同步轨道卫星和中圆地球轨道卫星组成 地面段：包括主控站、时间同步/注入站和监测站等若干地面站 用户段：包括芯片、模块、无线等基础产品、应用系统与应用服务
1. “讲” 知识讲解 （2 min）	2. BDS的特点 **引导学生思考**：与GPS相比有何区别？有何特点？ 空间段：采用三种轨道卫星组成的混合星座，与其他卫星导航系统相比，高轨卫星更多，抗遮挡能力强，在低纬度地区性能优势更为明显。其中，北斗导航卫星最核心的产品星载原子钟为我国自主研制 地面段：不能全球布站，自创了“星间链路”技术，实现自主导航 用户段：北斗创新融合了导航与通信能力，独有短报文通信服务 **设计意图** 讲述核心知识点，同时也引导学生思考北斗系统为什么有其独特性
2. “助” 强化重点 （5 min）	**内容安排** 问题导入，引导学生思考： 1. 怎么理解原子钟是整个导航卫星的“心脏”。北斗系统是如何攻克无“钟”之困的？ 导航系统的本质是一个时间测量系统，若卫星存在十亿分之一秒（1 ns）的时间误差，则会产生0.3 m的测距误差。原子钟的精度，直接决定着卫星导航系统的精度。所以原子钟对整个工程的重要性如同人的心脏，这种核心技术别人绝不会给我们，我们只能靠自己。我国组建了中科院、航天科技、航天科工三支队伍，同时攻关。为了保证24 h不间断测试，科研人员经常是白天调试，晚上盯在测试仪器前，观察数据，一测就是一整夜。经过两年拼搏，国产星载原子钟被研制出来，性能比欧洲原子钟还要好。如今，北斗三号全球系统上的星载原子钟计时精度达到100亿分之三秒，可以满足分米级导航定位需求 2. 按照传统全球卫星导航系统的建设和运行模式，需要在全球范围内建立分布均匀的地面站，北斗如何破解布“站”之难？ 地面段主要作用是实现对导航卫星的监测与控制，但我国很难像GPS那样，在全球大范围建立地面站，怎么办呢？为降低导航卫星对地面运控系统的依赖，我国自主创新了“星间链路”技术。一是通过星间测距、星间通信和星上数据处理，实现导航星历的自主更新。星间链路技术就好比让北斗三号“太空兄弟手拉手”，不仅相互间能够进行通信和数据传输，还能相互测距，自动“保持队形”，可以减轻地面管理维护压力。二是星间链路实现了“自主导航”。所谓自主导航，就是指“即使地面站全部失效，30多颗北斗导航卫星也能通过星间链路提供精准定位和授时，地面用户通过手机等终端仍旧能进行定位及导航”。三是在世界上首次实现了卫星的在轨完好性自主监测功能。由于北斗导航卫星的地面站较少，地面系统的全球连续完好性监测和实时告警的时间一般需要“数十秒到几小时”，而卫星上的直接监测预警，仅仅需要几秒钟的时间 **设计意图** （1）通过案例的讲解，便于学生理解，提高学生学习的兴趣 （2）有助于学生理解难点、抓住关键

（续表）

教学环节	教学活动
3.“提”提高升华（2 min）	**内容安排** 北斗攻克无“钟”之困和破解布“站”之难，让我们对“关键核心技术是要不来、买不来、讨不来的”感受更加深切。交通运输行业具有点多、线长、面广和移动性强的特点，对北斗卫星导航系统提供的定位导航和通信功能有着很强的需求，也是北斗系统重要的应用领域。《交通强国建设纲要》已明确提出“推进北斗卫星导航系统应用”。我们交通运输类专业的学生就是在推进北斗卫星导航系统在交通运输行业的应用中，传承好、发扬好自主创新的北斗精神，勇于攻克“卡脖子”关键技术，在交通强国建设中贡献自己的全部力量 **设计意图** 将北斗精神与本专业相结合，号召大家在自己的学习工作中传承好、发扬好“自主创新”的北斗精神

3. 课后拓展

课后拓展内容具体见表4。

表4　　课后拓展活动一览

教学环节	教学活动
延伸拓展	**内容安排** 让同学们在学习通观看央视的北斗纪录片、新时代北斗精神主题宣讲会等视频资料 **设计意图** 让同学们更全面地了解北斗卫星导航系统的组成和特点，领悟北斗精神

4. 考核评价

考核评价教学活动内容具体见表5。

表5　　考核评价教学一览

教学环节	教学活动
考核评价	**教师活动** （1）让同学们调研北斗卫星导航系统在交通运输应用中的痛点和难点问题，分小组开展问题探索与实际求解。列举一个北斗卫星导航系统在交通运输领域的具体应用，并提出完整实现方案 （2）分小组录制北斗在交通运输领域应用的视频解决方案及实践心得 （3）观看学习以及评价其他小组的视频解决方案及实践心得 **设计意图** （1）专业知识教育与思政育人元素有机融合，利用课后时间注重培养学生发现问题、分析问题、解决问题等综合能力，也培养具有自主创新精神的高素质人才 （2）通过学习通软件，提供互相学习交流的渠道

四、特色与创新

（一）在教学内容上，实现了专业知识与思政内容的有效融合

系统剖析了北斗卫星导航系统组成和特点，以及课程知识点与自主创新的北斗精神的结合点，深度挖掘课程中所蕴含的思政元素，注重结构清晰简洁和层次分明，巧妙运用各种导入方式进行思政教学。北斗攻克无“钟”之困故事结合星载原子钟是导航卫星的“心脏”，其性能对系统定位和授时精度具有决定性作用这一知识点，帮助同学们更深刻理解卫星导航系统本质上是一个“测时—测距”定位系统。北斗破解布“站”之难故事通过介绍北斗系统独辟蹊径，自主创新了“星间链路”技术，破解了不能在全球范围内布属地面站的难题，帮助同学们更好理解地面站的作用以及空间段与地面站的相互联系。本案例是专业课程内容与思政内容的深度融合探索，能为其他课程提供参考借鉴。

（二）在教学模式上，注重线上学习资源使用和课后实践考核

本案例结合科普中国视频、北斗的宣传片、央视的北斗纪录片以及新时代北斗精神主题宣讲会等视频资源的使用，并将学校在线学习中心、学习通作为课前预习、知识拓展以及作业展示的平台，打破思政育人空间限制。同时鼓励学生实践探索北斗卫星导航系统在交通运输领域的具体应用案例，通过学习通撰写和交流实践心得，并作为考评成绩。本案例为如何开展课程思政教学提供了线上线下模式探索。

五、反思与分析

（一）实施效果及成果

（1）明确了课程的情感目标与价值目标，提高了育人效果。较好地发挥了北斗精神故事不说教、不枯燥，但有深度、有思想的优点，尤其是北斗是国之重器，其研发建设中的真实故事，对于培养学生的家国情怀、社会责任感和历史使命感等都具有积极的教育作用。

（2）注重课程专业知识点与思政案例的融合，通过巧妙设计和合理引导，循序渐进地让学生去感知，去领悟，再到价值认同。

（3）从知识与能力、情感与态度、价值与立场这三个维度，组织课堂教学和课下拓展与实践，引导学生思考和反思自己如何结合自己的专业，亲身去践行自主创新的北

斗精神。

（二）存在的实际困难和问题

（1）要适应学生的特点，教学方式应更活泼些，让学生有更强的参与度。

（2）课程思政的导入形式仍有待改进。

（三）今后的改进思路和注意事项

（1）采用现代教育技术，如“雨课堂”、学习通等，进一步优化课程设计，提高学生的课堂参与度和课堂教学效果。

（2）进一步挖掘分析课程中的育人元素，并深入分析如何进行导入、导入的时机、导入的内容、导入的量、导入的深度等方面，同时也加强对课后实践活动的指导和监控。

“三圈层”课程思政教学的实践探索

——以“交通系统控制”课程为例

李　冰　成　卫

昆明理工大学交通工程学院　云南昆明　650500

一、案例简介

本案例以“交通系统控制”研究生课程为载体，经过2019—2021年三届课程的专业知识与思政教育教学融合的实践探索，形成了“学生—课程—教师”三位一体的课程思政“核心圈层”，课程思政的教学大纲、教案等完备元素下的“架构圈层”，以及案例式、专题式等多模式课程思政教学“表征圈层”的“三圈层”课程思政教学体系；围绕交通工程基础知识、交通标志标线设置方法、交通调控的基本内涵及层次、交通信号控制技术、交通组织优化的理论及方法等专业知识系统地研究如何在教学中开展课程思政；分别通过案例式、专题式、讨论式、启发式、问题式等教学典型案例，对三位一体课程思政进行“多模式”教学剖析阐述。

本案例将思政元素作为强化“学生—课程—教师”三者融合度的纽带，并通过“多模式”教学设计将课程思政有机融入教学全过程，实现有效提高研究生人才培养质量的教学目标。

二、思路与目标

学生、课程、教师是教学活动的重要三元素，三者紧密联系、相互促进，课程是教师与学生教学互动的载体，学生学习成效与反馈是检验课程质量与教师水平的重要依据，教师与学生对课程的关注度与认真度决定了课程本身的教学质量。习近平总书记在全国高校思想政治工作会议上强调：“要用好课堂教学这个主渠道……使各类课程与思想政治理论课同向同行，形成协同效应。”表明做好课程教学与思政密不可分，课程思政的融

作者简介：李冰，1990年，昆明理工大学交通工程学院，副教授。

入进一步加强了学生、课程、教师三者之间的关联度，可以说思政元素是融合学生、课程、教师的纽带，并且该纽带已经存在，而教育者的工作在于如何将其挖掘出来，落实立德树人根本任务，实现价值塑造、知识传授和能力培养的有机统一，着力培养德智体美劳全面发展的社会主义建设者和接班人。

思政元素融入学生学习过程需春风化雨、润物无声，本案例结合“交通系统控制”研究生课程的教学实践与思考，充分结合课程特点，以案例式、专题式、讨论式、启发式、问题式等多模式教学方式，潜移默化地将课程思政教学目标渗透到教学设计中，深入探索其知识体系所蕴含的丰富的德育元素，在此基础上探索“核心圈层、架构圈层、表征圈层”的“三圈层”课程思政教育教学体系，在进行交通专业知识教授的同时，培养学生的人文精神和道德情操，创建富有成效的教学方法。拟解决以下两个主要问题：

（1）教学过程中学生、课程、教师三元素关联度不足的问题；

（2）如何通过教学进一步提升研究生思辨能力与科研分析能力。

三、设计与实施

本节将从“三圈层”课程思政体系构建与“多模式”案例设计两方面对教学设计与实施进行概括描述。

（一）“三圈层”课程思政体系构建

“交通系统控制”课程思政探索以“学生—课程—教师”三位一体的“核心圈层”作为思政内核，建立教学大纲、教案等完备元素下的课程思政“架构圈层”，并通过案例式、专题式、讨论式、启发式、问题式等多模式教学方法下的“表征圈层”进行课程思政，最终形成“三圈层”课程思政体系（图1）。“三圈层”紧密联系，首先“核心圈层”

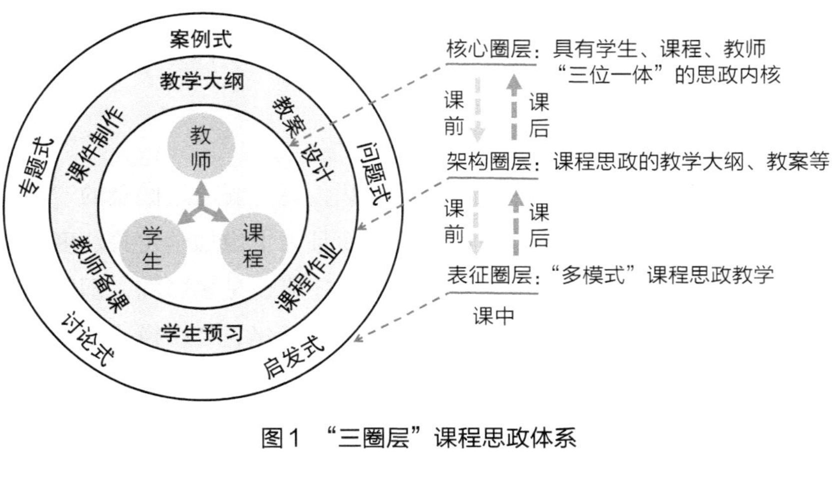

图1 “三圈层”课程思政体系

对“架构圈层”与“表征圈层”进行自上而下的指导，而“表征圈层”的思政教学效果对“架构层面”与“核心圈层”自下而上的反馈优化，形成课前、课中、课后的课程思政闭环。

1. 课程思政“核心圈层”

课程思政理念的提出，贯彻了“各门功课都有育人功能”的基本要求，强化了教师育人的主体责任。课程思政教学与教师的职业理想、责任感、道德操守、传道能力等密切相关，它不像思政课程那样有明确的目标和具体的内容，而完全依赖于教师的自觉意识，对教师的素质和能力提出了更高的要求。课程思政需要教师与学生之间的情感、语言交流，教师应在教学中时时刻刻体现真情实感，用和蔼可亲的方式开展与学生的精神交流，让学生从情感上接近教师，感受到教师对自身成长成才的关怀，真正做到亲其师信其道；而课程是构建教师与学生联系的桥梁，所以，要充分提升课程思政效果，建立具有“学生—课程—教师”三位一体的思政内核的“核心圈层”是关键。

2. 课程思政“架构圈层”

“核心圈层”的构建是课程思政建设的“大脑”，是课程思政建设的指挥棒，而课程思政的全面建设除了睿智的“大脑”，还需强健的“体魄”，这就需要进行思政元素融入下的教学大纲编制、教学课件制作、教案设计、教师备课、学生课程作业布置等，构建强有力的课程思政“架构圈层”，为课程思政教学开展提供正确的路线图。

“交通系统控制”根据课程内容、学生反馈以及任课教师对课程的理解与定位，从“以学生为中心”的教学理念出发，形成了较为完善的教学内容体系。例如，在教学内容安排时，考虑到相当一部分研究生是跨专业学习，未能掌握先修课程“交通工程学”的专业知识，所以本课程首先会对交通工程学基础进行介绍，便于学生学习后续课程。本课程属于交通信息工程及控制、交通运输规划与管理、交通运输工程、物流工程与管理等相关专业的硕士研究生的专业课。本课程以交通标志标线的空间层次、交通信号优化的时间层次、交通组织优化的时空一体优化的专业知识课程为载体，建立与教学内容相对应的课程思政“架构圈层”。“交通系统控制”课程共11章内容，各章节内容的思政育人目标如图2所示。

3. 课程思政“表征圈层”

课程思政除了睿智的“大脑”，强健的“体魄”，还需要通过健康的“皮肤”将具有德智体美劳正确价值观的课程知识传授给学生，而且为了增加学生关注度、深化课程思政的融入度，课程思政的“皮肤”不仅是健康的，还应该是多彩的，即通过案例式、专题式、讨论式、启发式、问题式等多模式的教学方法，建立“多模式”课程思政“表征圈层”，潜移默化地将课程思政教学元素融入教学全过程，增强课程思政的教学趣味性，充分调动全体学生主动参与学习的主体积极性。

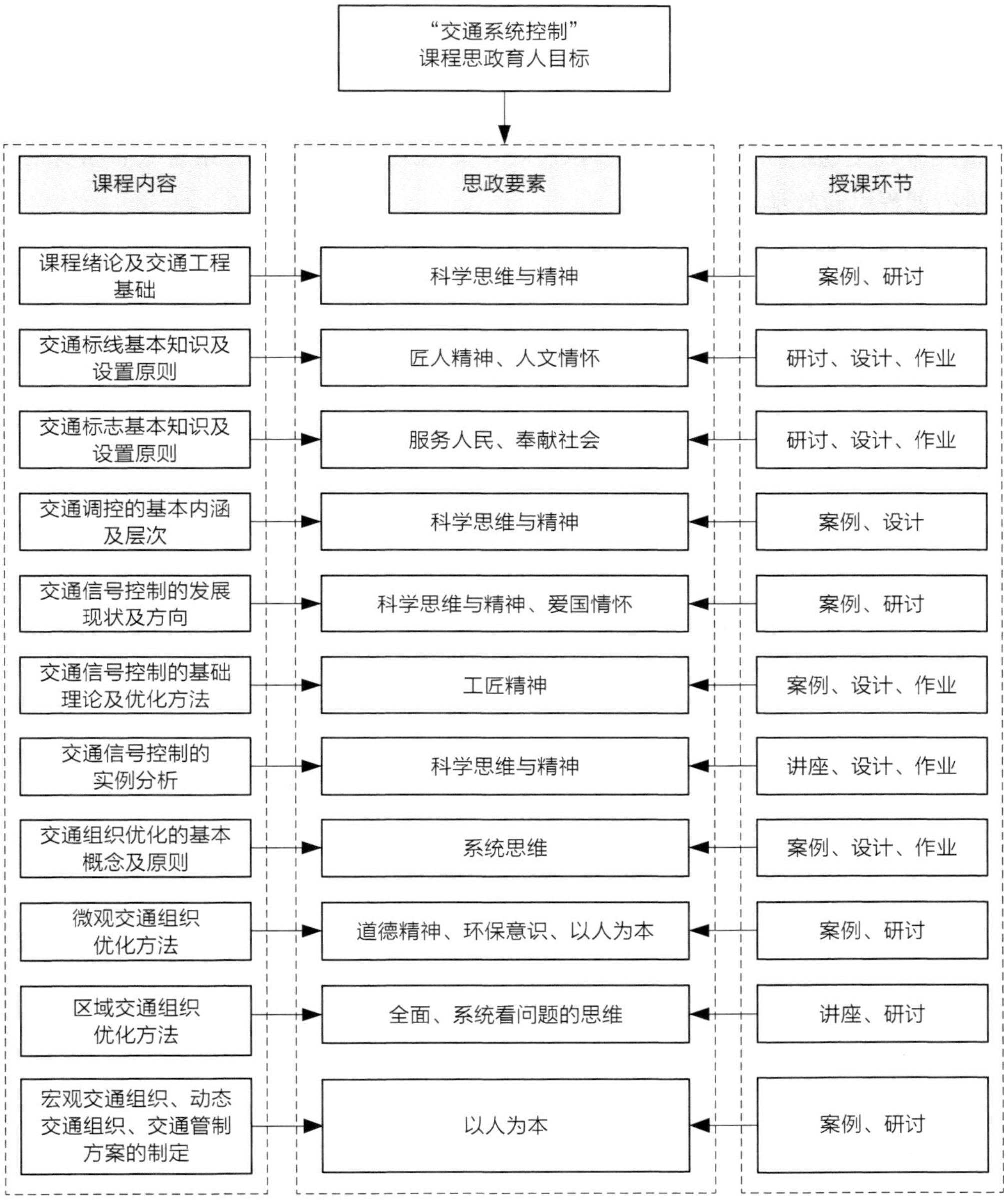

图2 课程内容与思政元素对应关系

（二）"多模式"思政案例教学设计

本节通过典型思政教学案例对"表征圈层"进行设计，详细阐述本课程在思政教学设计时，如何以思政元素为纽带，将"学生、课程、教师"三元素渗透到案例式、专题式、讨论式、启发式、问题式等多模式教学中，通过三位一体-多模式课程思政教学设计，实现提升教学质量的目标。

1. 案例式思政教学设计

案例式教学是提升学生课堂参与度的重要手段。研究生课程案例设计时除了讲授课程现有的知识点外，还应注重如何增强学生的思辨能力以及培养学生的探索精神。本课程在讲授微观交通组织优化方法时，以右转车交通组织优化为例，结合笔者自身的科研成果进行课程思政教学。

右转车采用导流岛交通组织设计提前完成右转通行是常用的交通组织优化手段。然而，在我国混合交通出行的环境下，提前右转车通行时需要穿越非机动车流，当非机动车流量较大时，提前右转车通行受阻。为科学分析不同交通状态下右转车采用导流岛提前右转的合理性，笔者基于可插车间隙理论建立了提前右转车通行能力估计模型，为这一交通组织手段提供科学依据，相关成果已发表至国际知名期刊。然而，在非机动车交通流量较大时，模型计算精度逐渐下降，为克服模型这一局限性，笔者从实际调查出发，发现在大部分右转车转向行驶时并非完全停车让行非机动车出行，而是以慢速挤压非机动车流逐渐驶离冲突区，即此时二者之间存在非强制优先出行行为，笔者基于此对提前右转机动车通行能力估计模型进行优化，进一步提高了模型计算精度，相关成果已发表于国际知名期刊并申请了国家发明专利（图3）。

Check for updates

ASCE

Capacity Estimation of Advance Right-Turn Motor Vehicles Considering Nonstrict Priority Crossing Behaviors under Mixed-Traffic Conditions

Bing Li, Ph.D.[1]; Hongyu Yang[2]; Wei Cheng, Ph.D.[3]; and Mingwei Ma[4]

Abstract: The use of channelized islands to optimize the operation of advance right-turn motor vehicles (ARTMVs) is an effective intersection design method. To overcome the limitations of previous models with respect to the characteristics of nonstrict priority crossing behaviors and mixed nonmotor vehicle (NMV) flow, we have constructed a new capacity estimation model of ARTMVs. This novel model is based on the driving force model for nonstrict priority crossing behaviors, and fully describes the mixed NMV flow with perceived density. Based on the driving force model for nonstrict priority crossing, the speed of ARTMVs crossing the NMV lane and the headways of ARTMVs are obtained. Finally, the number of ARTMVs crossing the NMV lane in a saturated traffic state, i.e., the capacity, is estimated. The method does not need to consider the gap probability of NMV flow, which makes up for the influence of NMVs passing ARTMVs side-by-side. The model was verified by data collected at validation sites in Kunming, China, and compared with the gap acceptance model; the accuracy of the proposed model with heterogeneous NMV flow improved by 22.2%. The construction method of the model provides a new idea for the capacity estimation of ARTMVs under mixed traffic conditions. **DOI: 10.1061/JTEPBS.0000627.** © *2021 American Society of Civil Engineers.*

Author keywords: Capacity; Nonstrict priority crossing behaviors; Advance right-turn motor vehicles (ARTMV); Nonmotor vehicles (NMV); Mixed traffic conditions.

Introduction

Mixed traffic of motor vehicles and nonmotor vehicles (NMVs) is common in many developing countries, and the passage of right-turn motor vehicles through nonmotor flow to turn right using channelization, as shown in Fig. 1, is one of the most typical conflicts (Jiang et al. 2020). At channelized right-turn lanes, the advance right-turn motor vehicles (ARTMVs) may be considered to have no effect on the capacity or delay of an intersection when they pass through (Roess et al. 2004). However, this may not be the case in heavy traffic load scenarios and countries with mixed traffic conditions, such as China. Li et al. (2019) analyzed the influence of NMV queue formation and dissipation of ARTMVs based on shockwave theory and presented a capacity estimation model of ARTMVs using gap acceptance theory. The model had better estimation accuracy than the *Highway Capacity Manual* (HCM) 2010 (TRB 2010) model and VISSIM simulation. However, the model gave NMVs priority, i.e., ARTMVs were required to wait for NMVs to pass through the conflict zone until a gap appeared. Nevertheless, observation and related research demonstrated that right-turn motor vehicles usually crossed NMV flows with nonstrict priority. Lin et al. (2016) found that more than 90% of the right-turn vehicles did not adhere to strict priority and squeezed through NMV flows. Therefore, it is difficult to accurately estimate the number of ARTMVs under high NMV flow. In addition, when right-turn motor vehicles pass through NMV flows, it is often necessary to cross the side-by-side multi-NMV flow [Fig. 1(a)], whereas research has only considered the case of crossing one NMV flow [Fig. 1(b)].

In most countries, straight NMVs have higher priority level than right-turn vehicles, which should strictly give way to nonmotorists when a conflict exists. Most studies on the conflict between right-turn vehicles and NMVs passing straight assume that all right-turn vehicles follow this priority rule (e.g., Allen et al. 1998; Chen et al. 2007; TRB 2010; Guo et al. 2011; Liu et al. 2011; Lin et al. 2016; Ma et al. 2017a, b). However, this assumption is not consistent with the actual situation in many countries. Indeed, surveys in many countries, including Germany, Finland, Norway, and China, showed that motorists and nonmotorists knew little about this rule (e.g., Räsänen et al. 1999; Brilon and Miltner 2005; Li et al. 2010; Zheng et al. 2019; Bie et al. 2021). Generally, motorists and nonmotorists decide whether to yield according to actual traffic conditions rather than official priority rules. Road users decide based on their understanding of the priority order, which leads to competition for road rights, i.e., the phenomenon of nonstrict priority crossing.

Observations in China (Li et al. 2016) and other developing countries (e.g., Räsänen et al. 1999; Brilon and Miltner 2005; Li et al. 2010) have shown that when passing NMVs without strict priority, most right-turn motorists do not wait for an acceptable

[1]Lecturer, Faculty of Transportation Engineering, Kunming Univ. of Science and Technology, Kunming, Yunnan 650093, China (corresponding author). ORCID: https://orcid.org/0000-0003-4369-6530. Email: bing.li@kust.edu.cn

[2]Master's Candidate, Faculty of Transportation Engineering, Kunming Univ. of Science and Technology, Kunming, Yunnan 650093, China. Email: hongyu.yang@stu.kust.edu.cn

[3]Professor, Faculty of Transportation Engineering, Kunming Univ. of Science and Technology, Kunming, Yunnan 650093, China. Email: cheng_wei@kust.edu.cn

[4]Master's Candidate, Faculty of Transportation Engineering, Kunming Univ. of Science and Technology, Kunming, Yunnan 650093, China. Email: mamingwei@stu.kust.edu.cn

Note. This manuscript was submitted on May 1, 2021; approved on October 1, 2021; published online on December 9, 2021. Discussion period open until May 9, 2022; separate discussions must be submitted for individual papers. This paper is part of the ***Journal of Transportation Engineering, Part A: Systems***, © ASCE, ISSN 2473-2907.

© ASCE　04021114-1　J. Transp. Eng., Part A: Systems

J. Transp. Eng., Part A: Systems, 2022, 148(2): 04021114

（a）论文

证书号第6859856号

发明专利证书

发 明 名 称：一种面向非强制优先混合交通出行的提前右转车通行能力计算方法

发 明 人：李冰;冯悦;赵庆迁;杨鸿宇;成卫

专 利 号：ZL 2021 1 1026497.0

专利申请日：2021年09月02日

专 利 权 人：昆明理工大学;景洪市公安局交通警察大队

地 址：650000 云南省昆明市一二一大街文昌路68号

授权公告日：2024年04月02日　　授权公告号：CN 113918869 B

国家知识产权局依照中华人民共和国专利法进行审查，决定授予专利权，颁发发明专利证书并在专利登记簿上予以登记。专利权自授权公告之日起生效。专利权期限为二十年，自申请日起算。

专利证书记载专利权登记时的法律状况。专利权的转移、质押、无效、终止、恢复和专利权人的姓名或名称、国籍、地址变更等事项记载在专利登记簿上。

局长
申长雨

国家知识产权局
2024年04月02日

第1页（共2页）

（b）发明专利

图3　提前右转机动车通行能力研究成果（科研案例式思政教学）

以笔者对右转车交通特性的分析，从教师自身案例出发，强调理论与实践相结合的重要性，帮助学生建立以人为本的工程设计思维，锤炼敢于创新、敢于突破的精神，提升研究生对科研的兴趣。

2. 专题式、讨论式思政教学设计

讨论式教学是增强学生兴趣、提高教学效率的重要手段。本课程根据教学进度定期安排课后实践作业，并以“交通系统控制实践交流会”“交通系统控制案例研讨会”等主题进行“专题讨论式”的思政教学，并将平时作业与汇报交流作为课程总成绩的40%，以提升学生的参与度与学习效率。

活动开始前教师对学生提交的课程作业进行批阅，并挑选作业质量较好或亮点突出的5~7位学生进行课堂交流分享，每位学生以PPT、板书讲解等多种形式进行内容展示，时间为15 min，教学现场如图4所示。例如，在“交叉口组织优化设计专题研讨会”中，学生通过实地调研交叉口，然后使用AutoCAD等绘图软件对交叉口标志标线进行优化设计，将课程理论与实践充分结合，加深了学生对知识点的理解；此外，学生在交流分享的过程中，以学生与学生、学生与老师等互动形式营造了和谐愉悦的课堂氛围。自2019年起，本课程采用上述形式授课，从学生选课人数增加以及学生课上、课下的好评反映了该形式的良好教学效果；再者，教师通过观察学生的参与度以及课堂表现，对存在问题进行反思，总结每次课的经验，逐步完善“专题讨论式”教学模块，强化教师自身“知学生所需、想学生所想、感学生所悟”的“以学生为中心”教学理念。

图4 “专题讨论式”的思政教学现场

3. 启发式+问题式思政教学设计

启发式教学往往是由提问的方式开展的，古希腊教学思想家苏格拉底的“产婆术”教学思想就是以独特的问题法进行“启发式”教学的代表。

本课程在讲授“城市交通系统调控的手段”时，借鉴王殿海教授的教学理念，采用递进提问启发式的教学模式，介绍城市交通系统调控的三个层次：第一层次（信号控制）、第二层次（行为控制）、第三层次（结构控制）之间的相互联系与区别。如图5所示，首先，介绍信号控制（第一层次）是对交叉口在时间上给交通流分配通行权，以期达到交通出行安全、维持秩序、提升效率、优化路权的目的；然而，随着交通流量的增加，交叉口各进口道都出现长排队的过饱和交通现象时，此时信号控制优化出行已无能为力，应该怎么办呢？

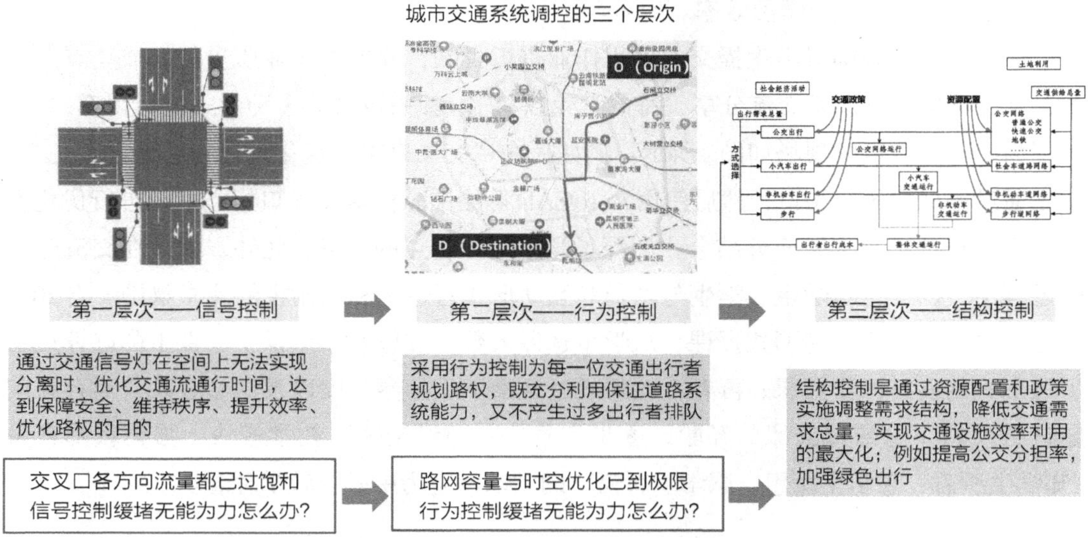

图5　城市交通系统调控三个层次“启发式+问题式”思政案例设计

此时通过提问启发学生思考，并引出可以采用第二层次（行为控制）进行交通出行优化，同时使学生建立认识事物的局限性并学会用发展的眼光看问题的思维方式。当信号控制系统已按系统通行能力最大进行信号配时，可采用行为控制为每一位交通出行者规划路权。规划原则是既充分利用保证道路系统能力，又不产生过多出行者排队，即将交通压力均衡地分配到路网上。然而，随着行为控制优化，交通出行环境改善，可能会进一步激发私人小汽车出行，汽车出行分担率会上升。因为网络容量的限制和时间的制约，行为控制的效果有限，其必然随需求增加而达到极限（当斯定律的侧面反映），加剧交通拥堵，那么此时又该如何改善出行呢？

进一步通过提问启发学生思考，引出第三层次（结构控制）：通过调控出行方式选择，实现交通设施利用效率的最大化。例如，通过进一步加强公交优先绿色出行的交通可持续发展手段，引导小汽车出行者选择公交出行，减少私家车出行量，缓解交通出行压力。

本案例通过递进提问启发式的互动教学，增强学生的课程专注度，帮助学生建立发散性思维模式。

四、特色与创新

案例以“交通系统控制”研究生课程为载体，建立“学生—课程—教师”三位一体的课程思政核心圈层，课程思政的教学大纲、教案等完备元素下的“架构圈层”，以及案例式、专题式等多模式课程思政教学“表征圈层”的“三圈层”课程思政教学体系，案例特色与创新包括以下两方面：

（1）本课程案例以“学生—课程—教师”三位一体的“核心圈层”作为思政内核，建立课程思政的教学大纲、教案等完备元素下的课程思政“架构圈层”，并通过案例式、专题式、讨论式、启发式、问题式等多模式教学方法下的“表征圈层”进行课程思政，最终形成“三圈层”课程思政体系。课程思政“三圈层”的建立有利于实现“全员、全过程、全方位”育人的目标，有利于实现把思政教育贯穿人才培养，有效提升人才培养质量的目标。

（2）相比于本科生强调培养基础知识背景和掌握基本理论而言，研究生培养更强调知识掌握的扎实性、系统性以及专业性，进而强化学生的问题思辨能力与科研分析能力。所以，本课程通过案例式、专题式、讨论式、启发式、问题式等多模式的教学方法，潜移默化地将课程思政教学元素融入教学全过程，进而提升研究生课程教学效果。

五、反思与分析

教学反思与分析是完善课程的重要途径，而衡量课程的优劣与教学成效的关键在于是否能够让学生对课程产生“共鸣”，而课后问卷调查是分析这一“共鸣”程度的重要手段。本课程对2020届与2021届的学生进行了无记名问卷调查（图6、图7），95%以上的学生表达了对课程的满意接受度，从几乎每次课程结束后学生的掌声鼓励也反映了本课程教学取得学生较好的“共鸣”。

课程总体而言获得了绝大部分学生的认可，但从学生的反馈与教师教学过程思考中，本课程仍有许多环节需要进一步完善，接下来本案例将分别以课前、课中、课后三个环节，对教学存在的问题进行剖析并提出改进思路，如表1所示。

在后期的教学过程中，将持续在课前、课中、课后三个教学环节，从教学能力、教学方式、课程内容、课程设计、学生参与度、学生满意度等方面反思课程思政教学设计，逐步完善“三圈层”课程思政教学体系。

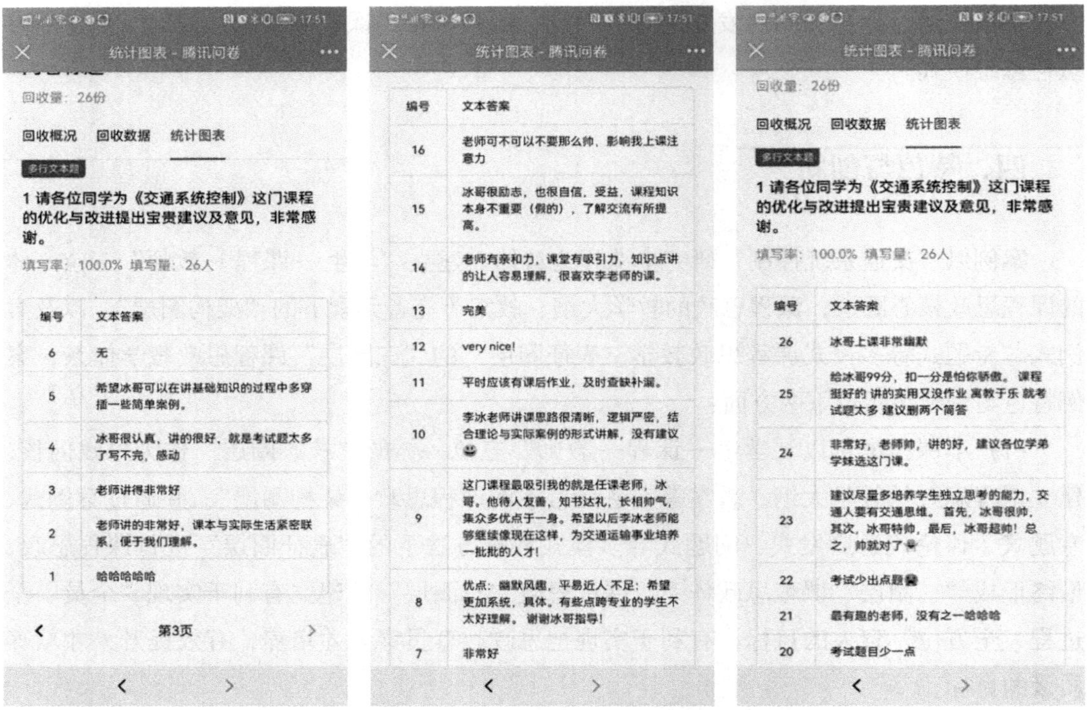

图6　2020届学生“交通系统控制”课程课后问卷调查

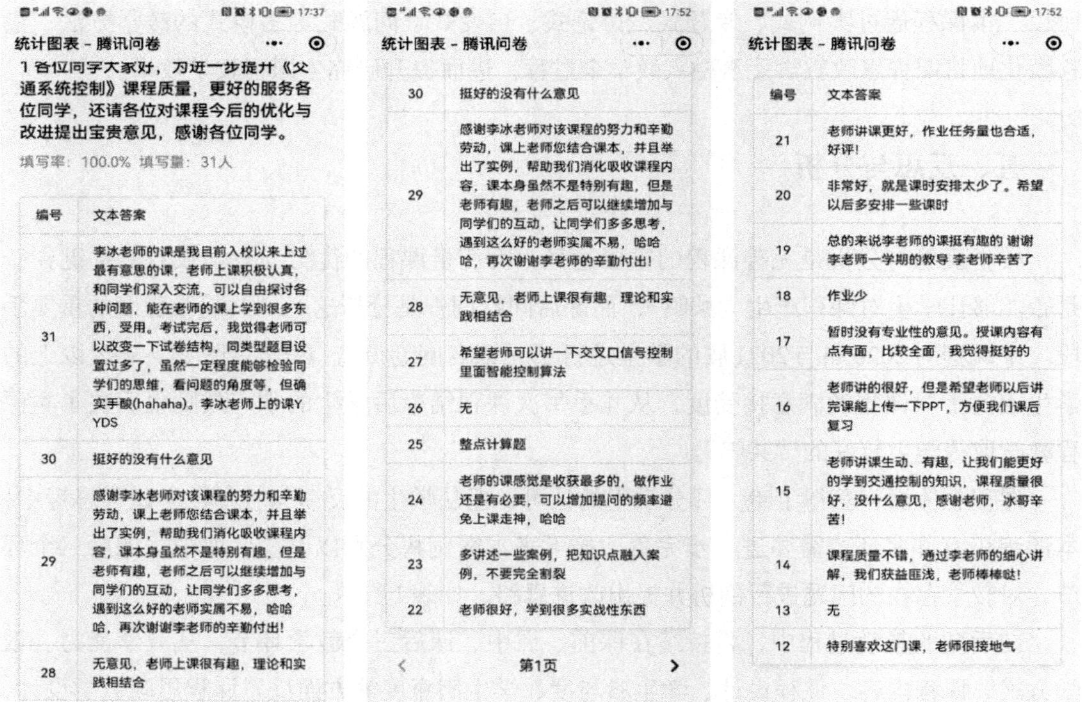

图7　2021届学生“交通系统控制”课程课后问卷调查

表1　　教学存在问题与改进思路

教学环节	存在问题	改进思路
课前	本课程为研究生课程，部分跨专业学生对课程内容理解存在一定难度	开课前对学生的专业基础进行充分调研，例如，对本课程的先修课程“交通工程学”的掌握情况进行摸排，补充讲解该课程的基础知识，帮助学生构建基础知识体系
课中	“交通系统控制”课程的实操与应用教学环节需进一步加强	通过加强与政府、企业的合作，走出课堂或者聘请华为、百度校外专家到校交流等方式，对我国自主研发的交通控制产品技术应用进行教学讲授，增加学生的科研兴趣与科技创新的民族自豪感
课后	部分学生课后对课程缺乏复习，对知识难点理解不到位	结合课堂讲授内容对课程难点布置课后作业，并让学生在课堂进行交流分享，进一步强化学生的思辨能力与科研动手能力

“结构设计创新思维与创新实践”课程思政改革案例

李晓飞　张　田　李柔含

大连海事大学交通运输工程学院　辽宁大连　116026

一、案例简介

习近平总书记在全国高校思想政治工作会议上强调，要坚持以立德树人为中心，在教育教学全过程中贯穿思想政治工作，实现全程、全方位育人，实现思想政治教育与知识体系教育的有机统一。全面推进课程思政建设，探究课程教学中专业基础知识学习与思想政治教育的内在联系，是高校落实立德树人根本任务的重要举措。

为深入学习贯彻会议精神，推进“双一流”加快建设、特色建设、高质量建设，培养学科专业创新型人才，对学科特色课程进行创新思政改革具有重要意义。

“结构设计创新思维与创新实践”是培养交通运输类创新人才的特色专业课程，在“新工科”和“双一流”建设的背景下，响应交通强国战略所设立的创新型专业实践课。课程教学内容中蕴含丰富的思想政治教育要素，具有较系统的基础理论性和较强的专业实践性，主要包括创造性思维、批判性思维、思维障碍及其突破，以及结合专业案例的创新方法应用等内容。旨在培养学生的批判、创新及创造性思维能力，让学生得以有效地批判、评价及建立论据，从而做出合理的判断与选择，并且以创新的方法进行思考，不断提高学生创新能力和实践能力。

本教学团队通过强化团队建设，提升育人理念，增强履职能力，深挖课程教学内容中蕴涵的思想政治教育元素，巧妙设计教学内容与思政教育引导的自然融合，创新构建课程思政资源和育人载体，以结构设计竞赛内容为主线，结合创新思维的方式方法开展课堂创新实践活动，充分发挥交通运输类专业课程教学的思想政治教育功能，形成知识传授、技能强化、价值引领、品格塑造于一体的课程思政教学育人新体系，为社会主义建设事业培养具有崇高理想信念、高尚职业素养和专业技能过硬的高素质综合创新型人才（图1）。

作者简介：李晓飞，1976年，大连海事大学交通运输工程学院，教授。

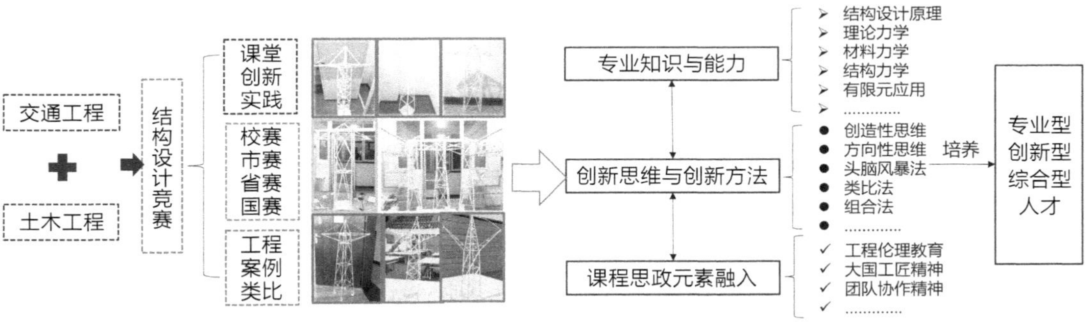

图1　课程思政教学思路

二、思路与目标

传统的教学模式利用专业课程来培养学生的智育，利用公共基础课程来培养学生的德育，使智育和德育割裂开来。学生在专业学习中易出现重理论、重技能，而轻职业精神、人文素养等情况；且专业教师的教学理念和教学过程主要表现为以传授专业知识为主，存在着重智育轻德育的现象。因此，专业课与思政课的有机融合尤为重要。

本案例拟解决的问题关键在于如何根据课程特点，发掘课程的思政元素，把行业背景、国家战略和区域经济发展相结合，以就业为导向，根据土木工程专业、交通工程专业技术领域和职业岗位的人才培养要求，明确课程学习目的和目标，与其他专业课程紧密地联系在一起，发挥课程的育人功能，真正和思政课程同向同行，形成协同效应。

课程是实现教学育人目标的重要载体，课程思政是落实立德树人根本任务的必然要求，推进专业课程思政，首要就是要求课程负责人做好顶层设计，明确课程目标。本案例依托“双一流”学科和“新工科”建设，积极推进课程综合改革，设立知识、能力、价值和思政四个层级的培养目标。

（1）知识目标：通过课程学习，使学生掌握创造性思维及创新方法的基本概念与内涵，培养学生的创新思维能力。

（2）能力目标：通过理论知识与实践操作的学习，培养学生的批判、创新及创造性思维能力，让学生得以有效地批判、评价及建立论据，从而做出合理的判断与选择，并且以创新的方法进行思考。

（3）价值目标：学生能够具有求真务实和追求卓越的科学精神，具有专业认同感、荣誉感，培养其独立表达能力和团队协作意识。

（4）思政目标：让学生不仅掌握相应的技术技能，还担负为国内外学习者传播思想政治教育思想的责任。在技术上给出中国方案，展现大国风采，传播中华民族的优良传统和中国智慧。

三、设计与实施

基于新工科背景，从工程教育认证的视角，着眼于人才培养体系的目标要求，在深度分析学生学习特点和社会人才需求的基础上，在构建主义学习和混合式学习理论的指导下，根据行业内对创新型人才的需求，紧密结合学科发展前沿，深度挖掘教学内容蕴含的思想政治教育要素，将职业精神融入显性与隐性课程中，结合混合式教学方式，借鉴虚拟仿真技术、信息化和项目教学设计方法，实现“教、学、做”一体化教学，培养学生创新思维的同时，提高学生的创新实践能力，在无形中帮助学生树立正确的价值观，形成全方位的德育体系。让学生将知识、技能和素质融合一体，达到知行合一的效果。

（一）积极引导教师团队建设

课程思政既是专业内容与思政元素的融合，更是教师自身与课程育人的融合。教师是课程思政的执行者，也是课程思政建设的关键。教学团队通过组织培训和研讨学习，强化自身思想道德建设，增强专业知识素养。

一线教师有扎实的专业知识的同时，还要有强有力的思政大脑，使得思政教育可以润物细无声地融入课堂。思政教育不是简单的生搬硬套，而是富有感情，真正地深有体会地去理解。教师不仅要在教学过程中提高自身修养，提高自身思政水平，还要在教学实践过程中完善自己的教学方法，使学生乐于学，寓于学。教师要精雕细琢、精心凝练出与课程教学内容和课程目标相契合的家国情怀、文化自信、工匠精神、责任担当、生态文明等思政元素，要立足学科专业视角，深入挖掘课程中的思政元素，对蕴藏其中的家国情怀等思政元素进行有效汲取和提炼，促进专业课程与思政课程同向同行。

（二）深入挖掘思政元素融入专业教学

“课程”是“课程思政”建设的基础。深入挖掘其中所蕴含的文化基调和价值内涵，并将其与专业内容有效融合，转化为有效的教学载体，实现协同育人的综合效应。

第一，以丰富的历史文化培养学生爱国主义情操。我国工程建造历史悠久，土建文化源远流长，赵州桥自隋朝建造以来，屹立千年不倒；泸定桥飞跨大江两岸，气势磅礴。将这些历史题材融入课堂教学，让学生体会中华文化的博大精深，培养学生的文化自信和民族自豪感。

第二，在课程教学中培养学生辩证思维能力。培养学生“化繁为简、各个突破”的逻辑思维能力，学会看待问题要讲方法、分主次，要从全面、发展的角度分析和处理问题，从而形成科学的方法论。

第三，以工程案例为切入点，引导学生树立工匠精神。以我国"超级工程"——鸟巢、港珠澳大桥等典型工程为例，介绍工程师在方案设计到施工建造过程中所具备的刻苦钻研、精益求精、甘于奉献的工匠精神，充分展现工程实例的科学原理、工程智慧和专业魅力，激发学生的工程思维与创新意识。让学生掌握专业技术技能的同时，担负起给出中国方案、弘扬中华传统、传播中国智慧的民族使命感。

（三）建立以学生为中心的多元化导学机制

课程思政赋予了课程教育的价值引领和思想教育的功能，因此必须以学生为中心，科学制定教学方法，充分利用新科技、拓展新途径，以多样化的教学形式给予学生切实的体验感和获得感。推进沉浸式、自主式、支架式、交互式、问题式、反思式"六式融合"课程教学方法改革（图2）。

图2 "六式融合"课堂教学方法

首先，建立以能力为导向的教学模式，激发学生学习动力。按点、线、面、体的课程逻辑结构，将教学内容分为若干模块，结合实际案例为学生创设许多应用情境，使教学内容问题化，通过启发教学的方式，培养学生发现、分析和解决问题的能力。其次，以项目为驱动培养学生的实践能力。以工程项目为实践内容，参照实际工作情景，教师充当技术主管的角色，学生为"准员工"，通过项目组织、过程监控、反馈处理，强化学生的自我管理能力和组织协调能力，启发学生自主探索和责任担当的工作意识，从而促进学生持续学习。

（四）赛教融合，协同育人

以竞赛引导创新课程内容调整，并与竞赛内容相互衔接，关注学生的全面发展

(图3)。“赛教融合”能够很好地将竞赛理念融入教学和课堂实践活动中，竞赛还可激励学生的参与积极性和自主性。深刻理解结构设计竞赛的内涵，将竞赛内容与课堂教学相结合，融入人才培养方案，依托学科竞赛，将课程思政融入课程教学全过程中，极大地调动了学生参赛积极性，最大化实现“人人参与”。学生在教学和竞赛中提升专业技能的同时提升创新思维能力，激发荣誉感，增强担当意识。

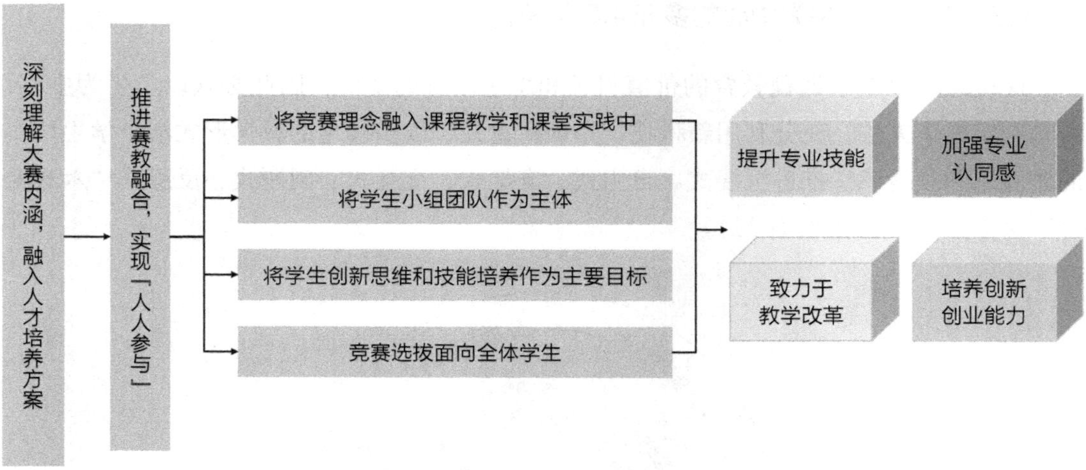

图3　赛教融合、协同育人

（五）构建多元化课程考核评价体系

围绕知识、能力、价值和思政四个方面的课程目标，针对性进行课程考核。课程学业评价在实践活动中进行，“学习—活动—评价”三者结合。本课程评价的重心是关注学生是否真正掌握了本专业从业人员相关的基本技能、基本策略等理论和实践两方面的知识，尤其是实践方面。教师不应再过分强调学生对知识点的掌握，而是应充分发挥学科本身实践性强的优势和特点，设计一系列与学生现实生活相关的活动，使学习与活动结为一体，同时，在学生参与的各种活动中对其进行质性的、量性的评价，真正使“学习—活动—评价”三者合一。

学业评价应是一个多主体评价——“学生自评”“生生互评”“师生评价”的多主体良性互动模式。学生以主体的身份参与评价，使其能够清晰地认识自己，提高学习的积极性，加强学生之间的互相鼓励和促进作用。

四、特色与创新

立足“结构设计创新思维与创新实践”课程面临的问题，基于“新工科”背景，从工程教育认证的视角，着眼于人才培养体系的目标要求，突出"以学生为中心，产出导向，持续改进"的理念，从团队建设、课程建设、教学改革、学科竞赛和评价考核四个方面进行改革探索。

(1)"德高为师，身正是范"。树立"全员育人、全方位育人、全过程育人"的教育观，将正能量的事迹与专业知识相结合，把思政教育融入每一科课程的教学活动和学生生活的方方面面，帮助和引导学生树立正确的世界观、人生观和价值观，促进学生的全面发展。

(2)专业实验室自主研发大跨桥梁综合实验平台，通过启发学生思考，激发学生实验兴趣，满足不同层次的学生学习需求，培养学生的动手能力和解决实际工程问题的能力。

(3)赛教融合、以赛促学，充分发挥学生的主观能动性，实现理论、实践、竞赛相互促进、相辅相成的良好循环。

(4)将学科资源、学术资源转化为育人资源，实现知识传授和价值引领有机统一，推动"思政课程"向"课程思政"的立体化育人转型，将思想政治教育合理融合和渗透到专业课程中去，实现专业课程思政与思政课程同向同行。

五、反思与分析

(一)课程思政教学改革实施成效

通过课内思政活动的参与、课外竞赛活动的强化，课程改革成效显著，学生课堂参与度高，课程成绩有显著提升，解决复杂问题的能力有所提高，科学思维、创新思维、专业认同度提升，实现了在知识、能力和价值三个方面的提升进步，专业能力和职业素养凸显。

知识转化效果好，学生课后积极参与大学生创新创业训练项目，累计获评国家级训练项目9项，省级7项；申请相关发明专利4项；学科竞赛成果多(图4)，学生踊跃参与学科竞赛，近几年共斩获国家级奖项10项，省级7项。依托学科竞赛，将课程思政融入课程教学全过程中，极大地调动了学生参赛积极性，激发荣誉感，增强担当意识，思想境界得到了提高。

(二)存在的问题及改进思路

本课程通过实施与不断改进，还存在典型案例资源不够丰富、考评方式有待进一步改进、课程思政资源库不够充实的问题，教学团队针对性地展开了教学研讨。为持续

图4　学科竞赛成果

优化教学设计、深入推进思政教学、不断完善课程评价方式、继续提升课程的“两性一度”，将从以下几个方面加强建设：

（1）加强校企合作，与合作企业沟通，收集和整理典型工程案例。强化合作理念，共同协商育人大计，共担育人责任，共享合作成果，促进教师和学生共同进步。坚持专业课程指导与价值引领，努力为企业培养德才兼备的人才。

（2）深入挖掘突显职业特点的课程思政教学元素，丰富工匠精神的思政资源库。工匠精神对于工科专业学生培养尤为重要，其内涵包括敬业、精益、专注、创新等方面，不仅要注重能力培养，也要结合专业特点进行价值培养、情感培养和贡献培养。

（3）完善以学生为主导的多元化考核评价体系，关注学生自身发展及身心健康。课程思政是落实立德树人根本任务的重要途径，但是其本质仍然是教育，需注重传道授业解惑与育人育才的有机统一，注重专业基础理论与思想教育的有机统一，注重职业技能培训与职业素养培育的有机统一。加强课程思政建设，有助于通过课程思政教育切实推进全员、全程、全方位育人的“三全育人”综合改革工作，为我国社会主义事业培育合格的建设者和接班人。

交叉学科中课程思政元素的设计困境及落实举措

——以“物流经济学”为例

员丽芬[1]　范宏强[2]

1. 北京交通大学交通运输学院　北京　100044；2. 北京邮电大学智能工程与自动化学院　北京　100876

高等教育从诞生之日起，就带有鲜明的价值取向，并由知识技能传授和价值观引导共同构成基本的表现形式和内在理路。《高等学校课程思政建设指导纲要》指出：“落实立德树人根本任务，必须将价值塑造、知识传授和能力培养三者融为一体、不可割裂。”对于理工科专业而言，全面推进课程思政建设，更应将思政元素有机地融入专业课程、专业知识的讲授过程中。

作为北京交通大学物流工程专业的本科生，受培养方案及培养课程排期制约，其思政建设具有较强的割裂性，具体而言：大一、大二学年之时，本科生学习“习近平新时代中国特色社会主义思想概论”“思想道德修养与法律基础”“马克思主义基本原理”等思想政治课程，但彼时物流工程专业课设置较少，学生对思想政治层面的理解不能与本专业良好地结合，学习效果欠佳；大三、大四学年时，本科生的专业课程急剧增加，思想政治课程的学习反而非常欠缺，致使学生的专业素养、职业观、价值观形成过程有所缺失。

为此，本文将详细阐述物流经济学课程中的思政元素设计，目的在于寓价值观引导于知识传授和能力培养之中，帮助学生塑造正确的世界观、人生观、价值观。同时，“物流经济学”这样的专业课程中增加思政元素设计，是对传统思想政治教育的创新和提升，也是对思政课程主渠道的补充和支撑。

一、案例简介

（一）课程分析

作为典型的交叉学科，“物流经济学”课程综合了物流工程学、经济学、管理学等学

作者简介：员丽芬，1984年，北京交通大学交通运输学院，副教授。

科的理论知识和方法，是新工科创新和融合的具体体现。该课程是管理运筹学、供应链管理、采购管理与库存控制等物流工程专业基础课程的经济学基础，主要讲授物流经济分析的基本方法、物流市场的供需平衡与物流成本、主要物流活动经济分析、财务评价、经济费用效益评价、社会评价与环境影响评价等内容，使学生掌握物流经济分析的基本理论、方法及形成物流方案评价的能力素养。

"物流经济学"作为物流工程专业的核心课程，设置于本科第三学年，而大三学生的人生观、世界观和价值观正处于初步成型状态，此时帮助学生塑造正确的观念体系，是其毕业前最重要且不可缺失的一环。

（二）思想政治教育与专业的融合情况

大三学生基本修完"习近平新时代中国特色社会主义思想概论""思想道德修养与法律基础""马克思主义基本原理"等思想政治课程，但已修课程中专业课设置较少，学生对思想政治层面的理解不能与本专业良好地结合，学习效果欠佳。后续大三、大四的专业课程虽急剧增加，但减少了思想政治课程的学习，致使专业素养、职业观、价值观形成过程有所缺失。

二、思路与目标

（一）主要问题

作为典型的交叉学科，"物流经济学"包含多领域、多专业、多层次的知识能力培养，课程涵盖知识面呈现多元化的特点，理论上在与思政元素融合时具有更深的可挖掘性优势。但在"物流经济学"课程思政教学改革过程中，其思政设计仍存在缺少配套资源、考核机制联动性差等困境，主要表现在以下方面。

1. 配套支撑资源薄弱

1）教材少，更新时间慢

"物流经济学"是顺应迅速发展的物流工程专业的综合性而形成的课程，但目前存在教材更新与行业发展速度不匹配的情况：国内公开出版书籍较少，已有教材案例做不到与时俱进，极大地制约了课程思政教学。

2）线上教学空白

在网络线上教学形式推广普及的今天，"物流经济学"的线上教学资源建设不够完善，慕课等线上教学平台资源空缺，且在建设过程中难以体现思政元素设计，学生学习渠道单一。

2. 考核机制联动性差

在课程本身配套未与时俱进的情况下，教学中的思政元素设计更加难以与专业知识相匹配，作为交叉学科的思政元素挖掘深度优势难以得到体现。受教师观念和学生重视程度的影响，课程思政经常被任课教师认为是教学过程中的次要因素，不能将思政理念转化为实际教学活动。

正因为教师重视程度不高，在“物流经济学”实际教学过程中，思政教学改革也存在生搬硬套、思政元素与专业课程完全割裂、不讲方法、不讲融合等问题，对思政元素的融入渗透停留在表面，缺乏与课程考核机制的结合。

（二）理念和思路

根据国际高等教育和新时代中国高等教育发展趋势对专业教育的内涵要求，面向国家重大发展战略对运输物流业高质量发展的总体要求与发展趋势、技术变革与模式创新对物流工程人才培养的需求，遵循“思政需求为导向—专业内涵为核心—人才培养为目的”的具体思路开展思政元素的设计。

（三）思政目标

在教学过程中将课程思政融入“物流经济学”专业课程知识中，让学生在理解知识的同时渗透思政教育，引导学生树立正确的世界观、人生观、价值观。在思政与德育方面，力求将学生培养为具有坚定理想信念、家国情怀、创新与开拓精神的新时代优秀物流人才。

三、设计与实施

（一）设计原则

围绕培养新时代优秀物流人才的目标，面向物流高质量发展和物流强国建设，在设计过程中应遵循以人才培养为目的、以专业内涵为核心、以思政需求为导向的原则进行课程思政元素设计。做到专业知识内容和课程思政内容同步并举、有机融合，帮助学生树立正确的世界观、人生观、价值观和职业观，为建设物流强国作出贡献。

（二）课程设计

以第一节课为例，介绍具体课程思政教育的设计。

(1) 以视频《大国重器（第二季）——赢在互联》为切入点，通过介绍京东无人仓等新型物流设备及管理系统的应用，引起学生对物流经济、物流管理的兴趣，提升学生对国有物流企业的认同感和自豪感。

（2）通过解读二十大报告，结合物流概念的讲解，了解物流行业发展历程，从而形成对现代供应链等物流相关发展理念的认识。

（3）通过解读创新型国家发展规划，凸显建党100周年重要时间节点，强化“物流经济学”等交叉理论、应用学科课程的发展，明确经济视角凸显物流活动的重要性，对回顾过去、展望未来具有指导意义。

（4）明确本课程中，将从历史的角度阐述物流发展与企业营销、国家经济发展阶段的关系，在此基础上明确物流发展与国家经济、企业管理的对应关系，强调经济成本及效益的重要性。

（三）教学组织与实施

“物流经济学”课程教学过程的组织与实施注重“活”和“紧”。“活”是指课堂氛围、教材的使用与教学方法的灵活。在课堂氛围方面，“物流经济学”课堂注重互动讨论，采用随机提问、雨课堂小测试、小组案例讨论等多种形式与学生进行互动，教师更多地扮演教学过程的组织者，让学生成为学习的主体；在教材的使用方面，教材是辅助教学的工具，教学内容不局限于教材，并且在授课过程中灵活穿插品德教育。

“紧”是指“物流经济学”所有教学活动的组织是一个连贯的整体，即教学过程的设计环环相扣。“物流经济学”每节课程都有安排引入或者复习上节课讲授内容的部分和课后简单的练习，做到每节课程的承上启下。

（四）考核机制相融合

课程秉持用渗透性的方式，使大学生在耳濡目染中领悟思政教育理念，专业课成为思想政治教育的载体，需同时考核学生的专业知识和思政知识。具体考核评价相关细则见表1。

四、特色与创新

“物流经济学”课程思政教学改革的特色和创新之处主要体现在引入方式、课堂互动、教学内容和形式这三个方面，下面以第一节课为例进行介绍。

（一）引入方式

在课堂引入方面采用更灵活多样的具有吸引力的方式，将热点事件、热点人物或者

表1 考核评价相关细则

考核环节	建议分值	考核评价细则
作业等其他平时考核	20	课程作业主要考核学生平时考勤（学习态度），及对每章节知识点的复习、理解和掌握程度，内容包括： （1）经济评价指标计算作业 （2）运输、仓储、配送、装卸搬运、包装加工等物流活动的经济分析 （3）财务评价指标计算作业 （4）经济效益费用评价指标计算 （5）社会评价与环境影响评价 着重考核学生出勤、案例或专题研讨参与度等情况，反映其学习态度的内容 其他平时考核也包括学生参与创新创业项目、公益活动等表现及日常为人处世表现等反映其精神风貌的内容
课程设计	30	（1）选取国内代表性的物流园区作为案例，考查应用物流经济学基本方法对物流投资等决策方案进行评价的实际应用能力、口头和文字表达能力以及团队合作能力；重点结合引导选题的思政导向，引发学生身为我国物流业高速发展的“物流人”的自豪和思考深度 （2）教师根据选题、评价报告和答辩情况等评分
期末考试	50	（1）卷面成绩100分，以卷面成绩乘以其在总评成绩中所占的比例计入课程总评成绩 （2）主要考核内容：物流经济分析的基本方法、时间和空间效益分析、物流成本核算等，通过对我国已经从“物流大国”转向“物流强国”等案例的分析、我国宏观物流成本与国际“社会物流成本”的差距等成本核算题目的计算，引发学生对我国物流科技、物流核算、物流发展前景等问题的深度思考，并考查学生思政层面的专业道德素养

经典故事、名人演讲精彩片段等作为课堂引入环节内容，如第一节课短片介绍京东物流黑科技，有效引起学生学习兴趣。

（二）课堂互动

课堂重视师生间的互动讨论，形式灵活多样，本课程采用随机提问、雨课堂小测试、小组案例讨论等形式，可以有效增强课堂趣味性，激发学生发现问题、解决问题的能力。

（三）教学内容和形式

配合多媒体等教学工具，课件中编辑选取反映我国物流发展状况的《美国国家地理频道纪录片：超级工厂UPS》《大道中国》等纪录片，使教学内容和形式更加形象、丰富，从而提高学生的学习热情和创新激情。

五、反思与分析

（一）实施效果及成果

“物流经济学”评教结果显示，每项指标选择“非常符合”及“符合”的人数均超过85.71%，在课堂效果方面，85.71%的学生同意课堂具有极佳的兴趣性；在课堂互动方面，92.86%的学生认为老师时刻与同学互动，以学生为课堂的主体；在言传身教方面，85.71%的学生认可老师的品格对自身产生了影响。可见，即使在高度专业化的理工类课程中也可以不着痕迹、自然而然地融入思政元素。

此外，在课程思政元素的引入、实践过程中，课程组总结了落实思政教育、树立立德树人思想的教学举措。

1. 培养学生的爱国荣校精神

以疫情期间我国物资“绿色通道”和粮食“生命通道”为例，介绍我国物流的发展优势和趋势，以建党100周年为契机，激发学生的社会责任感和爱国荣校荣誉感，激发学生学习动力，明确“为党育人、为国育才”的宗旨。

2. 培养学生的自主学习精神

针对物流工程的工程专业特色，注重启发性教育；坚持显性教育和隐性教育相统一，推进课堂教学改革，保证核心素养在教学中的分解和落地；挖掘物流学课程中蕴含的思想政治教育资源，把思想价值引领贯穿课程教学全过程和各环节，激励学生献身国家的建设事业。

3. 提升课程质量，推动教学改革

以提升课程质量为核心，打造适应运输与物流行业发展要求的“新工科”物流经济学课程。突出面向物流工程项目经济可行性分析和供应链协同优化领域复杂经济问题的特点，通过教学改革设计通专融合的思政课程，设计具有挑战性、研究型和实践型的课程设计专题训练项目。

4. 多样化教学，突出课堂趣味

具体教学过程中，以学生感兴趣的视频、图片等为切入点，介绍物流经济学中典型、有趣的案例，引起学生对专业知识的兴趣；配合多媒体教学，使教学内容和形式更加形象、丰富；针对案例中出现的问题进行课堂互动讨论，形式灵活，培养学生学习兴趣。

5. 言传身教，彰显职业道德

在课程思政的建设中，教师要具备让学生敬重的学问与品行，积极带领学习党的相关文件，要以自己的理想信念、道德情操、扎实学识、仁爱之心，通过言传身教，让学生耳濡目染，培养掌握物流知识，具备成为未来行业领袖和栋梁潜力的创新性复合型精英人才。

专业课程中的思政元素引入方法多样，我们将继续研究和探索，以期拓展课程思政建设的路径。

（二）存在的问题及改进思路

1. 学生对思政内容的融入带有抵触情绪

过去“物流经济学”的授课内容主要依据教学计划展开，中间根据教学需要适当穿插图片等辅助学生理解。传统的教学方式存在时间长，学生习惯于过去的教学方式，认为思政内容应在专门的思政课程中学习，不能混合交叉，使得专业课程的教学偏离原本的教学目标。因此，“物流经济学”课程改革前期，很多学生对思政内容的融入十分抵触。本文认为可采取在“物流经济学”课堂中插入贴合专业的纪录片的方式，消除学生抵触情绪。

2. 教学计划安排存在困难

“物流经济学”已有成形的教学课时安排计划，由课堂讲授、案例教学、课堂讨论、课后自学、课程设计与讲评组成，思政元素需融入基础理论课中，兼顾教学工作的按时推进和传达正确价值观成为难题。此外，思政元素更新较快，教学内容时常需要调整。本文认为可采用翻转课堂的上课方式传递仁爱和友善的社会主义核心价值观。

参考文献

[1] 冯惠芳. 课程思政建设的时代价值，内在要求及具体路径[J]. 云南农业大学学报（社会科学），2021，15（2）：139-143，156.

[2] 秦润华，叶原丰，梁栋. 无机非金属材料课程思政教育的实践与探索[J]. 创新教育研究，2021，9（1）：5.

[3] 孙玉昕. 无线传感器网络技术课程的教学改革与探索[J]. 福建电脑，2019，35（9）：67-68.

[4] 高葵.《C语言程序设计》课程思政教学研究[J]. 教育进展，2021，11（1）：6.

[5] 苏伟，胡宝月，王伟，等. 新工科背景下多维度专业“课程思政”探究[J]. 教育研究，2020，3（11）：104-105.

“集装箱多式联运”课程思政教学设计方案

邱 振 漆 昕 徐国权

华东交通大学交通运输工程学院 江西南昌 330013

一、案例简介

（一）课程基本情况

“集装箱多式联运”是华东交通大学交通运输和物流管理等专业的主干课程之一，分为基础、商务和专题三篇内容。基础篇主要介绍集装箱多式联运系统的发展和联运方案设计等，商务篇主要介绍集装箱多式联运单证、流程、通关、计费、保险与理赔等，专题篇分为集装箱陆桥运输、驮背运输、滚装运输与翻坝运输等。本课程涵盖内容广泛，理论与实际结合紧密，具有综合性和实践性的特点。本课程开设于本科高年级阶段，此时学生已经具备了一定的基础知识和专业知识，本课程的开设对学生进一步掌握和探寻现代交通运输理论和实践起到承上启下的作用。

（二）课程思政与专业教育的融合情况

在课程教学过程中，我们本着“为党育人、为国育才”的教育初心，深度挖掘和融合集装箱多式联运相关知识所蕴含的思想价值和精神内涵，科学合理地拓展“集装箱多式联运”的广度、深度和温度，从“集装箱多式联运”所涉及的专业与行业、文化与历史、国家与世界等角度，不断增加“集装箱多式联运”课程的知识性、人文性，提升该课程的引领性、时代性和开放性。

在“集装箱多式联运”课程思政体系构建的过程中，我们发表教改论文1篇，参加了华东交通大学举办的“百位博士讲党史”教学活动并获得二等奖，所写的教改论文获得了中国交通教育研究会举办的“交通强国战略下交通运输类专业课程思政教学研讨会”一等奖。另外，基于该课程的实践教学成果，我们正积极申报江西省教改课题和江西省

作者简介： 邱振，1979年，华东交通大学交通运输工程学院，副教授。

教育科学"十四五"规划课题。

（三）本案例的选用意义

"集装箱多式联运"是华东交通大学交通运输和物流管理等专业的特色课程之一，它内容丰富，学科交叉性强。我们在教学实践中积累了较多的课程思政资源，设计了学生喜闻乐见的教学形式，收到了良好的教学效果反馈。在立德树人理念下，该课程积极探索融入课程思政的教学改革，不断创新课程思政的教学方法，将"知识传授与价值引领"融为一体，为"交通强国"未来建设者固本铸魂。经过团队成员的努力，该课程已成为我校交通运输与物流管理等专业课程思政建设的重要阵地。

二、思路与目标

通过"集装箱多式联运"课程思政体系的构建与实践，我们主要想解决以下四个问题：

（1）结合知识和能力目标，确定课程思政目标；

（2）提高主动意识，挖掘课程思政元素，明确素材的来源；

（3）找准切入点，提高融合水平，做到"润物细无声"；

（4）将教材话语转化教学话语，提升课堂的感染力。

为了解决上述问题，我们在《高等学校课程思政建设指导纲要》的指导下提出"集装箱多式联运"课程思政体系构建的基本思路，即以课程教学总体目标及其达成作为教学改革的主体，内容（包括授课内容及其融合、测试内容）和方法（包括授课方法、融合方法和测试方法）作为两翼，如图1所示。具体而言，首先在原课程教学目标下根据培养时代新人的要求，设计和升级课程教学总体目标；其次，为了在实施过程中明确着力点，把

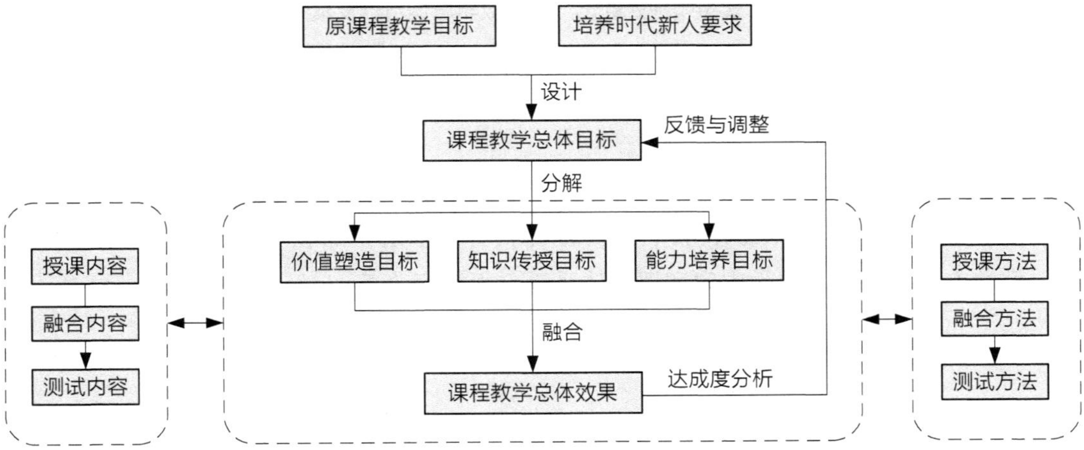

图1 融入课程思政的"集装箱多式联运"教学改革思路

总体目标进行分解，但在具体实践中还需把分解的目标进行融合；再次，通过测试得到课程教学总体效果；最后，对比课程教学总体目标，对课程教学总体效果进行达成度分析，并将分析结果反馈给课程教学总体目标，制定新一轮的课程教学总体目标。

根据“集装箱多式联运”课程思政体系构建的基本思路，我们对原课程目标进行升级。首先，提出课程教学总体目标，即“培养交通运输相关行业德智体美劳全面发展的社会主义建设事业的建设者和接班人”；其次，把总体目标分解为价值塑造目标、知识传授目标和能力培养目标。需要说明的是，分解的目的并非割裂课程教学总体目标，而是为了在实施过程中明确着力点。因此，三个分解目标的简单组合并不等于课程教学总体目标，它们之间存在着内在的逻辑关系，相辅相成，如图2所示。只有把三个目标有机融合在一起，才能实现“三位一体”的课程教学总体目标。

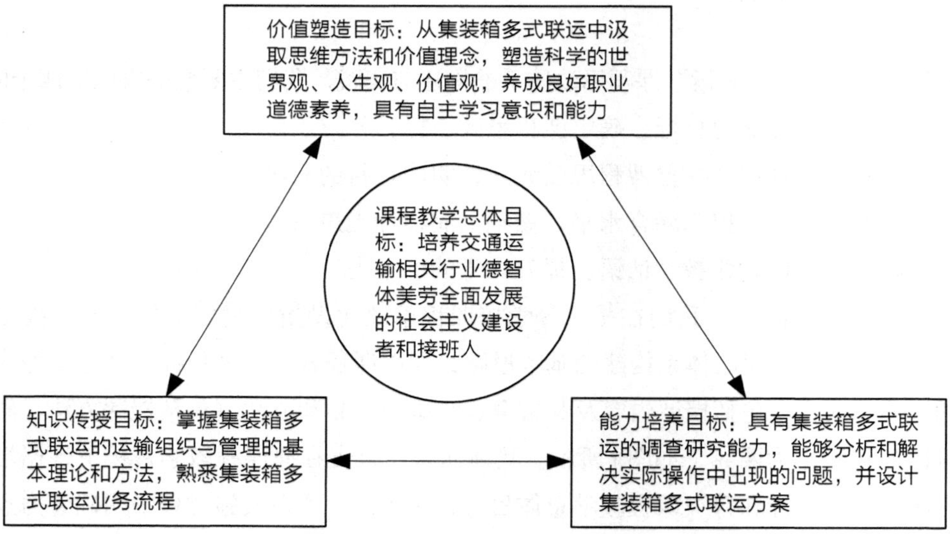

图2 “集装箱多式联运”课程教学总体目标及其分解

三、设计与实施

“集装箱多式联运”具有综合性和实践性的特点，我们在教学过程中秉承“理论联系实际”和“三位一体”（知识传授、能力培养、价值塑造）的教学理念，同时在教学环节、教学方法和手段、教学内容和评价体系等方面锐意改革。

（一）教学环节设计

1. 课前准备

课前准备阶段，首先需要根据“三位一体”的教学目标对教学内容进行分析，把握教学重难点，设计适当的引入和过渡；其次，需要根据教学内容挖掘思政元素；教学内容和课程思政元素准备好后，设计二者融合方法（具体方法后面给出）；最后，提出具体教学策略，包括课件制作、如何讲解和提问、要不要分配学生任务、与学生怎样互动等过程，为最终的教学活动做好准备。

例如，第一章"集装箱运输概述"的知识传授目标是"了解集装箱运输的发展过程和集装箱运输发展趋势，掌握集装箱运输的概念和特点，熟悉集装箱运输的设备与设施"，能力培养目标是"具有深入挖掘问题背景的能力，具有比较和总结不同运输方式优缺点的能力"，价值塑造目标是"从集装箱运输的产生中塑造创新精神，从我国集装箱发展历程中塑造奋斗品质"。根据上述目标，我们挖掘的思政元素包括航运集装箱之父马克林的故事，上海港吞吐量历年数据及洋山港的发展，新冠疫情期间我国集装箱吞吐量逆势增长等。这些教学素材准备好了，思考相关内容的融合过程，着手第一章教案的编写和课件的制作，同时设计教学过程（有时还需要准备讲稿）。

2. 教学过程（教学实录、教学过程设计）

根据课前准备的教案（讲稿）、课件以及教学过程设计，把握好课堂引入和过渡阶段，重点突出，主要采用问题教学、案例教学、互动教学等学生喜闻乐见的教学方式，将教材话语（知识）转化为教学话语，提升课堂的感染力。具体一节课（或一个独立内容）的教学过程可参考图3。该图包括授课时间安排，主要授课环节，以及主要授课手段。需要说明的是，这些手段并不一定全部出现在一节课中，一节课还可以包含其他教学手段，比如翻转课堂、角色扮演、实地调查等。

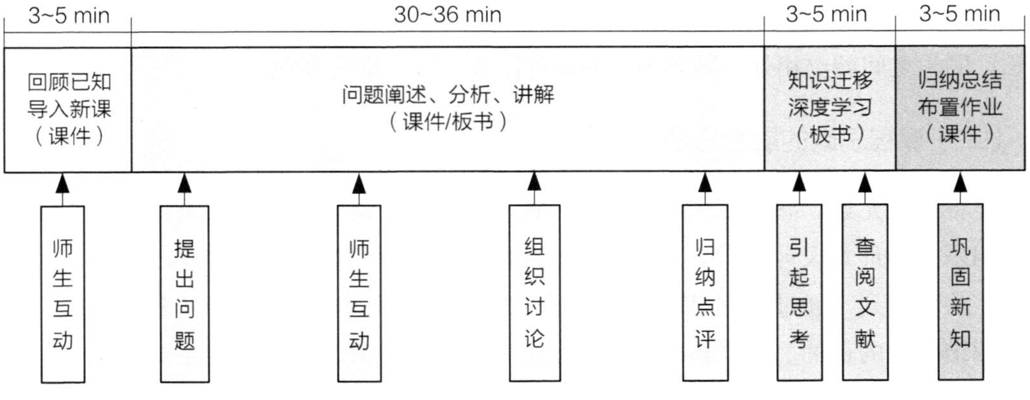

图3 教学过程示意

根据教学内容和课程思政内容设计教学过程，在课堂引入阶段，通过课件上两张图片（杂货船和集装箱船）的对比，让学生总结（师生互动，组织讨论）集装箱运输的优点（可延伸到集装箱运输的不足之处）以及集装箱运输产生的历史必然性等。这样就可以自然而然地引入航运集装箱之父马克林的故事。通过这个故事的讲解塑造学生的创新精神，然后过渡到世界集装箱发展的历程。简短讲解后，重点落在我国集装箱发展历程，通过我国集装箱发展历程的讲解塑造学生的奋斗品质。通过对比，留给学生一个课后思考的问题：我国古代航运较为发达，郑和下西洋时有没有类似于集装箱的装置？目的是引起学生思考，主动查阅文献。通过上述过程，我们把分解的教学目标融为一体，集装箱运输的发展历程和特点是知识传授，总结和思考过程是能力培养，名人故事和我国集装箱发展成就是价值塑造。

3. 考核评价

现行的评价方式注重检测知识技能的学习结果，忽视了学习过程和素养目标的达成，也就忽视了评价应有的激励和导向作用。国务院在2020年10月印发的《深化新时代教育评价改革总体方案》中明确提出应“强化过程评价，探索增值评价”。过程评价是指“对学生学习的各个过程和阶段进行评价”，有利于反馈学习者的学习情况，促进教学与学习方法的改进。增值评价中的“增值”是指学生在学力、生活、情感、社会性发展等方面，通过接受一定阶段教育后，在各自起点或基础上进步、发展、成长、转化的“幅度”，增值评价注重分析学生在一段时间内的进步幅度，考察课程教学对学生学业影响的“净效应”。我们在“集装箱多式联运”这门课的考核设计上主要从三个方面入手。第一，根据三位一体的课程目标设计多阶段的课程任务。也就是说，以多个课程任务替代一张试卷，但一个任务必须能够融合知识传授、能力培养和价值塑造这三个目标，让学生在这三个目标上都能有所发挥。第二，强化过程评价和增值评价。我们细化了课程任务的评价细则，包括课前准备情况、任务参与度、知识点联系度、结果呈现、反馈改进等。第三，在教师多阶段评价的基础上，注重自我评价与同学评价。学生本人对自我认识有利于其成长，同学之间朝夕相处，同学的过程评价比教师评价更为客观。

（二）课程思政的融合方法

要将思政元素“润物细无声”地融入课堂教学中，融合方法至关重要。只有根据学生喜闻乐见的形式设计教学方法和过程，才能实现“学科教育”和“思政育人”的高度契合，从而达到“通过课程思政为交通强国未来建设者固本铸魂”和“知识传授与价值引领相结合”的目的。在“集装箱多式联运”这门课的教学中，我们主要采用了以下几种融合方法。

1. 讲“有营养”的故事

学生最喜欢听故事，尤其是能激发其思考的故事。例如，我们在讲授杂货船运输的缺点和集装箱船运输的优点时，可以引入集装箱运输创始人马克林的故事。学生不仅从中能够掌握杂货船运输的缺点和集装箱运输的优点，而且能够感受到创新精神对社会的进步和生产效率的提高所起的巨大推动作用。再如，我们在讲授集装箱装卸设备岸桥的各项技术时，可以引入青岛港吊车司机许振超的故事——许振超从一个普通的码头装卸工人到技术工人，再到技术能手、技术专家，让学生从他身上体会“干一行，就要爱一行，精一行”的大国工匠精神。

2. 用“新时代”的数据

数据最有说服力。例如，在介绍集装箱需求预测时，可以以上海港集装箱吞吐量的时间序列数据为例进行讲授，如图4所示。另外，我们还可以深入讲解这张图：第一，在过去的近20年里，每隔5年左右的时间，上海港集装箱吞吐量就会增加1 000万标箱，这就是“上海速度”，也体现了进入21世纪后中国崛起的速度，这在世界上绝无仅有；第二，从2010年上海港吞吐量超过新加坡港排名第一后，已经12连冠，不断巩固了上海作为世界海运中心的地位。

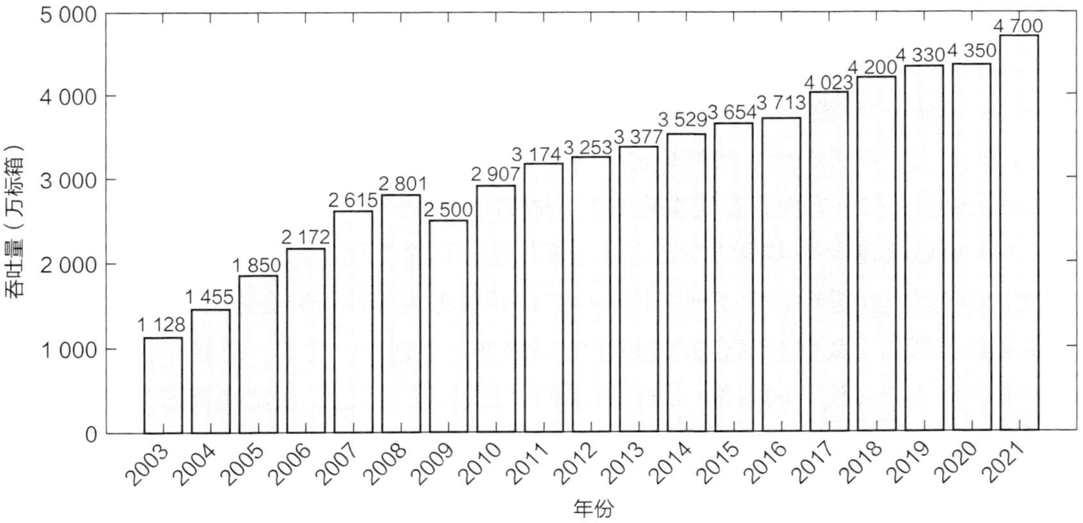

图4 上海港年吞吐量时间序列

3. 结合时事，“发散式”讨论

很多同学也关心社会热点话题和时政新闻，讲课时可适当引导学生进行讨论。例如，2021年4月初，在讲授集装箱多式联运的保险与理赔业务时，我们结合刚刚发生（3月23日）的一个航运事故，中国台湾航运公司的超大型集装箱船“长赐”号，在苏伊士运河北部航道搁浅，造成了苏伊士运河大堵塞以及封航，引起了全世界的关注和紧张。不仅可以以此作为保险与理赔的素材，还可以组织同学们讨论：这次事件对中欧海运的影响有多大？中欧班列能否弥补这种影响？进而引出中俄共建北极航线（冰上丝绸之路）以及中欧大陆桥的战略意义。通过这些话题的讨论，学生不仅对集装箱多式联运的保险与理赔业务有了直接认识，还对国际重要航线以及我国海运的发展战略有了更加深入的理解。

4. 实践调研，“沉浸式”感悟

“纸上得来终觉浅，绝知此事要躬行。”对于学生来说，要做到“知行合一”，教师在讲课时需要把宏大叙事聚焦到学生能力所及的行动上，让学生在行动时得到“沉浸式”感悟。比如，“一带一路”倡议涵盖了中国多个省份和地区，对沿线经济发展起到了重要的推动作用。针对这一发展战略，可以布置学生对所在的省份的多式联运发展状况及“一带一路”倡议带来的变化等进行调研活动。通过调研，学生在对国情（省情）以及国家战略深入认识的过程中，逐渐增强家国情怀，感悟我国推动构建人类命运共同体的大国担当。

四、特色与创新

“集装箱多式联运”课程思政体系的构建与实践过程中的最大特色在于两点：求真和务实。就求真而言，一方面，教师在课程思政元素挖掘过程中要认真准备，融合设计过程中要下真功夫，讲授的内容和案例要真实；另一方面，我们始终秉承著名教育家陶行知先生的告诫，“千教万教，教人求真”，引导教育学生追求真知，“学做真人”。就务实而言，一方面，需将课程思政教育建设落实到具体知识点上，紧扣课程本身知识点所固有的思政要素；另一方面，重视实际效果，做到走心入脑。

本课程思政建设与实践的创新之处主要体现在两个方面。第一，教师把课程思政建设当作科学研究在进行，学生把三位一体的课程任务也当作研究在进行，学生自我寻找思政滋养。第二，我们对融合方法和评价方法进行了创新。比如，总结了讲“有营养”的故事、用“新时代”的数据、结合时事的“发散式”讨论、在实践调研时“沉浸式”感悟等融合方法；在评价方法上，我们在教师多阶段评价的基础上，引入学生自我评价与同学评价。

五、反思与分析

2021年上半年，我们对两个班级进行了课程思政教学效果的对比试验。实验班里有25名学生，即本文所述的教学过程及评价方法的实践对象，整个课程设计了8个教学任务；教学2班为对照班，68名学生，仍采用传统教学评价策略。直观来说，相较于对比班级而言，实验班在课前准备、任务参与度、知识点联系度、结果呈现、反馈改进等方面更加积极，综合素养目标的达成程度更高。但是，需要注意的是，课程思政价值引领的学习内容是“内化于心、外化于行”的长期过程，任何短视的测量都存在缺陷。

由于长期以来课程思政在高等学校教育中的缺失，我们在融入课程思政的专业课教学过程中深切感受到，要构建课程思政体系需要花费较多时间，投入较大精力。从实践中进行反思，我们认为我们的课程思政建设还需要在以下几个方面进一步加强，为课程思政的持续性、体系化建设奠定坚实基础。

（1）融入课程思政的专业课建设是个动态过程，无论是所要传授的知识、所要培养的能力，还是所要提炼的课程思政元素，以及融合过程与方法，都需要不断更新，与时俱进。

（2）除了课程本身的实习和实践活动外，还需打开地方服务通道，不仅要把思政融入课程中，更要把学生的"乡土情怀"融入社会主义现代化建设中，变"旁观者心理"为"主人翁意识"。

（3）以时代主题（如交通强国、乡村振兴、民族复兴）为背景，开展社会调查，在学生感受"学有所用"的同时，从小问题入手提出"国家或社会治理现代化"的解决方案，培养学生的社会责任感。

（4）虽然采用了多阶段的评价策略，但由于教务系统录入限制，学生学习效果最终还是反映为百分制的总分，需要进一步完善评价机制，尽量能够反映学生学习的动态过程。另外，正如前文所述，课程思政价值引领的学习内容是内化于心、外化于行的长期过程，不应追求短期效益，需要设计长期的评价体制。

参考文献

[1] 朱晓宁. 集装箱运输与多式联运[M]. 北京：北京交通大学出版社，2018.
[2] 邸振. 课程思政元素的深入挖掘——以集装箱运输课程内容为例[J]. 中国物流与采购，2022（6）：67-69.
[3] 中华人民共和国中央人民政府. 教育部关于印发《高等学校课程思政建设指导纲要》的通知[EB/OL].（2020-05-28）[2023-05-07]. https://www.gov.cn/zhengce/zhengceku/2020-06/06/content_5517606.htm.
[4] 马克·莱文森. 集装箱改变世界[M]. 姜文波，译. 北京：机械工业出版社，2022.
[5] 徐迪. 上海港与新加坡港集装箱业务发展认识[J]. 集装箱化，2023，34（7）：7-9.
[6] 上海市人民政府. 6台自动化轨道吊进场洋山港码头装卸能力再提升[EB/OL].（2023-01-30）[2023-05-07]. https://www.shanghai.gov.cn/nw4411/20230130/8dde16534f0c4f06af63d3aebd6983f8.html.
[7] 金永兴，杨权斌. 郑和航海与新世纪航海技术展望——兼论郑和下西洋对世界航海技术发展的贡献[J]. 航海技术，2005（3）：5-8.
[8] 中华人民共和国中央人民政府. 中共中央 国务院印发《深化新时代教育评价改革总体方案》[EB/OL].（2020-10-13）[2023-05-07]. https://www.gov.cn/gongbao/content/2020/content_5554488.htm.
[9] 赵萌. 苏伊士运河航道堵塞事件波及全球贸易[J]. 世界知识，2021（8）：54-55.
[10] 赵万里."冰上丝绸之路"合作意义、制约因素与路径选择[J]. 东北亚经济研究，2022，6（6）：5-14.
[11] 贾宏雄. 深度共建"一带一路"大格局 陕西高水平开放推动高质量发展[J]. 智慧中国，2023（1）：48-52.

公交优先理念在信号控制中的体现

邹　亮

深圳大学土木与交通工程学院　广东深圳　518060

一、案例简介

“交通管理与控制”是面向交通工程专业学生的专业必修课。该门课程主要讲授交通供需平衡的原理、交通管理的基本原则、交通需求管理和系统管理、交通管理法规及标志标线、信号控制等内容。通过本课程的学习，学生可以了解如何在最小化改变既有交通基础设施条件下，通过交通法规或行政管理、工程技术、交通信号控制技术等方面的综合技术应用，实现交通系统的安全、有序、通畅和可持续发展，提高专业能力，培养健全人格，树立正确的世界观、人生观、价值观。以该课程为基础，项目负责人先后获2012年、2016年深圳大学教学成果二等奖。

公交信号优先是本课程信号控制部分的重要内容。本讲主要围绕以人为本的公交优先理念，详细介绍了目前公交优先的主要措施、应用情况，重点阐述了近年来我国在城市轨道交通建设、公交专用道设置、新能源公交车辆配置等方面取得的成就，引导学生增强民族自豪感，正确体会交通强国的社会责任感，理解中国特色社会主义建设的发展目标，培养学生的家国情怀和使命意识。

（1）知识目标：了解公交优先基本理念以及相关具体措施，知晓我国目前公交优先的相关政策和发展现状。

（2）能力目标：培养学生的逻辑思维能力，提高学生的理论结合实际能力，树立正确的方法论和世界观。

（3）情感目标：体会公交优先以人为本的根本思想，从政策、经济、空间、时间等多维度，体验公交优先的成效，建立学科自信。

作者简介：邹亮，1979年，深圳大学土木与交通工程学院，副教授。

(4) 价值目标：培养家国情怀和使命意识，坚定社会主义核心价值观信仰。

二、思路与目标

围绕“以人为本、可持续发展”的目标，通过《交通强国建设纲要》关于公交优先的阐述：“加强城市交通拥堵综合治理，优先发展城市公共交通，鼓励引导绿色公交出行，合理引导个体机动化出行。优化交通能源结构，推进新能源、清洁能源应用，促进公路货运节能减排，推动城市公共交通工具和城市物流配送车辆全部实现电动化、新能源化和清洁化。”引导学生正确认识个人与群体、国家、民族之间的密切关系。正如习近平总书记所指出，发展公共交通是现代城市发展的方向。“以人为本、可持续发展”理念教育在现代中国本质上是事关国家民族发展的一件大事。本课程的思政教学目标是帮助学生体验我国交通尤其是公共交通建设的成效，拓展人生视野，激发热情，增进平等、可持续共识，提升学科认同，坚定学科自信。

三、设计与实施

(一) 教学过程

(1) 公交信号优先基本概念和分类（知识积累）。
(2) 公交信号优先研究现状（知识梳理）。
(3) 公交信号优先模型分析（公交优先理念与信号控制能力培养）。
(4) 公交信号优先与人民群众的需求（价值塑造与精神引领）。

(二) 教学方法

1. 问题导学法——激发兴趣，拓宽视野（知识积累）

兴趣是最好的老师。公共交通大家平时都有乘坐，城市轨道交通、公交专用道、新能源公交车很多同学都接触过，容易产生倦怠感；也有学生因中学老师教不得法，对信号控制有畏惧感。采用问题导入法，一方面能帮助学生温故知新，另一方面也能带领学生体验公交信号优先的独特魅力。

问题1：目前世界上地铁营运里程最长的三座城市是？

问题2：你是否知道BRT？ BRT专用道与公交专用道有何区别？深圳目前公交专用道里程是？

问题3：最早提出公交优先理念的是哪座城市？目前公交信号优先有哪些案例？

通过以上3个问题，可以很快地将学生引入课堂教学的中心。在回答这3个问题的过程中，很多同学会发现，虽然常听到公交优先的说法，但实际上自己对此的了解并不多，至于公交信号优先甚至都没听说过，因此，学习欲望油然而起。

2. 案例仿真分析法——体验仿真模型直观形象的魅力（能力培养与情感熏陶）

案例仿真分析法是交通学科教学中常用的方法之一，就教学而言，模拟仿真也是解决教学难点、提升学生逻辑思维能力的不二法门。可通过举例说明的方式，选取学校周边的交叉口，进行示范教学。课程选取白石路与岗园路交叉口进行计算、对比以及分析。该交叉口位于深圳市南山区粤海街道，交叉口附近设有多个公交站以及多个地铁站，非常便于人们在公交和地铁两种公共交通方式间的换乘，具有良好的公共交通衔接水平。另外，该交叉口附近有多个学习研究机构，沿白石路东北方向行驶1 km左右便是科技园区，而白石路西南方向则连接着市民的生活住宅区，因此，早、晚高峰期该交叉口会产生较大的车流、人流量，给该交叉口带来了巨大的挑战。

首先，引导学生用模拟仿真的方式展开思考。

(1) 如何实现仿真模型的标定?

(2) 能否举出几个常用的仿真软件?

其次，采用比较法，将相关公交信号优先配时方案与原有信号配时方案进行对照研究，帮助学生深入了解公交信号优先实现的途径，并讨论公交信号优先控制的效果。

具体说明如下。

(1) 仿真模型的构建和比较分析，可以激发学生的参与热情，增强课堂的互动性。在环环相扣、步步深入的探索中，学生切身体验到公交信号优先的巧妙，这一点，对于培养他们的学习兴趣，激发他们的学习热情，增强他们的学习自信心，是很有帮助的。

(2) 在实际案例的基础上综合运用仿真模型，在比较学习的视野中，学生的课堂参与感大大加强；同时，随着课程的挑战度增加，学生进一步理解公交优先理论与方法，深度学习的魅力也在同步递增。

(3) 通过对实际案例的仿真建模，带领学生体验仿真模型的魅力，这一点，有助于进一步矫正学生偏重理论轻视实践的误区。

3. 讨论法——深入阅读，提升境界（价值塑造）

讨论1：为什么要公交优先?

讨论2：公交信号优先与路权优先比有哪些优势?

讨论3：被动信号优先与主动信号优先比有哪些劣势?

具体说明如下。

(1) 通过讨论，加深学生对作品的理解。

（2）通过讨论，锻炼学生的交流能力和表达能力。

（3）交通尤其是公共交通与人有着密切的联系，通过讨论，可以引导学生将公交优先的学习引向社会，打通课堂与生活、校园与社会的隔膜，与社会对话、与人性对话、与心灵对话，培养学生的社会关怀，厚植学生的悲悯心，提高他们的社会使命感，帮助他们在思想上成长和人格上成熟。

四、特色与创新

本专题以课堂讲授的方式讲授了公交信号优先的基本理念与实现途径，对我国在公交优先方面所取得的各项显著成果深入全面的介绍，对公交信号优先的研究现状及其难点进行了深入浅出的解析和点拨。通过本课程的学习，使学生了解“以人为本，可持续发展”是交通发展的根本目标，树立系统优化的工程思维，引发数据技术发展推动社会进步的思考，认同科教兴邦、建设节约型社会的观点。该案例有很强的思想性和对青年学生成长的励志作用，是难得的好案例。

五、反思与分析

（一）实施效果及成果

（1）明确了课程的价值目标，强化了育人效果。较好地发挥了不说教、不枯燥，但有深度、有思想、有立场的优点，尤其是《交通强国发展纲要》对公交优先的阐述以及运用仿真案例对比分析，对于培养学生的家国情怀、社会责任感和历史使命感等具有积极的教育作用。

（2）注重课程设计，较好地满足了大学生对有难度的高质量学习的需求，课程的挑战度增加了，学生的获得感也增强了。

（3）从知识与能力、情感与态度、价值与立场这三个维度，组织课堂教学和课下阅读，同步实现价值塑造、能力培养、知识传授三位一体的教学目标，教学方法接地气，课堂互动感强，学生参与度高。

（二）存在的实际困难和问题

（1）大班上课与小班研讨的衔接不畅，经验不足。

（2）学生的课后动手、思考情况，参差不齐。

（3）总体上学生对课程的重要性认识不足，不愿投入更多的时间和精力，绝大多数同学只是做到了上课认真听。

（三）今后的改进思路和注意事项

（1）采用现代教育技术，优化课程设计，进一步提高学生的课堂参与度和强化课堂教学效果。

（2）加强课后阅读的指导和监控。

“交通管理与控制”思政教学案例设计与实践

宋现敏　别一鸣　李志慧

吉林大学交通学院　吉林长春　130022

一、案例简介

大学时期是青年们世界观、人生观、价值观形成的关键时期，思维处于最活跃状态，最需要精心引导和栽培。此时的他们面对社会问题和人生问题会有许多困惑与迷茫，同时受网络和物质经济发展等多种因素影响，“求异心理”“精致利己”“享乐主义”等部分错误的价值观普遍存在。专业课教师要主动承担社会主义核心价值观引导与人生理想指引的责任，引导学生客观分析各类现实问题产生的原因，及时发现并予以指出、引导和矫正学生思想上、人品上存在的缺陷，帮助学生看清主流、授业解惑，培养他们成为国家的栋梁之材。

“交通管理与控制”课程被列为吉林大学第三批“学科育人示范课程”，课程组确立了“强化专业特色优势、挖掘思政多元资源、注重学用深度融合、提高思想政治素养”的课程思政建设的指导思想。从教学内容的设计、多模态授课方式的组合、国内外优秀教学资源的整合、分组式课程内容的研讨和多维度考核方法的改进等策略与手段，通过“勘探—采掘—冶炼—加工”四个过程将法制、规范、人文、数理、伦理等多维思政元素融入课程内容的关键环节，实现将显性教育和隐性教育相统一，形成协同效应，推进课程思政建设，响应落实立德树人根本任务的战略举措。

课程组于2020年开始在交通工程专业三年级本科生“交通管理与控制”专业课程中全方位实施课程思政的建设方案，深度融入课程思政的元素，不断增强学生的社会责任感、历史使命感、职业道德修养与家国情怀的培养，加强法制观念的熏陶，为培养智慧交通行业的领军人才奠定了一定的基础。

作者简介：宋现敏，1978年，吉林大学交通学院，教授。

二、思路与目标

针对“交通管理与控制”每一章节内容特点采用CDIO教学模式辅以课程设计，从具体的交通问题出发，从实际解决方案设计中得出理论，再由理论知识返回方案设计中，主导课程思政建设，将家国情怀、社会责任感、历史使命感、职业道德修养、人文素养等多元思政要素以潜移默化、润物细无声的形式在课程内容中体现出来，实现在传授专业知识的同时，培养学生的科技创新能力、实践能力，开阔学生视野，增强交通专业认同感和民族自豪感。

以第一章“绪论”中的“交通管理与控制的发展”课堂为例，通过回答“什么是交通管理与控制”“城市交通存在哪些问题”“如何进行城市交通管控”“城市交通管控发展现状和趋势”等问题，介绍我们国家城市交通管控建设中取得的历史性成就，分析发展过程中存在的经验教训，使学生掌握城市交通管控的原则和措施，熟悉城市交通管控交通的发展历程，了解我国城市智能交通管控中的自主创新成果。课堂的思政育人目标包括：解析“城市交通管控的基本原则中的节源原则”时，举例分析特大城市交通拥堵历史状况及现状，帮助学生强化绿色出行、共建低碳生态城市意识；介绍改革开放以来交通建设取得的历史性成绩，提高学生对自己所学专业的认同度、增强民族自豪感。

三、设计与实施

（一）视频案例+问题驱动的课堂导入

“交通管理与控制”是一门理论与实践结合度很高的专业课程，与同学出行密切相关，交通问题的表象很显见，但问题的根本原因却很不清晰。例如，当问及同学们信号控制的交叉口存在的问题时，大多数同学都会回答排队过长、交叉口拥堵这些答案，但当问及这些问题的原因时，同学们的答案就会开始模糊不清。究其本质，是同学们对交叉口的运行状况不清晰，未从一个交通状态演化过程中去观察，因此在课程的关键环节通过观看实地交叉口视频或动画视频手段，生动直观地把课程内容引出，不仅提高了教学效果，还增强了学生的洞察力和分析能力。根据两年的课程实践，基于视频案例式的课堂导入方式提高了学生们对教学内容的理解掌握程度，提高了课堂积极性，并在课程实践环节中同学们能从多角度提出设计思想，表现出了优良的交通专业素养。图1为问题驱动教学方法在交通控制课程中的设计流程。

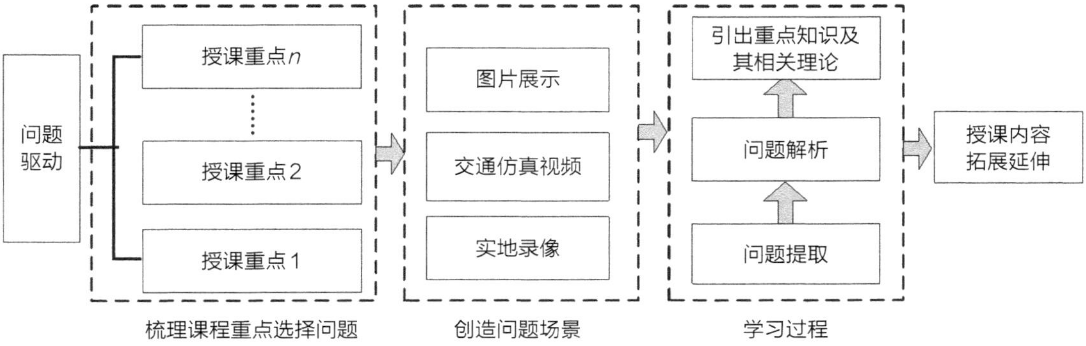

图1 问题驱动的教学方法设计

（二）经典理论+前沿技术的课堂内容设计

随着城市交通结构的变化，通信能力的变革，传统的交通理论和方法与当前的交通背景存在着一些不适用性，因此，我们在授课内容上不仅要讲述教材中经典理论和方法，还需适当把当前新技术引入课程环节，增加课程的先进性，提高学生对专业的认可度和热情。例如，在本课程中"交叉口信号配时优化方法"环节，我们增加了"车辆网环境下的信号控制方法探讨"的内容，让同学们以小组汇报的形式展开，这一课堂内容不仅提升了学生文献查阅能力，还增强了学生探索交通前沿的热情，达到了课程思政专业素养培养的目标。

（三）内容总结+大作业的课堂总结

课堂总结有助于帮助学生梳理课堂内容，认识各内容间关联性和重要度。然而，由于授课时间安排的不合理或认识度不高，老师往往对课程总结一笔带过，未使课堂总结发挥应有的作用。课堂总结不仅要包含本课时的主要内容，更应包含如何使学生掌握课堂内容的作业安排。而课堂作业不应只是简单的问题描述或计算，而更应重注自然科学与本课程、多门专业课程的结合。在课堂的最后环节不仅润物细无声地把专业能力、自然知识、团体协作等思政要素传达出去，而且让学生身体力行地去实践。

（四）传统教学+多元媒体的教学方法

随着现代教学方式的引入，传统板书的教学方式被采用的比例越来越低，这一现象不利于学生对内容的梳理和理解。在涉及理论方法推导时更应采用板书教学方式。例如，在"无信号交叉口通行效率"讲授过程中，应用动画视频帮助学生理解车辆穿越过程和交叉口通行能力影响因素，然后借助板书，引入数理理论极限定理推导了无信号交叉口通行能力模型。这种传统教学与媒体教学的合理融合方式更有助于授课内容的理解。为了拓展学生专业视角，在线下课程过程中，利用虚拟教室可实现多人直接互动，邀请学术专家、行业专家在线讲座。课程通过虚拟模拟教学、微信平台等多样的学习平台实现线上线下教学，从而打造沉浸式、强交互、重体验的学习环境。

（五）考核方式

“交通管理与控制”课程考核方式，由期末考试（60%）和平时实践作业（40%）两部分构成。平时实践作业要求学生通过较复杂的工程案例，掌握与自然学、法规以及文化等相关的基础理论知识，分析与评价交通案例的实际工程问题，提出合理解决方案。该考核方式进一步激发了学生参与实践的热情，有助于打破学生高分低能的现象。

四、特色与创新

课程充分挖掘梳理“交通管理与控制”课程的“德育元素”，在育人的全过程中，全方位地建立了育人机制。从以下四个方面诠释了思政在课程中的体现：(1) 通过学校举办师德师风报告会、座谈会，评选“师德标兵”“教坛新秀”“我心目中的好老师”，吸收大学生进科研团队等多种方式完善育人机制，也引导广大教师以德立身、以德立学、以德施教，用高尚的人格去影响学生，用模范的言行为学生树立榜样；(2) 行业领军人物事迹搜寻，结合交通行业人员及科研成果贡献，引导学生“专业认知—喜爱—事业奉献”过程的形成，用典型人物的科研、创业精神树立学生职业素养和价值观；(3) 从古典文学、优秀影视等素材中挖掘专业精神、职业道德、爱国情怀在交通行业中的映射；(4) 新技术在交通领域的应用，引导学生创新意识，增强专业认同感和热爱。

五、反思与分析

（一）打破生搬硬套，润物细无声

由于交通专业课程老师在思政理论方面的知识储备不足和育人目标不明确，一些教师难以正确处理专业课程教育与思想政治教育之间的关系，出现完全回避不谈、机械叠加“两张皮”、信口开河等几种错误现象，导致专业课的思想教育目标难以实现。如何科学、全面和深入地挖掘课程中所蕴含的思政元素，有的放矢，润物无声地将思政教育融合到专业课程教育中，是每一位交通专业课程教师都应该深思的问题。

（二）增强课程活力，开拓新方法

交通运输类专业具有一定的超前性，特别是在城市机动化水平大幅提高、公共交通飞速发展以及信息技术在交通领域广泛应用的情况下，许多交通理论和优化方法不再适用，新的交通问题和解决方案层出不穷。照本宣科和一言堂式的教学方式显然是行不通的。在课程讲授过程中引入新理论、新方法，注重学生思维方式的培养，实现"教师为主导，学生为主体"的现代化教学理念，是一项不可忽略的难题。

（三）提升科学素养，立志成才

在专业知识讲授的时候，强化交通专业学生的家国情怀、全球视野、法治意识和生态意识，培养学生主动学习和终身学习的思想以及敢为人先的科学创新精神，是交通专业教师们正在经历的一项严峻挑战。

（四）融合多元载体，全面育人

随着网络技术在教学产业中不断成熟，引入网络远程教学和多媒体教学，建立"线下-线上课堂互动"等多平台融合的智慧课堂教学模式，提升课堂教学质量。教师做好课前学习导案，鼓励学生先自主查阅相关资料或者通过在线平台预习，进行知识的内化感知，再由教师进行课堂讲授；在线下课堂中积极尝试和融入"翻转课堂"，由学生主导课堂，分享和展示自己的主题微报告，提升对授课内容的理解和拓展；引入超星、雨课堂等线上教学平台，采用"直播授课、录播回放、上传资料、随时答疑"的教学方式，为线下课堂所学理论知识查缺补漏，接触更多种类和系统的科学文化知识，拓展知识广度，实现大学高阶教育。

参考文献

[1] 张丽岩，马健，顾海荣，等. 融合思政元素的交通管理与控制课程教学改革探索[J]. 高教学刊，2023，9（15）：127-130.

[2] 张国强，王昊，陈峻."交通控制与管理"课程思政[J]. 东南大学学报（哲学社会科学版），2020，22（202）：131-133.

[3] 吕斌，郝斌斌，赵山春，等. 多维度模式下"交通管理与控制"课程思政建设[J]. 青海交通科技，2021，33（6）：64-68.

[4] 陈茜，项乔君，马永锋，等. 面向"双融合"的课程思政教学案例设计——以"交通设计"课程教学模块为例[J]. 东南大学学报（哲学社会科学版），2022，24（201）：153-155.

[5] 王艳丽，李林波，吴兵，等. 交通运输类一流本科课程建设与实践——以交通管理与控制课程为例[J]. 大学教育，2023（10）：16-19.

高速公路路网数据分析及可视化

宋京妮　房建武　赵　姣

长安大学运输工程学院　陕西西安　710064

一、案例简介

作为专业基础课，“交通数据分析与可视化”课程不仅具有专业重要性，更承担着价值教育的作用。该课程讲授了开展交通运输数据分析及可视化研究与实践所需要的思想方法、工作程序和分析手段，侧重对工程科学基本功的强化训练和系统思维的初步培养，培养学生成为具有爱国情怀、工匠精神、国际视野、职业伦理和社会责任的社会主义事业建设者和接班人，在新时期交通运输基础设施加快建设和质量提升以及高等教育深化全面育人的背景下，其重要性更加凸显。

新时代下，“交通数据分析及可视化”作为交通运输专业一个重要的专业能力点，不仅对学生数据收集、管理、分析等专业能力要求较高，对数据安全、诚信公平、严谨细致等职业价值观和素养培养也提出了新的要求。全面贯彻落实立德树人根本任务，充分挖掘交通数据分析课程中的德育元素和思政资源，培育具有德、道、情的数据人才成为提升人才质量的必然要求。本案例立足“立德树人”的育人理念，从教学目标、模式、方法及考核等方面探索课程思政的设计与实践，以期实现专业教学与思政教育的有效融合，将数据分析以及价值观内化为学生的精神涵养和价值追求，让学生在课堂的浸润中体悟“道、情”，感受“数据之美”。

本案例为高速公路路网数据分析及可视化的实验学习讨论模块，在“立德树人”理念下，通过启发式教学和线上线下分组讨论进行。以政府部门与经济专业网站链接、大国工匠精神与思辨讨论穿插进行，并与我国交通运输高质量发展、实现交通强国战略实践密切契合，带动学生深度思考，力争将思政教育与学科专业素养提升交融互促。

作者简介：宋京妮，1990年，长安大学运输工程学院，讲师。

二、思路与目标

本课程围绕“立德树人”根本任务，树立以社会主义核心价值观为指引的思政育人目标，使专业课程与培养目标和教育目的形成无缝衔接。

“交通数据可视化技术”的课程教学目标是能够让学生系统地掌握以高速公路路网数据为载体的数据可视化流程和相关技术，了解我国高速公路路网发展动态和趋势，培养学生灵活运用、综合分析和解决问题、撰写研究报告的能力，为培养能在交通运输领域从事运输组织、规划设计和生产管理等工作的工程技术人才打下基础。

在课程思政示范课程建设过程中，遵循“立德树人”和“三全育人”理念，深入挖掘课程中所蕴含的思想政治教育元素，提炼育人目标：在交通数据可视化专业知识传授中融入爱国情怀、理想信念、国际视野、爱岗敬业、社会责任等题材与内容，培养学生的社会主义核心价值观、工匠精神和时代担当，成为适应国家经济建设与科技发展需求，德智体美劳全面发展的社会主义建设者和可靠接班人。

在此基础上对课程目标进行提升，形成知识传授、能力培养、价值塑造“三位一体”的课程教学总目标，如图1所示。

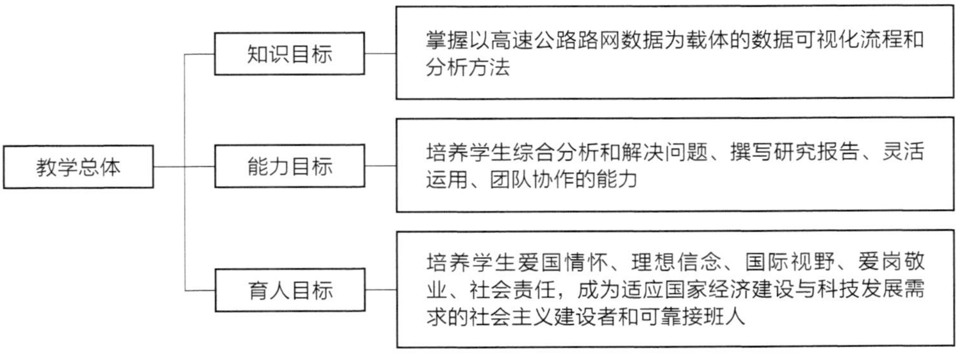

图1 “三位一体”的课程数学总目标

三、设计与实施

（一）学情分析

有利学情：在本节课程之前，学生对交通运输相关专业及相关编程的基础知识就有了解，为更好展示我国各交通运输系统的发展趋势、组成、特征等打下良好的基础。

不利学情：如何让学生快速、更好地学习和掌握数据可视化流程，把数据分析融入我国高速公路的快速发展态势，帮助学生促进爱国感知，理清逻辑，深入理解。

（二）课程思政点设计

将高速公路路网发展案例列为思政元素，充分用好高速公路这部现实教科书。将高速公路路网发展故事春风化雨般融入专业教学，抓住契机加强和改进思想政治教育，落实“立德树人”根本任务，让课程思政看得见、摸得着、入脑入心，提高课程思政建设的时代性、感染力和实效性，打开了“教师爱讲，学生爱听”的新局面。根据交通运输部及国家统计局等发布的高速公路发展数据，进行数据预处理及分析并绘制可视化图表来展现我国各地区高速公路发展成效，树立“工匠精神”，培养爱国情怀，增强职业认同感、自豪感，激励学生立志学好本专业、为国家建设服务。

根据课程内容的安排，选取了其中部分与思政教育的映射与融入点，如表1所示。

表1　　课程内容与思政教育的映射与融入点

序号	授课要点	思政映射与融入点	预期成效
1	认识数据分析	公正、爱岗敬业	提升学生对数据分析的认可度，充分认识到爱岗敬业的重要性
2	网络数据获取	文化自信、创新意识	让学生了解到数据分析工具日新月异，数据人才稀缺，尤其是掌握新的数据获取、分析手段的少之又少，培养学生的新时代使命感
3	数据清洗与加工	热爱劳动、时代精神	在数据烦琐的清洗与加工过程中，培养学生爱劳动、不怕苦，以及勇于接受各种挑战的大无畏精神
4	阶段性成绩分析	公正、平等和依法治国意识	培养学生尊重数据、实事求是、客观公正的精神
5	抽样分析	爱岗敬业、纪律意识	让学生意识到抽样方式的选择会严重影响误差，减少误差需要严谨的科学态度
6	时间序列分析	爱国爱家乡、和谐发展	通过对近几年高速公路路网数据做趋势分析，探讨背后原因，培养学生的爱国、爱家乡情怀
7	空间结构分析	经济意识和社会责任意识	学生根据自己所学内容，利用数据分析论证网络数据的真实合理性，培养学生缘事析理、明辨是非的意识
8	回归分析	团结友善、核心意识	让学生在一次次建模的过程中感悟其中乐趣，真正体会到团结协作、精益求精的必要性

（三）教学方法

（1）引入方式：通过播放视频和照片放映等方式，展示行业成就，厚植爱国情怀。在课程教学过程中，将我国高速公路发展的巨大成就植入教学内容，激发学生的爱国情怀和民族自信。

（2）展开方式：先依托网络教学平台，发布高速公路路网发展数据分析的线上任务，学生根据任务点要求观看微课视频，了解数据可视化流程、Teableau、python、GIS等软件的功能和作用，在线下的课堂教学着重分析教学重难点，帮助学生熟练应用软件。学生分成4个小组，最终形成案例报告，并通过小组答辩的形式评出可视化效果最好的作品，并给予相应奖励。

（3）教学重点：高速公路路网数据的预处理与数据分析。

（4）教学难点：高速公路路网数据可视化及决策支持。

（四）教学内容设计

根据教学目标，以问题为导向，基于由现象到本质的数据分析流程和认知规律，进行课程思政要点序化，从问题集锦、视频、案例锦囊、工具指引、真实数据项目5个方面构建思政教学内容。以课程中高速公路路网数据分析为例，从数据信息中收集学生面临的（如预处理、程序bug等）实际问题出发，通过MOOC、课堂案例解析问题。课堂上，将教学内容置于项目任务场景中，辅之思维方法工具箱，进行剖析示范。学生课后通过完成真实路网数据信息分析项目任务，达成树立数据安全意识、培养科学谨数据处理能力、规范行为的教学目标。通过现象、知觉、思维、行动及认知5个层面的教学内容设计，达成从价值观、方法论及工具层面全方位提升学生德育素养和职业情感。

（五）教学模式设计

以问题为导向，通过课前导问题、课中导任务、课后导项目（图2），课中晰、行、

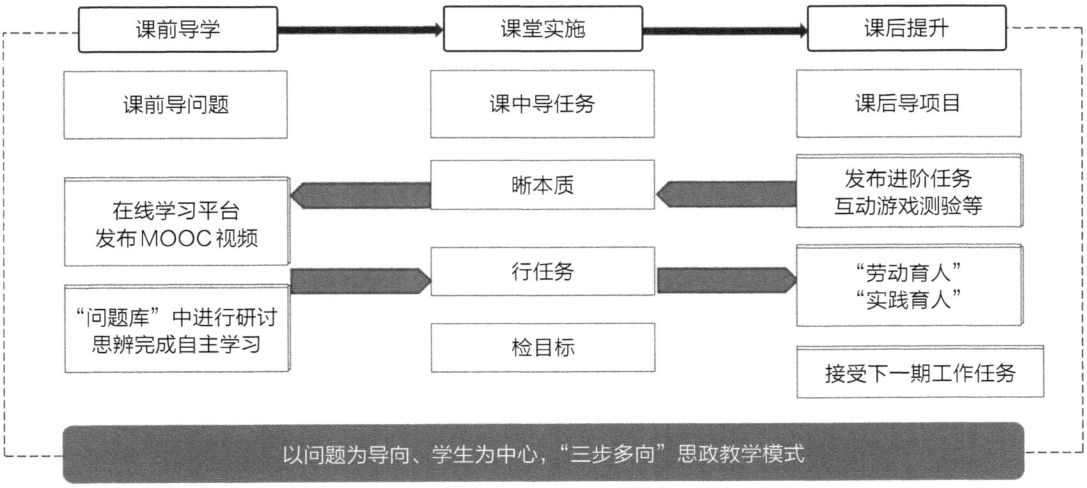

图2　课程思政教学模式设计

检的“三步多向”教学环节，课前完成自主探究学习。课中通过面授答疑、研讨等一系列活动进行深层次的进阶学习。课后完成真实数据项目，老师参与知识、技能、情感与价值观的全面评价。对于课后项目完成过程中遇到的问题或是更好的问题解决方法、工具，学生及时上传问题集锦、案例锦囊及思维工具栏目，不断补充完善教学资源，形成良性多向度反馈沟通机制，行之有效地解决学生的问题。达到见现象、感案例、知理论、促行动的教学效果。最终实现从感知、认知到行动的内化。

（六）教学实施

课前导问题：以高速公路路网数据分析为例，课前通过在线学习平台，布置工作任务书、高速公路路网数据分析慕课等学习任务，多情景融入真实工作中的问题、任务，引导学生课前学习。结合高速公路纪录片《超级工程Ⅱ 第一集中国路》，思考讨论“短短30年，中国人建成了世界上最大的高速公路网络依靠的是什么？”并将思考讨论结果上传问题集锦栏目。

课中导案例：

(1) 教师明确描述高速公路30年来的路网发展时空数据分析及可视化的工作任务，并要求做到保证数据的真实性，加深学生职场体验和对真实工作过程的认识；引导学生在数据分析过程中实事求是，在撰写案例报告过程中不出假数。

(2) 将学生进行分组，不超过8人为一个小组，自行组队，协商选择分析的主题。根据研究主题，采集相关数据，引导学生思考：在进行数据信息收集过程中，哪些环节会导致数据信息不完善、不准确？教师结合案例锦囊讲解数据预处理的过程及操作，以及如何进行数据分析。

(3) 任务实施环节，教师引导学生对任务进行过程中可能运用到的思维方式进行思考，同时给各小组发布可使用的工具指引箱，助力任务完成。随后由小组成员自己操作，自己分析，教师实时查看，针对各小组数据诊断分析报告中出现的如关键指标遗漏、未添加数据标签、诊断结论不全面等问题进行点评，并强调数据分析客观真实、完整严谨等职业素养的培育，寓“道”于课程；这期间在数据的烦琐清洗与加工工程中，培养学生爱劳动、能坚持、不怕吃苦、勇于接受各种挑战的大无畏精神；此外，在编程过程中，学生有可能面临很多不知所云的bug，鼓励学生们敢于面对挫折，勇于突破自己，学会自己想办法解决问题。

(4) 引入项目评价，小组、教师参照评分表对课前、课中任务完成情况进行综合评价，通过多向评价有利于激发学生学习兴趣及主动学习能力，寓“情”于教学。

课后导项目：发布网约车出行需求数据时空特征分析任务，要求学生在进行数据信息收集的同时，帮助企业进行客户隐私保护。有效激发内驱力的同时，提升学生成就感、获得感，增加自我效能。实现线上主体自学、资源辅学、系统督学和交流互学，并通过与线下实践的有机结合，促进了德才共育，深化课程思政实效。

（七）课程考核评价

如何量化地评价教学效果是课程思政的难点环节，也是当前课程思政面临的挑战。传统数据分析及可视化课程着重考核学习者的学习效果，从学生认知水平、学生行动、任务实施情况、团队协作等方面全面考核学生数据采集、整理、分析及决策实践能力。忽视学生职业观、情感价值观的养成，直接影响专业课程思想政治教育的具体效果。在思政育人理念的指导下，“交通数据分析及可视化”课程在原有考核内容的基础上，增加了对学生思政育人元素的理解和实践的考核。

课程考核采取教师、团队等多主体评价方式，注重过程性考核与结果性考核相结合。从实效性、认同感、保持度等多个维度，强调学习者在过程学习与团队协作中，数据思维、安全及诚信意识、团队合作、学习、沟通、解决问题等职业能力、素养、情感态度及价值观方面的培养成效。具体评价方法见表2。

表2　　课程思政教学效果的评价方法

评价主体	教师评价（70%）			学生互评（30%）
评级方面	参与度	认同度	保持度	相互协作度
评价内容	课前、中、后回答问题、参与讨论及作业完成情况	学生思政收获、心得体会，对课程中的价值观、标准及形式的认同和执行情况	价值观、标准及形式的内化情况，是否能长久保持自觉应用	团队合作中，项目任务参与、协作及完成情况
评价权重	30%	20%	20%	30%

四、特色与创新

本案例以真实数据为基础，以问题为导向，基于由现象到本质的数据分析流程和认知规律，进行课程思政要点序化，从问题集锦、视频、案例锦囊、工具指引、真实数据项目5个方面构建思政教学内容。通过课前导问题、课中导任务、课后导项目；课前完成自主探究学习，课中晰、行、检的“三步多向”教学环节，通过面授答疑、研讨等一系列活动进行深层次的进阶学习，课后完成真实数据项目，老师参与知识、技能、情感与价值观的全面评价。引入锲而不舍素养案例分析，如我国古代著名思想家荀子对“专注”有深切的体会，他说：“锲而不舍，金石可镂；锲而舍之，朽木不折”。培养学生具有一丝不苟、作风严谨、精益求精的思政理念。

五、反思与分析

教育家蔡元培曾说："爱国之心，实为一国之命脉。"这句话凝聚着民族心和民族魂的爱国情怀，激励着一代又一代中华儿女为祖国繁荣发展而不懈奋斗。大学生是国家的未来和民族的希望，肩负着社会文明进步与发展的重任，用爱国情怀教育引导，使大学生坚定为实现中华民族伟大复兴的中国梦而不懈努力的理想和信念。

"学高为师，身正为范。"著名教育学家陶行知先生道出，教师不仅要学识渊博，更要具有良好的道德素养。专业课程思政要想取得好效果，首先要提高教师的政治站位、思想水平、师德师风和思政教学能力，充分发挥教师在"思政育人"方面的主观积极性，强化育人意识和提升育人能力，这是实施"课程思政"的重要保障。

"交通数据分析及可视化"课程转向"以学生为中心"的教育理念，使学生从听课者转变为阐述者、操作者和思考者，全面参与课堂，成为课堂的主体。积极更新教育理念，探索翻转课堂、混合式教学、问题式学习等教育教学方式，将相关理论内容讲深讲透，在传授知识的同时，注意融合时事案例、时事新闻、社会热点现象和改革开放各行各业经济成就等思政素材。使用案例讨论法、师生互动法、任务驱动法和情景模拟法等教学方法，师生身份互换，让学生变被动为主动，成为课堂的主体。教师点到为止的启发引领，培养学生逻辑推理的能力、独立解决问题的能力和主动获取知识的能力。让学生在学的过程中学得有趣，体会现实生活中的数据分析，培养学生实际应用意识。"无声"地将思政素材和理论内容融合渗透，在知识传授同时形成对学生精神上的引领和塑造。

参考文献

[1] 高德毅，宗爱东. 从思政课程到课程思政：从战略高度构建高校思想政治教育课程体系[J]. 中国高等教育，2017（1）：43-46.

[2] 李国娟. 课程思政建设必须牢牢把握五个关键环节[J]. 中国高等教育，2017（Z3）：28-29.

[3] 王学俭，石岩. 新时代课程思政的内涵、特点、难点及应对策略[J]. 新疆师范大学学报（哲学社会科学版），2020，41（2）：50-58.

[4] 李晓辉，朱宇晴，冯梅. 基于思政案例大赛的课程思政教学模式探讨[J]. 中国高等教育，2021（18）：40-42.

[5] 顾晓薇，胥孝川，孙雷，等. 工科类专业课程思政教学探索与实践[J]. 中国高等教育，2021（Z3）：59-61.

[6] 冯梅，曹辉，李晓辉. 以思政案例为载体的高校课程思政教育教学初探[J]. 中国高等教育，2020（Z3）：37-39.

风景这边独好

——高铁发展中体现的中国制度优势

张玉召　刘　斌　田志强

兰州交通大学交通运输学院　甘肃兰州　730070

一、案例简介

（一）课程和案例的基本情况

高铁是交通运输现代化的重要标志，是绿色交通发展的重要方向，也是一个国家工业化水平的重要体现。“高速铁路概论”是以社会需求为导向，面向全校学生开设的特色公选课程。通过本课程的学习，使学生熟悉国内外高铁发展历程、现状及规划、各个子系统的技术设备及基本原理、高铁发展的前沿动态等内容，理解我国在高铁发展中的战略和政策，坚定制度自信，强化交通强国意识，培养工匠精神，树立专业情怀，激发学生投身我国铁路事业的热情。

国内外高铁发展概况是本课程的第一部分内容，主要围绕世界各国高铁发展历程及规划，引导学生正确认识我国高铁发展的成就、机遇及挑战，领悟我国新型举国体制的制度优势，坚定“四个自信”和民族自豪感，培养学生的家国情怀和使命意识。

（二）思想政治教育与专业教育的融合情况

通过对比国内外高铁发展的历程、成果及规划，引导学生正确思考不同国家发展高铁的时代背景、根本动因及执政理念，全面认识我国铁路发展践行“以人民为中心”执政理念的脉络，深刻领悟我国高铁发展过程中所体现出的集中力量办大事的制度优势，以及统筹推进的综合协调力、各方一心的高效执行力和上下求索的自主创新力，充分发挥中国高铁这一“亮丽名片”在价值教育中的独特优势。

作者简介：张玉召，1981年，兰州交通大学交通运输学院，教授。

（三）课程思政教学改革实践情况

采用大班教学、小组研讨和自主建构相结合的方式，以“高铁起源、发展、兴盛、未来”等问题为导向，通过“线上学习—感性认识—理性领悟—情感浸润—价值认同”的渐进式教学方法，帮助学生从繁杂的知识内容中梳理出高铁发展过程的体系主线，从高铁的发展中领悟出各国的政策内涵。通过课程教学，实现知识传授、能力培养与价值引领的有机统一。

（四）案例选用意义

习近平总书记在考察京张高铁时指出“我国自主创新成功的一个范例就是高铁”。我国的高铁发展过程蕴含着丰富的思政元素，本案例可为轨道交通类院校教师挖掘思政元素、开展课程思政教学提供示范。我国高铁的发展多数人都深有体会，本案例的教学内容贴近学生实际，容易引起共鸣，是以轨道交通为特色的高校进行价值教育的最好方式。高铁的发展是我国发展的一个缩影，通过本案例还可以使学生更好地认识我国的发展及在世界上的地位，增强其民族自豪感和使命意识。

二、思路与目标

（一）拟解决的主要问题

主要解决三个方面的问题：一是高铁发展对人才的价值需求，实现铁路特色院校本科生价值塑造和铁路精神的传承；二是高铁发展对人才的能力需求，实现专业能力提升与职业素质养成的平衡；三是高铁发展对人才的知识需求，实现交叉融合人才培养模式的优化。

（二）课程思政教学改革的理念和思路

主要从教师、课程、方法三个层面进行课程思政教学改革（图1）。

1. 教师层面

持续增强高速铁路及城轨课程组教师的思想政治理论素质，增强课程组教师的“课程思政”意识和“三全育人”教育理念，提升课程思政教育教学能力。

2. 课程层面

深入挖掘高速铁路发展中的思政元素，结合有关高铁的热点事件和时政新闻，拓展本课程教学内容的深度和广度，优化课程思政教学设计和考核方法。

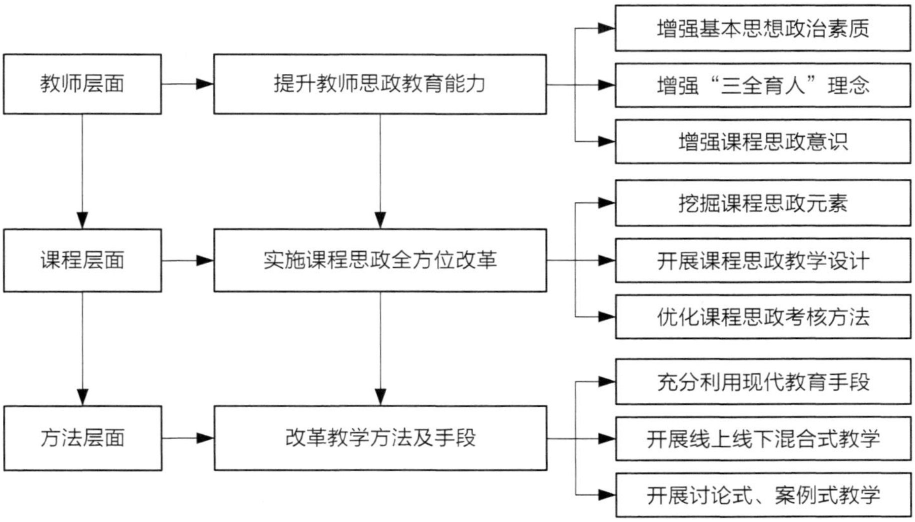

图1 课程思政教学改革的理念和思路

3. *方法层面*

在教学方法上，充分利用MOOC、雨课堂等现代教育平台和手段，开展线上线下混合式教学，同时考虑以学生为中心，开展主动建构式、讨论式、案例式教学。

（三）教学目标的设定和达成

本案例的教学目标包括知识目标、能力目标和素质目标三个方面（表1），知识目标主要体现在让学生掌握国外及我国高铁发展历程、现状及规划；能力目标主要体现在让学生通过对比分析不同国家高铁发展的模式、特点、脉络、成就及原因，提升逻辑思维能力和口头表达能力；素质目标主要体现在价值层面，通过国内外高铁发展的对比，使

表1　教学目标的设定和达成

教学内容	三维教学目标设定		
	知识目标	**能力目标**	**素质目标**
国内外高铁发展现状及规划	国外高铁发展情况，中国高铁发展历程、现状、规划及战略	能够对比分析不同国家高铁发展的模式、脉络、成就及原因	坚定制度自信和民族自豪感，强化交通强国意识和使命感
	目标达成方法		
	知识目标	能力目标	素质目标
	线上学习、课外拓展、课堂梳理及分析、课后作业	课外阅读及思辨、课堂讲解及讨论、学习总结及展示	分组讨论及感悟、课堂引导及浸润、案例分享及升华

学生坚定制度自信和民族自豪感，增强交通强国意识、家国情怀和使命意识。

三、设计与实施

（一）课程思政融入的教学环节设计

在学生已经课前线上学习的基础上，通过引入日本东海道新干线和我国的京津高铁两个案例导入课程内容，进而对比分析我国与国外高铁发展的历程及相应成果，再引入讨论议题“中国高铁为什么、是什么、怎么做”，通过案例总结我国高铁发展所体现出的制度优势，对学生进行情感浸润，最后进行课堂小结，实现学生的价值认同，整体过程如图2所示。

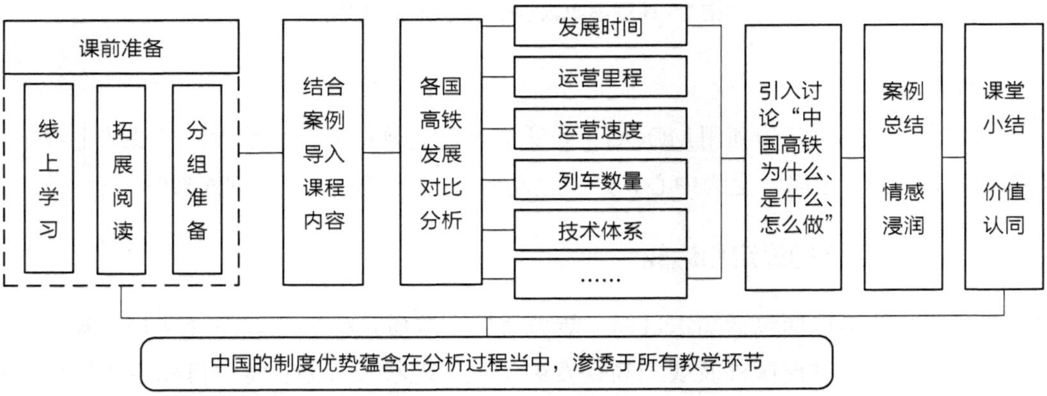

图2 课程思政融入的教学环节设计

（二）教学方式方法

综合运用线上线下相结合的混合式教学、启发式课堂教学、思辨式讨论等教学方式方法（图3），以达到良好的教学效果。线上学习高铁发展的相关课件及部分案例，使学生主动建构基本知识并感性认识我国高铁发展的成就；课堂通过启发式提问、引导提问、对比分析等，使学生清楚高铁发展的脉络及趋势，理性认识我国与国外高铁发展相比较的优势及面临的挑战；通过思辨式讨论使学生加深对我国高铁发展的理解，领悟高铁取得巨大成就所体现出的制度优势，增强民族自豪感及使命意识。

（三）教学理念及考核评价方式

1. 教育教学理念

坚持“学生中心”“三维育人”的教育教学理念，突出教学过程中的自主、合作、探

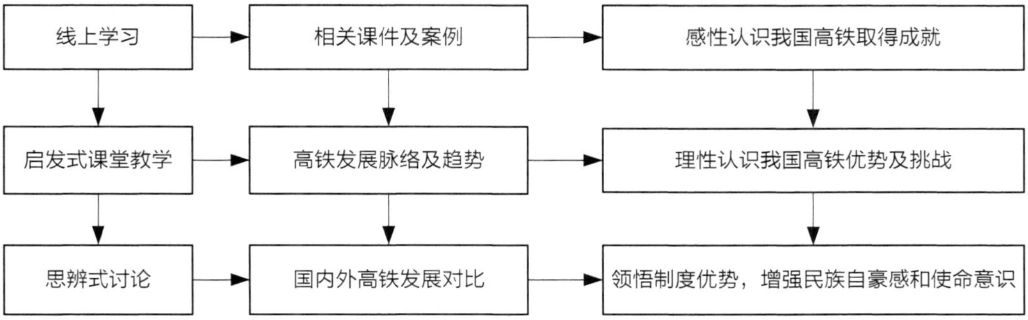

图3　教学方法及对应内容

究，注重知识、能力、价值的培养。“学生中心”即在教学中突出学生的主体地位，教师是参与者、指导者，在教师的引导下，学生自主建构高铁发展的知识体系，自我锻炼思辨能力，自觉形成价值体系；“三维育人”即从知识传授、能力培养、价值塑造三个维度培养人才。

2. 考核评价方式

采用过程形成性考核评价方式，考核过程包括线上学习、课堂讨论考核、课后作业考核三个方面，考核评价的内容有知识掌握情况、能力培养情况、价值塑造情况三个。其中，线上学习主要考查知识掌握情况，课堂讨论及课后作业既考查知识掌握情况，也考查能力培养和价值塑造情况，将三个过程考核的总体情况作为本部分考核的最终结果，只有这三个方面都达成才认为本部分课程内容的教学目标达成，具体考核评价方式如图4所示。

（四）教学过程的组织与实施

教学过程的组织与实施包括设定目标、课前准备、课堂组织、作业布置、课后反思等方面，整体可通过图5来体现。

1. 设定目标

首先，设计教学目标及育人目标，体现在知识目标、能力目标、素质目标三个方面（表1），为思政育人明确思路。

2. 课前准备

课前做好学情分析（选课人数、专业分布、已有基础等），并布置课前任务，包括在MOOC平台学习我校引进使用的“高速铁路概论”第一章内容、撰写线上学习笔记、遇到的问题及时线上讨论、做好课程分组等，为课堂引导和讨论做好准备。

3. 课堂组织

课堂组织包括讲授、讨论及小结等环节。首先，通过东海道新干线和京津高铁案例

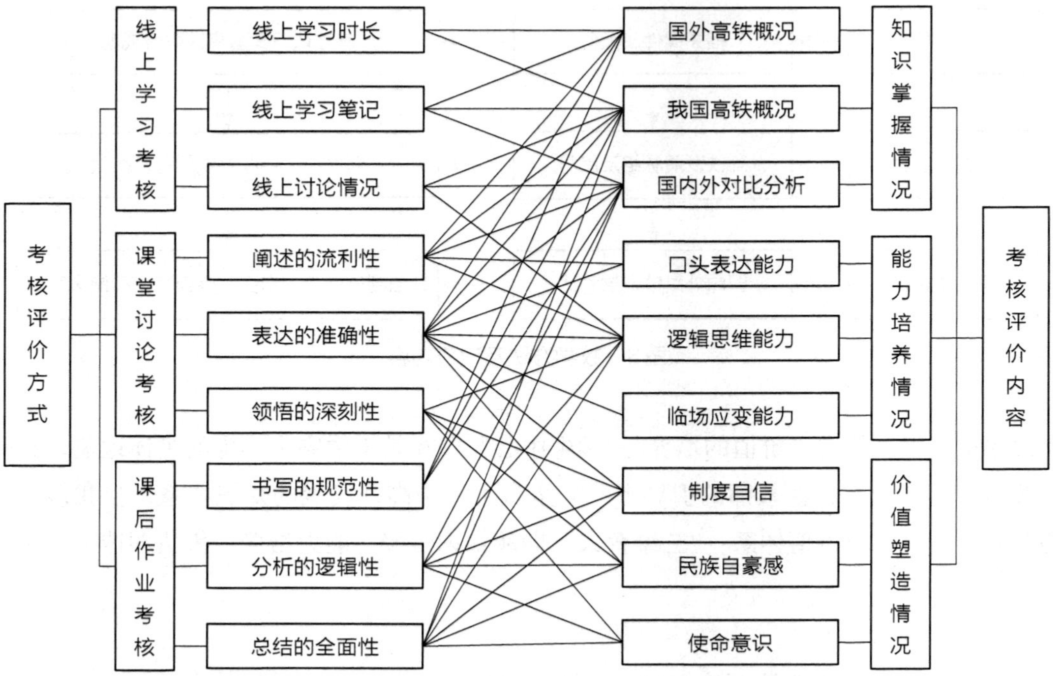

图4　考核评价方式及考核内容

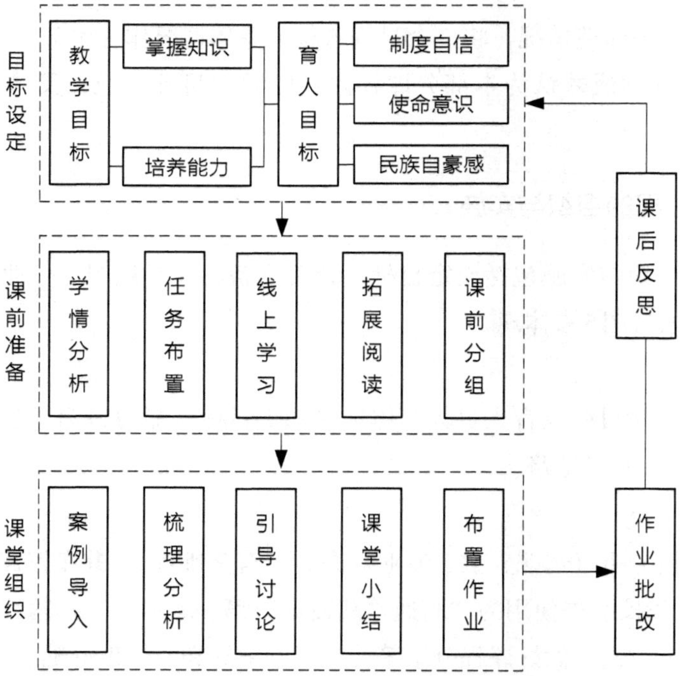

图5　教学过程组织与实施

导入课程内容。其次，针对国内外高铁发展现状及规划相关知识难度不大但知识点比较繁杂的特点，讲授环节主要帮助梳理国内外高铁发展的脉络，介绍高铁发展规划制定的目的及战略，使学生对我国高铁取得的成就有感性认识。讨论环节由教师引导，学生主导，讨论我国高铁与国外高铁相比所具有的优势（建设进度最快、运营里程最长、在建规模最大、运营速度最高、技术体系最全等）及存在的困难、我国高铁取得巨大成就的主要原因，使学生领悟到我国的制度优势。最后，通过小结使学生在认识到我国高铁取得成就的同时，清楚所面临的挑战，激发学生民族自豪感和使命意识。

4. 作业布置

给学生布置两个作业，一是对比分析我国高铁与国外高铁的发展历程，二是撰写《新时代交通强国铁路先行规划纲要》中有关高铁发展的学习总结，使学生牢固掌握知识的同时，加深对相关政策的领会，强化交通强国意识。

5. 课后反思

对各个环节的效果及其原因进行反思，并做到持续改进。

四、特色与创新

（一）坚持需求导向，实现三维育人

1. 以价值需求为引领，培养学生的家国情怀

在本课程介绍国内外高速铁路发展的过程中，通过引导思考和对比分析，使学生深刻领悟我国的制度优势，在潜移默化中坚定“四个自信”和使命意识，为铁路领域培养可靠人才。

2. 以能力需求为提升，锻炼学生的综合素质

通过让学生查阅、思考、讲解和讨论国内外高铁发展历程及规划情况，锻炼学生的逻辑分析能力、文字表达能力和口头表达能力，培养综合素质高的有用之才。

3. 以知识需求为基础，夯实学生的理论根基

国内外高速铁路发展概况涉及知识点量大面广，通过线上学习、课外拓展、课堂讨论，使学生理清知识体系，筑牢理论根基，培养基础扎实、知识面广的可用之才。

（二）共享资源优势，创新教学方法

1. 利用精品在线资源，实现线上线下混合式教学

课堂教学之前，让学生先自主学习MOOC平台“高速铁路概论”课程相关内容，主动建构基本知识。课堂讲授一是帮助学生梳理知识体系的逻辑关系，便于更好地掌握；

二是引导讨论和翻转课堂，加深对知识的理解，锻炼综合素质，培养家国情怀。

2. 坚持学生中心理念，开展讨论式翻转式教学

基于“学生中心、产出导向”的专业认证理念，由教师引导、学生主导，开展翻转课堂和讨论式教学，紧密联系国家高铁发展战略，引导学生正确认识国内外高铁发展背后的国家执政理念和执行效率。

五、反思与分析

（一）实施效果及成果

1. 提升了教师德育引领和价值教育能力

通过高铁课程思政元素的挖掘与应用，不断提升教师德育引领和价值教育能力，积极转变教育教学理念，营造德育渗透的合理结构和和谐氛围，实现从教书向育人的转变，让师德教育焕发出生命的活力。

2. 实现了价值引领的三维育人教学目标

通过各国高铁发展的对比分析及讨论，使学生对高铁行业有了正确认知，训练了逻辑思维和提升口头表达能力，培养了家国情怀和使命意识，实现知识、能力和价值的全面建构，达到价值塑造、能力培养、知识传授的三维育人教学目标，满足各类交通运输行业企业对新型人才的需求，服务国家交通强国建设。

3. 取得了师生双丰收的价值教育教学成果

课程团队成功获批甘肃省教学成果培育项目“‘高速铁路概论’课程思政元素挖掘运用的研究与实践”及校级本科教改项目思政专项“‘高速铁路概论’课程思政元素挖掘与运用”1项；选修过本课程的学生以“奋力实现中国铁路梦”为题在全国高校大学生讲思政课公开课展示活动中获优秀奖1项。

（二）存在问题及困难

1. 选课学生人数众多，难以掌握每位同学的参与度

由于学生选课积极性高，而师资力量有限，使得每个教学班的选课人数在150人左右，主讲教师虽然不断增加教学投入度，但也无法保证每位同学都能在课堂上参与讨论，难以掌握每位同学的参与度。

2. 选修课程重视不够，难以调动每位同学的积极性

本课程是对全校开设的公选课，有一些学生只是为了获得选修学分，整体上对课程的重要性认识不足，投入的时间和精力不够，虽采取多种方法也难以充分调动每位同学

的积极性。

3. 课外学习参差不齐，难以保障每位同学的学习效果

课程具有良好的教学效果需要学生提前做好线上学习和课外拓展，但由于学生之间的专业、兴趣等方面的差异性，课外学习情况参差不齐，难以保障每位同学都能有较好的学习效果。

（三）改进思路及注意事项

1. 进一步加强利用现代教育技术

目前在采用慕课平台为学生提供教学资源进行课外学习的基础上，进一步考虑构建慕课堂或者雨课堂，通过优化教学设计，进一步提高学生的课堂参与度和课堂教学效果。

2. 进一步加大课外学习的指导和监控

加大对线上平台的关注和投入，除了在公告区、讨论区进行引导，及时关注学生线上学习数据之外，还可以借助微信群或者QQ群与学生进行互动，提供高铁扩展学习资料等。

3. 进一步调动学生的学习积极性

高铁既是每个人出行都可能选择的交通工具，也需要众多行业支撑其发展，充分了解选课学生的专业分布，找到高铁与各专业的结合点，调动学生的学习积极性，并优化课程考核方法。

4. 进一步提升师资力量和教学能力

我校高铁及城轨课程组是以6名青年教师为主的教师团队，承担本院交通运输专业5个班5门专业课及1门公选课的繁重教学任务，需要进一步增加师资数量，同时提升教师的工程实践能力和教学能力，保障教学质量。

“‘交通工程学’中连续流与间断流基本特征”思政教学设计

张　玮　张树培
江苏大学汽车与交通工程学院　江苏镇江　212013

一、案例简介

（一）课程和案例的基本情况

“交通工程学”课程是交通运输类专业基础课，为解决交通问题提供基础理论和基本技术。课程通过阐述交通工程的基础理论，介绍交通工程的实践应用知识和发展动态，使学生在掌握交通工程基本概念、基本理论及基本方法的基础上，具备分析交通问题和解决交通问题的实践能力，以及跟踪国内外交通工程研究最新动态的创新意识。

案例“连续流与间断流基本特征”是“交通工程学”基础理论部分的一个重点和难点，要求学生在掌握交通设施种类的划分、连续交通流特征、间断交通流特征等理论知识的基础上，对连续流进行拥挤状态分析，对间断流设施的优化设计提出构想。

（二）案例选用意义

优秀课程思政教学案例遴选通过全面推进不同类型学校的课程思政建设的理论研究和教学实践，探索创新课程思政的建设方法和路径，构建全面、丰富、层次化、互补的课程程思政体系，能够有效加快“校校有精品、门门有思政、课课有特色、人人重育人”良好局面的形成。“连续流与间断流基本特征”的教学内容属于理工科专业课的基础理论教学部分，是课程思政的难点，在教师教学观念的转变上、学生的学习兴趣调动上、思政教育内容的植入上等多方面均具有很大的挑战性。基于此，本文以该知识点的教学为依托，有针对性地深入探索课程思政教学改革及课程建设的方法路径，进而助力交通运

作者简介：张玮，1976年，江苏大学汽车与交通工程学院，讲师。

输类专业课程思政联盟优秀课程思政教学案例遴选活动的目标达成。

二、思路与目标

"连续流与间断流基本特征"的教学内容属于"交通工程学"的基础理论部分，而理工科专业课的基础理论课程教学的思政教育是课程思政的难点，其涉及专业授课教师的观念转变与学识提升，学生的学习兴趣、接受程度与教学评价的调动和匹配，如何提炼、选择、植入与本知识点相关的思政教育内容，如何把握思政教学内容的占比、教学方法的采用，以及最终将教书育人的内涵落实在课堂教学中等诸多关键问题。

本案例通过课程思政的教学内容设计、授课模式创新、教学资源整合、研讨交流和设计实践融合、考核方法改进等思政建设手段，努力探索交通运输类专业基础课程思政的建设路径，将法制、规范、人文、伦理等相关思政知识融入案例课程教学的不同环节中，使课程的知识目标、能力目标和技术目标达成的同时，培养学生道路自信、文化自信，树立学生民族自豪感和责任心，激发学生爱国主义精神，即通过课程思政目标和情感目标的达成实现学生的素质培养，使学生增强社会责任感和历史使命感，树立志向高远、意志坚定的思想品格，从而积极投身于创建世界一流的交通运输事业中。

三、设计与实施

（一）课程思政融入的教学环节设计和教学方式方法

思政元素融入的教学环节设计和所采用的教学方式是课程思政建设的核心。思政育人指的是在课程中有效融入与专业知识点相关的思政元素，"'交通工程学'中连续流与间断流基本特征"课程教学包括交通设施种类、连续流特征和间断流特征三个知识点，下面分别阐述针对各知识点的课程思政融入的教学环节设计和教学方式方法。

(1) 在"交通设施种类"知识点的教学环节，培养学生道路自信、文化自信，树立学生民族自豪感和责任心，激发学生爱国主义情怀。

交通是城市的重要组成要素，是连接城市的重要纽带，交通工具在交通设施上的运行形成了交通流，交通流承载着城市生产要素的流动，决定着城镇体系的发展。该知识点要求学生掌握交通设施从广义上被分为连续流设施和间断流设施两大类，针对这样抽象的分类，结合高速公路、城市道路、桥梁等不同交通设施上交通流的实际运行场景，能够让学生更直观地理解连续流与间断流在运行特征上的不同之处，加深记忆。

基于此，本知识点采用视频资源辅助教学的方式，通过观看CCTV纪录片《交通中国》使学生在观察高速公路、城市道路、桥梁等不同种类交通设施特征的同时，能够全方位、立体化、多角度地了解中国的交通伟业，让其强烈感受到中国交通人穿行风云苍茫，阅历岁月风霜，开拓出无数条一往无前的人间大道，重组江山湖海的关系，创造经天纬地的事业，谱写了一部气壮山河的奋斗史诗的壮阔豪情，从而培养了学生的道路自信、文化自信，树立起民族自豪感和责任心，激发了学生的爱国主义情怀。

(2) 在“连续流特征”知识点的教学环节，培养学生的职业精神、职业道德、职业规范意识，以及爱岗敬业、精益求精的工匠精神。

该知识点的理论性非常强，是本案例知识教学的重点和难点。连续交通流的总体特征是通过交通流三参数Q、V、K基本关系的三维空间曲线在二维空间上的投影，以及交通流特征变量Q_m、K_m、V_m、V_f、K_j的变化进行描述的；连续流交通特征的数学描述是通过V-K、Q-K、V-Q的关系模型展示。最终，通过交通拥挤类型、瓶颈交通流特性和交通密度分析方法的介绍，使学生能够综合运用交通特征变量的变化关系，对交通流状态进行拥挤分析。

基于该知识点数学模型多、理论性强的特点，采用现场观察的体验式教学方法，带领学生在城市道路交通高峰时段的拥挤多发路段观察交通拥挤发生前后的交通流特征，采用交通调查与分析的方法，运用反映交通流特性的特征变量将实际存在的交通问题进行量化，使学生更深刻地理解交通流特征变量间的关系会随着不同地点或同一地点不同时间而产生很大的变化，提高学生提出问题和分析问题的能力，同时通过现场讲解，引导学生深入思考交通拥挤产生的原因及其解决方法，让学生体会到运用交通专业知识有效解决实际交通问题需要具备职业精神、职业道德和职业规范意识，以及爱岗敬业、精益求精的工匠精神。

(3) 在“间断流特征”知识点的教学环节，使学生确立专业信念，理解人性化设计的本质，强化交通设施设计的人文情怀，增强学生对交通设计的安全意识、伦理意识。

该知识点要求学生理解城市道路的信号灯交叉口是典型的，也是最重要的间断流设施，在此处交通受到周期性信号的干扰，然后再以某一方式继续运行。如果规划合理，可以通过对交叉口时间利用避开主要冲突的管理技术实现交通运行的有效性和安全性优化。因此，掌握信号交叉口附近交通流特征对理解间断流特征具有重要意义。

基于该知识点应用性强、具有拓展学生思维空间的特点，本案例采用小组讨论的教学方式，布置学生分组用手机实地拍摄一段城市道路信号交叉口的交通流运行视频，运用交通调查与分析的方法，获取间断流的交通特征参数，进而分析信号交叉口在交通运行效率和安全性方面是否存在优化空间，并且鼓励学生进行组内研讨，提出针对观测交叉口的专业可行的、以人为本的优化措施。小组研讨使学生在加深对课堂理论知识理解的同时，确立专业信念，理解人性化设计的本质，强化交通设施的人文情怀，增强学生的交通安全意识和伦理意识。

（二）教学理念和考核评价方式

专业课程思政教育不是单纯的政治理论的教授，而是结合专业课程的不同知识点，针对立德树人根本任务的全面人才培养方法。专业课程的"课程思政"建设需要在专业知识传授的基础之上，考虑如何进行思政教育或者加强有意识的思政教育。课程教学的育人效果评价是课程思政建设的衡量标准，考核是课程教学效果的评价手段，是教学实施过程的重要环节和组成部分，

案例教学效果的考核评价探索改变以知识考核为重点的传统评价方式，形成能够有效体现"课程思政"教学效果的考核评价方式。传统的课程考核方式主要体现在考勤、课堂听课情况、作业、考试成绩等方面，忽视了学生思想政治素质和职业素质的考核评价。案例教学在课程思政建设过程中进一步重视教学活动的过程性思政考查，对学生的知识、能力和素质做出综合评价。

(1) 在课堂讲授＋视频辅助教学过程中，设计体现思政元素的10 min左右的讨论话题，引导学生形成个人思考，在师生互动中重点考查学生的民族自豪感和责任心，以及爱国主义情怀的体现。

(2) 在课堂讲授＋现场观察的体验式教学过程中，引导学生运用专业知识分析现场拥挤问题的成因，鼓励学生提出解决方法，在积极交流中重点考查学生的职业精神、职业道德和职业规范意识，以及爱岗敬业、精益求精的工匠精神。

(3) 在课堂讲授＋小组讨论的教学过程中，通过学生提出的交叉口优化措施，重点考查学生对"人性化"设计、交通设施的"人文情怀"的理解，以及交通安全意识和伦理意识的体现。

（三）教学过程的组织与实施

(1) 在《交通中国》纪录片中，选择与所讲知识点相关的视频资源，采用课堂讲授＋视频辅助的教学模式，全方位、立体化、多角度地展示中国的交通伟业，将道路自信、文化自信更好地融入实际课堂授课中，树立学生的民族自豪感和责任心，激发学生的爱国主义情怀。

(2) 精心选取反映连续流交通特征的本地城市道路路段，采用课堂讲授＋现场观察的体验式教学模式，邀请有丰富工程经验的企业专家，结合有典型思政意义的连续流设施的实际工程案例开展教学，让学生体会到运用交通专业知识有效解决实际交通问题需要具备职业精神、职业道德和职业规范意识，以及爱岗敬业、精益求精的工匠精神。

(3) 结合《交通强国建设纲要》的指导思想和发展目标，设计典型间断流交通设施

运行效率和安全性优化的小组研讨题目，使学生在研讨中加深对课堂理论知识理解的同时，确立专业信念，理解人性化设计的本质，培养交通设施的人文情怀，增强交通安全意识和伦理意识。

四、特色与创新

“连续流与间断流基本特征”的教学内容属于“交通工程学”的基础理论部分，其思政教育是课程思政的难点，本案例结合专业基础理论知识的特点及上课学生特性，分别从课程思政融入的教学环节设计、教学方式方法，教学理念、考核评价方式、教学过程的组织与实施等方面进行探索，以达到课程思政教育与专业教育的有效结合。案例课程思政教学改革的特色和创新之处主要体现在：

（1）在课程思政融入的教学环节设计和教学方式方法上，依据课程思政建设指导思想，针对人才培养目标和知识结构特点，选择既能提高人才培养质量又能达到育人目标的思政教育素材，创新性地采用“观—思—辩”的层级混合式教学方法，达到专业理论教育与思政教育的有机融合。

（2）在考核评价方式上，探索改变以知识考核为重点的传统评价方式，在课程教学活动中进一步增加过程性思政考查环节，形成对学生的知识、能力和素质进行综合评价的考核方式。

五、反思与分析

（一）思政教学改革的实施效果

通过“‘交通工程学’中连续流与间断流基本特征”思政教学改革的实施，首先将交通工程学基础理论知识讲解与CCTV纪录片《交通中国》所展示的中国交通伟业相结合，采用视频资源辅助教学的方法，从“观”的层面，不仅加强了学生对交通设施种类划分的理解，而且培养了学生道路自信、文化自信，树立起民族自豪感和责任心，激发了学生的爱国主义情怀。

其次，针对数学模型多、理论性强的知识点，采用现场观察的体验式教学方法，从“思”的层面，不仅提高了学生提出问题和分析问题的能力，而且让学生体会到运用交通专业知识有效解决实际交通问题需要具备职业精神、职业道德和职业规范意识，以及爱岗敬业、精益求精的工匠精神。

最后，针对应用性强、有拓展空间的知识点，采用小组讨论的教学方式，从“辩”

的层面，不仅加深了学生对课堂理论知识的理解，而且使学生确立了专业信念，理解人性化设计的本质，强化交通设施的人文情怀，增强了学生的交通安全意识和伦理意识。

（二）存在的问题及改进思路、注意事项

然而，在本知识点思政教学改革实施取得显著成效的同时，也发现了一些不足之处，如在运用视频辅助教学时，学生的关注点有时会偏离教师的教学初衷，因此教师应该根据教学需要精心筛选、截取或制作视频素材，并且实时关注学生动态，做到及时引导和纠偏；在现场观察的体验式教学中，会出现有些学生思考不积极和开小差现象，需要带队老师加强督促和纪律管理，同时从学生角度出发设计现场讲解案例，从而调动学生分析问题和解决问题的积极性；在小组讨论的教学模式中，往往会出现"浑水摸鱼"的现象，需要教师设计能够体现差异性的考核评价方法，督促学生拓展思路。

（三）总结反思

专业课程思政建设是实现立德树人根本任务的必然要求，是专业思政课程的重要补充，是当前推动高校思想政治工作的一个重要路径。交通运输类专业课程与社会经济、法制规范、人文环境等关联十分紧密，加强该类课程的思政教育，应当结合教学实践不断探索，深入思考该课程思政教育教学要点的设置、教学方式方法的创新、融入教学的效果评价等方面的内容，促进思政教育与专业知识有机结合。

"公共交通"课程思政教学案例

张　栋　徐洪峰　王　仲　唐国磊

大连理工大学建设工程学院　辽宁大连　116024

一、案例简介

（一）课程说明

"公共交通"是大连理工大学交通工程本科专业培养方案中的专业基础课程之一，每学年秋季学期开课。学生通过本课程的学习，应能从城市与交通互动发展的角度了解城市公共交通系统的发展沿革、组成及其特性；能从安全、环保、健康、经济、社会公平公正等多个角度思考公共交通问题；熟悉公共交通系统运营与管理的基本内容及评价指标体系；掌握多模式公共交通系统协同规划、运营与管理的技术与方法；了解公共交通在构建低碳城市与绿色交通系统中的作用；了解国家关于公共交通发展的方针政策和法律法规，结合实践教学环节，熟悉公共交通规划、运营与管理相关的技术标准规范；了解国内外公共交通系统发展的前沿和动态；养成精益求精、不断创新的职业道德和专业精神。

（二）课程思政教学概况

课程教学团队在习近平总书记关于高等教育的重要论述和全国教育大会精神的指引下，贯彻落实《高等学校课程思政建设指导纲要》，立足交通运输行业特色，紧密围绕"公共交通"课程教学目标和专业教学内容，提出"一体两翼"的课程思政教学理念，从家国情怀、制度自信、人文精神、职业道德、社会责任等多个视角发掘课程思政教学资源，实施基于建构主义教学理论的"课内教学、实践教学、时事教学"三位一体课程思政教学组织，探索多维度的课程思政教学效果评价方法，践行"立德树人"这一教育根本任务。经过多轮教学实践，初步形成了"公共交通"课程思政教学体系和资源，可为

作者简介：张栋，1987年，大连理工大学建设工程学院，讲师。

交通运输类专业课程思政研究和教学实践提供有益的参考案例。

二、思路与目标

课程教学团队围绕"立德树人"的根本任务，依据《高等学校课程思政建设指导纲要》，不断探索、完善"公共交通"课程思政教学目标定位、建设思路与实施方法。

（一）专业课程思政教学定位

习近平总书记在全国高校思想政治工作会议上指出："要用好课堂教学这个主渠道……使各类课程与思想政治理论课同向同行，形成协同效应。"课程教学团队经过反复研讨，认识到课程思政并不简单等同于"课程+思政"。思政课程与课程思政统一于"立德树人"的根本任务，前者是对学生世界观、人生观和价值观系统的显性教育，后者是在完成专业知识体系建构和素质能力养成的基础上，通过知识传授过程中对思政教育元素资源的挖掘和教学实施，潜移默化地塑造学生的情感认同，二者有机融合，方能达到协同育人目的。

（二）"公共交通"课程思政教学的理念和思路

作为城市客运交通的重要方式，公共交通与学生的日常生活息息相关。熟悉的公共交通出行体验一方面可以为课程思政教育提供丰富的场景素材；另一方面，也对教师如何抽象、凝练现象背后的思政要素提出了挑战。课程教学团队提出了"一体两翼"的"公共交通"课程思政教学理念，"一体"即"立德树人"这一根本任务，"两翼"分别为"讲好中国故事"和"演绎马克思主义基本原理"。在此基础上，进一步明确了"立足行业特色，结合专业教学内容，多视角、多层次深挖思政元素，结合实践教学环节引导学生学以致用"的"公共交通"课程思政教学建设思路，如图1所示。

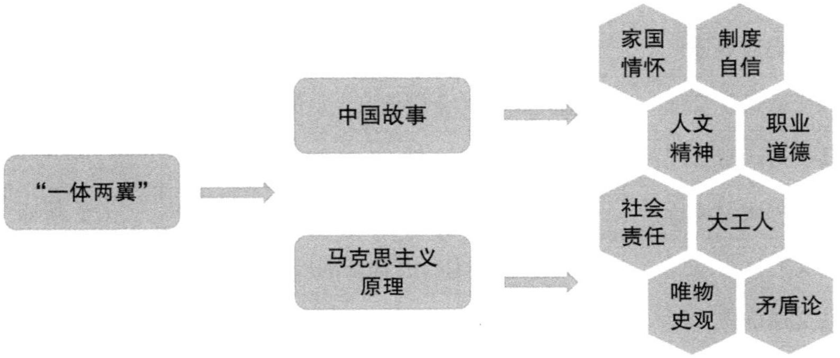

图1 "公共交通"课程思政教学理念与思路

三、设计与实施

（一）“公共交通”课程思政元素挖掘

对于专业课程思政元素的挖掘是落实课程思政教育的基础。教学团队围绕《高等学校课程思政建设指导纲要》，借鉴校内外、多学科领域课程思政教学的研究成果和案例，结合交通运输行业特点和课程教学内容的实际，总结凝练了家国情怀、制度自信、人文精神、职业道德、社会责任5个思政元素挖掘视角，在每个视角下均建设了多个典型素材（表1、图2），提升教学内容多样性，切实保证课程思政教学的实际效果。

同时，鉴于大连理工大学是新中国成立前夕，我党面向新中国工业体系创建的第一所综合性大学，具有与生俱来的“红色基因”。课程教学团队充分发挥这一特殊优势，结合课程教学内容进展，适时穿插介绍程耿东院士、王众托院士等时代浪潮中的大工人的先进事迹，以身边的案例引导学生建立正确的人生观、世界观、价值观和大国工匠精神。

表1　“公共交通”课程思政元素挖掘

序号	专业课程教学章节	思政元素	思政元素类别
1	绪论	旅美华人交通学者张秋先生事迹	家国情怀、职业道德
2	绪论	交通工程领域“十校十师”事迹	家国情怀、职业道德
3	绪论	从“骆驼祥子”到“无人驾驶公交”	制度自信、唯物史观
4	绪论	百年公交：杭州的历史记忆	家国情怀、人文精神
5	公共交通系统特性	大数据驱动的定制公交服务	社会责任、制度自信
6	公共交通系统特性	多源数据驱动的公交评价（实践）	制度自信、矛盾论
7	公共交通规划	地铁时代，杭州公交如何求变	社会责任、矛盾论
8	公共交通规划	公交线网革命	人文精神、矛盾论
9	公共交通规划	上海71路中运量公交	社会责任、矛盾论
10	公共交通规划	学生家庭所在地公交发展调研（实践）	家国情怀、社会责任
11	公共交通运营管理	新冠疫情下的公交从业人员的责任担当	职业道德、社会责任
12	公共交通运营管理	地铁时代，杭州公交如何求变	社会责任、矛盾论
13	公交服务质量评价	公共交通出行无障碍化	人文精神、社会责任
14	公共交通优先发展	《香港公交都市剖析》	制度自信、唯物史观
15	公共交通优先发展	中国城市公共交通优先发展战略	制度自信、职业道德
16	城乡公共交通一体化	深圳城乡道路客运一体化	制度自信、职业道德

（a）《香港公交都市剖析》

（b）地铁时代，杭州公交如何求变

（c）百年公交：杭州的历史记忆

图2 "公共交通"课程思政元素挖掘示例

（二）"公共交通"课程思政教学实施

在"公共交通"课程思政教学实施过程中，坚持以学生为中心，注重学生从初级认知能力向高级认知能力的跃迁。从课程思政案例学习入手，指导学生理解思政元素的内核，尝试解决公共交通领域的具体问题，在此基础上，引导学生解构课程思政案例中现象的要素以及背后的成因机制，提出基于理性的批判性观点，进而帮助学生达到自主创造专业知识以及规划个人职业生涯的目标（图3）。

在具体的操作层面，采用"课内教学、实践教学、时事教学"三位一体的教学组织形式，课程教学团队充分发挥各自特长，以案例讨论、专家讲座、读书报告、课程实训等多种方式调动、保持学生的学习兴趣，保证显性的专业知识讲授和隐性的课程思政教学的有机融合（图4）。

（1）结合专业知识教学需求，邀请交通运输部科学研究院［图5（a）］、规划研究院，深圳市城市交通规划设计研究中心股份有限公司以及大连市国土空间规划设计有限公司等单位的工程经验丰富的行业专家，结合具有典型思政意义的实际工程案例开展案例教学讲座及研讨，把政策、法规、文化等要素融入课程案例教学之中，将无形的价值观教育和有形的专业知识教学有机融合，使得公共交通课程思政教学更加饱满、鲜活。

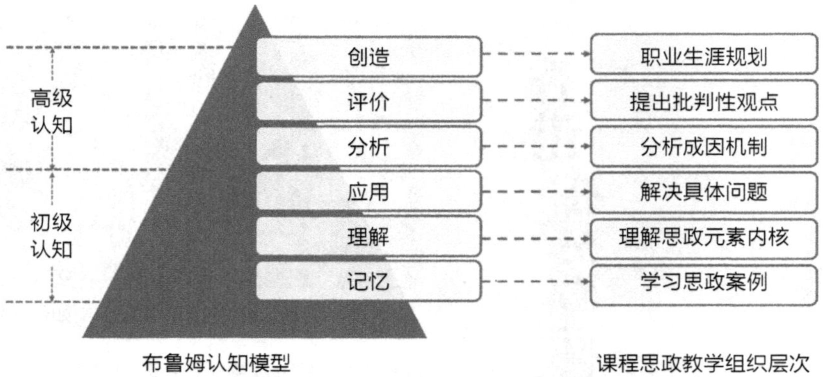

图3 “公共交通”课程思政教学层次

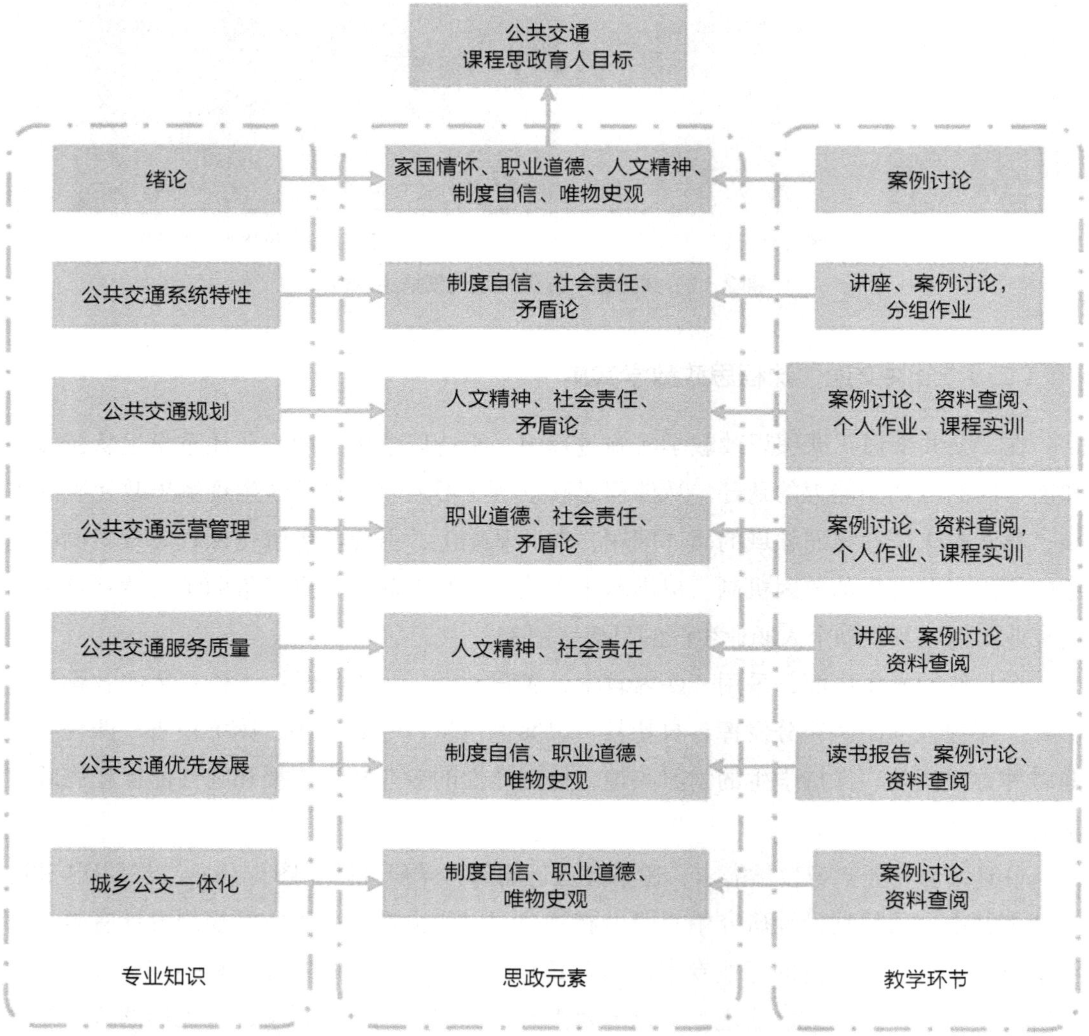

图4 “公共交通”课程思政教学组织

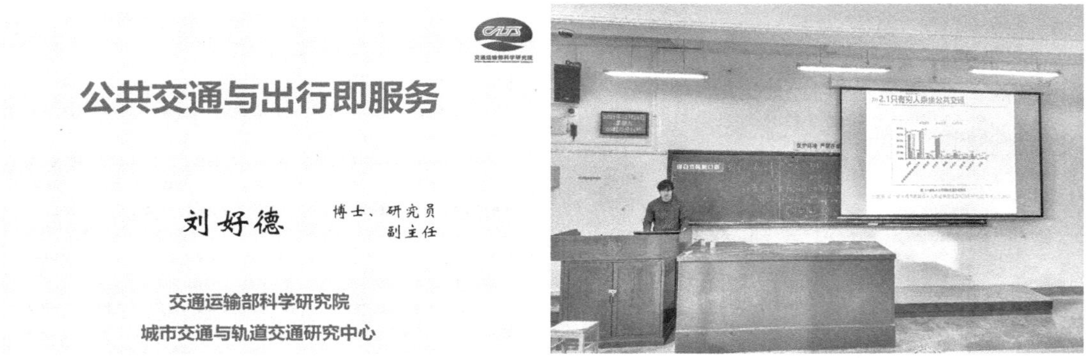

（a）交通运输部科学研究院专家讲座　　（b）翻转课堂学生分组报告

图5　以专家讲座和翻转课堂形式落实课程思政教学

(2) 结合公共交通优先发展、公交都市示范工程建设等城市公共交通领域的国家顶层战略政策设计，引导学生认识课程中所讲授的具体的专业知识、方法、技能的宏观战略意义，帮助学生树立高瞻远瞩的专业视野、顶天立地的专业精神和敢挑重担的担当意识。

(3) 在读书报告和课程实训环节，基于建构主义教学理论，采用翻转课堂的形式组织教学［图5 (b)］。任课教师将整个教学过程分为课前、课中和课后三个环节。在课前，任课教师根据章节教学内容和学生情况，完成融合课程思政元素的教学材料设计，明确学生需完成的学习内容、学习方法以及成果要求；学生以个人或小组协作的方式，通过检索学习资料等手段习得完成给定任务所需的知识和能力，完成规定的学习任务，并准备报告和汇报材料。课程中，以学生为主体开展学习成果的汇报，任课教师引导全体学生参与讨论，同时从专业知识和思政教育两个角度加以点评和指导，帮助学生建构专业能力、提升思政素养。课程后，学生进一步完善课程成果并提交最终报告，任课教师根据教学情况对教学素材做进一步优化调整。

（三）“公共交通”课程思政教学效果评价

对于学生课程思政的学习效果，区别于传统的专业知识教学环节中以知识点为对象的考核方式，侧重对于课程思政学习进行过程考核和形成性评价。明确要求学生在读书报告、课程实训报告等环节的学习过程和成果报告中体现出对于相关课程思政要素的考虑；采用任课教师、课程助教综合评分，小组成员互评等方式综合评判学生课程思政学习的效果。

对于课程本身思政教学效果评价，教学团队一方面针对学生开展问卷调查，收集学生反馈；另一方面，与学校教学督导专家开展座谈，记录督导专家对于课程思政教学实施的评价和反馈建议，作为课程思政教学持续改进的依据，如图6所示。

表1 评分标准

评分项	评分子项	评分标准	得分
文稿制作	是否使用了任课教师指定的模板（15分）	使用任课教师指定的模板，15分；未使用任课教师指定的模板，10分	
	总体风格：字体、字号、配色、图表使用规范、美观（15分）	较好（15分），一般（10分），较差（5分）	
现场表现	小组成员精神饱满、态度认真（10分）	较好(10分)，一般(7分)，较差（5分）	
	现场互动（10分）	较好(10分)，一般(7分)，较差（5分）	
	时间控制（10分）	以15分钟为准，低于14或者高于16分钟后，每1分钟扣1分	
汇报内容	涵盖章节全部要点（15分）	较好（15分），一般（10分），较差（5分）	
	层次清晰、逻辑性强（15分）	较好（15分），一般（10分），较差（5分）	
	有自己的评论或观点（10分）	较好(10分)，一般(7分)，较差（5分）	

（a）课程分组报告评分标准

张栋老师“公共交通”课程课堂教学听课报告

时间：2019年10月15日（星期2）第3-4节

地点：综一211

我于2019年10月15日（星期2）第3-4节在综一211听了张栋老师“公共交通”的课堂教学，并阅读了学生问卷调查的反馈意见和建议，现形成听课报告如下。

张栋老师备课充分，讲课过程中仪表自然大方，语言生动，条理清晰，举例充分恰当，课堂内容把握准确，信息量大，知识体系层次分明，能够做到理论和实际相结合，将科研成果应用到课堂教学中。采用反转课堂，给学生布置讨论题目并在提前准备的前提下，在课堂中面向老师和全体同学进行报告，并由老师进行点评指导，收到了良好的效果。以上表明张栋老师热衷本科教学工作，敢于探索和尝试新的教学教法，积极为学校本科生的人才培养做出自身的努力，值得肯定，也值得我学习。

为更好地帮助张栋老师在教学水平和课堂讲课效果上的提升，使课堂教学发挥最大的育人功能，本人建设性地提出以下意见和建议，供张栋老师参考，不当之处请批评指正，以起到相互学习，共同进步的目的。我也将当面与张老师沟通，把意见和建议反馈给张栋老师。

1、建议讲课过程中更加富有激情。本次听课来看，讲课声音偏小，特别是在有同学迟到、挪动桌椅造成噪音时，影响到了其他学生的听课效果。此外，建议讲话声音最好能够抑扬顿挫，做到重点突出和强调，甚至有些重要的知识点反复重复。讲课时建议不要固定一个位置，站在讲桌后面，而是要增加走动，加强与学生的互动和接触，使老师和学生更好的融入到课堂中。老师自由走动，也是驾驭课堂、表明自信的方式，另外拉近了学生和老师之间的距离，增加了课堂的活跃性。

2、课件PPT文字过多，字体偏小，色彩显得单调。比如下图1左侧图，很多文字是一般性描述，甚至是前后内容联系的转换用语，只需在讲课时讲出来就行，不必全部放在ppt中，冲淡了重点知识点；右图是我在讲授一门课中，关于某些定义和分类的ppt课件，内容上类似本节课的讲课内容，可供张栋老师参考。建议将讲课内容进行简化凝练，如果概念等的定义在教材或讲义上有详细描述，课件上应进行高度概括，用更大的字体或带颜色的形式进行强调，多个学生在问卷中也提出“讲课时可以更加强调重点”、“多指明重点，突出强调”，表明学生也有类似感受。图片和表格等应符合PPT展示的

（b）教学督导听课报告

图6 “公共交通”课程思政教学效果评价

四、特色与创新

作为交通工程专业本科生的专业课程，大连理工大学“公共交通”教学团队在课程思政教学实践中进行了广泛的、有益的探索和尝试，形成了具有一定创新特色的教学实践成果。

第一，围绕“立德树人”的根本任务，明确了专业课程思政教学的定位，提出了“一体两翼”的教学理念；第二，结合“公共交通”专业教学内容，提出了家国情怀、家国情怀、制度自信、人文精神、职业道德、社会责任5个课程思政元素挖掘视角，并设计了具体的思政教学案例；第三，在教学组织环节，提出了基于布鲁姆认知模型的思政教学层次划分方法，以及基于建构主义理论的“课内教学、实践教学、时事教学”三位一体的教学组织模式并加以实施，有力保证了课程思政教学效果的达成。

五、反思与分析

“公共交通”课程专业教学和思政教学获得了大连理工大学交通工程专业学生和学校

的认可。在学生评教环节位列全校前列，获校教学质量优良奖，获得教育部产学合作协同育人项目和大连理工大学建设工程学部课程思政建设专项资助。

作为由专业教师组成的教学团队，在课程思政建设过程中愈发体会到专业课程的课程思政教学工作只有进行时，没有完成时，其最高境界是盐溶于水、润物无声，故未来将以更高的热情和标准深入挖掘课程思政元素，与专业教学内容有机衔接建设课程思政教学资源。具体而言，将从以下两个方面入手持续改进：

（1）结合国家综合立体交通网、交通强国建设等国家交通运输领域的顶层战略设计，系统挖掘其中蕴含的丰富的课程思政元素，形成更具典型性、系统性的案例，并加强与实践环节的融合。

（2）进一步提高任课教师团队的思政理论水平和教学实践能力，积极探索、尝试线上线下融合的混合式课程思政教学模式，提高教学效率，保证学习效果。

“以人为本”的慢行交通设计

陈　茜　项乔君　马永锋

东南大学交通学院　江苏南京　211189

一、案例简介

（一）“交通设计”课程思政建设

“交通设计”是东南大学交通工程专业（首批江苏省课程思政示范专业）的一门专业主干课程，是交通工程专业开展思政教育的重要阵地之一。“交通设计”课程思政教学结合工程教育专业认证的成果导向、以学生为中心和持续改进三大教学理念，融合思政教育和专业教育的内涵，确立“立足专业特色、深挖思政资源、注重学用融合、提高思政素养”的课程思政建设指导思想，优化课程建设方案（图1），引导学生增强社会责任感和历史使命感，树立志向高远、意志坚定的思想品格，积极投身创建世界一流的交通运输事业中。2021年该课程获得东南大学校级课程思政优秀示范课程。

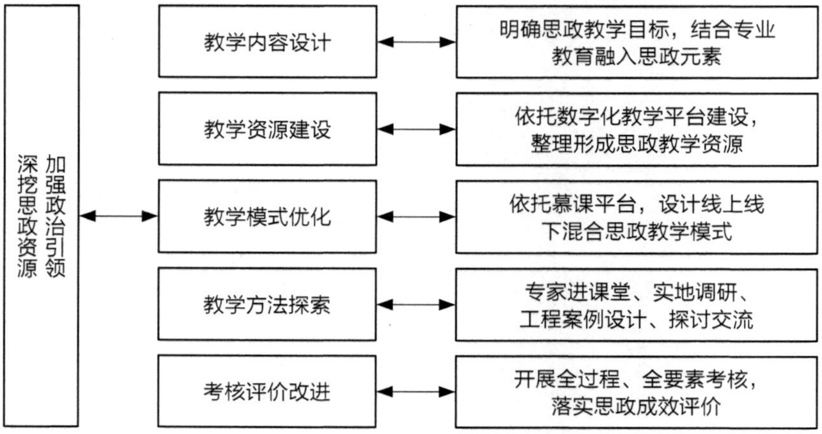

图1　“交通设计”课程思政建设路线

作者简介：陈茜，1978年，东南大学交通学院，副教授。

（二）“以人为本”的慢行交通设计案例简介

慢行交通设计是“交通设计”课程中的一个重要章节，思政元素比较丰富，体现了慢行交通设计观念的时代转变。我们前几十年的城市规划习惯于将小汽车交通置于优先考虑的地位，随着机动车保有量的不断增长，非机动车、行人路权被严重挤压，支路网建设滞后，非机动车和人行道的空间能省则省，有的甚至直接从干道上消失，车道断头、违停占压、占道经营等因素严重影响非机动车和行人出行。

中国古代就富有“天人合一”的思想，其核心就包含“以人为本”的指导思想。发达国家经历了几十年汽车时代的辛酸苦辣，终于认识到城市交通规划不是为车，而是为人。从道路交通规划和设计层面引领理念转型升级，鼓励绿色出行势在必行。让路权分配回归“以人为本”，在交通规划设计中更多考虑非机动车和行人通行权，才是治本之策。把“人本”价值作为推动城市发展的核心取向以及改进城市服务和管理的重要标尺，成为“为人民谋幸福、让生活更美好”的根本理念。

二、思路与目标

（一）拟解决的主要问题

针对从“传统步行”到“机动快行”的发展过程带来的环境污染、道路拥挤、出行不便、气候恶劣等一系列问题，积极思考城市及交通发展的内生问题及解决策略。通过中国古代慢行设计案例、国内外慢行系统优秀设计案例等，为现代“慢行交通”提供有益的思想借鉴，引发对“以人为本”慢行设计的思考与探索。

（二）课程思政教学改革理念和思路

现代城市慢行交通的建设正在步入一个更高层次的阶段，面临着从“重视机动车通行”向“全面关注人的交流和生活方式”、从“工程性设计”向“整体空间环境设计”、从“强调交通效能”向“促进街道与街区融合发展”等方面的转变。通过思维的创新、方法的创新，促进城市道路建设与人居环境公共活动空间的融合发展，从而激发城市的生命力、实现城市复兴。

结合课程目标，通过课程思政教学内容设计、课程思政授课模式创新、校内外教学资源整合、研讨交流和设计实践融合、全过程全要素考核方法改进等建设手段，将法制、规范、人文、伦理等相关思政知识融入课程思政的重要环节中。期望通过课程建设与改革，强化“以人为本”的设计理念，使学生掌握城市道路慢行交通设计的基本原则，了解慢行交通设计的基本方法，能够灵活解决城市道路慢行交通的设计问题。培养学生“以人为本”的价值取向，具备对法制规范、社会环境、风俗习惯的综合理解和分析能力，具备系统思维、综合优化的设计能力，能够设计出以提高城市生活水平为目的的道路设计作品，创造高效、便捷、安全的慢行出行环境。

三、设计与实施

（一）整体思路

“以人为本”的慢行交通设计的课程思政以“三全育人”思想为引领，结合专业人才培养方案和课程大纲，对教学内容、教学环节、考核方式等几个方面开展建设：(1) 加强政治引领，梳理挖掘慢行交通设计中的法制、人文、伦理等方面思政要素，开展课程思政的教学内容设计；(2) 依托本课程的MOOC专家讲座资源，设计线上线下混合教学模式，创新教学手段；(3) 设计现状调研、研讨交流、实际工程案例构建等沉浸式教学环节；(4) 以学习活动为中心，改进课程思政考核方法，落实思政引导的评价成效。

（二）教学设计

围绕课程思政教学改革目标，课程组编写了课程思政教学大纲，结合教材（《道路交通设计》，2017年出版）的相关内容，对各子章节教学内容的课程思政要素、教学实施过程、教学环节以及课程思政考核要点进行了梳理，进一步细化了课程思政的实施方案(表1)。

“交通设计”课程考核方式中，由考试（60%）和平时实践作业（40%）两部分构成。平时实践作业由调研报告、设计作业、研讨交流、课程论文等部分组成，作业中对于课

表1　“以人为本”的慢行交通设计课程思政教学设计

教学内容	课程思政要素	教学实施	核心教学环节	考核要点
慢行交通设计基础	“人本”价值	(1) 引用古代步行对速度与礼节的要求，以及古代优秀的步行道路设计案例，体会中国历史悠久的步行文化，体会“天人合一”的传统思想 (2) 结合现代慢行交通的特征（步行的速度、步幅、空间特征，非机动车的速度特征、运动特征），以及慢行交通出行在社会交往中对于安全舒适的需求，引入“人本”价值的核心要义 (3) 针对以人为本的核心价值，开展课堂讨论，总结慢行交通设计的基本原则	案例教学 研讨交流	课堂讨论中能够积极思考人本价值的内涵，从专业角度进行挖掘和概括

（续表）

教学内容	课程思政要素	教学实施	核心教学环节	考核要点
行人过街及通道设计	法制伦理	（1）了解各国道路交通安全法律法规中对行人的保护要求，特别是在无信号控制的人行横道上行人的优先权。学习我国《道路交通安全法》关于行人过街的有关规定，在道路交通设计中树立行人保护的法治意识 （2）引用北京中关村南大街的路段设计案例，展示不同路段出入口和行人过街通道设置方案引发的安全、效率、伦理的矛盾处理方法，展开研讨。此基础上展开对于过街及通道设计的过街形式、安全岛、无障碍设计的内容介绍 （3）结合交叉口及路段设计作业，体现行人过街的设计细节	案例教学 研讨交流 课程设计	课程设计中能够体现对慢行交通的问题发现，能够用系统性思维解决快慢交通的矛盾
人行道设计	开放共享	（1）针对慢行通道设计太窄、被占用、不连续等问题，要求学生课前搜集城市中慢行通道不合理设计的实例，课堂展开研讨。引发对非机动车、慢行路权分配问题的思考。结合不同类型道路的功能定位，确定人行道设计参数选取的原则 （2）通过介绍纽约、北京、上海等城市街道设计导则和设计案例，树立道路开放设计、空间共享的理念，对道路断面的优化、宽度净空、一体化设计等学习内容展开介绍	实际调研 案例教学	调研内容广泛、研讨中能够体现开放、共享的城市空间一体化布局的思维理念
非机动车道设计	绿色和谐	（1）通过案例了解国内城市道路中非机动车出行遭遇“无路可走”的窘境。思考交流城市非机动车交通作为重要的城市绿色出行方式的定位与发展思路 （2）介绍武汉、南京等城市慢行交通规划的相关内容，突出非机动车道路系统连续性设计的理念与方法。介绍荷兰、瑞士、德国等国家通过设置自行车专用道路、高速道路来保护自行车路权的案例，学习城市绿色交通出行方式的鼓励措施，突破非机动车交通设计传统认知 （3）课后通过学习MOOC平台专家讲座资源《精细化的步行和自行车交通设计》，进一步深化慢行交通设计与城市总体规划协调发展的绿色思想	案例教学 研讨交流 专家讲座	研讨中能够体现对绿色交通的理解，并能结合非机动车交通特性对城市非机动车交通发展提出设计、管理等方面的思考
慢行无障碍设计	平等友善	（1）结合相关研究文献阅读，了解我国残障人士的出行特征与出行困境 （2）实地调研所在城市道路无障碍设计的现实情况，列举不合理的设计方面 （3）学习借鉴国内外城市无障碍设计的优秀案例，树立创造平等、友善的出行环境的设计目标，学习无障碍交通设计的方法	文献阅读 实地调研 案例教学	结合文献阅读和实地调研，了解城市中残障人士的出行困境。树立平等友善的设计理念

程思政的考核评分在基本得分基础上可以上下浮动10%~30%不等，结合课程思政要素的占比灵活确定。期末考试中有50%的题目属于工程案例设计和分析，课程思政要素也占有一定的考核比例。通过调查反馈，同学们大多比较认可目前的考核方式。

四、特色与创新

（1）将社会主义核心价值观与工程价值观充分融合，作为“以人为本”的慢行交通设计价值导向。结合教学内容的特点，深度挖掘思政要素，将行业技术发展状况嵌入价值引领，该部分课程可以作为“交通设计”课程思政的一个重要实施案例，实现“思政”与“专业”的“基因式”融合。

（2）将调研、研讨、设计、实践等环节有机串联，全面提升专业课程思政育人的吸引力和感染力。通过教学内容的精心安排和教学环节的协调组织，引导学生们作为交通出行者的角色充分参与到问题的发掘中，作为交通设计者全面关注交通系统协同运行的设计优化目标中，通过不同角色定位的利益碰撞，深度思考“以人为本”的专业内涵，突破专业思政教育“孤岛化、空泛化、标签化”的困境，实现显性教育和隐性教育的有机结合。

五、反思与分析

（一）课程思政教学改革的实施效果及成果

本次课程思政教学改革在东南大学交通工程系2018级、2019级两届学生的“交通设计”课程中开展了实践。根据课程调查反馈，学生们在学习过程中，对于工程案例的历史、社会、人文等背景，交通强国战略的解读，交通设计中的工程价值观，交通设计涉及的法规，规范解读等课程特色思政元素有了一定的认识，对于树立全面、正确的工程观起到了积极的引导作用。在慢行交通设计内容学习方面，转变了对于“交通设计＝机动车交通设计”的传统认知，树立了“以人为本”的设计理念，在问题分析中能够综合考虑法制、规范、人文、伦理等方面的要素，在设计作业中能够践行社会主义核心价值观，提交有温度、有张力的设计作品。

（二）存在的问题及改进思路

1. 存在问题

（1）工科教育体系中对于人文社科、法制伦理等方面的教育比较薄弱，学生在学习慢行设计中相关的价值引领方面理解深度、广度都有限，老师们对于课程思政的要素解读、内涵引领能力也欠缺，需要加强相关的人文素养训练。

(2) 在交通工程专业同学们的认知中，专业素质的培养离不开对国情、社情、党情的充分把握，专业课程的思想政治教育更能激发学生的共鸣。在本课程的课程思政各项要素中，文化自信相对比较薄弱，这与课程知识体系中自我创新的相关方法和技术内容较少的问题有关，需要加强相关内容和导向的植入。

(3) 本课程的实践案例较多、思政元素内容丰富，但是存在案例角度多维、要素零散的问题，不能够形成有撞击力、穿透力的大案例，课程思政的影响力和扩大效果不够明显。

2. 改进思路

课程思政建设要充分发挥课程的德育功能，运用德育的学科思维，提炼专业课中蕴含的社会责任、文化自信等价值范式，将其嵌入课程教学中实现知识传授与价值引领相融合，提升专业课程的思政教育感染力，培养学生的家国情怀和行业理想。针对本课程的问题与不足，在下一步的课程思政教学改革中，从以下几个方面继续推进。

1) 加强交通设计课程思政教育重要性的引导

在“交通设计”课程思政授课过程中，应脚踏实地，注重进一步融入国情、社情、党情的分析。例如，可以结合党中央关于实现“双碳”目标、交通强国等重大战略决策和部署，加强课程内容与国家战略的联系解读，培养学生的家国情怀，提高创新意识，强化担当使命。可以结合交通设计相关的新闻报道等热点内容，组织研讨交流，引发学习热情。

2) 加强学生在人文社科类知识素养方面的培养

学生们在“慢行交通设计”学习过程中，对传统的交通工程学的基础理论依赖程度较小，关注要素包括工程案例的历史、社会、人文等背景，交通强国战略背景，交通设计中的工程价值观，相关法规、规范等较广范围。育人体系方面应加强相关课程的知识弥补，优化知识结构，构建“大思政”格局。在课堂讲授方面也需进一步加强设计案例的背景知识介绍，帮助学生了解历史人文、地理环境、经济发展等方面的特征，以便更好地理解方案的产生、优化的工程过程，强化“交通设计”整体思维。

3) 提高专业教师的思政理论水平和实践能力

一方面注重加强本课程组教师自身政治素质的培养，计划通过与马克思主义学院老师合作开展课程共建，强化专业课程教师的思想政治认识，定期参加思政授课的技能训练，提升思政课程的教学能力，努力将课程从“小设计”提升到“大思政”的高度。另一方面，要注重教师的自身专业理论的功底夯实。“交通设计”是一门实践性很强的课程，教师的基础理论水平、工程实践经验都是影响课程效果的重要方面，只有以“职业化、专业化、专家化”为目标对专业授课老师提出要求，才能更好地承担课程思政的教学任务。此外，思政课程教师要善于沟通和交流，充分了解学生特点、明确他们的需求，才能更好地因材施、落实思政教育的初衷。

学好轨道交通运营，贡献交通强国战略

苑红伟　李　鑫　莫祥伦

中国矿业大学矿业工程学院　江苏徐州　221116

一、案例简介

（一）课程和案例的基本情况

“城市轨道交通系统运营管理”课程是中国矿业大学交通运输专业的主干核心课程，教学对象面向交通运输专业大三年级学生。课程思政案例涉及城市轨道交通的发展、客运管理、安全管理等方面。

（二）思想政治教育与专业教育的融合情况

“城市轨道交通系统运营管理”课程教学过程中，注重思想政治教育与专业教育紧密融合。通过该课程的学习，培养学生利用运营管理知识分析解决城市轨道交通行车和客运问题的能力以及实践创新能力，达到所学专业对毕业生知识结构要求和基于科学原理并采用科学方法解决城市轨道交通领域复杂问题能力要求的培养目标。

在教学工程中，融入理想信念（爱国情怀、坚定信念、历史使命、文化自信）、思想品德（价值塑造、社会责任、法治意识）、素质培养（思维培养、科学发展、人文精神、安全意识）、爱岗敬业（工程伦理、职业教育）等一系列思政元素。

（三）课程思政教学改革实践情况

本课程教学内容紧密结合城市轨道交通运营生产实践，培养学生空间思维，注重内容的实践性、前沿性，知识体系的系统性。教学全过程以立德树人为根本遵循，思想政治教育与专业教育相融合，引导学生树立社会主义核心价值观，德智体美劳全面发展。近年来，通过不断开展课程思政教学改革及教学实践，持续挖掘课程思政元素，改进教学方法，完

作者简介：苑红伟，1973年，中国矿业大学矿业工程学院，副教授。

善课程思政体系建设，提高教学效果，达到交通运输专业课程思政教学目标及毕业要求。

（四）案例选用意义

通过深入挖掘本课程思政元素，形成典型的课程思政教学案例，形成可推广、可复制的教学改革经验，将之有效融于专业知识教育中，培养德智体美劳全面发展的服务于交通强国建设的新时代社会主义建设者和接班人。

二、思路与目标

（一）实施目标

通过课程思政教学改革，促进专业课程与思政课程同向同行，引导学生以为服务国家交通强国战略而奋发进取、为奉献国家交通科技而努力成才为目标，通过创新课程教学方法、丰富城市轨道交通系统运营管理课程内涵、优化课程教学设计、改进课程教学管理等，将立德树人价值追求有机融入城市轨道交通系统运营管理课程教学，形成全员、全过程、全方位育人浓厚氛围。

（二）实施思路

本课程思政案例深度挖掘爱国情怀、道德修养、科学精神、人文素养、交通强国价值观、法治思维、安全环保节能意识等各类思想政治类教育元素并融入教学各环节，积极探索探究-研讨式教学、全过程系统性考核等课程教学改革，推行启发式讲授、互动式交流、探究式讨论的课堂教学改革，增强教师与学生的深度对话、交流和共鸣，鼓励学生独立思考、善于表达，培养学生的科学思辨力。

本课程思政改革与建设思路主要体现在把思政教育贯穿于课程目标确立、课程知识融合、课程素材挖掘与整合、教学设计、课堂规划、课堂实施以及课程评价与改进等全过程，力求通过系统规划和巧妙设计，以“润物细无声”的方式潜移默化地把课程思政元素嵌入专业课程中，以实现寓价值观引导于知识传授和能力培养之中的课程教学目标。

三、设计与实施

（一）课程思政总体教学设计

科学定位课程育人目标。按照新时代人才培养要求，设计价值塑造、能力培养、知识传授“三位一体”的人才培养教学目标，实现知识传授与课程思政育人的和谐统一。

按照专业课程思政建设矩阵图，本课程在历史共性范畴中分别进行“德育、智育和美育”的教学目标设计；在第二部分根据行业特色进行设计，具体见表1。

表1　　课程思政总体教学设计

序号	思政元素	素材及教学设计	备注
1	立德树人，家国情怀	培养、激发和激励学生爱国、爱校、爱专业的家国情怀，坚定“四个自信”	历史共性：德育
2	交通未来，传承发展，启迪智慧	融合中华优秀传统文化，推动提升学生智慧和能力，育人以智，达到分析和解决复杂交通运输问题的育智能力	历史共性：智育
3	美感教育、升华艺术	规范制图、准确行文，升华学生发现美、欣赏美、创造美，达到知行合一	历史共性：美育
4	交通强国建设、自信自强、工程思维	理论联系实际，结合我国轨道交通快速发展进程和伟大成就，坚定四个自信，设计分析解决复杂运营问题的解决方案	行业特色
5	奉献创新精神、责任担当意识培养	弘扬精益求精的大国工匠精神，研究运营管理难题；发扬我国轨道交通的创新发展精神，培养创新意识和研究能力	行业特色
6	强化安全观念、绿色可持续发展	突出轨道交通绿色骨干优势；交通与环境协调和可持续发展，分析轨道运营中的风险及事故，强化安全生产意识	行业特色
7	社会主义核心价值观、职业伦理、爱岗敬业	弘扬社会主义核心价值观，以职业理想、伦理和道德履行职业规范，结合我国轨道交通工作人员爱岗敬业精神典范，向学生传播爱岗敬业、服务社会的思想	行业特色

（二）深度挖掘课程思政教育元素

基于学情分析及“城市轨道交通系统运营管理”课程的特点，深入分析专业学生的学习需求、成长规律和价值取向，挖掘本课程知识体系所蕴含的家国情怀、大国工匠精神、传承与创新、爱岗敬业精神、社会主义核心价值观等思政元素，并“润物细无声”地融入教学过程中，实现课程思政育人的效果。

1. 课程思政内容具体设计

结合工程教育专业认证及新工科建设要求，依据课程思政设计目标，“城市轨道交通系统运营管理”课程具体课程思政教学内容设计如表2所示。

表2　具体课程思政元素设计

课程知识点	思政教育元素	实施方法
城市轨道交通的发展、轨道交通人才需求	中国梦、爱国主义精神、民族自信自豪感、终身学习的观念、责任感与使命感	画龙点睛式导入、案例教学
轨道交通系统运营特性、未来发展趋势	绿色环保节能意识、科技报国精神、智慧轨道交通、交通强国、艰苦奋斗精神、创新精神	画龙点睛式导入、案例教学、视频教学
城市轨道交通客流预测方法	系统的观念、以人为本、社会主义核心价值观	隐性渗透、讨论交流
全日行车作业计划及运行方案编制	精益求精、系统全局的观念、乘客至上、效益效率安全相统一	隐性渗透、专题讨论
列车运行图铺画	探索钻研、系统协调、安全至上、严谨规范、美感教育、系统全局的观念	专题讨论、实践体验
轨道交通车站管理、客运组织	中华优秀传统文化教育、以人为本、奉献精神、严谨细致、服务意识	隐性渗透式、实例讨论法，挖掘传统文化及地方特色
轨道交通运输能力意义与加强方法	系统全局的观念、精益求精的科学态度、求是创新精神	专题讨论、研讨交流
列车运行控制系统的发展、调度工作	艰苦奋斗工匠劳模精神、安全生产意识、敬业乐群岗位责任感、团队协作大局观念	专题嵌入、视频教学、实验讨论
安全管理、应急预案	安全第一的意识、预防为主的观念、敬畏生命、遵章守纪法治思维	事故案例教学、视频教学、研讨交流
轨道交通运营效益评价	社会责任、系统辩证思维	隐性渗透、研讨交流

2. 持续开发设计课程思政教学资源

设计制作融入课程思政的教学课件、教学视频，建设典型课程思政教学案例、网络教学资源，线上线下结合多渠道开发课程思政教学资源，使课程思政的实施兼具广度、深度与温度，点线面一体化。本课程思政教学案例主要从下列方面进行设计。

1）城轨的发展注入思政教育

我国城市轨道交通的巨大发展成就，离不开党的英明领导、国家整体实力的提升、科技工作者的奉献创新精神、劳动人民艰苦奋斗的光荣传统。通过世界及我国城轨发展历程及智慧城轨介绍，培养学生家国情怀，感受中国制造中蕴含的科技报国、工匠精神，进而激发学习热情。引入“交通强国建设应该怎么做”的问题组织开展小组讨论，发挥学生的想象力，积极思考讨论，引导学生分享学习经验、互相评价，培养学生沟通交流、团队合作能力。

2）轨道交通行业名人励志感染

在城市轨道交通列控系统内容中，引入詹天佑、施仲衡、王梦恕等轨道交通名人专家事迹，培育学生科技报国的家国情怀、精益求精的工匠精神，在调度工作中培育爱岗敬业及质量意识。融入行业新技术，画龙点睛式建立职业荣誉感。

3）轨道交通客运管理知识融入思政教育

车站是精神文明的窗口，要弘扬优秀传统文化，增强文化自信，培养尊重乘客、遵章守纪、爱岗敬业、勇于奉献的城市轨道交通职业道德和严谨认真的工作态度，培养诚实守信的社会主义核心价值观以及“安全第一、预防为主”的责任意识、吃苦耐劳的工匠精神和法治观念；以车站各岗位的职责要求，培养良好的团队合作精神；按照轨道交通标准化作业的要求，培养标准化作业意识，增强心理素质，提高应急应变能力。

4）建立理论与实践紧密结合的课程思政资源

针对轨道交通运营关键岗位调度员和值班员，剖析岗位职业素养，提炼严谨规范、团结协作、统一指挥、安全意识等课程思政育人要素。以作业的形式让学生开展轨道交通调查实践或鼓励学生参加轨道交通工作志愿者服务活动，在实践活动中学习轨道交通知识，感受交通人爱岗敬业、奉献社会的思想理念。基于轨道交通实验实习及课程设计教学环节，培养学生热爱劳动、精益求精的工匠精神，善于思考、勇于创新的精神，理论与实践结合解决复杂问题的能力。

5）轨道交通安全管理事故案例分析

在“城市轨道交通系统安全管理”教学内容中融入实际典型事故案例分析，引入生命至上、安全意识、责任担当、遵章守纪法治思维的思政元素教育。通过翻转课堂，让学生分析事故案例，培养学生独立思考能力，利用安全管理相关理论知识来解决问题并明确自己的社会责任与未来的岗位责任。

3. 课程考核评价融入思政元素标准

考核全环节体现的课程思政元素：遵章守纪、勤于思考、积极发言、诚实守信、严肃认真、正确对待分数与能力提高的关系。在原有课程评价标准的基础上融入课程思政育人评价标准，包括学生思想品德素质是否提高、职业素养是否提升、学生对该课程的学习兴趣是否被激发、学习效果是否明显改善等方面，并结合评价结果和学生的反馈对课程教学进行持续改进。

四、特色与创新

1. 构建交通运输专业课程思政教学体系

全面挖掘“城市轨道交通系统运营管理”课程思政元素，将课程思政融入每一章节。

创新教学方法、教学手段和教学过程设计，以学生为中心，强化毕业要求和课程目标达成度评价的反馈改进环节，与其他专业课程一起形成交通运输专业课程思政教学体系，形成课程思政协同育人效应。

2. 强化“为党育人，为国育才”的理念

持续推进“城市轨道交通系统运营管理”课程思政建设，在教学设计、课程教学、教学方法、教学评价、教学质量监控等多方面落实课程思政建设任务，推动价值塑造、能力培养与知识传授三者有机结合。

3. 面向国家需求，推进课程思政体系建设

以培养“交通强国”和“双碳”国家战略需求人才为目标，以专业知识与课程思政元素交叉融合为突破，优化课程知识体系。

4. 深化OBE理念，持续提升课程教学质量

强化以课程教学目标为导向，课程思政为灵魂，贯彻OBE教育理念，以学生为中心，持续改进教学产出的评价方法。深化课程考核内容审核机制，保证考核内容对教学目标科学覆盖。

5. 依托精品在线开放课程平台，构建和谐共生的线上线下育人机制

通过学生线上慕课学习，充实巩固加深课程知识点，线上学习空间与线下课堂教学相结合，融入家国情怀、工匠精神等思政内容。

五、反思与分析

（一）课程思政教学改革的实施效果及成果

通过“城市轨道交通系统运营管理”课程思政教学改革，充分挖掘并融入思政元素，达成课程教学目标及课程思政目标，学生的专业热情及学习积极性提高，并取得如下成果：

（1）立项学校“城市轨道交通系统运营管理”“动力中国·课程思政”示范项目并以优秀成绩结题。通过课程思政教学改革，交通运输专业学生提高了对“城市轨道交通系统运营管理”课程的学习兴趣，课堂气氛变得活跃，学生的思维得到启发，学习态度、人文素养和责任意识得到了加强。

（2）形成完善的“城市轨道交通系统运营管理”课程质量标准。课程思政内容纳入课程质量标准，明确思政教育的融入点，充分体现思想政治教育与交通运输专业教育的有机衔接，提高了该标准的纲领指导性。

（3）优化了“城市轨道交通系统运营管理”课程思政教学过程。积极探索混合式、

多样化、翻转课堂等教学方式，努力实践多样化教学手段，不断丰富课堂教学内涵，课程教学效果被评为优秀，作者获得“校级百佳教师奖”。

(4) 建设了紧扣课程思政主题，包含设计方案与实施成果的课程思政典型教学案例和课程思政教学视频教学资源。

（二）存在的问题及改进思路

1. 存在的问题

(1) 思政教育与专业教育难以水乳交融，思政元素的导入形式不够自然，还有待改进，融入方法还需要完善。

(2) 教师人文素养需要进一步提高。要在专业课教学中贯穿家国情怀、职业道德、价值引领方面的思政元素，强化专业课的德育功能，除了专业知识扎实外，还必须具有开阔的视野以及深厚的人文素养。

(3) 教学方法和教学形式还需要优化，影响教学效果。

2. 改进思路

(1) 完善课程教学过程设计，充分利用多媒体技术，改进线下线上混合式教学方式，完善思政元素的导入方式，真正达到水乳交融、润物细无声的效果。

(2) 教师要广泛涉猎，拓宽自己的知识面，加强中华优秀传统文化的学习，引经据典，提高自身的人文素养，做好知识传授和价值引领同步进行，增强挖掘课程思政元素的能力。

(3) 充分进行学情分析，掌握大学生心理状态，调整教学方式方法，注意教学艺术，采取新时代大学生乐于接受的视频、动画、微课等形式自然导入思政元素，多通过互动探讨场景体验等形式培养学生的思辨能力。多样化的教学形式让学生不断有新的体验，引导学生在今后的生活中不断创新，追求卓越。

（三）反思及注意事项

1. 要遵循教学规律

专业课是实施课程思政的载体，教学过程中，要突出课程的交通运输学科特点。打牢专业课这个基础，保证专业课的含金量，避免过度挖掘思政元素导致喧宾夺主。在实施课程思政过程中，也要注意分析学生的特点，做到因材施教，让每个学生都能接受课程思政教育。

教书育人工作是一个春风化雨、潜移默化的过程，将思政元素融入课程的过程不能生搬硬套、牵强附会，也不能像思政课程那样高谈理想、信念、价值观，而是将挖掘的思政元素有机地融入课程中去，顺其自然地将知识教育与思想教育结合起来，润物无声地进行德育教育。

2. 发挥教师的主导表率效应

教师要以自身作示范，做好引领，有正确的政治信仰、严谨的科学态度、高尚的道德情操及优秀的人格魅力。立德树人，将显性教育与隐性教育相结合，将价值塑造、知识传授和能力培养紧密融合，达成润物细无声、随风潜入夜的思政育人效果。教师对学生的学习特点、现状及学习环境做好分析，切实提升自身教学专业能力、完善教学理论体系，提高学生的思想政治素养。

教师要熟悉轨道交通运营生产实践，分享自己或校友、行业专家在学习实践工作中的体会，在课堂上，有效融入当前思政教学内容，激发学生对轨道交通工作的热爱和对未来工作的憧憬、向往。

参考文献

[1] 闵祥娜，罗昕．轨道交通类专业课程思政改革与建设——以城市轨道交通系统课程为例[J]. 现代职业教育，2021（35）：88-89.

[2] 张嘉敏．交通运输类专业课程思政教学实践研究[J]. 大学教育，2022（11）：156-158.

[3] 石京杰．课程思政元素融入专业课程教学的实践与探索——以《城市轨道交通安全管理》课程为例[J]. 时代汽车，2020（23）：41-43.

[4] 郑树，彬户国．城市轨道交通类课程融入思政元素的教学探讨[J]. 教育教学论坛，2020（9）：36-37.

“现代物流学”课程思政教学案例

周爱莲

长沙理工大学交通运输工程学院　湖南长沙　410004

一、案例简介

“现代物流学”是长沙理工大学交通运输工程学院交通大类的专业基础课。课程以OBE教育模式为导向，构建毕业能力矩阵，修订教学大纲，在学情分析的基础上，解构课程知识体系，充分挖掘思政元素，并将其融入知识点教学设计中。以“线上+线下”混合教学模式为实践手段，将思政教育和以学生为中心的教学理念贯穿整个教学过程。利用线上微课教学和线下翻转课堂研讨式教学的不同特点和优势，分别达成本门课程的专业目标和育人目标。

课程授课团队由具有丰富教学经验和深厚教研基础的一线教师组成。团队负责人是长沙理工大学教学贡献奖获得者。2021年该团队被认定为湖南省课程思政示范团队，团队成员均被授予湖南省课程思政教学名师称号。

2020年课程获批省级课程思政建设研究项目，课程教学案例入选湖南省课程育人示范案例集。课程线上教学资源部分，2018年获批湖南省精品在线开放课程立项，2021年被认定为湖南省线上一流课程。

“现代物流学”是长沙理工大学的专业认证示范课、金课，也是我校为推进课程思政改革和贯彻“三全”育人思想着力打造的课程思政示范课程。课程在思政元素的挖掘、知识点思政元素的有机融入、知识点教学设计、教学方法、教学过程和教学效果的评估等方面，创新性地探索出了一整套行之有效的课程思政方案。从3个学年、6个教学周期的教学效果来看，课程的专业目标和育人目标达成度高，获得了同行、同学、督导和专家的一致好评。该门课程思政案例亮点突出，特色鲜明，具有很好的引领性和示范性，可为本校相关专业课程的课程思政教学提供积极参考，也可为其他兄弟院校的类似专业课程的课程思政教学实践提供有益借鉴。

作者简介：周爱莲，1972年，长沙理工大学交通运输工程学院，副教授。

二、思路与目标

（一）课程目标

团队以OBE和课程思政理念为引领，制定了四个维度的课程目标：在知识维度上，要求学生掌握物流学范畴内的基础知识与基本理论；在能力维度上，要求学生具有发现、分析和解决物流系统问题和工程实际问题的能力；在素质维度上，要求学生具有自主学习、自我控制、自我管理的意识与能力，以及良好的团队协作精神与沟通表达能力；在育人维度上，要求学生树立正确的人生观、价值观与世界观，具有良好的职业素养和担当精神，具备勤奋刻苦、勇于创新的科学品质。

（二）课程建设思路

“现代物流学”课程思政的建设思路如图1所示：拟定思政元素挖掘的可行的途径与方向→以知识点为单元梳理和挖掘可能的思政元素→思政元素融入知识点的教学设计→融入思政元素的教学方法与模式设计→融入思政元素的教学实践→融入思政元素的教学效果评估→根据评估效果进行反馈和修正→思政课程教学实践的进一步完善与推广。

课程拟从学科与专业、职业素养、中国特色社会主义实践和国际国内时政等多角度、全方位挖掘思政素材。探索“线上视频学习＋线下翻转课堂”的混合式教学模式的课程思政实践途径。采用“线上知识点学习效果综合评估＋线下翻转课堂学习效果综合评估”的考核形式，实现学生学习全过程和课程思政教学效果全方位的有效记录和评估，使得课程的专业目标和育人目标的考核更严谨、更科学、更具有可操作性。

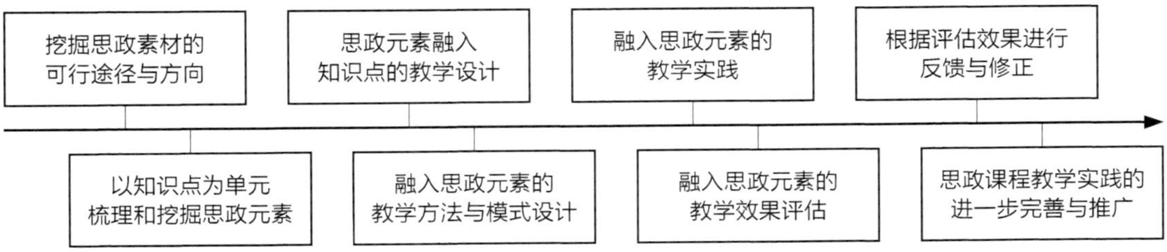

图1 课程建设思路

三、设计与实施

（一）组建课程团队，开展课程思政培训，凝聚育人共识

组建一个以一线骨干教师为核心，具有深厚的一线教学经验和功底的高专业素质和

高职业素养的师资团队。本团队近5年承担了1项省级课程思政建设研究项目、2门省级一流课程、3项省级教改项目、2门校级金课、2门校级专业认证示范课程和3项校级教改课题的建设和研究工作，具有良好的专业素养和过硬的思想政治素质。团队组建完成后开展了集中课程思政建设培训，探讨课程知识体系架构、知识点解构思路、学情特点和教学资源状况，拟定了课程的专业目标和育人目标。

（二）全方位、多角度挖掘思政素材

本门课程思政素材全方位、多角度地覆盖了学科与专业、职业素养、中国特色社会主义实践和国际国内时政等方面。课程思政元素的挖掘与融合情况示例见表1。

表1　“现代物流学”课程思政元素与教学知识点的融合情况示例

章节	授课要点	思政映射与融入点	授课形式与教学方法	预期成效
第1章/第1节	（1）知识点教学内容：物流与物流工程专业的认知 （2）蕴含的思政育人素材：从物流行业是关乎国计民生的支柱性产业的角度，挖掘它与民生后勤息息相关、与国家的经济发展互为支撑的思政素材	在阐述生活中常见的物流现象、物流的基本概念和物流工程专业的知识体系架构的过程中，引入物流对国计民生的支撑性意义。大到国家级的重要工程的施工现场，小到普通居民的家庭餐桌，物流无处不在	（1）线上教学通过大量的图片和视频信息，让学生直观了解生活中常见的物流现象，实现对物流现象的完整认知，掌握物流的基本概念和物流工程专业的知识体系架构 （2）线下翻转课堂采用研讨式教学，让学生积极参与课堂互动，讨论自己对物流现象、物流专业和物流对于民生支持意义等认识	（1）专业授课目标：让学生清晰地认知物流现象，掌握物流的基本定义和物流工程专业的知识体系 （2）思政育人目标：让学生认识到，物流大到与国家各项宏伟事业推进的后勤保障，小到与个体民生的生存供给都息息相关。由此可以激发学生对专业的认同感、责任感和使命感

（三）探索和实践“线上视频学习+线下翻转课堂”混合式教学模式

利用线上教学和线下翻转课堂研讨式教学的不同特点和优势来分别达成本门课程的专业目标和育人目标。

在线上视频学习的过程中，利用视频传递信息量大的特点，主要实现课程知识点的专业目标。线上视频学习依托团队负责人周爱莲老师的湖南省线上一流课程“现代物流学”为线上视频学习资源。该课程已经在智慧树网站成功运行了3学年，6个教学周期。教学效果良好，获得同行、专家和同学的一致好评。

在线下翻转课堂的教学过程中，利用研讨式教学的启发性、趣味性和互动性强的特点，一方面对线上知识点内容进行深度和广度的拓展；另一方面有机融合思政元素实现课程的育人目标。线下翻转课堂教学可利用智慧树平台的“知到”App实现互动式和研讨式教学。

（四）探索和实践“线上知识点视频学习效果评估+线下翻转课堂学习效果评估”的综合考核形式

学生所有的学习过程和痕迹都会被智慧树平台记录在案，并根据科学的评估体系给出最终的课程评价结果。

1. 线上学习效果评估

关于线上知识点学习的教学效果评估主要通过以下两个方面来实现。

（1）线上知识点视频学习效果评估。

线上的学习效果评估主要包含：弹窗试题实时评估、章节试题阶段性评估和期末试题综合性评估三个环节。

（2）通过翻转课堂的教学过程设计，实现线上知识点教学视频学习效果评估。

在线下翻转课堂中，通过设定相关习题和讨论议题对线上视频知识点的学习效果进行评估。

2. 线下翻转课堂学习效果评估

融入思政素材的育人目标的达成主要通过线下翻转课堂的研讨式教学互动来实现。其考核内容主要包含以下两个方面。

（1）翻转课堂实时检验和评估。

通过智慧树“知到”App开展研讨式翻转课堂互动教学，学生参与的随堂互动状态和互动数据都会被平台记录、分析、归纳、评估和现场呈现。

（2）翻转课堂课后综合性评估。

翻转课堂结束后综合性评估主要包含：到课率、互动热度和互动得分三个部分。每次直播见面课结束之后，平台都会发布本次翻转课堂的课堂报告。课堂报告不但记载了本次课程的所有互动状态，还可以详细展示每一次互动的具体状况，详细到每一道题的学生回答情况。这些评估结果可以用来指导后续的课程资源优化和教学过程优化。

整个教学周期结束之后，平台会自动生成一个学期汇总的完整课堂报告，可以非常直观和方便地反映翻转课堂的学习效果。

课程最终的测评成绩由线上视频学习评估总评和线下课堂学习效果总评两个部分组成：总成绩=线上视频学习总评（40%）+翻转课堂总评（60%）。

线上视频学习总评=视频弹窗测试成绩（20%）+章节测试成绩（20%）+期末线上考

试成绩（60%）；线下翻转课堂学习总评＝到课率（10%）＋客观题测试成绩（20%）＋互动讨论成绩（10%）＋期末线下考试成绩（60%）。

由此可以看出，这种课程考核形式从根本上改变了“一考定乾坤”的传统课程考核模式，将学生的学习过程科学完整地融入考核体系，调动了学生学习主动性和积极性，引导学生积极参与课题思辨性讨论和互动，启发学生充分发挥主观能动性和创新性思维能力，也有效杜绝了考试作弊等不诚信行为，形成了正面向好的良性教学反馈与互动。

四、特色与创新

本门课程思政教学的特色与创新主要体现在如下几个方面。

（一）从思政素材挖掘的角度看

本门课程思政素材全方位多角度地覆盖了学科与专业、职业素养、中国特色社会主义实践和国际国内时政等方面，具有逻辑清晰、覆盖面广和融合度深的特点。

（1）从课程的归属学科和专业领域的相关性角度进行思政素材挖掘，借此提高学生的专业认同感、归属感、责任感和自豪感；

（2）从学生未来可能从事的工作的职业素养角度进行思政素材挖掘，借此激发学生的社会责任感、专业自豪感和当担精神；

（3）从中国特色社会主义伟大实践的角度进行思政素材的挖掘，借此提高学生热爱党、热爱国家和热爱社会主义的深厚情怀；

（4）从国际国内时事的角度进行思政素材的挖掘，借此提升学生的独立思考和思辨能力，增强制度自信、民族自信心和自豪感。

（二）从教学方法和手段的角度看

采用“线上视频学习＋线下翻转课堂”混合式教学模式。利用线上教学和线上研讨式教学的不同特点和优势来分别达成本门课程的专业目标和育人目标

（1）在线上视频学习的过程中，利用视频传递信息量大的特点，主要实现课程知识点的专业目标。

（2）在线下翻转式课堂的教学过程中，利用研讨式教学的启发性、趣味性和互动性强的特点，一方面对线上知识点内容进行深度和广度的拓展；另一方面有机融合思政元素，主要实现课程的育人目标。

（三）从课程的考核的角度看

采用"线上视频学习效果评估+线下翻转课堂学习效果评估"的综合考核形式。学生所有的学习过程和痕迹都会被平台记录在案，并根据科学的评估体系给出最终的课程评价结果。不再"一考定乾坤"，有效地将学生的平时表现进行量化和评估。使得课程的专业目标和思政育人目标的考核更具有科学性、严谨性和可操作性。

五、反思与分析

（一）课程思政教学改革实施效果

本门课程自2017年实施交通大类招生以来，已经完成3个教学年的教学实践。教学对象主要为大二第一学期的交通大类所有学生，受众人数约230人。从教学实施效果看，三个专业的课程目标总体达成度均在82%以上，尤其是相关课程思政指标点的目标达成度均在85%以上。以上数据反映了本门课程的课程思政教学改革与实践取得了明显的成效。

"现代物流学"2019年被评为长沙理工大学课程思政示范课程，2020年9月获批省级课程思政建设研究项目，团队被评为湖南省课程思政示范教学团队，团队成员均获得省级课程思政教学名师称号。2020年10月课程教学案例入选湖南省课程育人示范案例集，其成果已经在全校以及全省高校范围内全面推广。

（二）存在的问题与解决思路

1. 存在的问题

"现代物流学"是我校交通运输工程学院交通运输大类的专业基础课程，必修课。主要受众对象包含物流工程、交通运输和交通工程三个专业的学生。课程开设在大类学生的大学二年级第一学期。由于大类专业基础课的性质和开设的时段，使得本门课程的教学存在以下痛点。

1）广博的知识覆盖面与学时受限之间的矛盾

一方面，因不同专业不同的毕业能力要求，课程授课的知识点覆盖面极广。另一方面，由于各专业学生课程总学时的限制，培养计划分配给本课程的学时只有16学时。如何在有限的学时条件下，最大程度地达成课程的专业目标和育人目标是本门课程创新教学模式的根本动力。

2）统一授课与面向三个专业不同毕业能力要求之间的矛盾

按照OBE理念，不同专业对本门课程的毕业能力要求是不一样的。如果按照传统的线下课堂讲授的教学模式难以达成不同专业的课程教学目标。因此如何针对三个专业的学情特点，探寻个性化、相对灵活的教学模式和方法，更好达成大类专业所有学生的教学目标要求，是本门课程思政教学改革创新的切入点。

3）广博庞杂的知识体系与符合学情特点的严谨教学逻辑之间的矛盾

前文述及，本门课程覆盖的基本理论与基础知识广博庞杂，而受众学生是大学二年级从未接受过专业训练的学生，需要用简明、严谨的教学逻辑贯穿这些知识点，才有可能获得好的教学效果。如何根据学情特点和课程专业目标，从学生视野重新解构课程知识体系，分解微课知识点，搭建基于微课知识点的课程体系是本门课程教学实践创新探索的根本任务之一。同时，物流行业与民生息息相关，“现代物流学”课程思政具有得天独厚的建设土壤。如何充分挖掘思政元素并融入知识点教学过程中，从而实现课程的育人目标是本门课程教学创新实践另一个根本任务。

4）大量概念性基础知识传授的枯燥性与大类专业基础课对知识点掌握的可靠性之间的矛盾

一方面，由于本门课程开设在大二第一学期，受众是从未接受过专业训练的学生，知识点的讲授必定不能过于深奥，主要任务是传授概念性和通识性层次的基础知识。这些概念性基础知识的传授，如果采用传统的课堂教学模式，往往比较枯燥，难以调动学生的学习积极性和主动性。另一方面，本门课程是首门专业基础课，是其他专业课学习的基础，对知识点掌握的可靠程度要求高。因此如何以知识点本身的内在逻辑为主线，以结合实际案例和互动教学为手段，以激发学生趣味性和主观能动性为目的组织教学，是课程创新教学的另一关键任务。

5）单一的课程考核方式与体现过程性学习要求之间的矛盾

传统的课程考核难以科学地评估学生过程性学习情况，与课程的育人目标相违背，如何设计科学的课程考核体系和考试方式也是本门课程教学创新考虑的重要内容。

2. 解决思路

团队针对以上学情和教学痛点，考虑从以下几个方面进行创新性突破。

（1）继续完善“线上＋线下”混合式教学，微课知识点线上学习，线下课堂深度拓展。这种教学模式可以极大拓展知识点覆盖的广度和深度，实现学生在学时有限的条件下，最大程度地获得“广而博”的基本理论与基础知识，破解课程知识点内容丰富与课堂教学学时受限的矛盾。同时，通过线上知识点统一教学和线下有针对性的个性化互动教学，解决统一授课与面向三个专业不同毕业能力要求之间的矛盾。

（2）以学生为中心，在充分调研学情的基础上，结合专业毕业能力矩阵的要求，解构课程知识体系，梳理知识脉络与内在逻辑，以微课知识点为基础，重构课程知识框架，充分挖掘思政素材融入教学知识点设计，以解决广博庞杂的知识体系与符合学情特点的严谨教学逻辑之间的矛盾。

（3）线上知识点微课教学视频采用CBL（案例驱动）模式，从学生熟悉的生活场景和案例入手，采用风趣幽默的语言表达方式，增强线上视频学习的趣味性。每个线上视频知识点教学不超过15 min，每隔3 min左右会有弹窗试题互动来调动学生线上学习的积极性和主动性。线下课堂教学采用信息化互动手段，让学生积极参与课堂当中，增加线下学习的趣味性和主观能动性。从而破解课程大量概念性基础知识传授的枯燥性与大类专业基础课对知识点掌握的可靠性要求之间的矛盾。

（4）课程考核采用“线上视频学习效果评估+线下翻转课堂学习效果评估”的综合考核形式。学生所有的学习过程和痕迹都会被平台记录在案，并根据科学的评估体系给出最终的课程评价结果。将学生的平时表现进行有效量化和评估，使思政育人目标的考核更具合理性和可操作性，从而破解单一的课程考核方式与体现过程性学习要求之间的矛盾。

参考文献

[1] 教育部高等学校教学指导委员会. 普通高等学校本科专业类教学质量国家标准[M]. 北京：高等教育出版社，2018.
[2] 习近平. 在全国高校思想政治工作会议的讲话[N]. 人民日报，2016-12-09（1）.
[3] 叶志明，汪德江，赵慧玲. 课程、教书、育人——理工类学科与专业类课程思政之建设与实践[J]. 力学与实践，2020，42（2）：214-218.
[4] 齐砚奎. 全课程育人背景下高校课程思政建设的理论思考[J]. 黑龙江高教研究，2020（1）：124-127.

钢结构创新设计教学中激发历史使命感和社会责任感

郑开启　魏　洋

南京林业大学土木工程学院　江苏南京　210037

一、案例简介

（一）基本情况介绍

“桥梁钢结构”课程主要内容包括桥梁钢结构的基本概念、计算理论与设计方法等。本课程为南京林业大学课程思政示范课程，多个思政案例入选南京林业大学课程思政教学案例。

课程负责人郑开启为桥梁检测与加固国家课程思政教学名师团队成员，作为主要参与人协助申报立项南京林业大学土木工程课程思政示范专业（重点项目），获得江苏省土木工程专业青年教师讲课竞赛一等奖，作为主讲人主持江苏省高校助力乡村振兴在线开放课程“可循环使用的装配式轻钢棚架塑料大棚建造技术”，参与江苏省混合式一流课程“桥梁加固技术”，参与校级在线开放课程“桥梁检测评定与加固技术”和“基础工程”，获得教育部高校教师课程思政教学能力培训证书、江苏省本科高校线上线下混合式一流本科课程建设与应用专题研修班结业证书、江苏省本科院校课程思政研修班结业证书。课程团队在课程思政教学研究和教学过程中积累了丰富的教学设计和授课经验，课程思政授课效果良好。

（二）思想教育与专业教育的融合和实践情况

将“培养创新精神，启发科学精神”“深植家国情怀，增强民族自信”“培育人文情怀，根植社会责任感”“树立科学态度，提升职业素养”等思政元素与本课程内容深度融合，实现桥梁钢结构课程既“教书”又“育人”的目的。

依托本课程，课程负责人主持校高等教育研究课题“土木类专业课的思政教学设计

作者简介：郑开启，1986年，南京林业大学土木工程学院，讲师。

与实施路径研究——以‘桥梁钢结构’为例”1项，对课程思政的具体实施路径进行初步探索。

（三）案例选用意义

思政案例针对土木类专业课的课程思政教学中思政点植入和思政体系构建的关键难题进行剖析和针对性教学设计，可为工科类专业课的课程思政教学提供示范样例和教改经验，能够有力提升土木类专业课老师的课程思政教学能力，提高课程思政教学效果。

二、思路与目标

（一）拟解决的主要问题和改革思路

1. 主要问题

当前，专业课课程思政教学正处于起步和研究阶段，尚无特别成熟的教法和案例可供参考。教师在课程思政教学实施过程中主要存在以下两个方面的问题：一是课程思政植入点设计过于生搬硬套，实施路径过于单一；二是专业课的课程思政点不明确，缺乏体系，无法有效支撑土木专业的课程思政矩阵。

2. 改革思路

针对以上问题，有必要从思政点植入设计和思政点体系构建两个方面入手，开展教学研究，重点突破课程思政教育的具体实施路径，将课程思政落地落实。

（二）课程目标设计

1. 知识教学目标

对应工程教育认证标准，课程目标设置支持土木工程专业本科毕业要求2.2条：能够应用工程科学的基本原理，识别、表达土木工程专业的复杂工程问题，以获得有效结论。具体分为4个子目标。

目标1：了解钢材生产过程和分类，掌握钢材基本性能参数指标，掌握各种钢结构连接的计算原理及设计方法，具备各种钢结构连接设计的能力；

目标2：了解轴心受拉构件、轴心受压构件及偏压构件等基本钢结构构件的适用范围、基本构造要求，掌握其设计与计算方法；

目标3：理解钢板梁强度和稳定的计算原理，掌握钢板梁的强度与整体稳定计算，掌握其腹板局部稳定及加劲肋设置原则、方法；

目标4：能够基于科学原理并采用科学方法对实际钢桥进行力学模型抽象简化，熟悉钢桥的结构形式，具备不同类型钢结构桥梁的设计与计算的能力。

2. 思政育人目标

依据专业课程思政矩阵要求，结合课程内容特点和课程教学目标，确定课程思政融入点，并设置以下课程思政育人目标。

目标1：培养创新精神，启发科学精神；

目标2：深植家国情怀，增强民族自信；

目标3：培育人文情怀，根植社会责任；

目标4：树立科学态度，提升职业素养。

三、设计与实施

（一）案例1：学习钢材冶炼技术培养历史使命感

1. 课程章节知识要点描述

理解钢材的基本破坏形态；掌握钢材的主要力学性能及评价指标；掌握桥梁用钢材种类和冶炼过程。

2. 教学环节设计思路与理念

采用多媒体课件授课，结合原理动画和实际图片展示，讲授课程内容。课程思政点植入选择在我国钢材冶炼技术遇到的困难和发展历程的讲授中，旨在培养学生努力钻研、勇于创新和科技报国的历史使命感。

3. 育人目标融入思政教学方法和课堂组织

通过讲述南京长江大桥“争气钢”的艰辛研制过程以及南京大胜关铁路大桥专用钢的研制，激发学生不畏艰苦、持续探索和敢为人先的历史使命感（图1）。

（二）案例2：学习设计失误引起脚手架倒塌培养社会责任感

1. 课程章节知识要点描述

了解工地临时钢结构的类型、理解脚手架事故案例原因分析，掌握脚手架设计方法和基本构造要求。

2. 教学环节设计思路与理念

采用多媒体课件进行案例式授课和翻转课堂，结合脚手架失效倒塌典型案例，讲授课程内容。将课程思政植入点选择在扫地杆和斜撑在钢结构整体稳定中的作用的讲授中。通过认识扫地杆的重要性，培养学生认真负责、精益求精和勇于担当的职业使命感和社会责任感。

图1 讲述南京长江大桥“争气钢”故事，培养学生使命感和责任感

3. 育人目标融入思政教学方法和课堂组织

通过翻转课堂，让学生定性设计脚手架初步方案，进一步通过扫地杆和“扫地僧”类比的思政小故事以及脚手架工程事故案例学习，帮助学生树立精益求精和勇于担当的社会责任感（图2）。

图2 讲授脚手架垮塌事故，培养学生社会责任感

（三）成绩评价

课程总成绩=平时成绩60%（考勤10%+课堂表现20%+综合设计作业30%）+期末考试成绩40%，综合设计作业设置注重学生自主创新、团队协作和职业操守的考察，过

程性考核关注知识能力考察和课程思政育人效果评价。

四、特色与创新

（一）建立课程知识系统的思政“触点”网络

建立课程专业知识点与思政知识点之间的联系“触点”，形成课程思政“触点”网络，在课程知识点讲授时可以通过“触点”直达思政点，确保课程思政点在授课过程中得到有效映射。

（二）坚持理论与实践的“双向”思政育人理念

注重理论授课的同时，坚持工程实践现场或案例教学。通过工程案例和理论知识讲授，从理论教学和工程实践两个方向合力推进思政育人。

五、反思与分析

（一）实施效果及成果

（1）学生评教成绩名列全校前茅，对任课教师课程思政育人高度认可；

（2）学生在毕业设计和毕业参加工作过程中，认真负责，勇于担当，深受用人单位好评；

（3）任课教师的课程思政育人理念在其他课程中得到应用，例如在“可循环使用的装配式轻钢棚架塑料大棚建造技术”江苏省高校助力乡村振兴在线开放课程、江苏省高校微课教学比赛“脚手架里的江湖”中均有体现（图3）。

（二）存在问题与改进计划

（1）当前可供选择的授课教材缺乏思政元素植入，课程思政教学主要依靠任课教师自己掌握。正在从课程内容更新（如增加工地脚手架、钢管桩、贝雷桁等临时钢结构内容）和思政元素植入入手，逐步推动课程配套教材自编和革新。

（2）课程思政授课对教师的思政觉悟要求较高，需要学校加强课程思政队伍建设投入，完善课程思政教育培训制度。

（a）江苏省助力乡村振兴在线开放课程

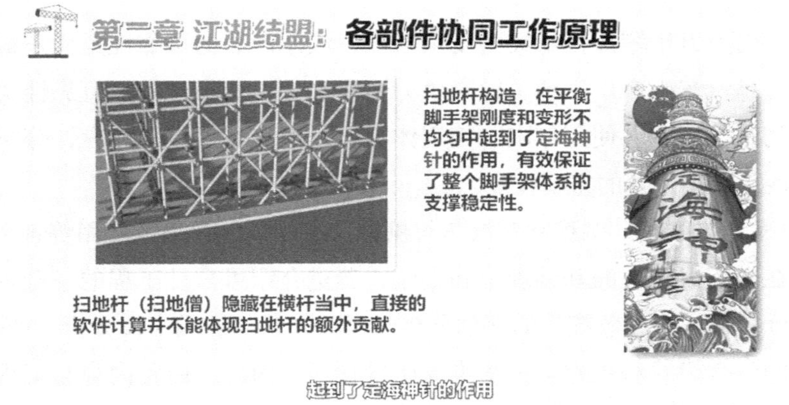

（b）江苏省微课比赛

图3　课程思政在在线课程建设中得到应用

参考文献

[1] 王立彬，沙莉．树木树人：南京林业大学课程思政案例研究与实践[M]．北京：中国林业出版社，2022.

基于汽车系统可靠性的课程思政案例设计

郑雪莲　任园园

吉林大学交通学院　吉林长春　130022

一、案例简介

作为一个由上万个零部件组成的复杂系统，汽车产品的可靠性是用户最关心的汽车性能之一，也是汽车生产厂家的关键竞争力要素之一。汽车产品的可靠性决定了用户在使用汽车时的维护成本、使用年限、使用体会。对于汽车工程师而言，分析和改善汽车产品的可靠性是其应具备的重要技能之一。

“汽车可靠性与维修”课程针对汽车与机械产品设计、评估及使用等各个环节的可靠性问题，旨在介绍可靠性的基础理论和方法，着重介绍可靠性工程的基础理论、零部件失效方式与分析方法、失效统计的评估分析与试验方法、产品寿命分析、产品可维修性、汽车零部件的失效模式和机理、汽车维修质量管理等内容。课程内容与工程实践的关系密切，工科性质突出。

“汽车可靠性与维修”课程作为汽车服务工程专业的一门核心专业课程，其讲授的内容围绕“产品可靠性”展开。产品的可靠性与人的“可靠性”具有较为直观的一一对应关系。人的“可靠性”包括个人素质、个人能力、个人健康、个人对集体/社会的贡献度等，可引申的角度和范围多样。系统可靠性的维护和度量自然也可以引申到集体“可靠性”的维护和度量上来。因此，该课程在授课过程中与思政教育进行充分和深度的融合，是一项刻不容缓且具有实际意义的工作，而通过具体案例解析专业知识中的思政元素是有效的途径与方法。

二、思路与目标

通过深入发掘汽车可靠性与维修课程中的思政元素，构建思想政治理论的融入通道，

作者简介：郑雪莲，1987年，吉林大学交通学院，副教授。

实现思政教育重点与专业课程具体知识点的互联，将思想政治教育课教师和专业课程教师双重身份有机结合，才能充分发挥课堂“传授道理”与“教授学业”的整体功能。

以系统可靠性的理论分析为案例，通过复杂系统可靠性与组成系统的零部件可靠性之间的关系分析，引申出集体与个人、个人与家庭、身体器官与健康之间的关系，倡导学生践行社会主义荣辱观，做好本职工作，为社会和集体的良好运行发展站好自己的岗位。

三、设计与实施

课程的前四个章节主要介绍零部件的可靠性度量指标和可靠性分布模型，并对机械和电子零部件的失效模式、失效规律进行了学习。掌握了零部件的可靠性度量方法之后，接下来就可以对由多个零部件组成的复杂系统进行可靠性分析。

在分析复杂系统的可靠性时，我们首先为系统中的每个部件确定一个合适的可靠度或可靠度模型，并且根据系统中各个部件的组合形式，应用概率理论来计算系统可靠度。

任何一个复杂系统的可靠性都可以由图1所示的三种基本可靠性框图来表达。

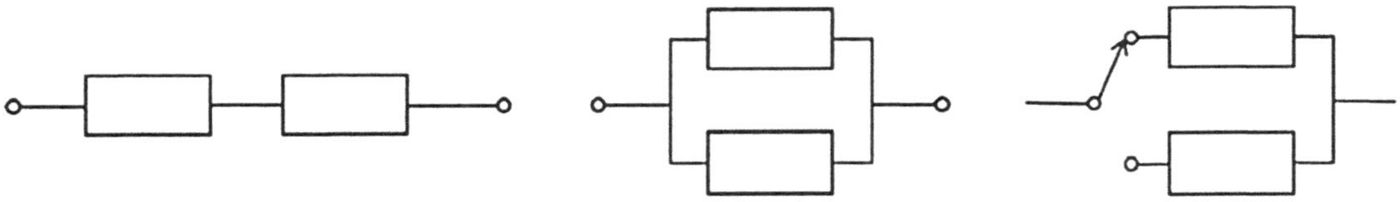

（a）串联系统　　（b）主动并联系统　　（c）待机并联系统

图1　三种基本可靠性框图

串联系统的信息流是以串联的形式贯穿系统的输入和输出，且每个零部件作为一个节点。串联系统正常工作需要其所有的子系统都正常工作。如果有一个子系统出现故障，整个系统就无法工作。因此，串联系统的可靠性取决于每一个零部件的可靠性。系统的可靠度表示为

$$R_S(t)=\prod_{i=1} R_i(t) \tag{1}$$

其中，$R_i(t)$为系统中第i个单元的可靠度。

并联系统的零部件在系统的同一个节点位置是并联关系，也就是系统的一个节点上有多个子系统同时工作。对于并联系统而言，只有所有零部件都发生故障，系统才会失效。并联系统的可靠度可表示为

$$R_S(t)=1-\prod_{i=1}\left(1-R_i(t)\right) \quad (2)$$

并联系统的子系统数量越多，系统的冗余越高，其可靠性也就越高。如果零部件的数量足够多，系统的可靠性甚至可以接近1。

从串联和并联系统的可靠度计算公式可以看出，系统的可靠性取决于其中每一个零部件的可靠性。如果把我们的每一位公民、党员、工作者、同学，都作为我们所在集体这个大系统中的一个零部件，那我们每一个人对社会道德、公民责任、党员党性修养、工作职责、学生求实创新态度的坚守，就相当于零部件的可靠性。只有我们每一个人都坚持提高自己的“可靠性”，才能保持住大集体的“可靠性”，我们的社会才能健康发展。

串联和并联系统的可靠性又有不同。对于串联系统来说，其最终呈现的可靠性是系统中每一个零部件可靠性的乘积。系统中的每一个零部件都需要在自己的岗位上独当一面，而这个岗位上没有其他的零部件作为冗余或备份。这样的系统是比较脆弱的。我们每个人自身就是一个复杂的系统，系统的健康取决于身体上每一个器官的正常运转，而每一个器官都是独一无二、独当一面的。加强锻炼、保持充足的睡眠、限制接触电子产品的时间，才能更好地维持我们自身的健康。拥有了健康的体魄，理想的实现才有了可能。我们的身体是一个串联系统，我们每个人的家庭也是一个串联系统。家庭成员之间是手拉手、心连心的串联关系，家庭的幸福取决于每一位家庭成员的健康、幸福。为了我们自身的健康、为了我们家庭的幸福，每一个人都应该维持自身的“可靠性”，按时进行必要的“维护、修理”。

对于并联系统而言，同一个环节上有多个零部件存在，相当于增加了冗余或备份。使用这种方法，可以显著提高系统的可靠性。只有当这一环节上所有的零部件都发生失效时，系统才会失效。在一个大集体中，同一性质的岗位上会设置多个人选。就像我们所在的班集体，班委设置有班长、支书、组织委员、生活委员等，每一个班委虽然担当不同的职责，但对于班级责任又是共同分担的关系。每一位班委都是彼此的“备份”和“冗余”，因为多位班委的存在，班级的正常运转有极高的可靠性。

四、特色与创新

系统可靠度的分析与计算是汽车可靠性与维修课程中偏重于理科的一部分内容。该部分内容与工程实践的对应较为薄弱，讲述过程中难以列举实例。然而该部分是一个可以很好地引入思政教育的环节。通过系统可靠性的理论分析，得到系统可靠性取决于系统中每一个零部件可靠性的结论。同时，串联和并联系统因其零部件协作方式的不同，导致了系统所表现出来的可靠性的不同。将系统可靠性引申至大集体的可靠性，集体与个人休戚与共、融入共担，引发学生对底线坚守、责任承担的思考。同时也将系统可靠性引申至个人健康、家庭幸福，倡导学生保持健康体魄、维护家庭幸福、践行和谐社会倡导。

五、反思与分析

思想政治课程在高校学生素质教育中发挥核心作用，利用具体案例将系统可靠性与思政教育融合，可以提高学生对汽车可靠性与维修课程的学习热情，引导青年学生主动发现问题、自主分析问题、独立思考问题，同时培养学生的社会主义核心价值观，提高自身的道德行为水平，坚定自己的理想信念。使学生不忘奋发图强、刻苦学习的初心，牢记保卫祖国、复兴民族的使命，教育学生正确看待、理性认识、辩证分析现实问题，明辨大是大非，成为“学术”与“品德”兼备的社会主义事业接班人和建设者。

“道路工程材料（双语）”课程思政教学体系研究与实践

屈　鑫　陈子璇　杨　旭

长安大学公路学院　陕西西安　710064

一、案例简介

（一）课程和案例的基本情况介绍

近年来关于课程思政的研究主要集中在中小学教育以及人文社科类专业，对工科专业的研究甚少，导致高校工科类专业课程缺少实施课程思政改革的有效方法及借鉴案例。而专业课教师作为与大学生接触时间最多的群体，是实践课程思政的核心力量，在思想政治教育中具有独特的优势，深入研究专业课教师在课程思政实践中存在的问题、制约因素，并提出相应的对策建议，有利于打破高校思想政治教育的“孤岛化”困境，助推“三全育人”体系的落细落实。因此，有必要着力构建专业课教师投身课程思政的内驱机制，构建专业课教师实践课程思政的联动育人机制以及加强对专业课教师实践课程思政的支持力度，以扫除“课程思政”推进中的育人主体障碍，把课程思政建设推进到新的历史高度。同时，专业基础课“道路工程材料（双语）”不仅是长安大学道路桥梁与渡河工程专业的基础课，也是土木类、交通类专业的必修课，是培养学生理论基础、实践能力和创新思维的核心课程之一。因此，长安大学整合传统分类培养体系和教育资源，构建“以学生为中心”的公路交通大工程人才培养体系，全程融入强国担当和家国情怀，全方位提升人才解决复杂工程问题的能力，培养了一批基础理论和工程能力并长、时代责任与强国使命勇担、家国情怀和国际视野兼具的公路交通本科人才。

作者简介：屈鑫，1987年，长安大学公路学院，副教授。

（二）思想政治教育与专业教育的融合情况

家国情怀是中华民族精神的核心，是中华民族团结奋斗、自强不息的精神纽带，是实现中华民族伟大复兴的重要力量源泉。在该课程思政教学改革实践下，长安大学在“道路工程材料（双语）”与思想政治教育方面已基本实现有机融合，学生在接受专业课教育的同时，进一步厚植青年的爱国主义情怀，强化青年的使命担当。

（三）课程思政教学改革实践情况

成果直接应用于长安大学道路桥梁与渡河工程等6个专业，形成了本科教学质量国家标准，示范作用显著。

（四）案例选用意义

专业基础课“道路工程材料（双语）”授课学生众多，影响极大，因此，专业基础课课程中有效融入思政教育的研究具有重要意义，具体如下：

（1）有助于实现思政教育的协同育人；

（2）有助于提升高校人才培养的质量；

（3）有助于推进新时代社会发展进步。

二、思路与目标

（一）拟解决的关键问题

（1）拟发现专业课教师在课程思政实践中真正存在的问题，找到根源、分析成因，有效达成“道路工程材料（双语）”专业内容与课程思政的有机结合。

（2）拟探索出一套系统而又具有针对性、可行性与实效性的对策与建议，从而为我校其他专业课程实施课程思政的建设减小阻力、提升效果。

（二）课程思政教学改革的理念和思路

（1）拓宽视野，激发课程思政在跨学科交流中的建设灵感。高校常以学科边界为原则开展课程思政的经验交流活动。这种单一学科的交流机制就会显现出一定的不足，不仅使教师产生固守学科疆界的线性思维，还会片面地将课程思政理解为专业教学中“术”的优化，忽视了对课程思政学理等“道”的提升。

（2）虚实结合，加强显性教育与隐性教育的有机融合。由于课程思政并无统编教材，在集体备课中教师更侧重于课程思政策略方法等实践层面的经验交流，忽视了课程思政学理的深度支撑。为克服这一弊端，教师应该遵循的教学宗旨是加强思政教育的显性与隐性融合深度，通过显性教育来彰显专业课程的思政价值，通过隐性教育来蕴含思政教育的内在本质。

(3) 融会贯通，打通专业教育与思政教育的内涵联系。在我国，思想政治教育与专业教育的融合方面存在的普遍问题是：一线教育工作者偏重于专业理论知识的灌输，在教学方案中缺乏引导思想政治教育的内容，从而导致两方面的教育无法从根本上进行融合。在专业课程内容、案例与思政元素有机融合的基础上，在专业课程中嵌入思政教育相关知识，打通专业教育与思政教育两个维度。

三、设计与实施

“道路工程材料（双语）”是道路桥梁与渡河工程本科的一门核心主干课，该课程系统论述道路工程材料技术性能、设计方法、测试和评价及其影响因素，为工程技术人员从事公路交通基础设施建设、养护与管理工作奠定必要的专业基础。培养学生自主学习与探索、解决实际专业问题的能力，为学生毕业后从事道路工程建设工作打下坚实的技术基础。

（一）“道路工程材料（双语）”课程思政设计

“道路工程材料（双语）”课程思政的实施必须有相应的课程思政元素作为支撑，而课程思政元素不能凭空产生，应从相应的专业知识点自然引出，提升学生文化自信、民族自豪感与职业素养，达到“价值引领”的育人目的。研究“知识传授”与“价值引领”如何有效结合是课程思政实施的核心目标。同时，实施过程应避免大话、空话等，避免课程思政流于形式。

拟制定课程思政的具体实施路径：从中央高校政治会议、高校典型思政案例切入，解读政策并开展行业调研；从设计、材料、工艺三个角度提炼、挖掘具有专业特色的职业精神、质量意识、精工精神、创新意识等思政元素；采用产品生命全周期模式、网络平台课程、生态课堂等多种手段融入思政元素并制定教学设计；将研究内容在专业课程中进行教学实践，开展校级公开课，聆听教学反馈，并拍摄教学视频、汇编案例集，进行教学总结。

（二）“道路工程材料（双语）”课程思政实施

1. 拓宽视野，在跨学科交流中激发课程思政的建设灵感

为丰富“道路工程材料（双语）”课堂教学内容，提高课程思政的针对性、时代感和

吸引力，强化专业课教师在课程思政中的作用，高校及学院要注重建立专业课教师与思政课教师之间的沟通交流渠道，为各教师间的交流互鉴架设重要桥梁，完善线上线下沟通机制，为各位教师搭建交流沟通平台，构建集全员、全程与全方位合为一体的联动机制，实现各教师间的充分沟通。

高校应为“道路工程材料（双语）”教师与思政理论课教师之间的沟通开拓渠道。高校思政理论课与各门专业课是进行“三全育人”的重要平台，当前思政课程存在内容枯燥、教育方法单一、其他课程的德育功能发挥不足等问题。高校应将思政教育的要求和内容贯穿于各门课程的建设中，通过学科建设、课程改革、教材体系建设等推动思政教育元素进课堂，通过创新和改进教学方式方法来增强课程思政的吸引力和感染力，通过加强理论研究和实践探索以丰富思想理论创新，从而发挥课堂教学的主渠道和主阵地作用，夯实全程育人的根基。

“道路工程材料（双语）”课程教师之间也应有充分的沟通。高校可针对专业课教师搭建起授课、科研、树人工作的交流协作平台，鼓励和支持各专业课教师之间经验的交流与学习，促进资深教师对年轻教师的带动与提升，发挥优秀教师在推进课程思政上的领头羊作用。专业课教师的日常交流不应仅限于实验室内部的师生沟通，更应制定专业课教师工作研讨制度，通过相互间的研讨教学，使相关专业的教师能够有固定、充足的时间参与除学术问题之外的社会问题、热点问题及大学生的政治、思想、生活问题方面的探究与讨论，实现专业课教师之间资源的共享与智慧的碰撞。

2. 虚实结合，加强显性教育与隐性教育的融合

“道路工程材料（双语）”课程教师与大学生接触的时间相比较于公共课教师要更长，对大学生也更为了解，再加上大学生对专业课教师尤其是对优秀教师的崇拜、追随与敬畏等心理，为专业课教师投身大学生的思政教育提供了天然优势。因此，对于高校而言，第一，应打通专业课教师担任大学生班主任的这一通道，为有能力和有意愿担任班主任的优秀专业课教师创造施展才能、培育学生的机会，同时也拓宽专业课教师培养学生的途径，使专业课教师在班主任的岗位上结合专业知识与技能，最大限度地对学生进行有力指导，形成广义的课程思政育人圈。第二，高校在选拔专业课教师来扩充班主任队伍的过程中，也应建立一套公正公开、严格有序的考核制度，考核组人员的组成也应恰当、合理，应选拔优秀的班主任作为考察者，由最适合做班主任工作的专业课教师来担任。第三，高校应建立严密的监管制度，专业课教师担任班主任的目的是使专业课教师的课程育人优势得到发挥，使大学生的全面发展更有保障，专业课教师担任班主任并非给其赚取额外收入的投机机会，如果发现专业课教师前后表现不一，在担任班主任工作之后，出现在其位不谋其职的状况，高校也应及时将此类教师排除出列。专业课教师在高校主要从事专业课程的教学任务，在担任班主任工作之后，高校应为其设置合理的激励制度，

专业课程的课时是显性的，但大学生的政治、思想、素质的变化与发展却是长期的、隐性的，高校要综合考虑，对担任班主任职务的专业课教师进行全面的考核，将定量与定性考核相结合，对综合考核表现优秀的教师给予适当的奖励，使其在专业课教师队伍和班主任队伍中发挥模范与带头作用。

3. 融会贯通，打通专业教育与思政教育的内涵联系

“道路工程材料（双语）”课程教师由于缺乏系统的思想政治理论框架，在课程思政背景下，很难顺利地将育人的思想贯彻实践，所以需要思政教师来进行专业、系统的指导，与专业教师协同备课，帮助专业教师正确、深入地理解思想政治理论，只有这样，才能更好地完成课程思政的教学任务。在具体的教育教学过程中，“道路工程材料（双语）”课程教师和思政教师在教学内容上要达成一致，要将理想信念教育作为内容核心，使所有的大学生都自觉承担起人民重托，满足国家的期待。另外，在教学方法上，要讲究科学有效。“道路工程材料（双语）”课程教师选择教学方法时，要遵从思想政治教育的规律，采取有效的思想政治教育方法，这需要思政教师为专业教师提供指导，二者共商、共议找到最佳的方式。专业教师在对思想政治理论有了系统、全面的认识和理解之后，通过实际的教学活动将所学融入专业课中，这对“道路工程材料（双语）”课程教师来说是一次知识迁移的考验，也是对思想政治理论的创造性运用。专业教师结合自己所教的专业，在专业知识的基础上，将有关思想政治理论贯穿其中，不是机械性的嫁接，而是以科学的专业知识为背景、以客观的现实情况为依据，对学生进行知识能力和道德素质的培育，这是具有远大前景的，对学生思想道德素质的提高有着重要作用。

四、特色与创新

本项目优化了融“专业和行业”于“通识”，融“情怀和使命”于“专业”的通识教育体系，开辟了面向现代公路交通大工程的通识教育新路径，形成了跨学院、跨学科联合开展通识教育的运行机制，专业教师深度参与通识教育的教学模式，加深了传统通识教育与专业教育的融合度。

（1）在“道路工程材料（双语）”课程中及时融入“交通强国”“一带一路”倡议等时代主题和公路文化；建设了“超级工程”工程案例品质内容，在“道路工程材料（双语）”专业课程教学中动态植入行业态势、爱国情怀和强国使命，开辟了融入工程认知实习实践、行业发展调研、工程案例分析等专业知识的现代公路交通大工程通识教育新路径。

（2）本项目将协同育人的理念与课程思政相结合，并且聚焦到“道路工程材料（双语）”课程教师与思政课教师的协同育人的实践上，在研究角度上具有一定的创新性；提

出了对专业课教师进行分类指导与培训，在构建联动育人机制中提出了专业课教师楷模担任班主任的制度等，在观点上也具有一定的创新性。

五、反思与分析

在“道路工程材料（双语）”课程思政教学实施中，通过采用“SPOC+翻转课堂”混合教学模式，“道路工程材料（双语）”教师在课前、课中和课后三个阶段参与学生学习并给予针对性指导。经过课程组几轮教学实施，根据学生评教反馈情况，“道路工程材料（双语）”在课程思政方面得到学生充分认可，不仅达到了教学目标，而且对学生毕业任职中从事思想政治工作也有启发。

（1）把握好课程思政的“时”。专业课开展课程思政的首要目的，是要引导学生愿意学习、积极学习，而不是为了课程思政而“思政”，否则便失去了意义。因此，课程组应事先做好课程思政设计，集众老师之力，结合专业知识点选择合适的思政元素和实施形式，并把握好思政元素引入的时机，使学生积极踊跃参与、自然顺畅接受，既活跃了课堂气氛，又达到了潜移默化的育人效果。特别要注意的是，有时候学生注意力不集中或教学内容难度较大，老师应根据平时阅读积累，结合校内外当前大事，随时中断讲授，引入课程思政设计中没有的新元素，使学生及时放松心情，继续投入学习。这样的“神来之笔”，需要老师对课堂和学生状态有精准的把握和掌控，往往会起到出其不意的效果。

（2）把握好课程思政的“度”。老师在集体备课的基础上，按照课程思政设计按部就班地进行思政教育，还需注意不能顾此失彼，因课程思政而耽误了课程教学这个主业。为此，老师应把握好开展课程思政的程度，一是切忌长篇大论、侃侃而谈，将大量时间消耗在某个思政元素上，这样易使学生产生逆反心理；二是切忌离题太远、道听途说，注意点到为止，这就要求老师应真正理解课程思政元素所蕴含的价值，讲出自己的见解，以纠正学生的错误认识；三是切忌信马由缰、不着边际，甚至不经意间出现“杂音”，导致学生对老师的授课产生抵触情绪。

（3）把握好课程思政的“果”。不仅要在教学实施中开展课程思政，而且应将课程思政效果纳入课程考核中，使学生对课程思政不仅入眼入耳，更要入脑入心。检验课程思政效果的形式，可参考大学在专业课程教学改革中采取的三位一体考核模式，采用“多方位、多途径、全过程”的考评方式。其中，在平时成绩中纳入学生对课程思政讨论、交流、汇报等的参与程度和效果；在能力考核中增加思政元素，教学准备会上与能力考核题一起，事先发给学生供其选择并提前准备，能力考核题汇报之后再做相应的思政汇报，并由老师进行点评；在闭卷考核的每套试卷中设置一道与专业知识点相应的思政元素题，检验学生思政教育效果。

“数据库技术”在交通类专业的课程思政教学与实践

施　佺　周晨璨　武　强

南通大学交通与土木工程学院　江苏南通　226019

一、案例简介

（一）课程基本情况

“数据库技术”是交通设备与控制专业一门重要的专业基础和必修课程，对后续课程有着重要的衔接作用。在学生的知识、能力和素质培养体系中，占有十分重要的地位。

“数据库技术”以关系数据库为核心，系统讲述数据库系统的基础理论、基本技术和基本方法。内容包括：数据库系统的基本概念、数据模型、关系数据库及其标准语言SQL、数据库安全性和完整性的概念和方法、关系规范化理论、数据库设计方法和步骤，数据库恢复和并发控制等。

随着智能交通、交通大数据等产业的快速发展，数据库技术对交通类应用的支撑作用越发重要。本课程将有助于提高学生在交通工程综合应用中的数据分析、处理能力，具备基本的算法设计、实现能力。课程目标与毕业要求指标点对应关系如表1所示。

表1　　课程目标与毕业要求指标点对应关系

毕业要求	指标点	课程目标
1. 设计/开发解决方案：能够设计针对交通设备与控制工程专业领域的复杂工程问题的解决方案，设计满足特定需求的软硬件系统，并能够在设计环节中体现创新意识，考虑社会、健康、安全、法律、文化以及环境等因素	1.1 掌握工程设计和产品开发的流程与方法，能够根据实际情况明确用户需求，清晰地描述系统设计任务，明确设计目标和方案	课程目标1

作者简介：施佺，1973年，南通大学交通与土木工程学院，教授。

(续表)

毕业要求	指标点	课程目标
2. 研究：能够基于科学原理并采用科学方法对交通设备与控制工程专业领域的复杂工程问题进行研究，包括设计实验、分析与解释数据，并通过信息综合得到合理有效的结论	2.1 能够基于科学原理，通过文献研究或相关方法，调研和分析交通设备与控制工程专业领域的复杂工程问题	课程目标2
3. 使用现代工具：能够针对交通设备与控制领域的复杂工程问题，开发、选择与使用恰当的技术、资源、现代工程工具和信息技术工具，包括对交通设备与控制领域复杂工程问题的预测与模拟，并能够理解其局限性	3.1 掌握交通设备与控制工程专业常用的现代仪器、信息技术工具、工程工具和模拟软件的技术原理和使用方法，并理解其适用范围	课程目标3
4. 个人与团队：能够在多学科背景下的团队中承担个体、团队成员以及负责人的角色	4.1 能够在多学科背景的团队中独立或合作开展工作，理解作为个人、团队成员以及负责人的角色定位	课程目标4

（二）案例设计对应课程内容

本案例设计教学内容为关系数据库SQL，课程目标为掌握关系数据库开发设计的基本概念和原理；具备对交通设备与控制实际应用中所涉及的数据处理问题抽象出清晰的概念和模型的能力，并在此基础上提出基于数库思想的合理解决方案。了解数据库管理系统的整体架构、性能，具备将交通设备与控制复杂工程问题进行细化分解的能力。

二、思路与目标

（一）教学目标

"数据库技术"课程是服务于南通大学交通与土木工程学院一流专业——交通设备与控制工程专业建设的必修课程。本课程主要讲述数据库的基本概念、原理和方法。本课程的任务是使学生掌握数据库设计的基本原理，使学生能够利用所学的数据库知识设计基于交通方向的数据库应用程序，解决数据处理中的一些实际问题，如交通视频监控，交通图像采集，交通信息管理等。

教育部《高等学校课程思政建设指导纲要》提出：结合专业特点分类推进课程思政建设、将课程思政融入课堂教学建设全过程、提升教师课程思政建设的意识和能力。"数据库技术"课程团队超前识变、积极应变、主动求变，根据专业人才培养规定和不同一流专业的特点，将思想政治教育融入课程体系中。健全思政培养目标，优化教学手段和方法，健全教学质量监控体系，努力实现将思政元素融入人才培养的全过程。在教学中确立四个目标，即：知识目标、能力目标、素质目标和思政价值目标，将课程思政元素结合专业特点，在专业课教学中“润物无声”地融入社会主义核心价值观。

（二）教学理念

知识目标：掌握数据库安全性概念，数据库安全级别及不安全因素；理解数据库用户、角色管理与权限管理，熟悉SQL Server的安全机制及权限管理；了解视图机制对数据库权限管理的补充。

能力目标：培养学生利用SQL Server进行面向交通信息管理的数据库安全性管理的能力。

素质目标：培养学生自主学习和团队协作能力，加强数据思维和科学素养；通过小组学习、案例驱动，促进学生的自我学习、自我规范能力和团队协作意识，形成较强的数据思维和科学素养。

思政价值目标：以“涵养人文情怀、拓展知识视野、强化使命担当、塑造健全人格，养成终身发展的学习能力”为目标，牢牢把握交通“先行官”定位，适度超前，由依靠传统要素驱动向更加注重创新驱动转变，构建安全、便捷、高效、绿色、经济的现代化综合交通体系。

三、设计与实施

专业教师是课程教学的实施者，也是课程思政的开展者。高校培养的人才不仅具有专业知识和能力、能够完成实际任务，更具有高度的责任感和主人翁意识、健全的人格、良好的职业素养，具备正确的世界观、人生观和价值观，能够投身于社会主义建设和中华民族伟大复兴。专业教师首先要认识到课程思政的内涵和作用，明白课程思政在专业课程中的意义所在，并切实地落实在教学中。围绕融入思政元素的教学目标，专业教师既要提高自己的专业能力，也要提高自己的思政水平，强化自己的课程思政意识。首先，应对教学大纲进行修订，明确课程的思政目标。课程的思政目标应与培养社会主义核心价值观相结合，与服务社会发展和行业进步相结合，与职业素养和个人可持续发展相结合，内容与时俱进，推陈出新。其次，丰富专业课程的思政元素应以挖掘课程中的思政内涵为主，可以通过课程各单元的教学内容展开。在备课环节过程中，根据知识内容结合课程思政元素，总结提炼教学内容中所蕴含的哲学思想与育人案例，知识的来源和发展、技术应用、产业市场、社会生活的关系，知识内涵的价值观、哲学、思想、思维、逻辑、情感。

（一）课前教学准备

教学目标：掌握关系数据库语言SQL的特点，掌握SQL与非关系模型（层次模型、网状模型）数据语言的不同，从而体会SQL之所以能够为用户和业界所接受，并成为国际标准的原因。体会面向过程的语言和SQL之间的区别和优点。了解关系数据库系统为数据库应用系统的开发提供了良好的环境、减轻了用户的负担、提高了用户工作效率的原因。

1. 视频

（1）3分钟车祸死亡瞬间；

（2）最惨行人闯红灯车祸；

（3）行人过马路看手机。

2. 案例

（1）行人闯红灯的处理图片；

（2）行人因闯红灯造成交通事故的案例及审判结果；

（3）其他国家与地区对行人过马路看手机的惩处。

3. 数据统计表

（1）中国道路交通事故伤亡统计；

（2）南通市闯红灯人群的性别、年龄、籍贯、文化程度统计。

4. 课前任务下发

要求学生通过查资料和小组讨论的方式了解和学习现代智能交通信息技术、车联网技术，总结的相关信息以电子表格的形式提交。通过了解和学习这类新技术的发展历程，“润物细无声”地在“数据库技术”这门课教学中渗透交通强国情怀教育。通过小组讨论，进一步提升学生的沟通能力和团队合作意识。

（二）课中方案实施

（1）导入：播放3 min车祸死亡瞬间视频——案例分析法。

设计意图：通过视频的导入，吸引学生的注意力，激发学生的学习兴趣。

（2）教学：学习数据库表的增、删、改、查操作。通过对准备的部分图片和统计表进行数据库添加操作，给学生演示结构化语言章节的教学内容，引导学生对其余的图片和表格进行数据库的增、删、改、查操作——讲授法+任务驱动法。

设计意图：①复习巩固数据库表的格式化、增、删数据，修改数据的操作方法；②通过中国道路交通事故伤亡统计，了解中国道路交通现状，讨论分析其背后的原因，引导学生总结出其中很重要的一条原因就是安全意识薄弱。

(3) 讨论：①现代智能交通监控设施中，数据是如何存储的？数据库中存在哪些表？表中的结构应该如何设计？②交通道路信息数据库系统中，有几种用户角色？每种角色的权限应该有哪些？——讨论法。

（三）课后总结

课后对教学目标进行展示，对照目标进行自我总结。并给学生布置作业，收集南通市或者家乡城市的道路交通情况，并进行课后巩固练习，同时可以对自己所处地区的交通环境有进一步的了解。

表2列出了针对“数据库技术”课程内容，融入课程思政元素的基本情况。

表2　“数据库技术”课程思政教学设计

课程内容	授课要点	思政元素融入设计	课程行业目标需求关联度分析
数据库基本概念	数据库发展历史	5G技术弯道超车、手机支付	移动端、服务器端自主知识产权数据库平台搭建
关系数据库理论	关系代数	海量交通数据提取及分析	利用传统及专门关系运算实现疫情期间人员行程数据高效访问
结构化语言	数据库增、删、改、查	新冠疫情期间防疫人员物资调用、全国支援	实现“所想即所查”数据库搜索技术
数据库安全管理	数据库权限设计、数据保护	新冠疫情期间敏感数据保密处理	各交通管理部门针对不同用户权限实现业务管理
并发控制	海量数据访问事务机制	海量交通安全数据的访问	线上违章缴费、停车缴费等
存储过程	完整数据库项目设计实现	线上教学平台设计，实现“停课不停学”	线上交通安全教育系统，线上交通规则考试系统

四、特色与创新

高校专业课的“课程思政”是思政教育元素在专业课程中的隐性体现，在教学过程中将思政目标与“数据库技术”课程教学目标相结合，思政内容与专业知识技能相结合，使得学生在专业学习中既学习了做事，更学习了做人。课程思政提高了学生的职业素养，帮助学生树立正确的世界观和价值观，成为合格的社会主义劳动者。同时，课程思政促进了学生对于专业课程学习的积极性，促使学生端正学习态度，改进学习方法，提高了学生的专业课程学习质量。

理念践行是“课程思政”的核心，立德树人是“课程思政”的根本，全员育人是

“课程思政”的保障。在专业课中注重寻找专业教育与思政教育的“触点”，培养创新能力与家国情怀并重的工程师。教师言传身教，教导学生要成为一名有担当、有责任心的人。学生努力学习，培养正确三观，回报社会。教学过程使学生感受到：只有具有责任心、有担当的青年大学生才能在日后为国家发展成为交通强国做出更大的贡献，要立志成为担负起民族复兴大任的时代新人。

五、反思与分析

（一）实施效果

本课程聘请专业思政教师协同共建思政课程，思政教师指导课程思政整体架构设计，跟踪授课情况，对思政案例及时提出修正建议。探索“课程—思政”一体化管理路径，将专业课教师、思政教师与其他社会资源打造成“育人共同体”，实现专业课教师、思政教师职能互补、优势叠加，做到教育与教学有机统一。

依托线上线下混合式教学模式，通过课程思政案例打造课前任务导学、课中师生互动、课后巩固提升三段式教学，实现线上线下、思政与专业课程融合。充分挖掘“数据库技术”课程中的德育元素，有效地激发了学生的学习兴趣，增强了学生的职业核心技能，逐步培养了学生的自主学习能力，引导学生的个性化发展。专业课与思政课在互通中“传道”，教师努力让自己知识面广阔，做到情景契合、内容融合，巧妙地结合好案例，用学生感兴趣的事和物来引导他们感悟、发自内心的认同。

（二）存在的不足

“数据库技术”是一门专业性和应用性都很强的课程，探索其思政融合的道路还需继续努力。在教学过程中，与现代交通信息系统相结合的教学实效性有待提高，与交通规则的制定者、交通信息技术的开发者、交通法规的执行者、交通直接参与者的沟通有待加强，了解实际交通系统中的数据库开发需求。

小组讨论的时间不够充分，学生的讨论热情与教学时长有限之间存在冲突。

（三）改进思路

要切实加强教学实效性，实现教与学的融合、教育者与被教育者的融合、手段与目的的融合，对专业主讲教师的职业道德、专业技能和教学能力，以及多元化的教学方式和考核方式均提出更高要求。在融合基础上，社会、学校、专业、教师合力打造思政小课堂和社会大课堂，构建思政教育共同体。

努力在教学中使用多样的教学方法和教学手段，并且关注学生的学习效果，在教学中根据学生操作结果及时地调整教学，在课间与学生进行交流沟通，在沟通中发现问题、解决问题。理论课程讲授全部采用多媒体授课和实操演练相结合的方式，在课件的制作方面，努力做到形式丰富多彩、内容简明扼要，重点突出，操作步骤一目了然。每节课的教学过程中都预留5~10 min的互动讨论和问题解答时间。在机房的实训实操过程中，随时发现问题，多与学生分析讨论，达到培养学生发现、分析及解决问题的能力，增加学生研究创新的信心和动力；同时为保证实训实操的教学质量，让学生在动手的过程获取知识；增强信心，激发学生的学习兴趣，激励学生产生学习内动力。最终能够有效促进学生对课程知识的理解、掌握、拓展和深化，使学生们成为既具有良好的职业技能，并且具有良好的职业道德，热爱祖国，爱岗敬业的高素质人才。

“交通规划”课程思政教学案例

姚荣涵　赵胜川

山东理工大学交通与车辆工程学院　山东淄博　255049

一、案例简介

（一）课程说明

“交通规划”是交通工程专业的一门专业核心课程，属于辽宁省首批线上线下混合式一流课程、学校线上线下混合式“金课”。“交通规划”着重讲解交通调查与数据分析和交通生成、交通分布、方式划分、交通分配四阶段交通需求预测模型。“交通规划”采用传统课堂、雨课堂、大工－超星SPOC等教学方式。通过学习“交通规划”，学生能熟练掌握交通规划的基本理论、方法和模型，能综合运用所学知识分析和解决交通规划及其相关方面的具体问题。

（二）案例选用

“交通规划”挖掘时事政治、学科前沿、传统文化三类课程思政元素，延伸课堂教学为课程教育，落实“三全育人”理念。

时事政治方面，一方面选用《交通强国建设纲要》《国家综合立体交通网规划纲要》《国家车联网产业标准体系建设指南（智能网联汽车）》等政策文件。另一方面选用“关于下架‘滴滴出行’App的通报”“坐着高铁看中国”“习近平考察清华，透露哪些关于高等教育的信号？”等社会热点。

学科前沿方面，一方面选用“大数据与城市规划”（清华大学）等优质慕课资源，实施课前推送，激发学生学习兴趣。另一方面，选用百度开放地图、腾讯大数据等前沿技术应用，引导学生关注学术前沿。

作者简介：姚荣涵，1979年，山东理工大学交通与车辆工程学院，教授。

传统文化方面，结合课程内容，在每节课课件结束页放置“路漫漫其修远兮，吾将上下而求索”“读万卷书，行万里路”等经典励志诗词，实现“润物细无声”“潜移默化”的作用。

二、思路与目标

（一）拟解决的主要问题

“交通规划”有五大教学重难点，存在三大教学痛点。

教学重难点包括交通规划基本概念与原理、交通调查数据的特征表达、交通需求预测模型与方法、交通规划软件的灵活运用、交通规划方案的设计流程。

教学痛点包括概念多、内容杂、太抽象，模型多、方法多、计算繁，数学功底得深，计算机能力得强。

上述重难点和痛点涉及交通规划时需要考虑社会、经济、文化、历史、地理、法律等诸多要素，这些要素恰恰是课程思政改革需要着重关注的。

（二）课程思政改革理念及思路

“交通规划”采用“兴趣激发、要点讲解、资源共享、全员参与、全息分析”的教育教学理念，融合多智慧教学工具，从多视角挖掘课程思政元素，将知识、素材、理论、实践融会贯通，达成培养人的素养、为中国特色社会主义事业培养合格接班人的目标。

“交通规划”课程思政改革思路是以课程基本原理、模型和方法为核心，以知识点为元数据，引入课程外相关信息，以画龙点睛方式将课程思政元素穿插在课程内容介绍之中，以启迪心灵方式达到潜移默化的作用。

三、设计与实施

（一）课程思政元素挖掘

图1给出了时事政治课程思政元素的部分典型案例，涉及国家政策文件和社会热点两类。

图2给出了学术前沿课程思政元素的部分典型案例，涉及优质MOOC资源和前沿技术应用两类。

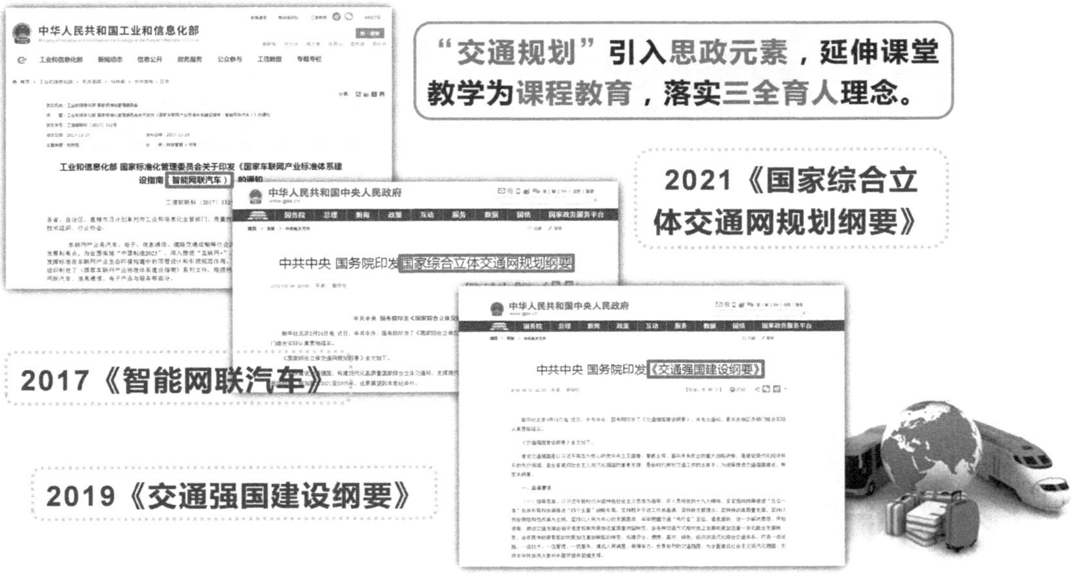

（a）国家政策文件

（b）社会热点

图1 时事政治思政元素挖掘

教学团队通过“润物细无声”的方式起到潜移默化的积极引导作用（交通调查及数据分析的确需要践行“读万卷书，行万里路”的精神，以全面客观、一丝不苟的态度调查与分析交通需求状况、交通供需矛盾、交通问题等内容，为交通规划方案设计奠定基础）。

（a）优质慕课资源　　　　（b）前沿技术应用

图2　学科前沿思政元素案例

（二）教学环节设计

各类课程思政元素按以下流程进入教学环节：每节课课前推送优质MOOC资源，课程开始时由时事政治思政元素导入课程，课中穿插学术前沿思政元素，课程结束时以传统文化启迪心灵来引发学生深入思考。

（三）考核方式改革

“交通规划”考核方式采用三种措施：①使用雨课堂在课中适时进行课堂测验，时刻调动学生学习积极性，实现教与学的实时互动和双向反馈，及时帮助学生夯实理论基础，并提高专业认识和素养；②实施大作业课堂汇报和教师评价与学生互评相结合的综合考核方式。

图3举例说明了课堂测验。图4举例说明了课堂汇报情况和大作业考核方式。

四、特色与创新

“交通规划”课程思政改革的特色在于：交通规划涉及社会、经济、政治、地理、历史、文化等众多因素，一种好的交通规划方案如何全面权衡这么多因素，不仅仅是技术问题，同样是艺术问题；挖掘时事政治、学术前沿、传统文化等思政元素，以知识点为元数据的方式，把思政元素和课程内容融为一体，以思政元素为画龙点睛之举来提升课程内容涉及的高度，进而提升课堂教学质量和水平。

“交通规划”课程思政改革的创新之处在于：以智慧教学3.0为指引，综合运用雨课

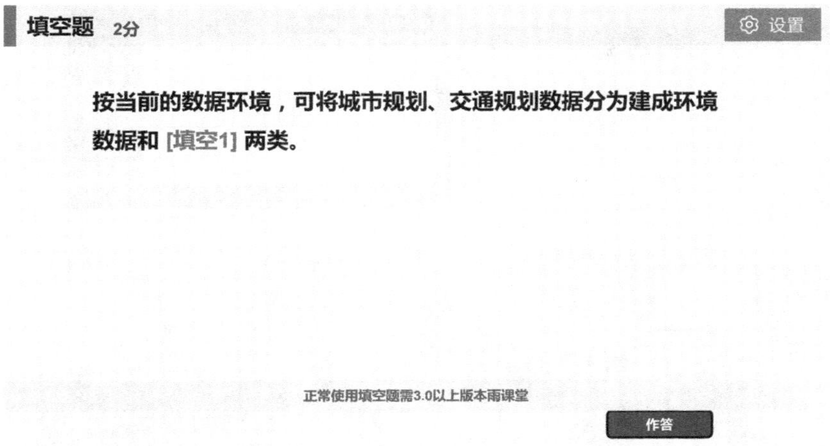

图3 课堂测验案例

堂、问卷星、SPOC平台、MOOC资源等工具，在夯实理论基础的同时，将知识理解、能力培养、素质提升、人格塑造向纵深处发力，达成将课堂教学提升为课程教育的目标，发挥课堂育人主渠道作用。

五、反思与分析

（一）实施效果及成果

“交通规划”经过教学改革，于2020年12月获评学校线上线下混合式“金课”，2021年1月获评辽宁省首批线上线下混合式一流课程，2020年8月又获得学部课程思政建设项目资助。目前，在已建设的基础上进一步深入挖掘课程思政元素，同时进一步利用现代化教学工具和资源锤炼线上线下混合式教学模式。预计使教学手段更科学合理，使课程思政元素更系统完善。具体见图4。

（二）教学实际反思

各类资源非常丰富多样，目前挖掘的课程思政元素还有待替换为更加有价值的内容，还需要不断理顺思路和具体元素，使之更加系统化、条理化、科学化。

科研成果转化为教学内容的改革力度还需要加强，也需要充分发挥研究生助教的作用，考虑如何更好地把科研成果用于本科生教学工作，如何引导本科生在动手实践中夯实理论基础并快速接收前沿知识且加以运用。

怎样更好地调动学生的学习积极性和主动性，如何激发学生学习兴趣并更大限度地

（a）课堂汇报情况

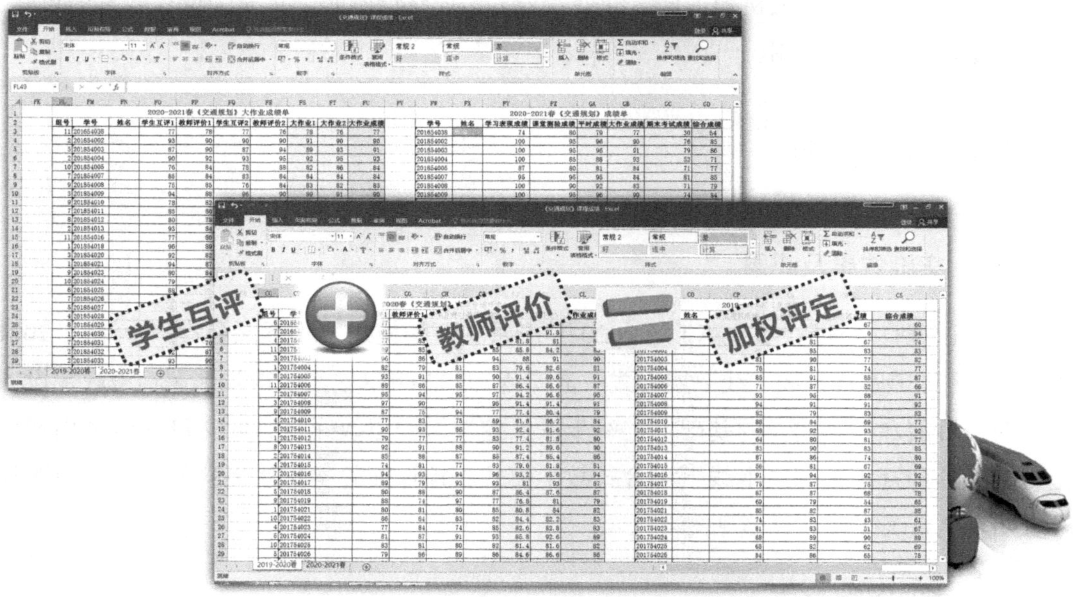

（b）大作业考核方式

图4 课堂汇报和大作业考核方式

发挥学生的潜能，这些问题也都需要进一步思考并提出解决办法。

综上，“交通规划”课程思政改革取得了明显的成效，但也存在诸多不足，还将面临新的挑战。机遇与挑战并存，教学与研究并重，教育理念先行，教学手段多样化，“交通规划”课程思政改革进行中，期待早日形成完整的体系和独有的特色。

参考文献

[1] 姚荣涵，潘宝峰，赵胜川. 问题驱动和案例主导的交通规划教学研究[J]. 大学教育，2017（10）：1-3.

[2] 中华人民共和国中央人民政府. 中共中央　国务院印发《交通强国建设纲要》[EB/OL].（2019-09-19）.http://www.gov.cn/zhengce/2019-09/19/content_5431432.htm.

[3] 中华人民共和国中央人民政府. 中共中央　国务院印发《国家综合立体交通网规划纲要》[EB/OL].（2021-02-24）. http://www.gov.cn/zhengce/2021-02/24/content_5588654.htm.

[4] 中华人民共和国工业和信息化部，国家标准化管理委员会. 关于印发《国家车联网产业标准体系建设指南（智能网联汽车）》的通知[EB/OL].（2017-12-27）[2024-04-11]. http://www.caam.org.cn/bmsite_v3/chn/9/cate_152/con_5214348.html.

“挖掘—构建—融合”一体化的轨道电路基础思政教学案例

莫祥伦　金晓红

中国矿业大学矿业工程学院　江苏徐州　221116

一、案例简介

（一）案例基本情况介绍

“铁路信号”是铁路运输方向一门重要的专业课程，该课程讲述了铁路运行控制的基础硬件设备、运行控制方法和系统构成。轨道电路是铁路运行控制的主要基础硬件，承担着铁路运行车辆检查和信息传递的主要功能。轨道电路的知识掌握是后期学习轨道运行控制系统的基础，同时轨道电路需要学生具备一定的电学基础，存在一定难度，是交通运输与电子控制的交叉方向。可见轨道电路的学习是“铁路信号”这门课程的重点之一。本次课程首先以“铁路信号”中轨道电路基础一节为对象进行思政元素的广泛、深度挖掘，然后结合课程容量和学生学情分，对思政元素进行筛选，构建思政体教学系统，最后进行思政元素融合的教学设计，形成“挖掘—构建—融合”统一的课程思政教学生态。

（二）课程思政教学改革实践

案例课程思政教学沿着思政元素挖掘、思政体系构建和思政教学设计三个步骤进行。思政元素的挖掘和选取是课程思政教学的基础，与课程知识点相关性高的思政元素是课程思政融合教学的开端。案例首先采用逻辑相似、知识点延伸等多种方法，逐个知识点地对本节课程存在的思政元素进行广泛而又深入的挖掘。根据思政元素与知识点的关联特点，进行思政教学构想，然后综合考虑学生需求和课程内容限制，对思政元素进行筛

作者简介：莫祥伦，1985年，中国矿业大学矿业工程学院，讲师。

选，形成思政教学体系。最后针对筛选获得的思政元素进行教学设想，开展具体的课程思政教学设计。

（三）课程思政融合

案例包含专业知识点5个，在经过思政元素挖掘、筛选后，选择其中4个课程思政融合点。在轨道电路的组成和原理知识中融入价值塑造和安全教育思政教育，在轨道电路的分类知识点中融入我国制度优越性和人文素养思政教育，在轨道电路的基本工作状态中融入底线意识思政教育。

（四）案例选用意义

本案例在思政元素挖掘、思政体系构建和思政融合教学设计的整个课程思政教学改实践中，思政元素挖掘方法丰富，通过挖掘获得的思政元素较多。经过思政元素的筛选后，构建思政教学体系。在思政元素融合教学设计中，思政元素与专业知识点的融合方法多样。本案例以思政元素挖掘为基础，思政教学体系为框架，思政教学设计为核心，形成了“挖掘—构建—融合”统一的课程思政教学生态，具有较强的借鉴意义。本案例中有丰富的课程思政元素挖掘方法和课程思政合融教学设计案例，为课程思政挖掘和融合教学设计提供了较为丰富的案例。

二、思路与目标

（一）存在问题

本次课程知识点较多，内容较为枯燥，部分知识繁杂。由于缺乏课程的思政体系设计，导致课程思政在与教学融合的同时产生了大量的同质性思政内容，使得学生对思政教育产生了一定的疲惫感。同时由于知识点具有理论性强的特征限制，课程思政与课程内容深度融合困难，课程思政插入生硬，导致学生在接受思政教育的过程中产生了倦怠性。

（二）改革理念与思路

针对上述问题，本案例通过构建系统化的思政教学和多样化思政元素融合教学设计，以降低学生对专业知识和课程思政教育的疲惫感和倦怠性为理念，从思政元素挖掘、思政体系设计和思政融合教学设计三个方面进行改革。

（1）思政元素挖掘的过程中遵循整体性、循序渐进、实事求是、紧跟时代的原则，采取广泛挖掘、逐个分析的策略，力求挖掘每个知识点潜在的思政元素。在挖掘过程中根据课程内容特点和学情分析，应用内容延伸、逻辑相似等方法针对不同知识内容进行思政元素挖掘。

(2) 课程思政体系的设计在课程思政深度挖掘基础之上，结合学生学情分析，确定该节课程的思政目标。围绕该目标，结合课程容量对该节课程的思政元素进行筛选，形成该节课的思政教学体系。

(3) 课程思政元素融合教学的教学设计，要在学生学情分析基础之上，结合课程教学内容和教学方法，在教学过程中自然地插入课程思政元素，提高课程的趣味性。在专业知识点引出阶段，通过将思政内容与引导问题相结合的方法融入思政元素；在课程讲解阶段，通过逻辑相似的原理融合思政元素；在知识点讲解结束后，可在实例中融入思政元素。

（三）目标设定

轨道电路基础课程思政教学设计的目标是：在充分挖掘课程思政元素的基础之上，形成完善的课程思政教学体系框架，进而通过具体的课程思政元素融合教学设计将思政内容有序、均衡、自然地融入课程教学之中。

三、设计与实施

（一）课程思政元素挖掘

本案例围绕中国矿业大学交通运输系统课程思政教育内容的四个大方面、12个具体内容展开思政元素挖掘。中国矿业大学交通运输系统课程思政教育内容：理想信念（爱国情怀、坚定信念、历史使命、文化自信）、思想品德（价值塑造、社会责任、法治意识）、素质培养（思维培养、科学发展、人文精神）、爱岗敬业（工程伦理、职业教育）。在思政元素的挖掘中遵循整体性、循序渐进、实事求是、紧跟时代的原则。采取广泛挖掘、逐个分析的策略，力求挖掘每个知识点潜在的思政元素。在挖掘过程中，可在知识点的引入、讲解中和讲解结束后插入思政元素，可采用内容相关和逻辑相似等方法进行思政元素挖掘。具体挖掘方法如下：

(1) 各类知识点均可通过延伸知识点，引入与知识点相关的历史实践和人物事迹，插入爱国情怀、坚定信念、职业教育和价值取向等课程思政元素。

(2) 原理类知识点可以采用逻辑相似的方法，根据知识点的工作原理和内在逻辑，挖掘思维培养、工程伦理等课程思政元素。

(3) 在各类教学内容中包含大量的分类、分型等并列内容知识点，该类知识点往往在基础概念之后，向学生灌输基础知识点的应用，但是该类知识点较为枯燥，讲解起来虽然有条理但是不免有插入突然、生硬的感觉。在思政元素挖掘中，创造性地将并列知识点与其发展历程有机地结合起来，使学生在学习知识点的同时了解知识点的发展历程，进而融入家国情怀、坚定信念和历史使命的思政元素，增加了学生的专业人文素养。

（4）对于技术应用类知识点，通过延伸技术标准、国家规划等内容，插入科学发展、法治意识等课程思政元素。通过上述挖掘方法，结果如表1所示。

表1　　轨道电路基础思政元素挖掘结果

序号	知识点	思政元素内容	思政元素类型	融合构想
1	轨道电路的组成	铁路对新技术的吸收与应用	价值塑造	在知识点之前引出知识点
		铁路法对铁路设备的保护范围	法治意识	在知识点之中引出法治意识思政元素
		轨道电路性价比高	价值塑造	在知识点讲解后引入轨道电路硬件经济性
		轨道电路的发明	人文精神	在知识点讲解后引入相关历史思政元素
2	轨道电路基本原理	轨道电路工作原理	思维培养	在知识点逻辑分析的同时引入课程思政
		工程实践中的安全意识	工程伦理	在知识点逻辑分析中引入工程伦理思政元素
3	轨道电路作用	1981年成昆铁路断头路事故	科学发展	在知识点讲解中引入
		轨道电路的维护先进事迹	职业教育	在知识点讲解后延伸至思政元素
4	轨道电路分类	我国轨道电路研发人员事迹	价值塑造	在知识点讲解中引出思政元素
		我国轨道电路的发展历史	爱国情怀 人文精神	与知识点融合在一起构成知识点内在逻辑
		我国轨道电路发展不足	历史使命	在知识点讲解后引出思政元素
5	轨道电路基本工作状态	底线思维	价值塑造	在知识点讲解后引出思政元素
		爱护铁路人人有责	社会责任	在知识点讲解后引出思政元素

（二）课程思政体系设计

通过对该节课程所包含知识点进行思政元素挖掘可见，本节课程共有5个知识点，每个知识点均挖掘2~4个数量不等的思政元素。思政元素类型统计结果如表2所示。

表2 轨道电路基础思政元素类型统计

思政教育领域	思政教育内容	频次
理想信念	爱国情怀	1
	坚定信念	0
	历史使命	1
	文化自信	0
思想品德	价值塑造	4
	社会责任	1
	法治意识	1
素质培养	思维培养	1
	科学发展	1
	人文精神	2
爱岗敬业	工程伦理	1
	职业教育	1

通过学生的思想情况调查，发现部分大学生面对日益发达的科技，安于现状，缺乏进取心，需要引导学生拥抱新技术，适应社会发展，积极生活。同时学生处于大三下半学期，即将面临毕业工作的情形，在此阶段需要向学生传输工程伦理、安全意识及底线思维，为学生的社会生活奠定正确的思想基础。在上述对学生的思想状态进行分析的基础上，考虑整个思政教育内容分布均匀，同时平衡思政教育和专业知识教育占比，确定本次课程的思政教学目标为：使学生具备适应社会技术发展的积极心理，使学生在未来工作中具备工程伦理、安全意识及底线思维，同时向学生进行理想信念教育。确定本次课程思政元素为：铁路对新技术的吸收与应用、工程实践中的安全意识、我国轨道电路的发展历史、底线思维，如表3所示。

表3 轨道电路基础思政元素信息

序号	知识点	思政元素内容	思政元素类型	融合构想
1	轨道电路的组成	铁路对新技术的吸收与应用	价值观塑造	在知识点之前引出知识点
2	轨道电路基本原理	工程实践中的安全意识	工程伦理	在知识点逻辑分析中引入工程伦理思政元素
3	轨道电路分类	我国轨道电路的发展历史	爱国情怀 人文精神	与知识点融合在一起构成知识点内在逻辑
4	轨道电路基本工作状态	底线思维	价值观塑造	在知识点讲解后引出思政元素

（三）思政融合教学设计

1. 课程导入

由铁路发明和应用之初的一系列交通控制问题，引出铁路运行控制需要对铁路上车辆位置精确监控。电的发现和应用为铁路工程师提供了新思路。同时以时间轴的形式介绍铁路、电、轨道电路和电灯等技术的发明时间，如图1所示。

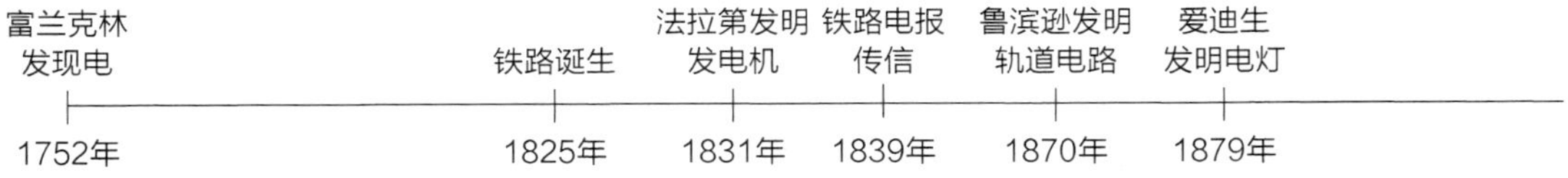

图1 轨道电路相关技术诞生时间

引入第一个思政点：铁路系统善于吸纳新技术，提示学生主动学习和适应新环境、新技术（价值塑造）。

2. 轨道电路构成知识点

采用图解方法介绍铁路电路组成：钢轨、绝缘节、轨端接续线、送电端、受电端(轨道继电器)，其组成如图2所示。

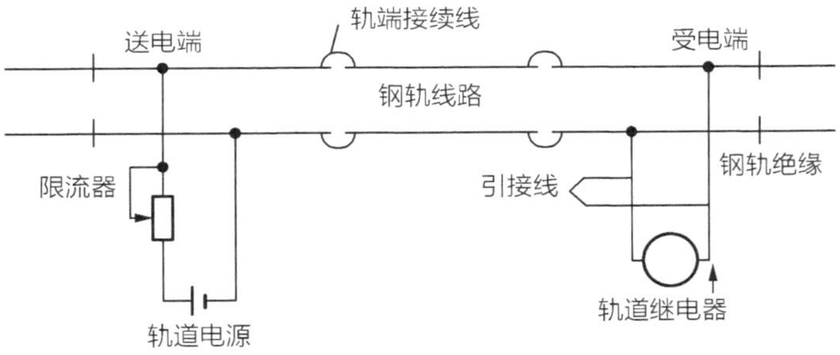

图2 轨道电路组成

3. 轨道电路的基本原理

根据轨道电路的基本构成，引导学生思考轨道电路如何完成列车检查。采用讲解的方式讲解轨道电路的基本原理。

引出轨道电路的两种状态：

当闭塞区间内无列车行驶时，电流会从电源经由轨道流经继电器，并使其激磁带动接点，接通绿灯之电路（信号机立即显示平安通行）。当有列车驶入闭塞区间时，电流改行经列车车轴，并不会流经继电器，继电器因失去电流而失磁，接点接通红灯之电路(信号机立即显示险阻禁行)。假若轨道断裂，轨道电路因此阻断，造成继电器失磁，同样的信号机亦会显示险阻禁行的信息，仍可保障列车行驶安全。当列车驶离整个区间，继电器便会重新激磁，绿灯便会再次亮起，其他列车便可进路。

当设有轨道电路的某段线路上空闲时，轨道电路上的继电器有足够的电流通过，吸起被磁化的衔铁，闭合前接点，从而接通信号机的绿灯电路，显示绿色灯光，表示前方线路空闲，允许机车车辆占用。当机车车辆进入该线路区段时，由于轮对电阻很小，使轨道电路短路，继电器吸力减弱，释放衔铁，使之搭在后接点上，接通信号机的红灯电路，显示禁行信号。轨道电路的这一工作性能，能够防止列车追尾和冲突事故的发生，确保行车安全。

引导学生考虑铁路电路设备发生故障时轨道电路的作用：

轨道电路的另一个重要作用是能发现钢轨发生断裂。在充当导线的钢轨安全无事时，轨道电流畅通无阻，继电器工作也正常。一旦前方钢轨折断或出现阻碍，切断了轨道电流，就会使继电器因供电不足而释放衔铁，接通红色电路。引入第二个思政点：铁路工程设计中必须考虑在设备故障情况下保证铁路运行安全：故障—安全原则，引申到安全是生产生活的第一需求，近年我国对安全生产要求日益严格，提示学生在日常生活中也要注意用电、交通等安全问题（工程伦理）。

根据轨道电路的工作状态，通过提问的方式，引导学生思考铁路控制对轨道电路的要求。

提问：铁路控制对轨道电路有什么要求？

回答：①当轨道电路无列车占用时，轨道继电器应该可靠系起，保持正常工作；②轨道电路在任何一点被列车占用时，即使只有一根车轴进入轨道电路，轨道继电器也会可靠落下；③当轨道电路设备发生故障时，轨道继电器应立即失磁。

同样采用提问的方式，根据轨道电路的要求引导学生思考轨道电路的作用。

提问：(1) 根据轨道电路的要求，轨道电路需要有什么功能？

回答：①监督所属轨道区段的占用/清出；②检查所属轨道区段的断轨故障。

提问：(2) 高速铁路对轨道电路有什么更高要求？

回答：向列车传递行车信息。

4. 轨道电路作用知识点

根据轨道电路原理讲解，引导学生总结轨道电路具有哪些作用。

(1) 可以检查和监督轨道是否被占用，防止错误地办理进路；

(2) 可以检查和监督道岔区段有无机车车辆通过，锁闭占用道岔区段的道岔，防止在机车车辆经过道岔时扳动道岔；

(3) 检查和监督轨道上的钢轨是否完好，当某一轨道电路区段的钢轨折断时，轨道继电器也将因无电而释放衔铁，防护这一段轨道的信号机也就不能开放；

(4) 传输不同的信息，使信号机根据所防护区段及前方邻近区段被占用的情况而变换显示。

5. 轨道电路分类与应用知识点

通过我国轨道电路发展历史的讲解，带领学生掌握轨道电路的类型。以时间为轴，介绍新中国成立后轨道电路的发展历史，如图3所示。在轨道电路不断发展的历程中介绍轨道电路的类型，同时根据我国铁路发展的需求加深学生对不同类型轨道电路功能的掌握。

引入第三个思政点：介绍我国轨道电路发展历史，增加学生的人文素养，同时我国轨道电路的快速发展体现了我国社会主义的优越性，集中力量办大事（人文精神、爱国情怀）。

6. 轨道电路的基本工作状态

采用提问的方式引导学生思考影响轨道电路工作的主要参数。

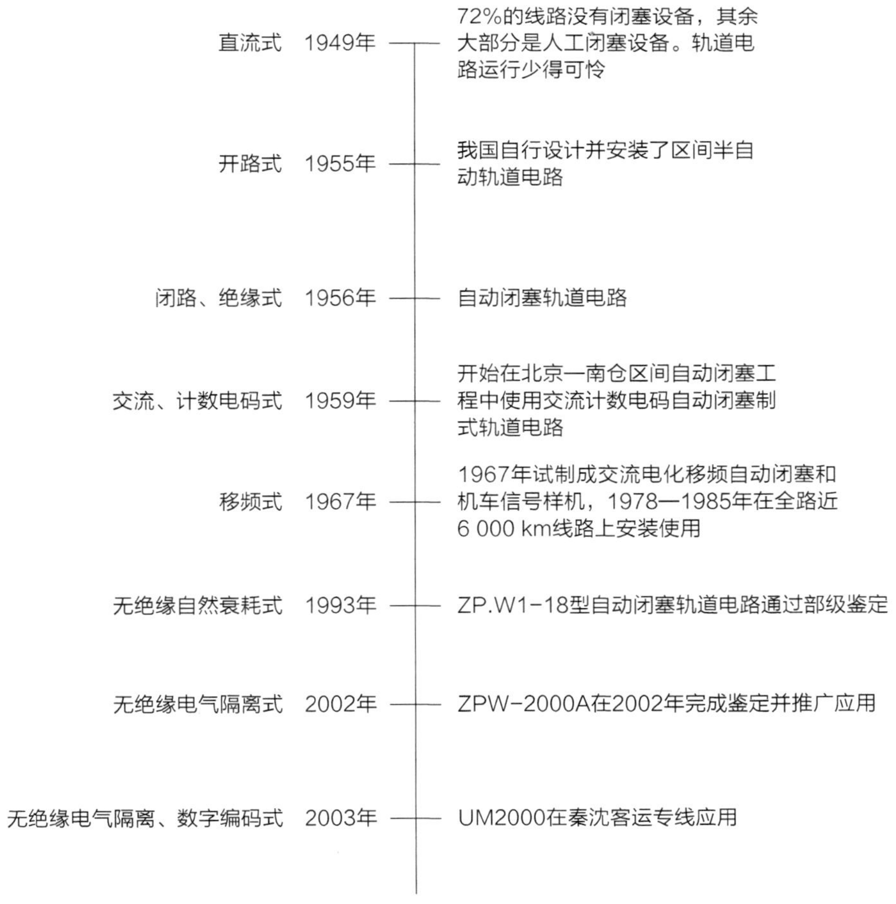

图3 我国轨道电路发展时间轴

提问：请分析轨道电路的影响因素并简化成电路图。

回答：电压、分路电阻（并联）、轨道电阻（串联）、道砟电阻（并联）、继电器（串联）。

进而采用提问的方式讨论轨道电路不同工作状态下的最差工作条件。

提问：(1) 调整状态下轨道电路最不利条件应满足什么要求？

回答：调整状态下轨道电路应该满足继电器有电流通过。

提问：(2) 调整状态下轨道电路影响因素的要求？

回答：电压低、钢轨阻抗大、道床电阻小。

提问：(3) 分路状态下轨道电路最不利条件应满足什么要求？

回答：分路状态下轨道电路应该满足继电器没有电流通过。

提问：(4) 分路状态下轨道电路影响因素的要求？

回答：电压高、钢轨电阻小、道床电阻大、分列电阻大。

提问：(5) 断轨状态下轨道电路最不利条件应满足什么要求？

回答：断轨状态下轨道电路应该满足继电器没有电流通过。

提问：(6) 断轨状态下轨道电路影响因素的要求？

回答：钢轨阻抗小、电压大、断轨地点道床电阻小。

引入第四个思政点：通过轨道电路最不利条件分析，引导学生在今后生活中要有底线思维（价值观塑造）。

通过讲解的方式介绍轨道电路分路的几个术语：

列车分路电阻、分路效应、分路灵敏度、极限分路灵敏度、标准分路灵敏。我国规定一般的轨道电路标准分路灵敏度为0.06 Ω。

驼峰分路道岔区段的轨道电路标准分路灵敏度为0.5 Ω。驼峰高灵敏轨道电路标准分路灵敏度为3 Ω。UM71无绝缘轨道电路标准分路灵敏度为0.15 Ω。

四、特色与创新

本课程思政教学案例在思政元素挖掘基础上，规划课程思政教学体系，最后进行思政元素融合教学设计。在本课程思政教学案例设计中以下创新。

（一）将轨道电路类型知识点与我国轨道电路发展历思政元素程深度融合

在本次思政元素融合教学设计中，创造性地将轨道电路的类型知识点与轨道电路的发展历程有机地结合起来，以我国轨道电路发展历史时间线为主，向学生介绍我国轨道电路改进原因的同时，使其了解不同类型轨道电路的功能，同时加深分类型知识点的记忆。在介绍我国铁路信号的最后融合我国社会主义制度的优越性，集中力量致力于轨道电路的开发和应用。同时该方法通过介绍我国轨道电路的发展历史，增加了学生的专业人文素养。

（二）思政元素深度广泛挖掘基础上进行思政体系优化设计

本次思政教学设计，创新性地将思政元素挖掘与思政教学体系结合起来。首先采用不同方法逐个挖掘知识点思政元素，然后结合学情分析，以及整门课程思政元素分布，确定该节课的课程思政目标，同时拣选本次课程思政元素，避免课程思政教学中出现思政教育无序和挤占专业知识教学的问题。

五、反思与分析

（一）课程思政教学案例总结

本次案例设计，兼顾学生知识能力培养和思政教育两方面内容，由于课程内容限制，不能引入较多的课程相关思政材料，需要从课程教学内容本身出发，深度而又广泛地挖掘思政元素，综合考虑整门课程思政教育分布情况，确定本次课程的思政教学目标和思政元素。本案例最终确定在轨道电路基本原理、分类和最不利条件等知识点中插入工程伦理、安全意识、社会制度优越性、底线思维等思政元素，并创造性地将轨道电路类型和我国轨道电路发展历程这一思政素材有机结合，在增加学生专业人文素养的同时，进行专业知识的学习和思政教育。在本次课程思政教学案例中获得以下经验。

1. 以思政元素挖掘为基础的思政体系设计

本次案例课程思政体系的设计以交通运输12个课程思政内容为基础。结合课程思政元素的深度挖掘，对课程思政体系进行设计。首先结合课程内容和学情分析制定课程思政目标，然后根据课程思政目标，梳理每一节课程思政元素，确定每一节的思政教学重点，形成课程思政教学体系，最后对课程思政教学体系进行优化，在优化过程中对每一节思政元素进行微调，达到课程思政教育内容全面覆盖。

2. 将轨道电路类型和我国轨道电路发展历程有机结合

在本次思政元素挖掘中，创造性地将轨道电路的类型知识点与轨道电路的发展历程有机地结合起来，以我国轨道电路发展历史时间线为主，向学生介绍我国轨道电路改进原因的同时，使其了解不同类型轨道电路的功能，同时加深分类型知识点的记忆。在介绍我国铁路信号的最后融合我国社会主义制度的优越性，集中力量致力于轨道电路的开发和应用。同时该方法通过介绍我国轨道电路的发展历史，提高学生的专业人文素养。

3. 采用逻辑相似法挖掘知识点的思政元素

本节课知识点丰富充足，很难增加故事型的思政材料。因此采用逻辑相似法，深度挖掘课程内容中的思政元素。在轨道电路的最不利条件知识点学习后，引导学生将该逻辑应用到未来工作生活中要有底线思维。在轨道电路的工作原理需要符合故障-安全原则，引导学生将该逻辑应用到未来的工程设计和建设等工作中，也要考虑安全因素，增强学生工程伦理和安全意识。

4. 增加轨道电路相关技术发明，塑造学生价值取向

在对学情分析中发现，目前大学生面对毕业后社会快速发展，会产生缺乏进取心，消极生活的问题。插入增加轨道电路相关技术发明，引导学生积极拥抱新技术，适应社会发展。

5. 增加工程环境影响因素讨论，提高学生工程思维能力

根据学情分析中的学生能力分析可知，需要对学生的工程影响因素的思考能力进行训练，因此教学设计中在轨道电路最不利条件分析方面增加问答方式的讨论。

（二）课程思政教学评价

该节教学设计于2020—2021春季学期3月30日在课程中实践应用，课程结束一周后通过对学生的问卷调查，查看学生的课程思政效果。调查问卷针对每一个思政元素对学生的影响进行无记名投票。具体的调查结果如图4所示。

通过数据结果可知，每个问题对学生的“较大影响”和“有一定影响”综合均达到了90%。进一步进行数据统计可知，95%的同学认为2个思政点对自己有影响；80%的同学认为3个思政点对自己有影响；70%的同学认为4个思政点对自己有影响，由此可见本次课程的思政内容对大部分学生产生了较大的影响，本次课程思政教育取得了较好的效果。

（三）课程思政教学案例存在问题和改进思路

通过调查显示，本次课程思政教学案例收获了良好的效果。但是在课程思政教学案例实施中仍然存在以下问题：

（1）部分思政元素融合教学设计中，思政元素的插入受固定思维的限制，导致插入感较强，较为生硬。

（2）受课程组教师思政能力和人文等相关知识的限制，导致课程思政元素挖掘和融合教学设计较为困难。

（3）受社会环境和舆论的影响，学生学情变化较快。在学生学情发生变化的情况下，仍然以相同的思政教学体系进行思政教育是不恰当的。

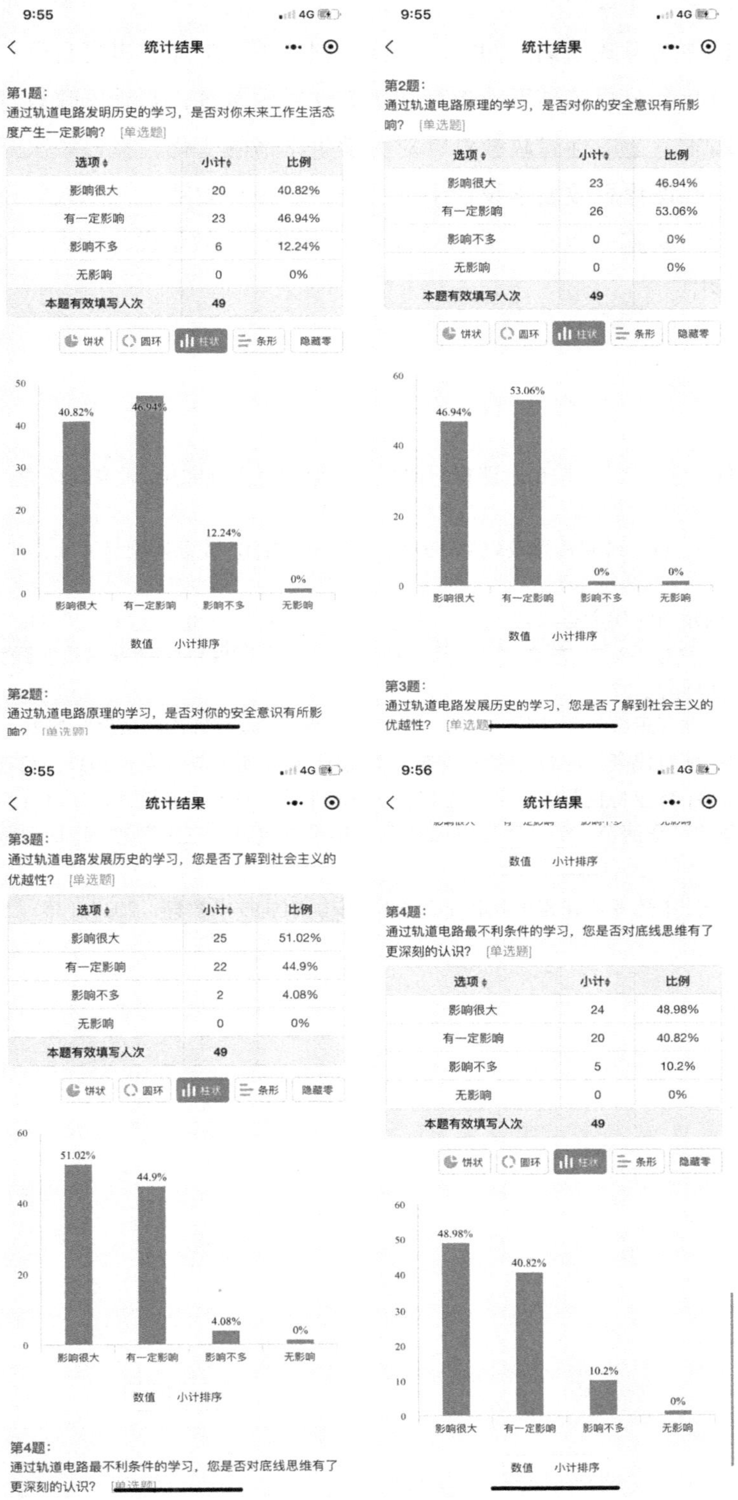

图4 轨道电路基础思政教学效果调查结果

针对以上问题，在今后的思政教学中，首先要注意提升教师的专业视野和知识深度与广度，经常性参与思政培训的同时，阅读课程相关文史知识丰富自己。进一步将课程思政体系进行分化，分成基础思政教育和适应性思政教育，基础思政教育针对大学生所处年龄的共性需求，适应性思政教育针对大学生学情的变化，在每一次开课前进行课程思政体系微调。在课程思政教学设计中，要进一步提高教师个人的教学设计能力，通过不断地教学设计—实施—反思—再设计循环，提高思政教学设计能力，将思政教育自然地融入课堂教学中。

参考文献

[1] 陈燕，袁璟瑾，曹将栋. 高职思政课程与课程思政协同育人探究[J]. 教育与职业，2022（24）：102-107.
[2] 黄锁明，李丽娟. 新工科课程思政教学存在的问题与对策[J]. 教育理论与实践，2022，42（36）：39-42.
[3] 郑少南. 着力构建新时代大思政育人新格局[J]. 中国高等教育，2022（24）：30-34.
[4] 李瑞琴. 新时代高校有效推进课程思政的再认识——以国际经济学课程思政实践为例[J]. 中国大学教学，2022（12）：22-27.
[5] 张瑞，覃千钟. 课程思政教学评价：内涵、阻力及化解[J]. 教育理论与实践，2021，41（36）：49-52.
[6] 夏顺辉，王亮. 新时代高校思政课程创新方法实践[J]. 食品研究与开发，2021，42（24）：251-252.
[7] 张春平，韩风鸣. 行业特色型大学课程思政特色化研究[J]. 中国高等教育，2021（24）：38-40.
[8] 石建勋，付德波，李海英. 新时代高校课程思政建设重点是“三观”教育[J]. 中国高等教育，2020（24）：38-40.
[9] 方文清，包有或. 中药专业课程思政教学探索[J]. 中国职业技术教育，2020（35）：55-60.

“交通概论”课程思政教学案例

徐玉萍　徐国权　李　响　漆　昕

华东交通大学交通运输工程学院　江西南昌　330013

一、案例简介

“交通概论”课程是面向华东交通大学全校本科专业开设的一门公共基础课。本课程基于通识理念，主要讲授交通运输科学的相关知识，具体涵盖交通运输的基本概念、铁路运输、道路运输、水路运输、航空运输、管道运输及交通运输的综合化与智能化。本课程在为学生传授与日常生活息息相关交通知识的同时，将思政元素紧密联系专业知识，引领学生共同分享人类漫漫文明征程中伴生的交通人文精神与理念，畅游人类悠悠历史长河中承载的交通优秀科技与文化，培养交通思维，树立交通意识，了解交通科技。旨在让本课程的每一位学生真正成为一位篆刻“交通”烙印的名副其实的“交通大学”毕业生。

随着国家“交通强国”战略和江西省“交通强省”发展目标的持续推进，交通运输已成为社会经济生产生活的重要组成部分。在新时代征程中，开展以交通为主题的通识教育课程，能为国家现代化建设带来强大动力。以习近平新时代中国特色社会主义思想为指导，将思政教育与专业知识有机融合，紧密联系国家“十四五”规划，贯彻党的教育方针，围绕政治认同、家国情怀、文化素养、宪法法治意识、交通职业道德修养等重点优化教材、课程教学改革、教学考核评价方法等课程教学模式。寓价值观引导于知识传授和能力培养中，帮助学生塑造正确的世界观、人生观、价值观。

通过课堂教授、辅助多媒体教学课件、观看视频、课堂交流讨论、课后现场考察实践实现“交通概论”课程思政的全方位教学。依托学校交通特色，主动对接地方产业需求，与省内外大型重点企业和区域、行业骨干企业合作，推动产教融合。与江西中车长客轨道车辆有限公司和中国铁路南昌局集团有限公司鹰潭站、向塘西站、鹰潭机务段、向塘机务段等单位共建创新创业教育、校外实践基地，构建基于人才培养、产业发展和

作者简介：徐玉萍，1973年，华东交通大学交通运输工程学院，教授。

创新需求的实践教学和实训实习环境。注重讲授我国交通行业近年来取得的伟大成就，引导学生开展下沉式、进驻式实践锻炼和学习体验。依托课堂教学主阵地，协同实践教学环节，深入挖掘通识理论及专业实践中的育人元素，坚持实效性原则、可行性原则和时效性原则，使课程思政在实践环节与理论教学中均得到有效衔接。

二、思路与目标

实现“交通概论”课程思政教学任务，首先要树立思政教学的理念，在课程建设的顶层建设中，要持续强化高校“立德树人”这一思政教育理念。

（一）遵循原则

本课程坚持社会主义办学方向，充分发挥课堂教学主阵地作用，运用线上线下多平台，联系实践教学环节，深入挖掘通识教育各环节所蕴含的思政教育元素，坚持实效性、可行性和时效性原则。

1. 实效性原则

课程教学活动紧扣“十四五”规划，结合课程思政建设，依托学校交通特色，以学生为中心，不断提高学生思想水平、政治觉悟、道德品质和文化素养，力求解决当前普遍存在的思政课程和课程思政“两张皮”现象。

2. 可行性原则

全面考查学生对所学理论知识的理解与掌握程度，坚持顶层设计，指定健全可行的课程思政教学模式。从而提高学生运用课程所学知识、基本原理去分析与解决问题的实际能力，加深对交通行业及专业知识的认知。

3. 时效性原则

基于通识理论，课堂教学内容突出热点与关键点，与时俱进，把握国内外交通运输行业的热点与创新点，体现时代特征。

（二）课程思政教学改革的思路

本课程思政教学遵循基本原则与教学目标，主要针对教学理念、教学方法、教学环节、教学过程、教学评价等教学要素开展改革。课程思政教学改革路线如图1所示。

（三）课程思政教学目标

本课程作为公共基础课，重点提高大学生思想道德修养、人文素养、科学精神、宪法法治意识和国家安全意识，注重在潜移默化中坚定学生理想信念，厚植爱国主义情怀，

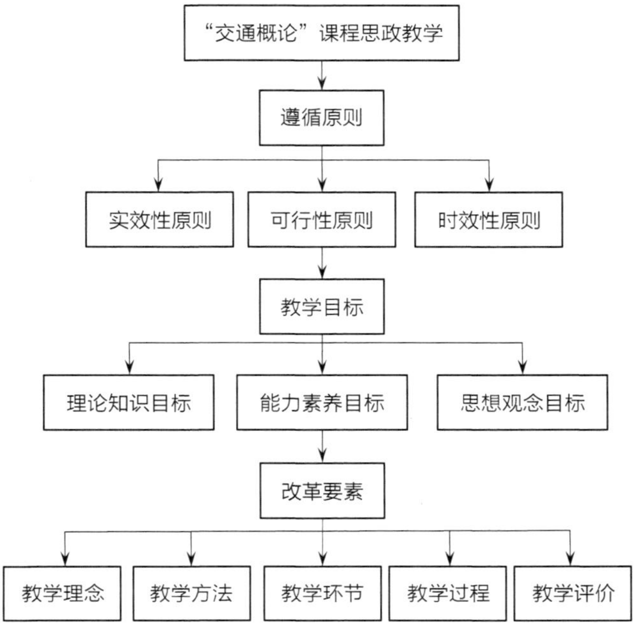

图1 “交通概论”课程思政教学改革路线

加强品德修养，培养奋斗精神，提升学生的综合素质。通过课程理论和实践教学，使学生在获得必要的思想教育和价值观念的同时，培养了专业职业意识。本课程思政教学以理论知识学习、专业素养能力和思想观念培养三大方面作为目标。

1. 理论知识目标

理解交通运输的基本概念，掌握交通运输发展历史与我国交通运输现状，学习现代交通运输铁路、公路、水运、航空和管道五种方式生产运营管理情况，知晓我国交通运输行业发展的伟大成就，联系生活，针对各生产功能要素开展合理分析。

将理论联系实际，结合思政教育，基于我国交通运输建设的伟大成就和疫情期间高效的运输服务，领悟社会主义核心价值观，了解中国铁路提速历程和铁路通过能力提升付出的努力，理解铁路工匠精神的内涵，理解铁路“统一领导，单一指挥”制度对保证运输安全、提高运输效率的意义，理解制度优势并具有爱国奉献精神，领悟交通文化与精神，探讨疫情期间如何高效开展特殊情况下的铁路列车开行方案、“复兴号”动车组如何促进区域经济发展以及综合交通枢纽如何便捷衔接换乘等行业现实生产运营中的相关课题。

2. 能力素养目标

通过实践教学环节，培养学生的交通运输学科专业知识的文献检索、数据分析以及构建解决复杂工程问题的能力，具备问题调研、团队协作和整合思维能力以及良好的学习态度，熟悉五种交通运输方式各自的特点、组成与运营常识。

在交通运输大作业的制定环节中，加强学生对我国交通运输建设现状和相应的战略政策文件的掌握情况的考察，培养学生沟通合作意识、创新思维，提升学生结合时政运用交叉学科知识解决复杂问题的能力。

3. 思想观念目标

响应国家交通强国战略和江西省交通强省发展目标，树立建设绿色综合立体交通网观念，推动交通运输“十四五”发展规划，客观评价交通运输活动对社会环境与可持续发展的影响。

本课程在教学过程中围绕交通对社会环境带来的影响，培养学生绿色交通的观念，强化工程伦理的意识，推广新时代交通运输行业发展战略，加强社会主义核心价值观的培养。在提升综合素质的同时，综合运用所学交通运输的相关理论与常识指导未来的日常生活与专业学习，增加民族自信心与自豪感。

三、设计与实施

“交通概论”课程思政的教学设计实施体现在教学理念、教学方法、教学环节、教学过程、教学评价五大方面。

（一）教学环节

课程教学环节中的课程思政元素挖掘，主要是结合课程内容在授课过程中突出以下三点，一是强调我国在交通运输发展历史中所做出的积极贡献，帮助学生树立正确的历史观，增加学生的民族自豪感；二是突出新中国成立以来，尤其是改革开放以来，在中国共产党的带领下，我国交通运输建设的伟大成就，及其对社会经济的巨大促进作用，增加学生的文化自信和道路自信；三是介绍我国交通运输业的发展方向和前沿创新，并据此畅想在“一带一路”倡议和“绿色交通”可持续发展的引领下，交通运输业的美好未来，使学生了解交通科技，具有交通思维，树立交通意识，培养职业兴趣。

本课程在教材编写的过程中，细化了教学内容，融入了思政元素。主要内容包括绪论、铁路篇、道路篇、水路篇、航空篇、管道篇、综合篇、总结与讨论八大部分，如表1所示。

（二）教学方法

1. 思政案例分析讨论

根据我国交通运输发展现状和发展战略规划目标，把握行业整体生产运营管理需求，

表1　"交通概论"课程思政教学融入教学内容

序号	章节	教学内容	课程思政融入内容
1	绪论	辨析"交通"与"运输"概念；了解交通运输的发展史；认识交通运输与经济社会的关联；理解绿色交通含义；构建可持续发展理念	学习我国在交通发展史中做出的积极贡献；树立正确的历史观，增加学生民族自豪感；树立交通意识，培养职业兴趣
2	铁路篇	理解铁路运输的特点；认识铁路运输的基础设施与设备；了解铁路客货运及行车工作的基本知识；了解高速铁路与重载运输基本知识；了解城市轨道交通常识及我国城市轨道现状；认清我国铁路运输目前存在的问题、取得的成就及未来展望	学习我国铁路"十四五"发展规划；突出新中国成立以来，尤其是改革开放以来，在中国共产党带领下，我国铁路运输建设的伟大成就；讲授铁路运输特别是高铁对社会经济的促进作用，增加学生的文化和道路自信
3	道路篇	理解道路交通的基本理论；我国公路行政分级和技术分级的划分方法；了解公路构筑物的组成及作用；熟悉高速公路、高速公路网和国道及省道干线公路的组成；了解公路路政、运政管理的基本内容；熟悉汽车的架构；了解我国城市交通运输网络的组成；了解未来道路交通运输的发展趋势	学习我国公路"十四五"发展规划；国家公路布局调整政策方案；农村公路中长期发展规划政策；绿色公路建设和推进公路钢结构桥梁建设的相关规划政策
4	水路篇	理解水路运输的基本概念与特点；了解水路运输的运营特性；掌握航道、航标、港口等水路运输基础设施的功用；了解运输船舶的类型、性能、构造及功用；了解水路运输组织管理的流程要素；掌握我国水路运输的发展现状与发展趋势	学习我国水运"十四五"发展规划；了解港航基础设施建设相关政策文件；掌握国家关于水上运输市场服务的调整政策；学习国家关于港口和船舶污染防治、新能源清洁能源应用方案；掌握国家碧海行动计划
5	航空篇	了解航空运输的特点和适用场合；理解航路、航线和航班等航空运输概念；了解航空运输企业的组织管理方式；理解飞机飞行原理和民用飞机的性能、民用机场的构成与设施；了解空中交通管理的概念和方法	学习我国民用航空"十四五"发展规划；了解国家构建世界级三大机场群、国际航空枢纽建设规划政策；掌握民航服务国家"一带一路"倡议下的建设情况
6	管道篇	理解管道运输基本概念、特点以及基本设施与设备，主要包括输油、输气及固体料浆管道设施与设备；理解管道运输的规划以及管道运输生产组织管理方式与技术手段；了解我国管道运输的成就与未来发展方向	学习我国管道运输"十四五"发展规划；了解我国油气等管道运输发展建设规划政策
7	综合篇	了解综合运输的内涵与多式联运的定义域特征；熟悉国际多式联运的组织形式；了解集装箱的标准化，以及集装箱多式联运的业务流程及交接方式；了解交通枢纽的特点、城市客运综合交通枢纽的内涵及智能交通运输系统的组成；了解基于交通运输开展的邮政运输，特别是当前发展迅猛的快递	学习国家"交通强国"战略、国家级"十四五"规划，江西省"交通强省"发展目标；培养团队协作精神、大局意识；引导学生树立爱国主义精神和工匠精神，激发家国情怀与使命担当
8	总结与讨论	对所学内容进行梳理，并针对相关交通运输问题开展讨论及总结	学习交通运输相关行业职业规章制度，建立职业责任感和社会责任感

结合思政案例中特定的情境开展专题讨论。

2. 理论与实践相结合

在学习交通运输相关基础理论知识的同时，紧密联系现实社会生活，通过与相关企业建立交流渠道，为学生提供实践基地。

3. 跨学科教学

"交通概论"课程作为我校各本科专业的一门公共基础课，授课学生遍布各类专业。在教学的过程中，要充分挖掘课程中涉及的跨学科知识点，结合相关学科的专业知识对本课程内容进行扩展教学，实现学生的全面发展。

（三）教学理念

1. 培养学生探索追求真理的科学思维模式

本课程通过讲授交通运输行业的发展建设情况，让学生运用知识所赋予的力量，具备勇于探索追求真理的勇气。在教学过程中，渗透我国交通发展历史和解决生产问题的思路与方法。

2. 注重基础知识点的教学

本课程通过讲授交通运输的基本知识点，使学生掌握必备的基本专业技能，树立正确的工程伦理观念。结合教学内容，深入挖掘课程思政元素，通过与课程教学有机结合，为其他相关课程的课程思政教学融入打下坚实的基础。

3. 深入推进文化育人

在教学的过程中，通过引入近年来我国交通行业迅猛发展的历程、高速铁路所体现的中国速度等中国梦的伟大实践，增强学生学好交通运输相关课程的社会责任感和使命感。

1）加强社会主义核心价值观教育

将社会主义核心价值观在育人全过程中体现，根据我校的《新时代爱国主义教育实施纲要》《新时代公民道德建设实施方案》等一系列工作方案，持续推进"三礼"教育，广泛开展社会主义核心价值观内容教学。

2）加强社会主义先进文化教育

扎实开展"四史"主题教育。推动中国传统文化、革命文化和社会主义先进文化融入课程教学。

（四）教学评价

本课程在考试和考核方面融入思政元素，根据课程大纲中课程目标的思政要求，对照相应课程大纲中的教学内容和课程目标达成途径及评价，布置思政相关平时作业，并在期末考核内容中增加相关思政内容。通过课堂讨论、习题完成质量和期末考试成绩，对学生进行综合考核，以团队大作业的质量评价学生敬业、精益、专注、创新等方面的工匠精神。同时考核学生认真负责、踏实敬业的工作态度和严谨求实、一丝不苟的工作作风。通过构型设计实践教学项目中学生的分工合作、协作完成项目的质量，考查学生团队合作精神和服务意识。将以上考核指标进行细化与量化，进行准确评价，便于与其他专业课程进行横向对比，并且与往届情况进行纵向对比。

（五）教学过程

本课程在教学过程中，加强组织系统领导。依托本校交通运输相关学科、专业、课程三大资源，丰富了本课程的教学内容，实现了多维度融合发力的课程思政教学生态系统建设。

在课程教学目标的设置中，从课堂讲授、课内外作业、实验、课堂讨论与问答、平时作业、平时考查与观察、实验认识、学生个人总结多方面对教学效果进行考核评价。

通过营造良好的课堂教学氛围，建立平等、合作、交流的课堂师生关系，结合学生的实际情况，选择合适的教学方法。在教学过程中，利用教材、慕课平台、多媒体案例库和视频图像等教学资源，积极采用探究式、启发式与互动式等教学方式，从简单到复杂，循序渐进地培养学生的交通运输专业素养，激发学生的学习兴趣。采用灵活变通的课堂教学方法，建立明确的课堂规则，对学生严爱结合，提高自身威信，讲究课堂组织的艺术。结合国内外交通运输行业的最新发展，引导学生树立崇高的理想和爱国主义，阐明学习目标，树立正确的世界观、人生观、价值观，勇敢地肩负起建设新时代的使命，从而提高学生的思想政治素养。

四、特色与创新

（一）课程思政教学改革的特色

（1）充分利用课程教学线上中国大学生MOOC和线下教室教学平台，为广大师生提供学习空间。将教学资源共享在教学平台上，学生通过自主学习，完成讨论，培养学生的自我管理能力。

（2）通过布置课程大作业，要求学生进行小组协作，锻炼学生的合作能力。学生通过与同学间的相互学习，充分调动学习积极性，培养团结协作的能力，树立集体意识和团队合作精神。

（3）课后拓展行业发展的知识点查询学习，提高学生的发散性思维，逐渐培养学生自主学习的态度。

(4) 思政教学元素的挖掘源于现实生产生活，覆盖社会运营生产管理的各个方面，逐步培养学生的社会意识和爱国主义精神。

(5) 通过引导学生学习讨论国内外交通运输行业发展情况，培养学生正确客观看待行业发展建设的意识，正确选择人生榜样，树立正确的三观。

（二）课程思政教学改革的创新之处

(1) 构建以交通运输相关学科、专业和课程为载体，以学校、学院、学科、专业教研室、任课教师、辅导员为主体的思政教育的生态系统。把立德树人作为指导学生进行知识获取、科学研究、实践探索过程的根本任务，构建新型综合教育理念，实现全员、全过程、全方位的育人目标和“立德树人”的根本任务。

(2) 开展课程思政教学研讨会。通过组织召集“交通概论”授课教师，开展课程思政教学专题研讨会，强化了显性思政教育。尤其在教材编写的过程中细化了隐性思政教育，强调了课程思政知识传授和价值观引领相互统一的育人模式。

(3) 建立课程思政综合评价体系。充分运用线上线下教学平台，通过本课程授课教师团队，探索授课模式的路径方法，确定课程所蕴含的思想政治元素的核心要素，强化课程思政的认识，从而构建健全的课程思政综合评价体系。

五、反思与分析

（一）课程思政教学改革的实施效果及成果

“交通概论”课程思政教学改革成效主要体现在教材编写、课程教学模式、学生课程作业、教学考核管理、学生MOOC平台留言评价五大方面。

1. 教材编写

本课程在教材编写的过程中，充分考虑课程思政需要，补充我国交通产业的优秀案例与辉煌成就，增加近年来国内外交通运输行业取得的最新成果内容，突出了我国交通建设的伟大成就及其对社会经济的巨大促进作用，增强了学生的“四个自信”。

2. 课程教学模式

在课程教学大纲中融入思政元素，坚持以学生为中心，注重学生民族自信心和自豪感的培养，引导学生树立正确的职业素养和社会责任感。在教学的过程中，着重介绍我国交通产业的发展方向和前沿创新，使学生了解交通科技、树立交通意识、具有交通思维、培养职业兴趣。

积极培育推广优秀的教学方法，以建设理念科学、形式多样、管理有效的课程思政教学体系。运用启发式、参与式、互动式、案例式等教学方法，广泛使用线上慕课平台等新型多媒体教学资源，激发学生的学习兴趣和主动性。

3. 学生课程作业

在课程作业设置方面，注重学生对我国交通运输行业发展现状以及取得的卓越成就等课程思政相关知识点的掌握程度进行考察。例如，布置"交通"与"运输"的联系和区别、人类交通运输发展的主要阶段、什么是绿色交通、请结合生活实践思考绿色交通的意义及实施途径等问题，从而进一步增强学生的思政学习成效。

4. 教学考核管理

本课程坚持把立德树人作为教学管理的核心环节，将思想政治教育贯穿于课程教学的全过程，实现全程育人、全方位育人。全面深化教育改革创新，加快新时代新型教育评价改革，加强高校人才队伍建设，培养打造中华民族"梦之队"的筑梦人。着力建设一支德才兼备的教师团队。认真贯彻习近平新时代中国特色社会主义思想，巩固马克思主义指导地位，培养德智体美劳全面发展的中国特色社会主义建设者和接班人。对本课程教学相关教师的思想政治性进行培训，鼓励教师创新教学模式和方法，丰富教学内容。鼓励教师挖掘课程德育元素，将社会主义核心价值观实践于教书育人的全过程。

本课程依托"交通大学"特色资源，构建了多维度发力的课程思政教育体系。从交通运输相关课程思政、专业思政和学科思政三个维度发力，构建以学科体系、专业教学和课程引导为载体，以学校、学院、专业教研室、任课教师、辅导员为主体，以正确的价值取向为基础，涵盖教学目标、思政素养能力、专业课教学水平以及教学反馈机制的多维度高校思政教育评价指标体系。探索建立高校生态主体长效互动机制和运作动态反馈机制，促进构建齐全完整的高校思政教育教学生态系统的优化路径。

5. 学生慕课平台留言评价

学生从课程学习中体会到了党和国家的伟大，领会了我国制度优势所取得的成就，增强了学生的民族自信心和自豪感。在"中国大学MOOC"平台上，学生对本课程的网上教学好评如潮。其中，在课程评价栏中有学生评教原话："感受到祖国基建的意义和强大，我要努力学习知识，为国家做贡献。""课程内容挺好，尤其是一些课外拓展资料，让我感受到了国家交通基建的强大，增强民族自豪感。作为一名交通行业的学生，以后一定要好好学习，为国家轨道交通事业贡献自己的一份力。"学生慕课平台留言评价如图2所示。从中可看出学生对本课程的课程思政教学目标的完成度较高。

（a）

（b）

图2 学生MOOC平台留言评价

（二）教学实践中存在的问题及改进思路

1. 授课方法

授课方法仍然趋于传统，学生听课的积极性有一定的影响。今后需要适当结合线上等多媒体平台，扩大线上与线下混合教学范围。同时，适当推动学生探索问题的主动性，实施翻转课堂。

2. 授课内容

当前本课程思政元素融入的部分内容存在浮于表面的现象。未来需要进一步充分挖掘课程思政的教学内容，深化专业课程知识与思想政治元素有机融合的效果和力度。本课程由2019级交通运输、物流工程和物流管理专业的3个小班合班上课，3个专业均与交通运输有着密切联系，因此学生比较重视，各专业学生的考试成绩均较好且差距不大。其中，交通运输专业的学生对本门课程的知识点掌握得比较完备，理解了课程中的相关难点和专业性较强的技术原理；同时，物流工程和物流管理专业学生也从宏观认识和微观理解上对五大类交通运输各个方面的知识均有所理解和掌握。

3. 考核方式方法

当前考核方法在系统客观评价方面有欠缺。未来计划针对课程思政教学目标，让学生自己做阶段性总结。同时增加针对教师灵活讲授课程思政元素能力的考察。本课程学生的平时成绩较高，这也是本届学风较好的体现，大部分学生平时的考勤、作业、课堂表现都比较好，上课态度也非常认真，回答问题积极，互动良好，氛围较好，平时作业的完成度也高于预期。但部分较为优秀学生的党员活动、比赛活动、学院活动的时间与本课程的时间会有冲突，导致这些优秀学生反而也存在请假缺课现象，知识点有所欠缺。今后遇见类似情况，应尽量安排课后辅导或监督他们自学相关的缺课内容，做到查漏补缺。

（三）未来教学展望

1. 注重融入的方式

基于交通运输相关理论知识，自然引入，实现思想政治理念润物细无声地影响学生，塑造正确的世界观、人生观、价值观。

2. 灵活评价教学效果

在课堂作业、考试等传统教学评价方法以外，要根据教学的需要和特点灵活设置多种考核评价方法，改变千篇一律的评价模式。

3. 科学设计课程思政教学体系

坚持顶层设计，分学校、学院、系（或教研室）三个等级，依据课程的学科专业特点和育人要求区分课程类别推进课程思政，要从课程整体进行结构设计，科学设计课程思政教学体系，实现德育效果的最大化。

4. 进一步提升教师团队的自身素质

要想游刃有余地将思政融入课程教学，教师广博的知识和灵活的思维是前提，终身学习是关键。

5. 注重学生的思政素质培养

课程思政必须围绕学生、关照学生、服务学生，要遵循思想政治工作规律、教书育人规律、学生成长规律，坚持“五育并举”，满足学生成长发展需求和期待，不断提高学生思想水平、政治觉悟、道德品质、文化素养，把学生培养为德智体美劳全面发展的社会主义建设者和接班人。

“新工科”背景下“路基路面工程”课程思政教学体系构建与探索

徐慧宁　谭忆秋　解晓光

哈尔滨工业大学交通科学与工程学院　黑龙江哈尔滨　150090

一、案例简介

“路基路面工程”是交通运输工程大类专业的核心专业基础课，也是学生后续专业课的基础，主要讲授道路工程发展历程、公路气候分区、路基、路面结构形式、病害成因及一般路基路面结构设计方法与设计原理，授课对象是交通运输工程专业大三年级本科生。因此，“路基路面工程”是交通运输工程专业学生了解道路、认识道路、服务道路的直接渠道和重要窗口。

“路基路面工程”作为一门立足理论、服务实践的课程，具有融合工程实践、思政教育与专业知识“三位一体”的独特优势。因此，在课程讲授专业知识的同时，融入与交通相关的国家政策、方针以及习近平总书记系列讲话，从文件与讲话中把握专业发展目标与方向及课程开设的目的与意义。通过典型工程案例、超级工程的引入，贯通理论与实际，见证中国速度，激发民族自信心；讲述交通人物故事与“两路精神”，使学生在学习专业知识的同时，见证中国精神，激发民族自豪感；同时，依托寒区道路发展新机遇及哈工大精神，锤炼新时代工大品格。

伴随“路基路面工程”课程思政建设，教学团队先后获得教育部“新工科”研究与实践项目、黑龙江省研究生课程建设项目、哈尔滨工业大学教学发展基金项目（课程思政类）等各级教改项目资助，总结了一套丰富的课程思政素材案例集，形成了较为完善的课程思政授课体系。课程讲授极大激发了学生对学科的热爱，自主学习能动性显著改善，学生评教成绩为A。课程中的思政元素，激起学生投身交通强国建设的积极热情并先后获得互联网+创新大赛国赛铜奖1项、省赛金奖/银奖多项、交通运输部“2050我心

作者简介：徐慧宁，1983年，哈尔滨工业大学交通科学与工程学院，教授。

目中交通强国”创意竞赛第一名等奖励。结合课程建设，任课教师团队自身专业素养和教学能力得到提升，获教育部教职委“路基路面工程”青年教师教学竞赛二等奖、校课程思政教学竞赛一等奖及优秀案例设计奖等荣誉，课程思政建设成果显著。

二、思路与目标

立德树人是高校教师的职责所在，育人根本，课程思政则是立德树人教育的重要途径。特别是，2017年教育部提出“新工科”建设的育人背景下，要求高校培养具备创新能力、实践能力，能够解决现实工程问题、富有高度人文素养和社会责任感的工程类创新人才。“路基路面工程”课程作为一个立足理论、服务实践的课程，具有依托课程理论，融入工程实践，开展思政教育，实践新工科理念的得天独厚的优势。如何在原有授课内容基础上，结合“新工科”需求，开展“路基路面工程”课程思政教学体系构建与探索成为摆在任课教师面前的一项挑战。

结合“新工科”教育需求，在“路基路面工程”课程思政教学改革过程中，秉承OBE与学以致用的教学理念，以未来行业需求及实际工程为切入点，打造“应用案例=思政教育”的模式，将道路工程专业教育和思政教育相结合，在专业教育的不同模块中融入思政教育内容，如与行业发展相关的《交通强国建设纲要》、“一带一路”沿线建设、习近平总书记在北京大兴国际机场启用仪式上的讲话等；与青年理想信念相关的，习近平新时代青年思想、习近平在纪念五四运动100周年大会上的讲话等；与黑龙江发展相关的，习近平振兴东北肺腑之言、北大荒沧桑巨变、大庆精神铁人精神新时代内涵等；与学校专业发展相关的，哈工大的历史与风貌、交通记忆—哈工大交通人的奋斗故事等。将爱国教育、时政教育、国家政策方针教育、学科历史教育等融入专业教育中，寻找适合当代大学生的思政教育新模式。同时，结合职业素养、未来发展，以经典工程案例与校友成长案例引导学生，启发学生，培养综合能力，帮助学生树立正确的理想信念。通过课程思政改革的推进，在培养学生掌握专业理论知识的同时，具有解决实际工程问题的“新工科”思维模式，具有更高的政治素养和眼界格局，具有经得起考验的政治立场、认知思维和道德品质，成为合格的国家未来交通运输工程领域的建设者与接班人。

三、设计与实施

“路基路面工程”课程是我国高等院校交通运输工程专业的基础核心课程，其理论部分和实践环节的内容均十分丰富，为课程思政的开展提供了充足的空间。在“路基路面工程"课程思政建设过程中，围绕"讲什么思政内容""如何进行课程设计""采取什么教学方法"三个核心问题，从思政元素挖掘与思政内容建设、思政教育与专业教育相融合的教学设计、以OBE为导向的教学方法改革三方面开展设计与实施。

（一）思政元素挖掘与思政内容建设

"路基路面工程"课程旨在培养学生对于道路工程的了解，通过教学培养学生灵活运用路基路面工程基本理论和基本知识，分析和解决路基路面工程实际问题的能力，同时激发广大学生投身社会主义交通建设的热情与决心。围绕这一目标，着重从以下四方面开展课程思政内容挖掘。

1. 与交通相关的国家政策、方针与习近平总书记重要讲话

近年来，随着交通基础设施在国家发展与国防安全方面重要地位的不断提升，党和政府相继出台多项与交通密切相关的政策、方针，习近平总书记也在联合国全球可持续交通大会等重要场合发表事关我国交通运输行业发展的重要讲话。上述内容从国家层面体现出交通运输行业的重要地位与未来发展方向，因此，在课堂讲授中，引入《交通强国建设纲要》"北极事业白皮书""新型基础设施建设""一带一路"倡议等内容，从文件、讲话中把握专业发展目标与方向，深入阐明行业发展与课程内容的内在联系。

2. 典型工程案例，超级工程、新世界七大奇迹等

北京大兴国际机场、港珠澳大桥、川藏公路、青藏公路、深中通道、京沪高速、京藏高速、连霍高速等一个个超级工程的建设，带动了国家经济发展，连通了区域社会进步，带动了人民生活水平的提升，成为交通运输工程领域一张张闪亮的名片。因此，将典型工程案例、超级工程、新世界七大奇迹工程等融入课程专业内容讲述，不仅可以传授学生专业知识，而且可以使其在重大工程中了解专业知识的应用，融会贯通理论与实际；更为重要的是，典型工程案例与超级工程，可以使得学生在学习知识的同时，见证中国交通速度，激发其民族自信心。图1为课程中采用的部分案例。

3. 交通运输系统先进人物事迹

伴随着国家交通运输事业的发展，相继涌现出云南交通投资建设集团运营管理有限

图1　课程思政内容之二——典型工程案例

公司昆明东管理处团委副书记铁飞燕、塞尔维亚E763高速公路项目组、四川省交通运输厅公路规划勘察设计研究院总工程师牟廷敏、长眠于川藏线的“英雄”等系列先进人物和团体，以及由此树立的“两路精神”等。先进人物事迹及其精神成为引导学生树立正确世界观、人生观、价值观的良好素材，也是树立学生良好职业观念、职业道德的生动案例。将上述内容与专业知识相结合，使得学生在学习专业知识的同时，感悟中国道桥精神，体会中国道桥的发展速度与发展力量，进一步激发学生们的民族自豪感和民族向心力。

4. 寒区道路发展新机遇、哈工大精神

哈尔滨工业大学坐落于我国最北的省份黑龙江，依托其独特的地理位置，长期开展寒区道路工程领域的相关研究，在学科发展过程中，涌现出以放弃大上海优渥生活、服从国家需要开展寒区道路工程研究的我国第一位获苏联副博士学位的蔡乃森先生为代表的“哈工大八百壮士”，以及扎根寒区攻克路面冰雪难题的“哈工大新八百壮士”谭忆秋老师等先进人物。特别是“一带一路”倡议的提出，为寒区道路工程发展带来了新的机遇与挑战。这些鲜活生动的、发生在学生身边的案例，使学生倍感亲切。因此，通过上述内容的引申，结合百年工大发展，有利于锤炼学生的新时代工大品格。

通过上述四方面思政内容的凝练，形成了立足国家需求、突出行业发簪、体现寒区交通机遇、具有哈工大特色的“路基路面工程”课程思政内容。

（二）思政教育与专业教育相融合的教学设计

“路基路面工程”课程总计32学时，主要包括总论、路基工程、路面工程三个主要的部分，涵盖道路工程的发展历程、一般路基路面设计、排水设计、挡土墙设计、稳定性分析、防护与加固、沥青路面设计、水泥混凝土路面设计等内容。课程具有教学学时少、课程内容多的特点，因此，对思政内容与课程内容的结合提出了很高的要求。

在课程设计过程中，依据授课内容设置相关思政主题，并将思政内容以工程案例、人物事迹、国家政策、重要讲话的形式与课程理论内容相呼应，形成“应用案例＝思政教育”的模式，实现应用案例与思政教育的合二为一。图2为“路基路面工程”课程第三章第二节的内容，主要讲述沥青路面的主导病害。该部分知识点的讲授中，在“永久变形病害的成因及病害防治措施”环节引入港珠澳大桥建设和桥面铺装技术；在“裂缝病害的成因及提升技术环节”引入前辈服从国家需求，扎根寒区，解决寒区沥青路面开裂工程技术难题的事迹。通过上述课程内容的设计，将理论知识、工程应用与课程思政相结合。这种课程设计方法，使得思政教育不突兀、易接受，更能引发学生对于行业发展、人生规划及人生目标的思考。

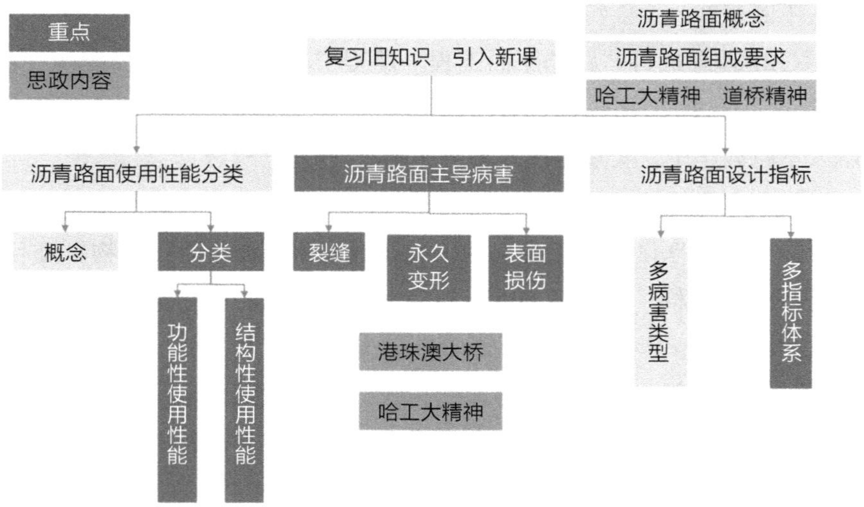

图2 课程设计示例

（三）以OBE为导向的教学方法改革

针对"路基路面工程"课程的学时特点和课程性质，运用OBE与学以致用的教学理念，并结合学生先修课程内容，为了使学生充分、有效地利用课堂时间，对教学方法进行了新的尝试：

（1）在课前预习环节，借助MOOC教学平台，利用东南大学"路基路面工程"和长安大学"道路建筑材料"国家精品课程网站，以及哈尔滨工业大学"土木工程材料"省级精品课程资源，让学生对基础理论知识进行预习，提升知识的掌握水平。

（2）在课堂讲授中，通过视频、动画及图片等多种形式，增加课堂授课的灵活性、互动性和吸引性，培养学生理论联系实际的能力，引发学生更直观的感受和更深入的思考。同时，也尝试利用翻转课堂的形式，规定具体的讲授内容，请学生作为主角，讲出他们对于课程内容的理解，展示他们心中与课程内容相关的前辈故事、伟大工程及他们的体会。

（3）在课后作业中，通过读书报告、调查报告的形式，鼓励学生走出课堂，走进实践，通过阅读和实地调查加深对于路基路面结构形式、病害形式、设计方法等系列知识点的理解，培养学生的动手实践能力，同时，也有助于学生在实践中感受国家交通的巨大发展和变革。

四、特色与创新

伴随着上述"新工科"背景下"路基路面工程"课程思政教学改革的开展，教学体系与教学方法不断革新，主要特色与创新点体现在如下三方面：

（1）运用OBE理念进行“路基路面工程”课程“教学内容—课程设计—教学方法”三个层面的全员、全过程、全方位改革，将国家需求、行业发展、先进人物、学校特色四者有机融入本科教学中，实现思政教育与专业教育的统一。

（2）立足寒区工程特色，将寒区道路工程发展历程、“一带一路”倡议的机遇、寒区新基建等国家方针，与寒区道路工程典型实践案例、寒区道路工程人物事迹与哈工大精神相结合，体现“新工科”的寒区内涵，使具有寒区特色的工程实践与思政功能的发挥贯穿教学全过程。

（3）采用“课堂讲解＋翻转课堂＋课外实践”的教学方法，革新传统授课方式，启发学生走上讲台，走进实践，通过自己的理解和感受，体验课程内容，切实感受国家交通的发展和变革。

五、反思与分析

（一）课程思政教学改革的实施效果及成果

“路基路面工程”课程是道路工程学科基础课，也是交通运输工程课程体系的核心，课程本身蕴含着悠久发展历程、各国合作共赢、可持续发展等理念，这些素材可以很好地结合思政内容，不突兀不刻意；而发生在我们身边的“哈工大八百壮士”、先进道桥人物的奋斗事迹，则以贴近行业、贴近学生日常生活的方式，能够被学生接受，也会引起学生的共鸣。

“路基路面工程”课程实施思政教学改革以来，通过授课内容与思政元素的结合、授课方法的革新，不仅在授课效果、授课质量方面取得显著的成效，而且对课程建设、学生创新竞赛等方面有显著的促进作用，具体体现如下。

（1）课程思政建设提高了课程教学质量和学生学习成绩。课程思政中的案例极大地激发了学生热爱学科、投身行业的热情，自主学习能动性显著改善，学生的课堂参与度、互动性明显提升，课堂出勤率连续3年达到98%以上。值得一提的是，开展课程思政建设以来，“路基路面工程”课程及格率由88%提升至100%，学生评教成绩为A（即教学效果位列前25%）。

（2）课程思政建设提升了学生投身交通强国建设和到祖国最需要地方去的决心。在课程内容中融入思政元素，特别是身边“哈工大八百壮士”服务国家、立足行业、扎根寒区的事迹带给学生极大触动。近年来，本专业获得推荐攻读硕士学位研究生资格、留校攻读硕士学位的学生比例高达90%；毕业生65%选择奔赴西部与东北地区工作，11%

服务于"一带一路"国家公路建设。

（3）课程思政建设激发了学生的专业热情和学习主动性。课程中的思政元素，激起学生学习热情，主动参与交通运输工程领域科技创新创业活动，先后获得第七届中国国际"互联网+"大学生创新创业大赛国赛铜奖1项、第七届中国国际"互联网+"大学生创新创业大赛省赛金奖与银奖各1项、第四届中国可再生能源学会大学生优秀科技作品竞赛二等奖、交通运输部"2050我心目中交通强国"创意竞赛第一名等奖励，思政育人成效显著。图3为部分获奖证书。

图3　学生参与创新创业竞赛获奖证书

（4）课程思政建设促进了教学团队建设和教师教学能力提升。"路基路面工程"课程教学团队近年来先后主持并参与了教育部"新工科"研究与实践项目、黑龙江省研究生课程建设项目、哈尔滨工业大学教学发展基金项目（课程思政类）等各级教改项目研究，通过多年来对课程的不断思考、摸索和实践，总结了一套丰富的课程思政素材案例集，形成了较为完善的课程思政授课体系。同时，课程思政建设极大地提高了任课教师自身的专业素养和教学能力，基于该课程的教学实践积累，本人获得了教育部高等学校道路运输与工程教学指导分委会"路基路面工程"青年教师教学竞赛二等奖、哈尔滨工业大学课程思政教学竞赛一等奖、哈尔滨工业大学课程思政优秀案例设计奖、哈尔滨工业大学三八红旗手等荣誉。图4为教师教学竞赛部分获奖证书。

图4　教学竞赛获奖证书

（二）挑战与改进思路

“路基路面工程”课程致力于讲授路基工程与路面工程的基本特点、基本概念、设计方法与设计理论，培养未来道路设计者和管理者，传承行业精神，与社会、自然协调发展，和谐相处。交通运输工程专业毕业生奋战在交通强国建设一线，肩负着“逢山开路，遇水架桥”的崇高使命，因此，使大学生群体具有正确良好的价值趋向和职业道德是十分重要且紧迫的。但目前，依托该课程开展课程思政的案例却寥寥无几。在未来的教学工作中，我们可以通过线上与线下结合的方式增加课程的深度与受众，同时结合哈尔滨工业大学地处东北的独特区位优势，打造具有寒区特色的“路基路面工程”思政课程。

（三）个人思考

“路基路面工程”是国内高校交通运输工程课程体系的主干课程之一。今后，将在“路基路面工程”课程思政建设中，不忘育人初心，牢记树人使命，以国家战略为依托，吸引学生投身行业，在强国战略中成长成才；以强国战略为契机，讲好交通人的历史与精神、未来与期待；以寒区特色为切入点，讲好哈工大人的担当与贡献。通过课程思政建设，引导学生在学习过程中，找到成长方位、明确成长目标、激发成长动力，为国家培养社会主义建设者和接班人。

“交通运输总论”课程思政教学案例设计

高桂凤　杨春燕　张天伟

石家庄铁道大学交通运输学院　河北石家庄　050043

一、案例简介

作为全国唯一一所以“铁道”命名的大学，石家庄铁道大学校园内的铁道、机车，以及詹天佑、茅以升雕像等景观无处不体现着浓浓的铁道特色（图1、图2）。作为一门交通运输专业的专业基础课，“交通运输总论”概括了解铁路、公路、水路、航空和管道运输设备的发展前景、基本构造和运输组织原理，以及国内外交通运输发展的新技术、新趋势等；课程内容自带思政元素，“很铁道”。该课程开设在大一上学期，体现的是学生在整个交通运输领域内知识和技能的教育，涉及范围宽广全面，也体现了

图1　铁道实习基地

图2　詹天佑雕像

作者简介：高桂凤，1977年，石家庄铁道大学交通运输学院，副教授。

石家庄铁道大学的办学特色。该课程可以让学生了解自己，发现自己在专业领域的兴趣，以便为日后的就业指明方向；作为全校选修课，对全校非运输专业学生开放，是石家庄铁道大学开课历史悠久、特色鲜明的一门通识教育课，授课对象囊括所有院系的本科生。

在课程的教学过程中，始终坚持“情怀化、立体化”的教学模式，课程知识点的讲授增加深课堂深度，教学内容拓展课程广度，教学过程从与交通历史、人物及铁道大学的铁道兵到相关校友参与的国家重大工程提升课堂温度；从“深度、广度、温度”向学生传递爱国、爱岗的正能量，使同学们明确学习方向、树立远大目标、激发学习热情、热爱所学专业、实现个人价值，为交通事业发展拼搏奉献。

二、思路与目标

（一）课程思政改革拟解决的问题

（1）课程涉及面广、内容多而抽象，学生对于铁路运输的认识仅限于车站购票、候车、上下车等内容，对于具体的设施及运输组织工作的感性认识不强。如何增加学生对专业课程的感性认识，提高专业学习热情及学习效果，课程教学中如何既能达到教学目的，使晦涩的知识更加通俗易懂，又要使丰富的课程思政案例“润物细无声”地融入教学过程，实现从理论到实践、从课上到课下、从书本到工程的全方位混合式教学，是课程教学中需要解决的主要问题。

（2）课程积累了较为丰富的教学视频、案例库等资源，初步实现全方位互动式教学活动，但课程内容与思政的融合方面仍存在很大不足。

（3）课程已在超星学习通上建设并完善了教学互动平台，授课中的课程思政点仍需要精炼、融合，形成课程思政案例库。

（二）课程思政改革思路

由于该课程教学涵盖内容多而抽象，教学改革中需要增强学生主观感觉，在思想上要感同身受，引发共鸣，总体研究方法为：

（1）将课程理论与实践结合，加强现场教学。课程的实践可以在交通运输实验室和铁道实训基地进行，实践环境多样化，实践内容丰富，增加学生直观印象。

（2）充分挖掘和运用课程中蕴含的思政元素，充分发挥专业教师课程育人的主体作用，将思政元素与教学内容相结合，充分考虑交通运输中旗帜性人物、学校铁路运输背景及时代背景（“一带一路”倡议、京津冀一体化）等在课程教学中结合相应章节，建立课程思政案例库。

(3) 通过典型案例，介绍专业领域的知名人物，榜样的力量是无限的，用榜样的言行产生有效示范效应：伟大人物的出现惊涛拍岸，让学生有目标；平凡人物体现平凡岗位的重要性，让学生有共鸣；优秀校友的成长历程，可以帮助学生了解专业、就业去向，让学生有前途。

作为交通运输学院专业课程“课程链”的第一链，将“专业课程”向“专业课程链”持续延伸，为后续课程的学习打好基础，并培养专业学习热情与自豪感。

（三）课程思政改革目标

利用课程资源库建立思政案例库，结合教学内容始终坚持“火车跑得快，全靠车头带”的思路，作为车头的教师的教学思路、专业知识及对于专业的热爱如何在教学过程中体现思政教育至关重要。通过讲授，为学生引导学习方向，让大家在了解专业知识的过程中，增强民族自信心和自豪感，更加热爱所学专业。

改变传统的考核方式，课程达成度目标体现思政元素；将课堂教学与线上交互学习中融入的思政元素体现在专业课程试卷上，在分析学生学习目标达成的基础上，注重情感目标的达成与评价。

三、设计与实施

课程的教学中始终坚持“情怀化、立体化”，建立进阶式育人课程链，将课程内容与后续专业课程紧密相连，并与大一暑假进行的实习内容紧密联系，课程教学中将所涉及的内容与实习环节相对应，将专业知识的学习过程逐步深入，并与教学实践环节紧密对应，巩固课堂学习成果。

（一）课堂教学环节设计

利用课程资源库建立思政案例库，在课程教学中润物无声地融入思政教育，建成“爱国、爱专业、爱学校、爱铁路”的“四爱”课堂。教学过程中通过游戏互动模块，增加学生感性认识，引导学生查阅课外资料，拓宽知识面。作为交通运输学院专业课程“课程链”的第一链，将“专业课程”向“专业课程链”持续延伸（图3），为后续课程的学习打好基础，并培养专业学习热情与自豪感。

(1) 铁路工作要求安全第一，预防为主，铁路运输专业毕业生大部分会从事客运、货运、运转及调度等相关工作，在工作中要严格遵守时间，注意行车、调车安全；在列车运行图的讲解中，目前列车运行的追踪连发模式要求铁路各个部门密切合作，紧密联

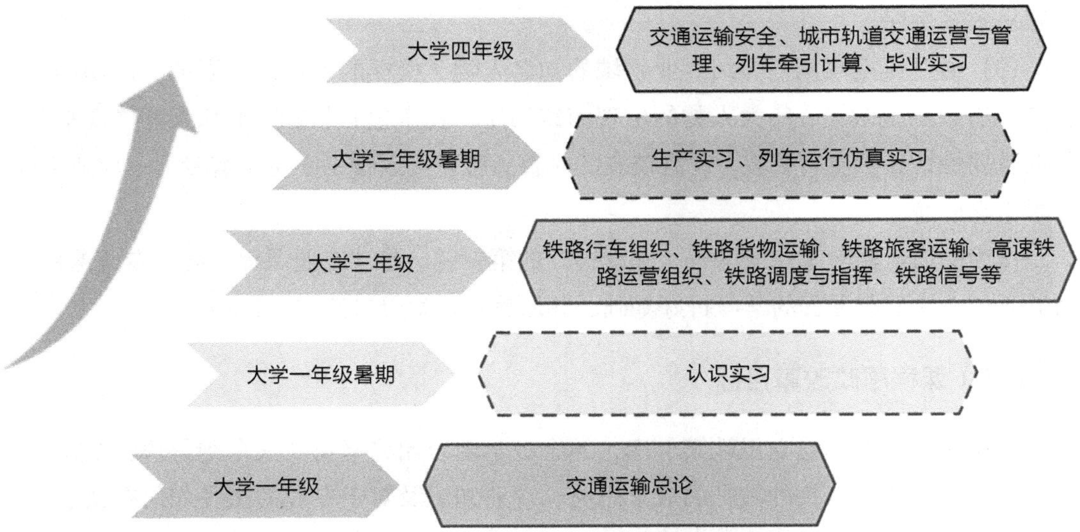

图3 “专业课程”向“专业课程链”进阶

系。只有合作才能保证列车安全、快速、高效地运营。

(2) 交通运输行业作为一个服务行业，要有奉献精神，尤其是当五一、国庆及春节等中华民族的传统节日，交通人一直在岗位上牺牲休息、团圆的时间，默默奉献，当国家需要的时候勇于担当，勇挑重担。

(3) 设计案例。

在讲解“铁路行车组织”中“车站接发列车作业”知识点时，为了让同学们能够清楚在列车运行过程中，车站作业人员的分工及主要工作，设置“火车是如何运营的”课堂游戏环节（图4）。

①通过“最美铁路人”“学长的成长历程”等内容的讲解，让同学了解到将来所从事的工作岗位虽然平凡，却与列车运行安全紧密相连并关系到千家万户的幸福。

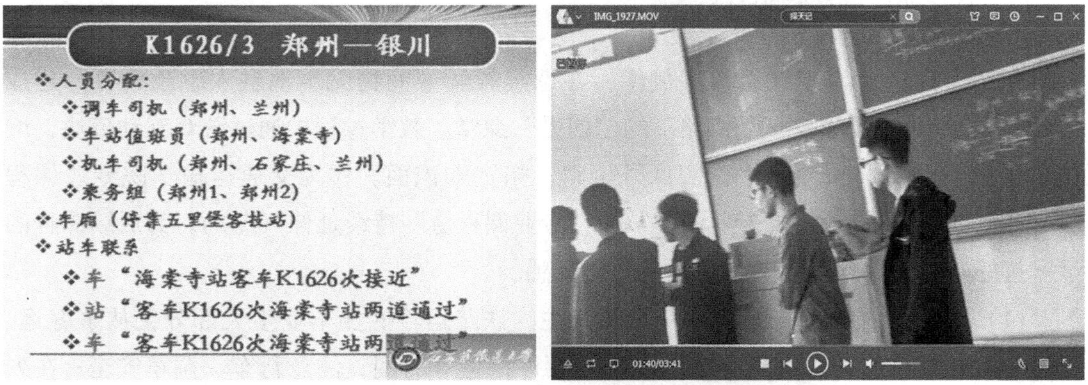

图4 “火车是如何运营的”课堂游戏互动环节

②将来所从事的工作内容看似简单，实则非常重要，要建立无私奉献、精益求精的工作精神。

③复习前面所学的"机车""车辆""信号"等知识点，并且明确目前的学习内容是将来工作的基础，激发学生学习的热情。

（二）课下交流及考核改革

带领学生去工训中心、运输教学沙盘、地铁车辆段等地进行参观，将课本刻板的知识直观化。

利用多个平台，将最新行业发展动态、技术内容与学生分享、互动，提高学生学习的主观性、探索性。

改进课程考核方式，试题在紧扣教学大纲的基础上，注重对阅读材料及学生对某些专业事件、新闻的观点及看法，将课程思政内容紧扣教学内容。

（三）课程思政案例库示例

教学过程中初步建立了课程资源库及思政案例库（表1），在课程教学中，紧密结合教学重点环节及内容，始终坚持"火车跑得快，全靠车头带"的思路（在铁路机车、车

表1　　课程思政案例一览

序号	课程内容	思政点	示例讲解
1	概述、铁路发展历史	历史与担当	在中国铁路发展历史的讲解中，结合我校铁道兵在极其困难的时代参与宝成铁路等背景，及京张铁路、宝成铁路、川藏线的建设历史，在"限制坡度""机车类型"中引出京张铁路"之"字形线路形式，及现行的铁路线路标准，引导同学要有家国情怀，志存高远，只有学的精，才能干的精，克服自身惰性，制定学习目标，循序渐进，热爱专业
2	铁路行车组织	合作与奉献、敬畏规章	体现机车工电辆各部门、工种之间密切合作，拥有良好的职业道德，工作中具有"舍小家为大家"的奉献精神 铁路工作要求安全第一，预防为主，铁路运输专业毕业生大部分会从事客运、货运运转及调度等相关工作，在工作中要严格遵守时间，注意行车、调车安全 在列车运行图的讲解中，目前列车运行的追踪连发模式要求铁路各个部门密切合作，紧密联系。只有合作才能完成保证列车安全、快速、高效的运营 另外，交通运输行业作为一个服务行业，要有奉献精神，尤其是当五一、国庆等小长假及春节等中华民族传统节日，交通人一直在岗位上牺牲休息、团圆的时间，默默奉献，当国家需要的时候，勇于担当，勇挑重担

（续表）

序号	课程内容	思政点	示例讲解
3	城市交通公路运输	科技创新与绿色环保	体现科技创新在解决交通出行的问题中的重要性，新技术的发展与应用，绿色环保、安全的出行体现在运营管理者与出行者方面，通过换位思考，增强学生的同理心
4	高速铁路	从“引进来”到“走出去”、大国重器、一带一路	紧密结合“一带一路”倡议及“京津冀一体化”的时代背景，在城市交通问题的讲解中，结合城市中交通拥挤、交通安全等现状，引出在解决城市交通问题中要科技创新，绿色环保的城市轨道交通方式，并结合教学短视频，讲解新中国成立以来城市轨道交通的发展历史、国内各大城市建设地铁的现状，及工程出现问题时如何集思广益、克服困难。鼓励同学们在学习中不惧困难，学无止境，乐观地面对生活、学习中的困难 在讲解高速铁路与重载运输这一部分内容，通过讲解我国高速铁路的发展历史，讲解高铁发展中从原车引进到自主创新的发展历程，在短时间内从里程的零到目前高铁运营里程到世界第一；并结合高铁建设重点工程，讲解从技术攻关与建设者风范，到“高铁走出去”“高铁外交”，增强同学们的民族自豪感和职业成就感，牢记四个自信
5	综合交通运输系统	大国风范	在进行多式联运及综合交通运输系统的讲解中，结合“一带一路”倡议的时代大背景，从古代的“丝绸之路”“郑和下西洋”对沿线国家的经济、文化影响，讲到“欧亚大陆桥”运输；从古老的运输方式讲到中欧班列的开行现状及多式联运的发展；从我们国家的宽容合作、多方共享带领沿线国家共商、共建、共享的大国气魄并与美国“霸权”对比，引导同学，“打铁必须自身硬”，在这么好的时代下，紧抓机遇，努力学习，在实现自身价值的同时为国家交通运输事业奉献自身的力量

辆及动车组内容的讲授中，动车、机车代表的是教师，而拖车及车辆可以指学生），将专业知识与思想政治教育紧密结合，不但使学生牢固掌握专业知识，还引导大家爱国、爱校、爱专业、爱铁路等。

四、特色与创新

秉承“盐融入水”思政进课堂思想，课程教学中，实现了“课程情怀化、教学内容立体化”进阶式育人课程链的建设，本课程思政教学改革的特色和创新为如下。

（一）课程情怀化

国家重大工程的建设者、春运铁路值班员、中欧班列上的挑车工等“最美铁路人”

及优秀校友的事迹，更容易让学生接受和理解，让同学们知道了什么是真正的奉献，倍增专业自豪感，爱国报国的情怀得以厚植。

（二）覆盖面广

该通识选修课程作为铁道大学非运输专业学生在学生生涯中唯一一次接触交通运输知识的机会，融合了铁路运输知识及人物故事，给学生一个共同的铁道符号，树立相同的精神规范，厚植学生爱国报国的情怀。

（三）教学过程立体化

授课过程不仅仅局限于教室，充分利用学校工训中心、铁道基地、运输实验室等，使学生对铁路运输的内容理解更透彻。

（四）进阶式育人课程链模式的建立

大一的“交通运输总论”课程涵盖内容广，仅以运输组织为例，“行车组织”“旅客运输”“货物运输”“调度与指挥”等均与后续课程及认识实习内容联系紧密，将专业知识的学习过程逐步深入，并与教学实践环节紧密对应，巩固课堂学习成果，夯实专业学习基础。

五、反思与分析

（一）课程思政教学改革效果分析

在“交通运输总论”课程中开展思政教学，每一部分的故事与案例，构成了本课程的思政点。而这些思政点并非随机出现，而是有组织、有意识地融入教学环节，“每隔几分钟，在关键的知识点处将关键的故事抛出，引发课堂小高潮”。使学生在学习专业知识的过程中，了解到我们的国家、我们所处的时代对交通专业的需求，帮助同学们树立远大理想，热爱所学专业，将个人发展、专业发展同国家发展、专业需求紧密结合起来，激发浓厚的爱国热情，增强学习的主动性和积极性。

课程思政建设主要体现在平时成绩与表现上：

（1）将视频资料、阅读资料的讨论及分享作为平时成绩的一部分，并鼓励同学们进行评价，尽量做到公开、公正。

（2）通过课程建设的题库练习，并鼓励学生们积极参加“交通科技大赛”“铁路知识竞赛”等，使学生们获得极大的满足感与成就感。学生们反映，詹天佑等行业领导者及优秀校友的事迹，以及青藏铁路建设、“一带一路”倡议、京津冀协同发展等案例中，铁大学子积极贡献力量，让学生的专业自豪感倍增，并立志要向先贤及校友学习，努力奉献。

（二）教学反思

（1）持续进行“课程链”的建设，将该课程拓展到大学生涯的整个阶段。建立学生“学习链”，在考核中将课堂教学、线上预习与考核、认识实习实践环节相互转换，充分掌握所学知识。

（2）针对课程重点知识点，编写并丰富育人案例库，团队教师可在课堂上灵活运用案例，将思政内容融入知识传授中，同时可以及时收集学生反馈，逐步调整融入的方式和数量。

（3）设计好教学环节，注意教学过程掌控，从随意、不自觉及零散的思想教育到有意、自觉、科学、系统地融入教学中。将思政之盐融入专业课程教学中，教学过程自然而从容，达到润物细无声的目的。

（4）实现移动慕课：课程由线下拓展到线上，创建“课堂教学+网络+手机App”的一体化模式，方便学生随时随地学习，并可结合出行体会灵活学习并应用课程内容。

（三）教学分析

在“交通运输总论”课程思政建设过程中，虽然取得了较为明显的效果，但由于课程学时及概论性课程性质的限制，应该从以下三个方面持续加强：

（1）将课程理论与实际结合，虽然课程教学中有参观、讲解交通楼实验室的环节，但是现场实际与课堂教学还是存在一定的差距，应注重加强现场教学，增加学生直观印象。

（2）由于课程性质、学时的限制，教学内容只是概括性的讲解，在后续工作中，要设计好教学环节，注意教学过程的掌控，从随意、不自觉及零散的思想教育到有意、自觉、科学、系统地融入教学中。将思政之盐融入专业课程教学中，教学过程自然而从容，达到润物细无声的目的。

（3）在课程教学效果评价中，应对教学目标进行科学、有效的评价，使得评价结果公平、公正，从而提升课程教学效果。

参考文献

[1] 杨浩. 交通运输概论（第2版）[M]. 北京：中国铁道出版社，2009：5.

[2] 高德毅，宗爱东. 从思政课程到课程思政：从战略高度构建高校思想政治教育课程体系[J]. 中国高等教育，2017（1）：43-46.

[3] 顾晓英. 教师是做好高校课程思政教学改革的关键[J]. 中国高等教育，2020（6）：19-21.

[4] 朱广琴. 基于立德树人的“课程思政”教学要素及机制探析[J]. 南京理工大学学报（社会科学版），2019，32（6）：84-87.

[5] 赵秀红，史越来. 北京航空航天大学将思政工作的“盐”溶入核心课程——三门“课程思政”示范课养成记[N]. 中国教育报，2019.

[6] 赵鸿铎，邹晓磊，钱鑫. 交通运输类专业课程思政教学指南[M]. 上海：华东师范大学出版社，2021.

立足交通　提升素养　走向强国

——新疆大学“交通信息系统”课程思政建设探索

郭杜杜　吴志周　王　兵

新疆大学交通运输工程学院　新疆维吾尔自治区乌鲁木齐　830017

一、案例简介

“交通信息系统”课程是交通工程专业基础课，具有重基础、宽专业、强交叉的特点，作为现代交通信息技术理论和信息平台技术及其应用的概论性课程，注重技术实用性和地区适应性，在新疆智能交通系统（Intelligent Transportation System，ITS）领域应用广泛。课程面向新疆大学交通运输工程学院本科省级一流专业建设点“交通工程”的大三学生开课，通过本课程教学，使学生了解交通信息技术的基本理论、基本原理，理解有关交通信息技术应用的基本思想，掌握交通信息的采集、传输、处理以及发布等过程相应技术，旨在让学生对交通信息领域的相关知识有全面的认识和了解，培养并提高学生的知识应用能力，为学生学习后续课程以及从事与本专业有关的信息工程技术和科学研究工作打下坚实的基础。

本课程的思政元素挖掘主要是结合我国信息技术领域取得的辉煌成就，激发学生的爱国热情；结合交通信息技术、大数据分析成果，培养学生求真务实、辩证思维以及拼搏创新的科学精神；结合学科前沿对应科研项目，引入社会主义核心价值观，引导学生树立服务国家和社会的价值取向，培养专业使命感，提升科研敬业精神；通过分享行业名人的卓越成就及成功经验，激发学生树立远大理想，以科学的态度、严谨的作风、辛勤的努力实现人生价值等思政元素来拓展课程思政的宽度，在知识传授的同时潜移默化地将理想信念、爱国爱疆、求真务实、拼搏创新、专业使命传递给学生。

本教学案例主要分享了全球定位导航系统，首先以神舟十二号与天和核心舱交会对接的视频作为导入，通过讲解北斗导航终端也被引入飞船设计中，引出全球定位导航系统；其次介绍了导航定位的原理以及导航定位中的技术问题，通过以问题为导向的启发

作者简介：郭杜杜，1985年，新疆大学交通运输工程学院，副教授。

式教学，引导学生立足交通需求，提升科学素养，树立远大理想，增强为“一带一路”倡议中交通强国建设的服务意识；然后介绍了导航定位技术的发展及世界四大卫星导航定位系统，重点介绍北斗卫星导航系统，通过对“中国的北斗、世界的北斗、一流的北斗”发展理念的深入解读，激发学生的民族自豪感、科技自信心、求真务实的科学精神以及自主创新意识；最后介绍了全球定位导航技术在交通系统中的典型应用案例，包括北斗卫星在新疆重点营运车辆联网联控平台中的应用以及北斗卫星导航系统在新疆应急救援中的应用，用新疆本地的案例，在知识传授的同时潜移默化地将理想信念、爱国爱疆以及专业使命传递给学生。

二、思路与目标

知识目标：

(1) 从宏观和微观角度引导学生理解交通信息的采集、传输、处理和发布等技术过程，交通信息系统应用实践工作的建设背景、体系架构、政策标准、示范应用以及思维和处理问题特点；

(2) 对交通信息化的平台技术发展历史、工作内容和原理形成基础认知，包括对地理信息系统、全球导航定位系统以及遥感系统的概述，并理解其在智能交通管理中的应用，提升科学素养，树立远大理想，建立为“一带一路”倡议下的交通强国服务的意识；

(3) 理解“新工科”背景下智能交通运输行业的发展变革和要求，了解面临的挑战与任务，掌握基本分析技能和思维，提升创新意识。

能力目标：

熟悉并部分掌握本领域工作所需的基本技术能力，培养学生观察、分析以及理解问题的能力，同时形成系统性、交叉性思维。

素质目标：

通过课程思政建设，培养工匠、卓越和科学精神，立足学科与行业领域，促进学生成为具有坚定信念、国际视野、家国情怀、使命担当的复合型人才。

拟解决的主要问题：

(1) 交通强国战略下，思政、“新工科”和课程自身庞大知识体系的有效融合。

交通运输类专业具备显著“新工科”特征，而本课程作为多交叉学科融合课程，知识体系庞大，与有限课堂时空形成矛盾，交通强国战略下，合理整合资源、延展课堂时空，进而实现思政、深度与广度的三重优化。

(2) 互联网资源影响下，学生兴趣激发难。

互联网背景下，学习资源获取渠道多源，资源形式多样且新颖，习惯于“吸睛”模式后，传统教学吸引度进一步下降，有报告指出，“95后”的注意力持续时间为8 s，出现“游戏中生龙活虎、抖音中无限延时、课堂中死气沉沉”现象，从供给侧角度系统改革，全教学周期“走心”设计，把握住学生的“心”。

三、设计与实施

（一）思政教学知识点体系的形成

“交通信息系统”课程是一门连通信息技术基础和专业应用的交叉型课程。该课程教育中秉承“知识、能力、素质”三位一体的全面素质教育理念，以融通“思政、知识和专业”为课程思政建设特色，对知识目标和思政目标进行关联设计，如图1所示。

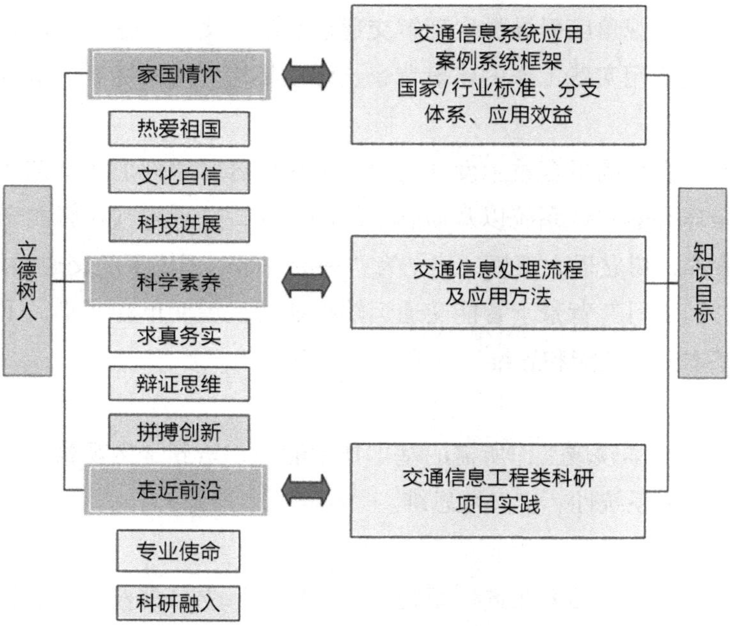

图1 “交通信息系统”课程思政总体设计

知识目标1是使学生了解交通信息学科特征、系统架构、分支体系、社会经济效益；相应思政目标设为培养“家国情怀”。

知识目标2是使学生掌握交通信息采集、传输、处理及发布过程的原理及特点；相应思政目标设为培养“科学素养”。

知识目标3是使学生参与交通信息工程类科研项目实践，利用信息技术解决复杂交通运输工程问题；相应思政目标设为培养“走近前沿”。

上述思政点包含了家国情怀、科学素养、辩证思维、系统观念、创新意识、严谨求实、专业使命和社会责任等。该课程抓住了交通运输专业与社会发展、国家治理结合紧密的特点，通过问题思政、方法思政、应用思政，为教学赋能、增趣，使得学生由被动的学习跟随者向主动的问题解决者的角色转换。

为有针对性地挖掘出课程中蕴含的思想政治教育资源，课程团队深度剖析了交通信息系统核心章节知识点，挖掘其与思政要素关联关系，设计了课程思政资源与对应知识点设计框架如表1所示。

表1　课程思政教学与对应知识点设计框架

知识单元		知识点		主要课程思政点
序号	描述	描述	要求	
1	交通信息系统基础	信息系统的基本概念、交通信息源及分类、智能交通系统中信息技术的特点和主要内容	掌握	结合交通信息行业的发展前景，引入实现“两个一百年”奋斗目标和把中国建设成社会主义现代化强国进程中，信息技术行业扮演着怎样的角色，作为新时代的学生的我们，应该怎么做？引导学生树立社会责任感
2	交通信息采集	环形线圈感应式采集技术、视频采集检测技术和微波采集检测技术的采集方法，红外线传感器和超声波雷达检测技术等	理解	结合交通信息采集技术的发展历史及重大科技进展，培养学生的科学发展观和科研动力及精神，培养求真务实的工匠精神
3	交通信息传输	模拟信息、数字信息、无线信息传输的技术手段、特点和相关参数	了解	介绍当前5G发展现状，中国拥有先进的5G技术，引导学生建立民族自豪感和文化自信
4	交通信息处理	数据压缩处理技术、JPEG标准、MPEG标准和音频压缩编码、了解交通信息融合处理技术和识别技术	理解	结合二十大报告，强调只有加强专业知识技能的学习，将来才能在信息行业大展宏图
5	交通信息平台技术基础	交通地理信息系统	掌握	2018年5月，习近平总书记在两院院士大会上寄语广大科技工作者：“追求卓越、赢得胜利，积极抢占科技竞争和未来发展制高点。”
		全球定位导航系统	掌握	介绍中国北斗卫星导航系统的历史和发展，培养同学们的爱国情怀；北斗三号国产芯片在交通运输管理系统中广泛应用，科技强国，增强学生自主创新的意识
		遥感系统的基本概念及其在交通信息系统中的应用	了解	遥感技术应用于汶川地震紧急救援、道路抢修以及物资投递，快速实现灾区救援工作，增强学生的专业使命感
6	交通信息系统应用案例	交通诱导系统、先进的停车场管理系统、ETC系统、车辆管理系统、重点营运车辆联网联控系统、应急救援量化调度系统	了解	通过翻转课堂对传统和现代化交通管理方式进行辩论，增强学生自主学习和思辨能力

（二）案例设计与实施

1. 教学主题

“交通信息系统”第五章（交通信息平台技术基础）中的第二节全球定位导航系统。

2. 学情分析

教学班级是民汉合班（双语及民考汉同学占比42%），学习基础的差异大，因此要实时检测学生的学习效果，并注重课前讨论、课中随堂测以及课后习题环节中的学生反馈，及时掌握全班学生特别是双语及民考汉同学的掌握情况，并作及时的补充和讲解。

3. 教学目标及思想

教学目标：

（1）价值目标。

立足交通需求，提升科学素养，树立远大理想，培养为“一带一路”倡议中的交通强国服务的意识；理解新时代的北斗精神，激发同学们的民族自豪感、科技自信、求真务实的科学精神以及自主创新意识；在知识传授的同时潜移默化地将理想信念、爱国爱疆以及专业使命传递给学生。

（2）知识目标。

明确导航定位的原理，导航定位中的技术问题；熟悉导航定位技术的发展及世界四大卫星导航定位系统；了解导航定位技术在智能交通系统中的典型应用案例。

（3）能力目标。

能够将交通信息系统的平台技术应用到实践中去，能够运用信息化、智能化手段解决实际交通管理的问题。

教学思想：

教学过程中注重分析，认真实践（完成作业），提高学生分析问题和解决问题的能力；鼓励学生注意观察、大胆分析，发挥学生主体作用。

4. 教学重点与难点

教学重点：了解导航定位技术在智能交通系统中的典型应用案例。

教学难点：明确导航定位的原理，导航定位中的技术问题。

5. 教学方法与工具

教学方法：本节课依据知识点的教学难度，采用实例讲解、基于动画案例的PPT讲解、基于现状主要问题进行讲解。采取“课堂讲授+模型动画演示”为主的启发式教学方法，利用课堂小测、课后作业关注学生学习效果。

教学工具：多媒体（PPT）+雨课堂。

6. 教学内容与安排

具体见表2。

表2 **教学内容一览**

教学阶段	教学形式	教学内容	具体安排	课时分配
课前	查资料	课前预习	完成自学，并查阅资料收集新疆重点营运车辆联网联控平台系统框架及技术基础	—
课堂教学	PPT讲解、雨课堂同步	(1) 引入 播放神舟十二号与天和核心舱交会对接的视频作为导入，通过讲解北斗导航终端也被引入飞船设计中，引出全球定位导航系统 思政：求真务实、开拓创新	视频＋讲解引入	5 min
		(2) 导航定位的定义、原理以及导航定位中的技术问题 ①介绍导航定位的定义、原理 ②导航定位中的技术问题 思政：科学素养的养成是对问题的深入研究，建立为一带一路交通强国服务的意识	启发式教学＋问题导向式	15 min
		(3) 导航定位技术的发展及世界四大卫星导航定位系统 ①导航定位技术的发展 ②重点讲解北斗卫星导航系统 思政：新时代的北斗精神，激发同学们的民族自豪感、科技自信、求真务实的科学精神以及自主创新意识	PPT讲解＋板书	10 min
		(4) 导航定位技术在智能交通系统中的典型应用案例，重点讲解北斗卫星导航系统在新疆重点营运车辆联网联控平台中的应用以及其在新疆应急救援中的应用 思政：爱国爱疆、专业使命	PPT讲解＋讨论	10 min
		(5) 课堂小测 新疆重点营运车辆联网联控平台存在的问题及未来发展方向是什么？	雨课堂	3 min
		(6) 小结及课后思考题和预习作业的发布	小结本讲内容，布置课后作业和学习任务	2 min
课后	课后复习及作业（雨课堂）	课后思考与复习任务	通过雨课堂平台，发布课后学习任务： 1. 复习本讲知识点（教材或视频）； 2. 完成雨课堂复习作业	—

7. 教学评价

（1）通过学生在课堂教学中的参与度（互动答题）、课堂反应等情况，以及课堂小测来评价此次课堂教学的效果；

（2）通过学生的课后思考完成情况来评价此次课堂教学的效果，共1道试题，按10分制评分。

8. 预习任务与课后作业

（1）通过课前预习，了解重点营运车辆联网联控平台系统框架及技术基础；

（2）通过课堂讨论，加深对导航定位技术在智能交通系统中的典型应用案例的理解；

（3）通过随堂小测，巩固对导航定位中的技术问题的理解；

（4）通过课后思考题，延伸知识联系实际，巩固学生对于现状主要问题分析要点的掌握。

四、特色与创新

（一）结合新疆地域特征构建案例

基于新疆广域稀疏的公路网条件，重点营运车辆的智能化管理的案例梳理，更易对学生进行情感教育，亲近学生，潜移默化，引导学生关注、了解新疆智能交通建设目标国家战略，在专业知识与技能的传授过程中融入工程伦理和爱国爱疆教育。

（二）利用“社会热点”创新案例

以我国自主研发的北斗导航系统为契机，结合课程知识点讲解，弘扬新时代的北斗精神，即“自主创新，开放融合，万众一心，追求卓越”，通过分析“交通信息系统”思政教学知识体系，达到在教学中引导学生坚定“四个自信”，着力把爱国爱疆之情融入课程的思政教学目标。

五、反思与分析

在课程思政开展过程中，教学团队具体化融入知识点，在交通强国、“一带一路”倡议背景下，深挖爱国爱疆核心价值观、人文素养和思辨能力的优良品格，批判性思维等元素，依托交通信息系统应用案例，在学习过程中自然融入思政教育，避免枯燥的单纯理论说教，使思政教育成为课堂教学整体必不可少的一部分，学生容易接受，潜移默化地达到影响学生的效果，且学生对该门课程接受度还是比较高的（图2）。

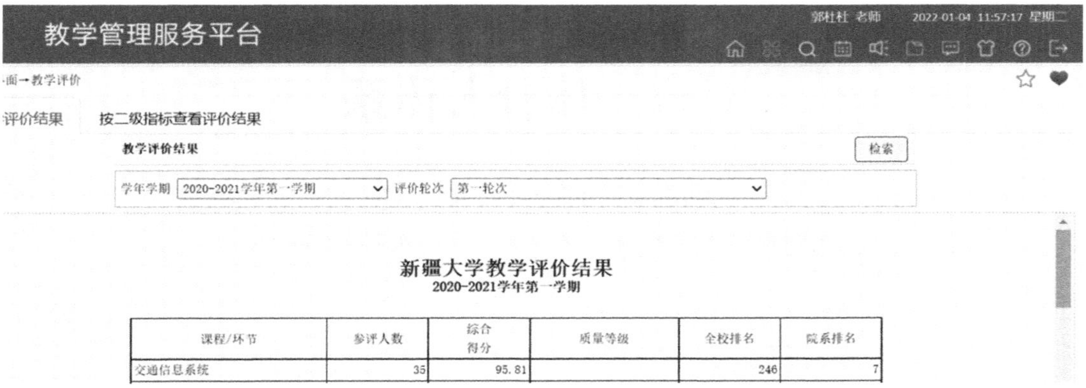

图2　学生评价

（1）在教学中，充分发挥师生双方在教学中的主动性和创造性，使教学在师生平等对话的过程中进行。激发了学生的学习兴趣，培养了学生自主学习的意识和习惯，为学生创造了良好的自主学习情境。

（2）在教学中努力体现交通运输在我国国民经济发展中的重要地位，引导学生将理论联系实际，情感与态度、过程与方法的综合，进行了启发式、讨论式教学。

（3）重视了情感、态度、价值观的正确导向，激发学生的强烈民族自豪感。

（4）在教学中，遵循了学生的身心发展规律和学科学习规律，适当选取教学策略，促进了学生解决实际问题能力的整体提高。

但仍存在以下问题：

（1）在教学的过程中，还需在发展学生的语言潜力、思维潜力、想象潜力和创造潜力上下功夫，使学生尽早掌握科学的思想方法。

（2）进一步引导学生主动进行探究性学习，理论联系实际，在实践中学习。

（3）还需进一步要求学生关注国家实时动态，提高学生的综合性学习潜力，能使学生就感兴趣的问题，展开讨论，发表自己的意见。

在未来的教学过程中要持续完善自我，正如苏霍姆林斯基说的，没有个人的思考，没有对自己的劳动寻根究底的研究精神，那么任何提高教学法的工作都是不可思议的。课堂教学对教师课堂驾驭力提出了更高的要求，如：情感、语言、应变等，教学将成为科学和艺术的结合体。为了更好提升课程思政实效，拟采取沉浸式的思政教学的模式，每课三省吾身，以此汲取教训、总结经验、开阔思路。采用以身示教的做法，教师的影响范围不仅仅限于课堂，教师日常言行对教学效果亦会产生影响，如：讲解鼓励绿色交通时，教师在校园内却大量使用小汽车；提倡批判性思维时，教师却对学生提出的某些问题给出武断定论。这些言行会对课程创新成效产生不利影响，因此课程组将严于律己，以身示教，潜移默化。

一核两翼四观五标建构的“道路勘测设计”三位一体育人体系

韩春华　何玉琼　刘　祥

昆明理工大学交通工程学院　云南昆明　650550

一、案例简介

昆明理工大学交通工程系“道路勘测设计”课程，为2学分核心课程，按培养计划有32个线下学时，且取消了原有课程设计环节。

经过长期实践与探索，通过多轮课程教学改革，围绕道路空间三维曲面这一核心内容，基于以学生为中心、产出为导向、持续改进、道而弗牵四大教学理念，以安全、快捷、舒适、经济、绿色五大价值指标为导向，就回答道路交通需要什么样的道路空间曲面、在具体的地理环境中如何构建这样的道路空间曲面这两个中心议题（两翼），利用线上、线下混合翻转课堂，外加课程设计的教学模式，建构起了集价值塑造、知识传授和能力培养三位于一体的综合育人体系。

最新的教学实践中，基于东南大学程建川教授的国家一流线上课程“道路勘测设计”，开展线上、线下混合翻转教学；每堂课进行课前、课堂、课后考核；学生分组，课堂快速串讲当堂内容，同学打分；教师课堂上围绕一核两翼、五指标讲解，优化知识体系，组织学生讨论；课程执行期间，学生根据预发布教学视频，自主学习道路设计软件，完成路线方案设计与比选，结课时，小组汇报成果，同学打分外加教师评价。

教学实践表明，课程三位一体育人体系在较少课程学时条件下，实现了润物细无声的课程思政，充分调动了学生自主学习的积极能动性，培育了学生课程知识学习及应用能力，融学生服务意识、服务能力培养于一体，以实际案例生动回答了课程教育“培养什么人、怎样培养人、为谁培养人”的问题。

作者简介：韩春华，1976年，昆明理工大学交通工程学院，副教授。

二、思路与目标

（一）中心目标

建立“道路勘测设计”课程集价值塑造、知识传授和能力培养三位于一体的育人体系，实现三者同步推进，破解专业教育和思政教育“两张皮”问题。

（二）总体思路

(1) 抓住核心，即实施学生价值塑造、知识传授和能力培养的媒介。这个媒介就是“道路勘测设计”所讨论的中心内容——道路三维曲面。

(2) 确定两翼，通过长期“道路勘测设计”教学实践，总结出本课程实际上就是回答两个问题：道路交通需要什么样的道路空间曲面？在具体的地理环境中如何确立这样的道路空间曲面？

(3) 提出价值目标，围绕一体两翼，从道路服务人、服务社会的角度，明确五个价值目标——安全、快捷、舒适、经济、绿色。

(4) 构建教学理念，从教育实施的角度，构建课程四点理念——以学生为中心、以产出为导向、持续改进、道而弗牵。

(5) 思政目标拓展，结合五大目标、教学内容及实施过程，形成课程思政体系。

(6) 教学设计与实施，基于以上内容，利用现有资源、平台以及教学条件，实施教学设计，并经过一轮教学实践。

三、设计与实施

（一）总体设计

《高等学校课程思政建设指导纲要》中明确指出：落实立德树人根本任务，必须将价值塑造、知识传授和能力培养三者融为一体、不可割裂。因此“道路勘测设计”课程融合对象、目标、媒介实施一体化设计，把课程思政以润微细无声的方式融入知识传授、能力培养以及整个教学过程中。

1. 建构三位一体培养目标

首先抓住育人媒介。一个核心：道路空间三维曲面，从平面、纵断面和横断面三个维度表示。两个侧面：道路交通需要什么样的道路空间曲面，平面、纵断面、横断面设计指标的规定以及缘由；在具体的地理环境中如何确立这样的道路空间曲面，包括不同地形、地质条件下的整体设计、选线、定线，以及平面交叉、立体交叉设计。

其次建立知识与价值的融合。道路空间曲面是为人服务的，需要什么样的、如何确立，都是采用一定的科学、技术方法满足社会个体、社会及国家的需求。因此结合研究对象本身，以及个人、社会、环境和国家发展，归纳出五个核心指标（目标），即安全、快捷、舒适、经济和绿色，分析、论证、确立道路空间曲面。安全、快捷、舒适、经济和绿色作为价值目标，直接融合知识体系中。

再次架构能力与价值、知识的融合。能力表现在掌握知识的能力与应用知识的能力：在掌握知识层面，基于一核五标（一个核心、五大价值目标），简单、清晰、明确，利于知识与价值的同时掌握，并能启发创造性思维；在应用知识层面，掌握一款软件的应用，在具体的地理环境中，基于一核五标，提出设计方案并对多个方案进行比选，直接融合应用价值与知识。

2. 确立三位一体培养目标实施体系

树立科学教学理念。融合工程教育认证核心理念及《礼记・学记》重要原则，提出以学生为中心、以产出为导向、持续改进、道而弗牵四大教学理念，以此调动学生一体化的、能动的积极主动性，推动三位一体教育目标的达成。

（1）学生为中心的教学设计：线上线下混合以及翻转课堂，学生是学习的主体，什么时间学、学习多长时间、以什么次序和方式学，学生自己说了算。以东南大学程建川教授的国家一流线上课程“道路勘测设计”MOOC内容为课前学习重点，同时线上提供每次教学内容对应的详细教学课件，供深入学习。此外每次课堂教学，由小组同学根据自己的学习情况，选定一定教学内容，通过PPT形式在课堂上分享。

（2）产出为导向的教学设计：加强过程考核，记录所有学习成果，并最终导向课程达成情况。每周教学包括课前测验、课堂开课基础测试、课堂中期提升测试、课后作业，课程内容的分享与评分；第四周布置课程设计，利用路线设计软件设计5 km左右的山区二级公路路线方案，并在小组内进行多方案比选。

（3）持续改进教学设计：基于达成性评价、形成性评价以及调查分析，实施阶段性及连续性改进。根据一期课程教学的达成性评价结果，以及结课学生调查，进行阶段性教学方案改进；教学实施过程中，根据学生的学习情况、个别学生的异常表现，进行教学方案与教学内容的适时调整，针对个别同学专门沟通与辅导。

（4）道而弗牵教学设计：体现在课前提供资源，学生自主学习，并按自己进度完成作业；课堂上，教师以五大目标分析知识内容与体系，引导学生自己思考；学生按自己的习惯、进度、认识完成路线方案设计与评价；分组同学自愿就教学内容进行课堂分享。

3. 拓展课程思政目标

基于一体化设计及教学实施体系和实施过程，拓展构建如下课程思政目标：

(1) 培育以人民为中心、为人民服务的自觉意识。道路三维曲面及其布设时安全、舒适、经济、环保、绿色的理念或标准，出发点和落脚点都是人，用技术、道路工程服务于人民。

(2) 坚定“四个自信”。基于道路发展古代史、近现代史、现状，道路勘测设计流程，国家道路工程决策建设的机制、体制，以及新基建的推动，从道路、理论、制度、文化角度认识中国特色社会主义的优越性。

(3) 养成按规律、规范、规则、法规办事的科学精神和自觉行为，知行合一。道路空间曲面是交通需求，人的生理、心理，车辆动力特征和运动平衡特征，一定时空下的自然、人文、社会环境等因素共同决定的，分析、评价、设计都需要遵循相关规律，这些规律通过设计规范、决策方法、用地法规等方式呈现，把专业知识与能力培养提升到科学精神与社会价值层次。

(4) 强化辩证唯物主义世界观，培育系统、长远、大局意识。研究道路路线，即道路三维空间曲面，在人、车、路、环境的系统中展开，并且与一定的历史背景、社会经济环境相联系，并需要从全寿命角度思考问题，通过主导性和主体性相统一、显性教育和隐性教育相统一的课程教学与实践，帮助学生养成系统、长远、大局意识。

(5) 增益包容、感恩、谦虚、恭敬的文化修养。通过掌握按规律办事的知识体系，认知知识体系的形成过程，以及掌握知识体系的应用方法，通过作业、课程设计、讨论等教学过程锻炼，孕育学生包容、感恩、谦虚、恭敬的修养。

(6) 增长爱国、敬业、诚信、友善个人核心价值修养。通过课程学习以及前面5个思政要点的达成，深刻理解道路路线作用与价值、自己利用专业能力服务于社会的作用与价值，四个意识培育爱国意识，文化修养提升友善、诚信，科学精神、服务精神、大局观念推进就业，进而有助于个人核心价值的养成。

（二）教学组织与考核

1. 教学方法

(1) 翻转课堂，线上线下混合教学模式。

(2) 借助中国大学MOOC平台、SPOC课堂等实施课程教学，包括课件、视频、测验与作业的发布，课堂签到、问卷、作业，以及课后作业布置等。

(3) 课前在MOOC平台发布东南大学程建川教授“道路勘测设计”课程资源，以及对应教学内容的完整教学课件；课堂以学生PPT复讲、教师重难点讲解、作业及评讲、组织讨论为主；课堂教学结束时，教师串讲下次课堂学习内容，布置课后作业。

(4) 组织分组教学，约5人为一个互帮互助的学习小组。

(5) 学生利用道路勘测设计软件完成路线方案设计与比选，全面检测学习效果。

2. 教学组织

（1）课前在爱课堂发布课程资源、完整课件及课前作业；

（2）课堂前5 min测试课前预习内容，并展示答案，兼带点名、纪律约束作用；

（3）2~3位同学利用PPT专题性复讲课程内容30 min（复讲同学按小组轮流安排），同学打分，并调查学生期望课堂重点讲解的知识点；

（4）教师重难点讲授、答疑15~30 min；

（5）组织15 min左右学生讨论；

（6）10 min左右完成课堂内容第二次测试，适当讲解测验题目；

（7）下次课程内容串讲5~10 min。

3. 考核方式

课程成绩按百分制评定，综合满分为100分。平时成绩占60%，包括课前预习及作业、课堂PPT复讲、课堂测试、课堂讨论、课后作业、路线设计大作业等。期末闭卷考试，成绩占总成绩40%。综合成绩达到60分及以上为本门课程合格的要求。

四、特色与创新

（1）建立了一体化课程育人体系。利用五大指标融通价值塑造、知识传授与能力培养，使课程思政与知识体系融为一体，成为工程科学和技术的出发点与落脚点。教与学的过程，也是价值塑造过程，这一过程也植入了对应思政要点。

（2）实现了三位一体育人体系的设计与实施。通过一核两翼、四观五标把知识体系、思政内容、教学理念及教学方法融为一体，一体化推进价值塑造、知识传授和能力培养。

（3）充分调动了学生自主学习积极性，有效构建了“两性一度”（创新性、高阶性、挑战度）课程育人体系。调查及统计数据表明，育人体系在推动学生学习能动性方面发挥了重要作用。

（4）破解了学时少、任务重、实践强课程的教学落实难题。“道路勘测设计”是交通工程核心课程，一般掌握课程内容需要48或64学时，外加专门课程设计或课程实习，但培养方案只有32学时。通过构建的育人体系，有效解决了课程育人效果保障难题。

五、反思与分析

（一）实施效果分析

截至案例撰写时间，新一轮教学尚未开展期末考，还不能基于达成度进行分析。但课程完成了所有教学环节，并在爱课堂的慕课堂对56名上课同学开展了匿名结课调查，基于调查结果及日常学生反馈，可获得具有一定说服力的分析结果。

1. 整体认同度高

三位一体教学体系整体效果见图1。结果源于以下三项调查：(1) 相对于教师主导型教学，你觉得以学生为中心的翻转教学效果？(2) 从知识传授、能力培养、价值塑造三位一体课程教育的角度，你对本门课程的整体满意度如何？(3) 从知识传授、能力培养、价值塑造三位一体课程教育的角度，你赞成本课程教学方法在下一届实施吗？

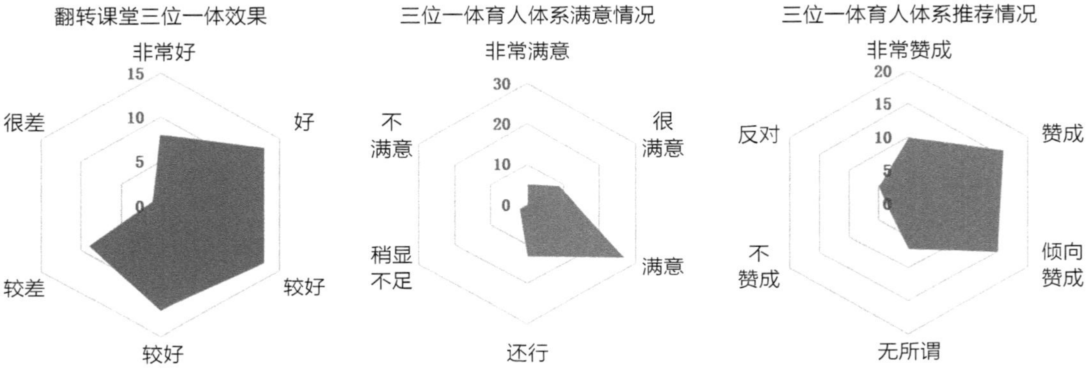

图1 三位一体教学体系整体效果

由图1可知，学生对三位一体育人体系的认同度高。但有趣的是，调查结果反映了学生要求人胜于要求己的潜意识：推荐度大于认同度，教育体系认同度大于课堂翻转认同度，因为实施翻转课堂需要学生的投入与付出，学生自己不想付出更多，但确实有效(好东西推荐于人)。

2. 调动了学生主动学习

学生自己认为的用于课程学习的课外时间与课堂时间倍数的关系见图2。有9位同学的课外时间小于2倍课堂时间，15人2~3倍，3倍以上32人。实际上，据爱课堂统计数据，仅线上视频学习的平均时长就达13 h，相当于17学时。此外，还需大量时间学习课件，完成各类作业及课程设计。因此，学生数据基本可信。

3. 教育理念落实到位

学生感受到的三大教育理念落实情况见图3。由于持续改进是在课程设计过程中落实的，学生没法直接体会到，所以只调查三大理念。图3表明，学生准确体会到了相关理念的落实。这些理念本身也是课程思政的一部分，在教育、管理、工作、交往中都关联着社会关系的塑造。

4. 两性一度得到体现

学生感受到的两性一度执行情况见图4。由图4可知，课程两性一度得到很好体现，

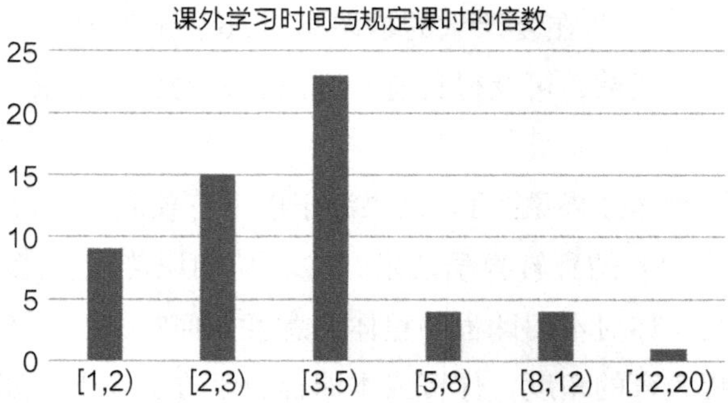

图2　课外学习时间与课堂时间的倍数关系

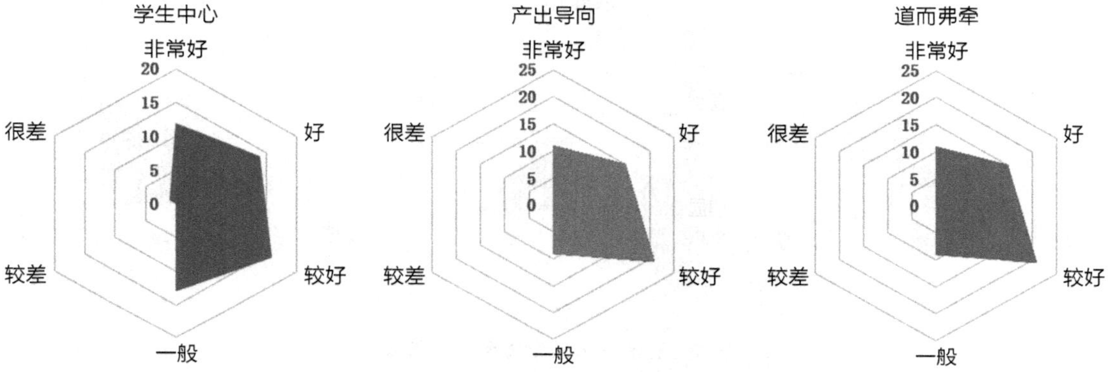

图3　三大教育理念落实情况

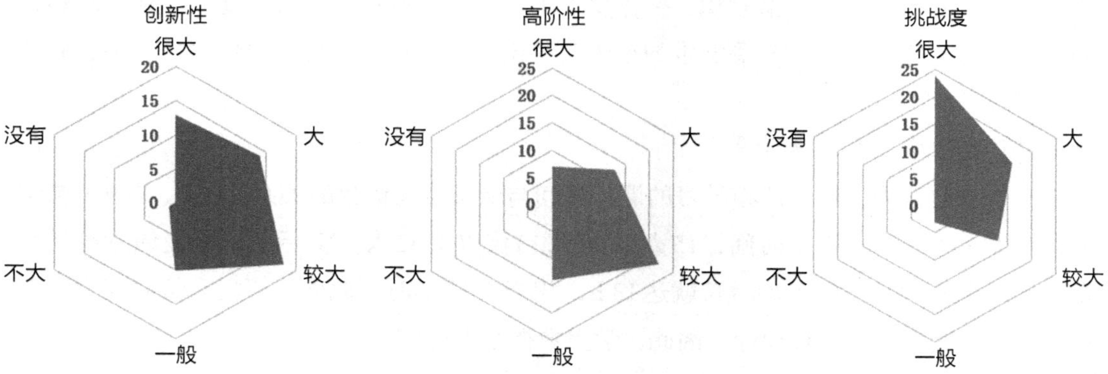

图4　两性一度执行情况

尤其是在挑战度上，要求学生切实掌握相关价值、知识及应用。这也解释了课程能调动学生学习主动性的一个原因。

（二）反思与改进

前述已知，学生对课程三位一体教学设计整体认同度高。但在操作细节上需要反思与完善。

1. 分析与反思

根据平时个别学生的反馈，结课时对教学实施中的9个环节，开展了3项调查，结果见图5。调查问题分别为：从知识传授、能力培养、价值塑造三位一体课程教育的角度，(1) 你认可本门课程的哪些做法与环节？(2) 以下哪些环节需要加强？(3) 以下哪些环节需要弱化？问题可多选，但学生平均选择了2项。

调查结果需引起关注方面有：

(1) 虽为翻转课堂，但学生认可课堂的教师提升讲解，也希望继续加强。这说明了一核两翼五标的体系设计，不仅有利于思政本身，也利于知识把握与能力提升；也说明了学生需要教师的帮扶，以提升对整个知识体系的把控能力。

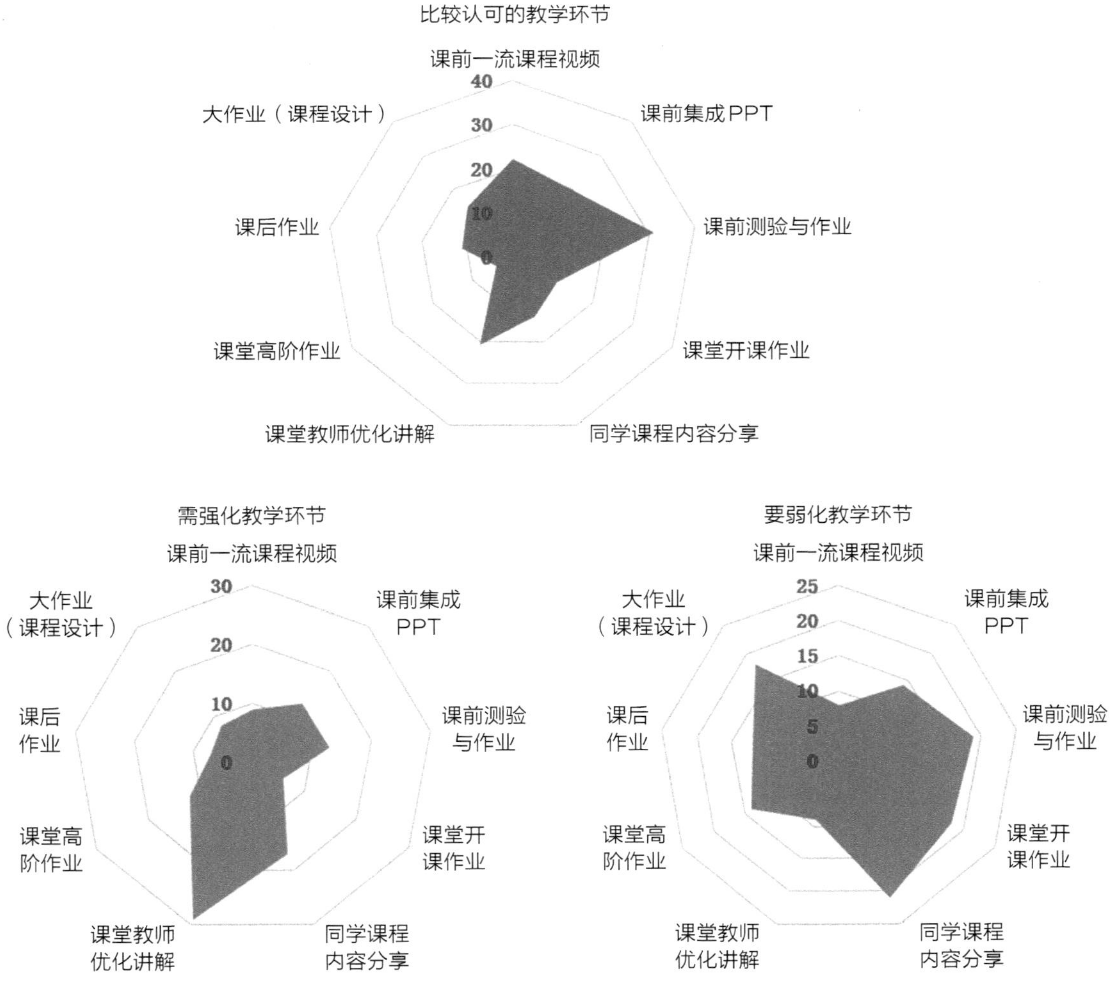

图5　三位一体教学实施环节效果调查结果

（2）同学分享环节有一定认可度，有同学希望加强，有同学希望弱化（稍多）。实际调查表明，独立性强的同学希望加强。这一环节的设置，有较强思政意味：同学认知自己与他人的优缺点，但该环节争议性较大。

（3）学生课前认可度高于课堂作业和课后作业认可度。这说明，一方面学生内心深处对翻转课堂是接纳的；另一方面，学生对考评有一定的潜意识抗拒。但同时还应关注到，需要完善作业和课程设计的设计、安排，加强过程指导。

2. 改进措施

下一轮课堂教学，拟从以下几个方面改进：

（1）小班制：每个班30人左右，尽量能够关注到每位同学。

（2）改进学生课堂分享环节：减少分享同学总人数，缩减每位同学课堂分享内容和时长，尽量展现最出彩的地方。

（3）专门安排课前答疑，尤其是针对即将做分享同学以及课程设计的答疑。

（4）优化课堂作业设置，对每次课堂作业，从覆盖面、数量、质量等方面继续进行优化。

上天入地“智创”车位

——机械式立体停车设施分类及特征分析

曾　超　唐伯明　刘唐志

重庆交通大学交通运输学院　重庆　400074

一、案例简介

近年来，停车问题日益突出，停车难已成为民生难题，亟待解决。“停车规划与管理”作为“交通强国”建设背景下交通工程专业课，已开展五期“线上线下”混合式教学实践，累计选课人数突破12 638人，先后获得重庆市微课大赛一等奖、2021年重庆市高校一流课程、重庆交通大学课程思政示范课等殊荣。

课程以“做好顶层设计、构建停车生态、精细化建造、智慧化管理”为主线，融入“新基建”“交通强国”“大国工匠”典型案例，由点及面展示我国停车规划管理发展历程，让学生牢固树立“四个自信”。将行业发展脉络、科学问题、工程实践、职业伦理、素质与德育教育融入课程，系统进行社会主义核心价值观塑造，让学生在获得知识的同时，激发学生的家国情怀和使命担当。

当前，土地集约利用率高、无人化自动搬运、低碳智能的机械式立体停车设施已成为满足人民群众停车需求、提升智慧停车体验的主要方式，本案例既是停车设施分类、停车设备选型等知识的延续和深化，也是后续学习机械式立体停车设施运行原理、设计方法的基础。

改革开放以来，中国机械式立体停车设备的制造从“跟随者”到“快速超车”，实现了从“荒芜之地”到“世界第一”的凤凰涅槃。中国制造，不仅推动停车经济与成长；“中国智造”，更让停车拥有了智慧与创新，我国已走在停车技术领域的世界之巅。弘扬工匠精神，培育大国工匠，引导学生的爱国主义情怀和对中华民族的自豪感，塑造学生成为担当时代使命的技术人才。

作者简介：曾超，1987年，重庆交通大学交通运输学院，副教授。

二、思路与目标

机械式立体停车设施分类及特征是学习立体停车规划设计的基础，随着停车难问题的加剧，机械式立体停车设施已被广泛应用于城市静态交通建设中。本案例的学习思路及目标如下：

（1）在知识层面，机械式立体停车设施类型及特征是研究城市静态交通规划的重要基础知识及识别工具。本节课既是城市停车设施分类、停车设备选型等知识的延续和深化，也是后续学习立体停车设施运行原理、设计方法的坚实基础，起到了奠基与示范的作用。

（2）在能力层面，掌握机械式立体停车设施分类及基本参数是实现立体停车设施规划设计过程“场地选址—设备类型选择—停车设备匹配—科学管理”的关键，机械式立体停车设施融合了建筑学、规划学、机械设计、交通工程、智能控制系统等多学科领域，提升了学生立体停车设施综合方案设计能力，积累了工程研究经验，拓宽了交叉学科融合知识面。

（3）在课程思政层面，讲述我国机械式立体停车行业30余年发展历程及当前最新案例，介绍行业从零到有，从类别单一到品种繁多，从功能简单到智能5G，从大国制造到“大国智造”，我国已掌握机械停车核心技术并已走在世界前列，增强学生交通强国文化自信，培养通专融合的精神和拓宽国际视野。

三、设计与实施

（一）教学流程设计

教学流程设计见图1。

（二）教学过程设计

1. 课前阶段

具体见表1。

表1　　课前准备阶段一览

教学环节	教学内容	教师活动	学生活动	设计意图
开展课前预习	课程思政案例视频	设计思考题提取课程思政元素	学生通过“雨课堂”提前准备，在课前热身环节完成视频观看	发挥混合式教学优势，课堂中需要主观思考讨论的环节给予学生提前思考准备时间，节约课堂时间
	教学PPT	发布教学课件	提前预习新知识，标注需要重点讲授的知识点	为课中深入学习作准备，教师提前掌握学生学情

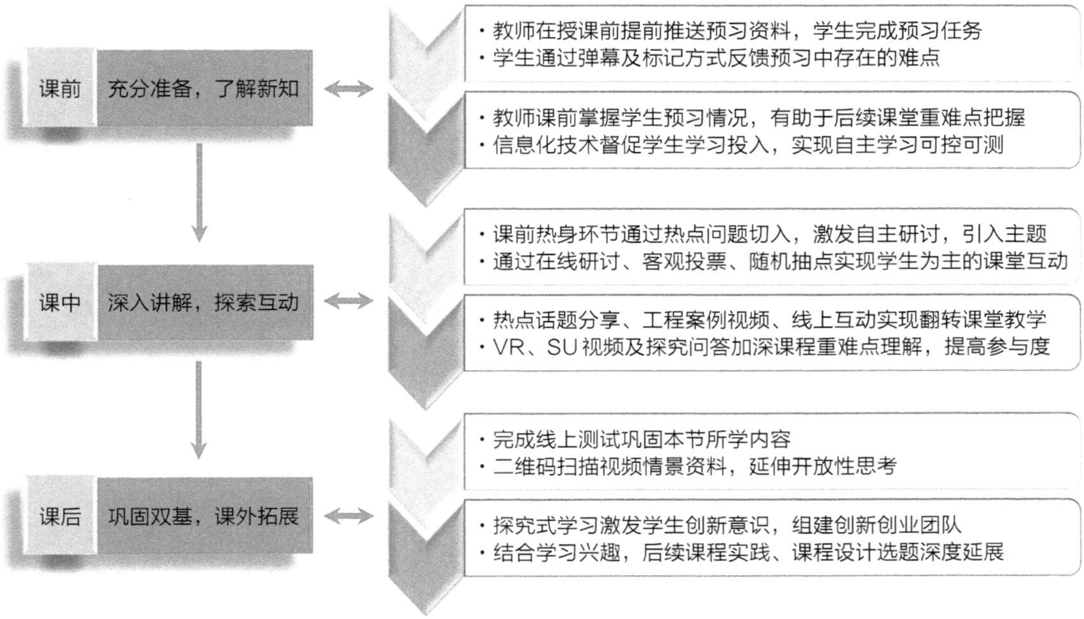

图1　教学流程设计图

2. 课中阶段

1）课前热身，导入新知

教学内容：用教师亲历的“停车难”小故事热场，通过主观设问和学生作答讲解引出课程主题，播放国内首座全自动垂直盾构沉井机械式立体车库修建视频（图2），从专业角度引出土地集约利用率高、无人化自动搬运、低碳智能的机械式立体停车设施能够满足人民群众停车需求、提升智慧停车体验。在课程思政层面展现“中国智造”，让停车拥有了智慧与创新，我国已走在停车技术领域的世界之巅。引导学生提升爱国主义情感和对中华民族的自豪感，塑造学生成为担当时代使命的技术人才。

教师活动：

（1）教师讲解参加停车难研讨会却被停车难困扰而迟到的窘境，首先提出智能停车库的概念。

（2）启发学生们思考停车难对人民群众幸福生活的影响，通过“你遭遇过的停车难”引起大家的共鸣，调动兴趣，提出“如何缓解停车难”的问题。

（3）通过学生在线作答和讨论，分析缓解停车难策略，引入上天入地创车位——发展立体停车，展现中国机械停车领域最新进展，带领大家走进多姿多彩的立体停车世界。

学生活动：听老师讲故事，并结合国内首座全自动沉井机械车库建造视频，思考如何缓解停车难问题，回答在线主观题，并结合“交通强国”战略增强学生交通强国文化自信。

教师反馈：对学生的作答情况进行点评补充。

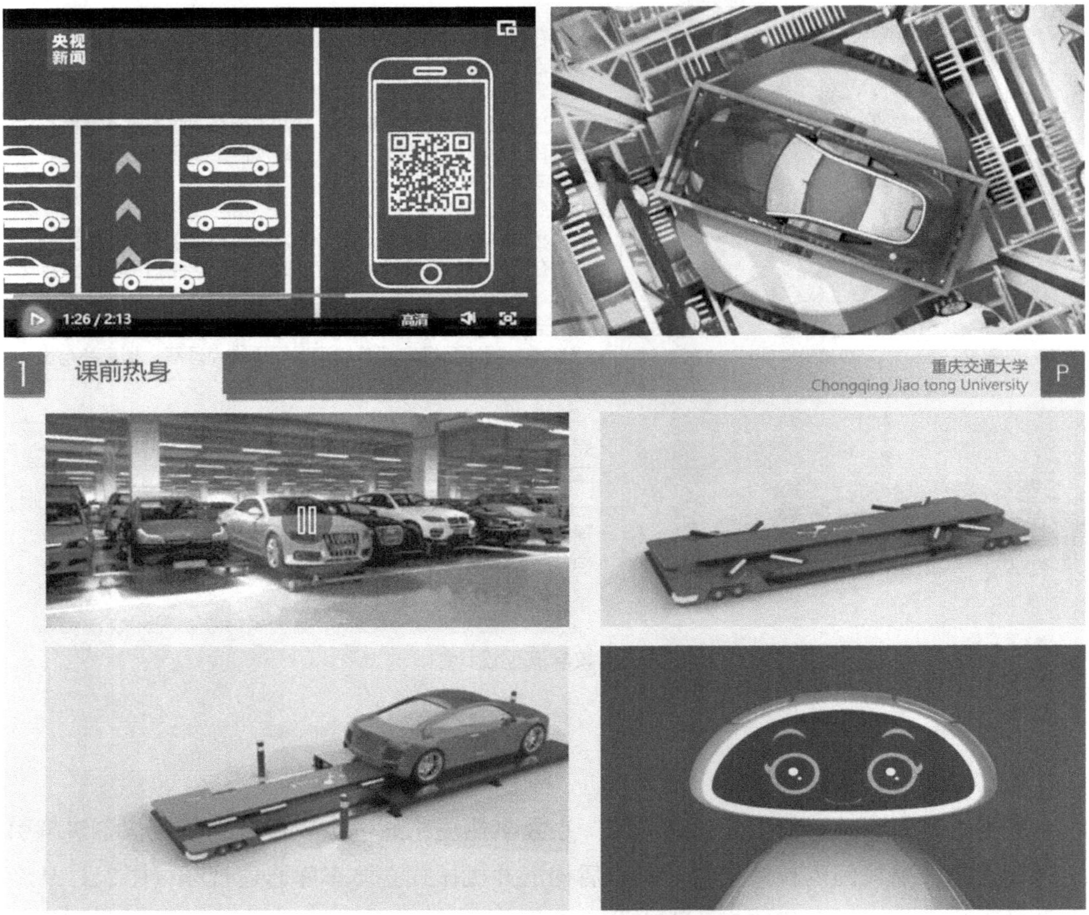

图2 课程开场热身视频素材

设计意图：新、旧知识建立连接，让学生容易接受新知识，利用有趣故事产生共鸣，激发学生兴趣，并引导学生提升爱国主义情感和对中华民族的自豪感。

2）合作交流，探究历程

教学内容1：立体停车设施发展历程。

通过PPT电影滚动模式及时间轴模式讲解立体停车设施起源及发展现状。

教师活动：

（1）立体停车设施起源及国外发展现状，从法国第一座车库开始介绍欧美国家及日本、韩国的发展情况。

（2）我国立体停车设施发展历程，基于我国立体停车设施30余年发展历程中的重大标志性事件，结合所刻画的时间轴（图3）进行讲解。

（3）学生重点了解我国立体停车设施目前发展水平，培养交通强国自信。

（4）设置线上互动活动：同学们见到过哪些类型的立体停车库？（主观题探讨式作

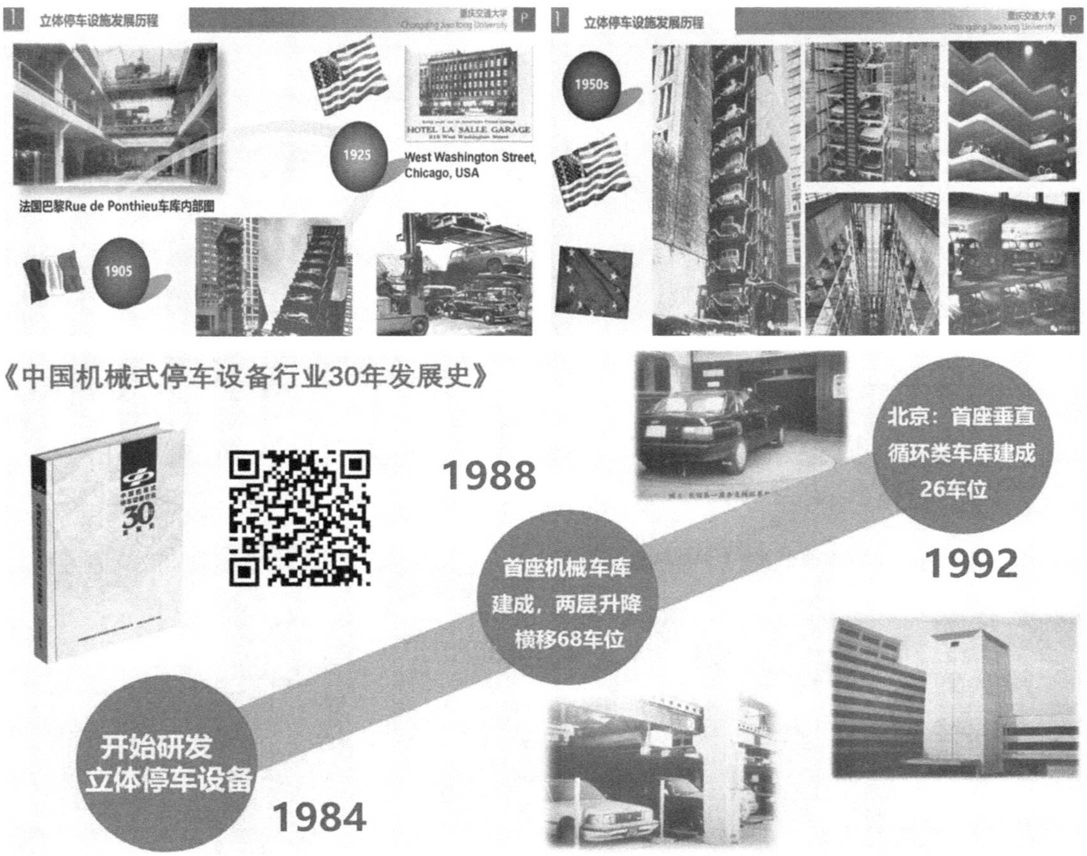

图3　中国机械式立体停车设施发展历程重大标志性事件及时间轴

答)，为教学内容2的引入做铺垫。

学生活动：使用手机通过“雨课堂”回答问题。

教师反馈：对学生的作答情况进行点评补充。

设计意图：师生互动，在学生了解立体停车发展历程的基础上调动更深层次的学习动机。

3）详解定义，掌握分类

教学内容2：立体停车设施分类。

教师活动：

（1）展示课堂互动作答情况，通过学生提交的答案引出立体停车分类话题。

（2）图文并茂介绍机械式立体停车设施分类并详细解释定义与术语（图4），其中机械式立体停车设施包括升降横移类、垂直循环类、水平循环类、多层循环类、平面移动类、巷道堆垛类、垂直升降类、简易升降类、汽车专用升降机九大类。

（3）教师在右黑板板书，并为后续教学内容预留空位。

学生活动：对课前测验重新认识，通过手机学习通回答问题。

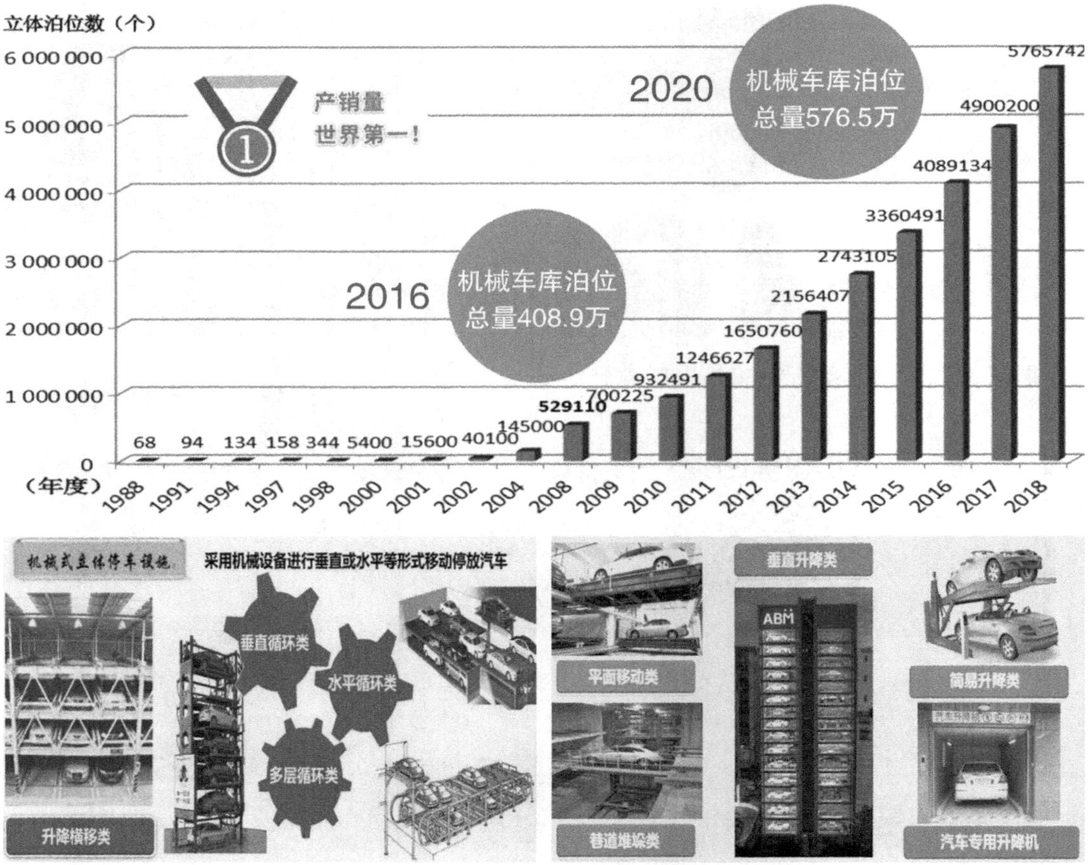

图4 智慧停车

教师反馈： 对学生的作答情况进行点评补充。

设计意图： 通过头脑风暴，激发学生的发散思维。

4）分类案例，掌握特征

教学内容3：立体停车设施特征及适用性分析（难点）。

教师活动：

（1）结合PPT及VR+SU视频中的内部结构图、外部外装图、运行原理视频动画，介绍九大类机械式立体停车设施的运行原理、优缺点及适用场合。通过生动的存取车动画演示视频直观形象地展示了机械车库的运行原理，结合视频，通过翻转课堂方式向学生提出探索式问题，使学生更容易理解并掌握学习要点。

（2）升降横移类车库讲解时，通过观看视频让学生思考并采用在线投票的方式回答该车库的车位数，针对作答情况提出问题让学生作答，作答完毕后通过随机抽点方式提高学生们的注意力，回答一号车的取车过程并推导公式，教师在黑板板书，与学生共同推导得到升降横移车库车位计算公式。

（3）垂直升降车库讲解时让学生结合生活实际回答该车库类似日常生活常见的一种游乐设备。

（4）水平循环类车库讲解时让学生结合生活实际回答该车库类似日常生活常见的一款智力游戏。

（5）平面移动类车库，让学生通过3D视频领悟其作用原理，通过抽点方式让学生回答车辆存取车过程，总结运行原理。

（6）巷道堆垛类车库讲解时，让学生通过3D视频领悟其作用原理，并对比分析巷道堆垛车库与平面移动车库的异同之处。

（7）线上多选题作答：平面移动类、巷道堆垛类、垂直升降类车库更适合以下哪种建造场景？教师带领学生共同分析上类车库的适用条件，并重点介绍2021年我国为缓解城市停车难问题而出台的相关政策文件。

学生活动：利用所学知识通过线上线下学习、教师讲解、案例视频观看、探索启发等方式，掌握立体停车设施的分类、特征及适用性，理解不同类型立体停车设备的运行原理，通过“雨课堂”参与作答。

教师反馈：提出探究式问题，积极与学生开展互动，并对学生的作答情况进行点评补充。

设计意图：通过头脑风暴，激发学生的发散思维，了解国家以人民为中心，提升人民群众幸福感所制定的停车难缓解政策。

5）盘点收获，开放拓展

（1）本节课你有哪些收获？（“雨课堂”作答。）

知识收获：立体停车设施发展历程，立体停车设施分类及特征，中国制造，不仅推动停车经济与成长，中国智造，让停车拥有了智慧与创新，我国已走在停车技术领域的世界之巅。增强学生交通强国文化自信，培养通专融合的精神和拓宽国际视野。

思想感悟：理论与工程实践相结合，抽象物体模型化的思想。

（2）你还有什么疑问吗？（“雨课堂”互动讨论区、“中国MOOC”互动留言。）

3. 课后阶段

巩固双基：

（1）学生完成线上测验（个体学习）。

（2）有兴趣的同学组队参加与停车规划与管理相关创新创业项目及比赛（团队学习）。

课外拓展：在本章课程的最后留下两道开放式思考题（图5和图6）供大家交流、讨论。

（1）1998年，德国沃尔夫斯堡建成全自动垂直升降停车塔，被誉为“撞击心灵的玻璃发动机”，电影《碟中谍4》中汤姆·克鲁斯精彩的打斗场面取景于此，为情节的推动

图5　开放式思考题一

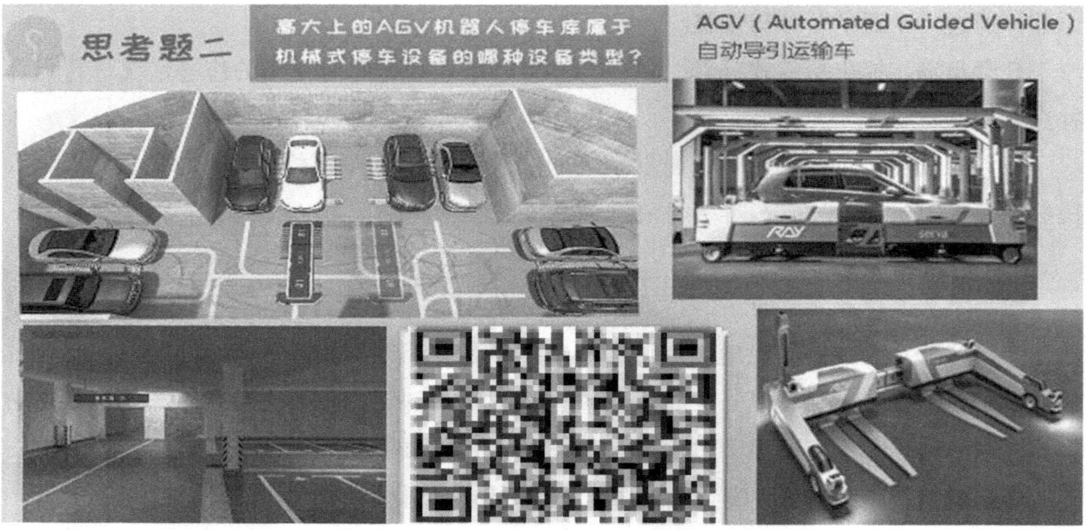

图6　开放式思考题二

锦上添花。请同学们课后扫描屏幕下方二维码观看视频，思考：酷炫的圆形立体停车库为何没有在世界范围内广泛推广应用？

（2）2020，中国停车十大事件评选中，AGV（Automated Guided Vehicle）机械机器人停车大放光彩，请同学们课后扫描屏幕下方二维码观看视频，同时思考：高大上的AGV机器人停车库属于机械式停车设备的哪种设备类型，并介绍该类设备的技术先进性。

设计意图：巩固本课所学内容；培养学生的文献阅读能力和思维能力；培养小组合作精神。

四、特色与创新

(1) 课程体系专业完整，停车领域全国唯一。课程着力培养学生对停车系统的认知能力，提升解决实际问题的能力，兼备工程哲学、美学、人文内在素养。本课程为全国停车专业领域唯一在线课程资源。

(2) 课程团队多元融合，课程思政引领学术创新。将牢固树立“四个自信”与“新基建”“交通强国”战略结合，将科学问题、工程实践、职业伦理、民族自信和行业荣誉感融入课程，强化价值塑造。

(3) 理论实践协同发展，教学成果丰富多彩。通过与思政教师、产学研企业开展课程思政协同育人教学模式，带领学生获得国家级、省部级创新创业大赛国家银奖、铜奖，重庆市特等奖、金奖、银奖等30余项奖项。

案例1：缓解城市停车难问题的基本途径，加强社会主义核心价值观教育。首先呼吁大家“公交优先、绿色出行”，以此提升学生的环保意识，贯彻绿色发展理念，构建和谐共生的生态环境。

案例2：机械式立体停车设施发展现状，弘扬工匠精神，培育大国工匠。向学生介绍我国机械式立体停车设施发展现状，现已位居世界第一，拥有完整的停车产业链，并掌握了核心技术，在该领域已走在世界前列，引导学生的爱国主义情感和对中华民族的自豪感，塑造学生成为担当时代使命的技术人才。

五、反思与分析

建立以学生创新性学习为导向的课堂教学评价机制，以充分发挥评价对实施创新教育的激励作用。充分应用创新信息技术助力课堂教学评价，突出两大创新点提升评价质量。

(1) 综合运用“中国慕课线上平台”“学习通”“雨课堂”教学平台，通过多平台的融合实现了客观、填空、简单、探究题目的在线作答与考评。

(2) 将课后拓展练习及思考设计为微信二维码扫描方式，学生通过扫描二维码实现生动直观观看，有利于对所考察问题的理解。

(3) 每节课后均可在线生成测评数据并进行排名，对优秀学生进行勋章标记，而学生也可以通过教师推送的评价问卷反馈对教师教学的评价，提高教学评价有效性。

(4) 创新课程思政元素融入方式，激发学生学习热情，学生的上课抬头率、作业的认真程度、课堂与老师的互动都较以往有所提升。

(5) 通过课程思政引领，学生专业认同感、责任感上升，呈现出热爱专业、热爱祖国，为静态交通事业努力奋斗的精神面貌。

(6) 课程思政教学能够在一定程度上培养学生应用的能力、理论联系实际分析问题的能力以及科学精神和创新意识，激发学生的民族自豪感。

(7) 学生能以系统控制的思想，在做人做事上有大局意识、底线意识、协调意识、规划意识、校正意识。

以网络资源平台+手机学习平台技术为支撑，大大提高了课堂教学效率，学生思维活跃，气氛热烈；学生利用信息化技术水平提高，遇到困难会主动通过网络平台与教师交流，能利用已有的在线微课资源进行自主学习；教学活动的设计实现了让学生动嘴、动身、动脑、动心，知识、能力、素养目标顺利达成；学习成果可测、可衡量、可记录、可形成教学大数据，强化了课程思政的实施效果。

将党的十九届六中全会精神融入“交通工程学”课程教学的实践与探索

谢君平　景　鹏　何美玲　展凤萍

江苏大学汽车与交通工程学院　江苏镇江　212013

一、案例简介

深入学习贯彻党的十九届六中全会精神，是全党全国各界干部群众的一项重大政治任务。全会审议通过的《中共中央关于党的百年奋斗重大成就和历史经验的决议》，是一篇马克思主义的纲领性文献，是新时代中国共产党人牢记初心使命、坚持和发展中国特色社会主义的政治宣言，是以史为鉴、开创未来、实现中华民族伟大复兴的行动指南。

高等学校承担着为党育才、为国育才的重要使命，落实立德树人的根本任务，必须认真抓好全会精神的贯彻落实工作。除思政课程外，高校专业课课教师在深入学习贯彻全会精神方面同样责任重大，应及时将全会精神有效融入高校专业课教学，更好地引导广大青年学生学习领会精神要义。

“交通工程学”课程作为交通运输专业最重要的基础课程之一，其专业教学任务是使学生进一步全面认识交通工程基础理论，如交通要素的特性、交通流理论、道路通行能力理论，了解交通工程基础理论在交通规划、交通管理、交通安全、交通环境等方向的应用原理与基本方法，为今后学习有关专业课程以及进行道路交通规划、设计和管理打下必要的理论基础。本课程同时也是各高校交通运输类硕士研究生入学考试最常选择的专业课考试科目，无论对学生今后的就业还是继续深造，均有重要影响。因此将本课程建设成为宣传教育党的十九届六中全会精神的阵地之一，使学生将全会精神“入脑入心”，具有十分重要的意义。在此背景下，本课程在日常教学过程中进行了一些探索和尝试。

作者简介：谢君平，1980年，江苏大学汽车与交通工程学院，副教授。

二、思路与目标

习近平新时代中国特色社会主义思想是当代中国马克思主义、21世纪马克思主义，是中华文化和中国精神的时代精华，实现了马克思主义中国化新的飞跃。对十九届六中全会精神进行深入解读，可以用十个“明确”概括其核心内容。

本课程思政教育的思路是以课堂教学为基础，在专业知识教学上，以交通工程理论为指导，通过综合运用课堂教学、小组讨论、案例分析、课后作业等教学方式，将基础专业知识融入教学中；同时强化学生工程实践意识，充分调动学生的积极性、主动性和创造性，进一步促进学生自主学习和自我探索能力的培养，引导学生积极尝试探索我国交通工程所面临的问题；在思政方面，积极发掘与十九届六中全会精神十个“明确”相关的德育元素，将德育元素教育贯穿于课程教学的始终，见缝插针，做到“润物细无声”。

本课程思政教育目标是将这次我党在重要历史关头召开的具有重大历史意义的会议——十九届六中全会精神转化为贴近专业的教学资源，有效融入“交通工程学”课程思政教学过程中，充分发挥课堂主渠道作用，深入推进党的十九届六中全会精神“进课堂、进头脑”，确保在全会精神的指引下，“交通工程学”课程思政工作能够与时俱进，引导学生充分认识全会的重大历史意义，坚定拥护和维护习近平总书记的核心地位，听党话、感党恩、跟党走，毕业后为实现中华民族伟大复兴贡献智慧和力量。

三、设计与实施

针对党的十九届六中全会精神凝练的十个“明确”的具体内容，在“交通工程学”课程专业知识授课过程中有针对性地融入思政元素，具体见表1和图1。

表1　“交通工程学”专业教学内容与思政元素、教学方法对应关系

序号	教学内容	融入的思政元素	与十个“明确”对应关系	教学方法或手段
1	交通工程学绪论	以新时代中国交通发展的成就为引导，介绍党的十八大以来，中国交通深入推进供给侧结构性改革所取得的一系列成就；阐述《交通强国建设纲要》及发展目标，培养学生的远大理想；树立中国特色社会主义共同理想，实现个人价值与社会价值的统一	由交通运输领域伟大建设成就引出明确一：一切伟大成绩都是中国共产党领导人民取得的 由“交通强国战略”引出明确二：中国特色社会主义总任务是实现社会主义现代化和中华民族伟大复兴	课堂讲授、课外阅读、分组讨论、课外作业

（续表）

序号	教学内容	融入的思政元素	与十个“明确”对应关系	教学方法或手段
2	交通特性	重点突出以辩证唯物主义认识论来理解人－车－路及交通流的本质属性	由交通系统各组成部分本质特征引出明确一：中国特色社会主义的本质特征是中国共产党领导	课堂讲授、PBL
3	交通调查与数据采集	突出调查领导机构的组织作用，以及调查过程的制度性与严谨性	由调查组织的制度性与严谨性的重要性引出明确五：深入中国特色社会主义制度改革；同时引出明确十：从严治党，制度建设贯穿其中	课堂讲授、CBL
4	道路交通流理论	通过分析我国在交通流经典理论研究成果方面与国外存在的差距，激发学生奋发图强的意志品格，培养学生以爱国主义为核心的民族精神	由交通流经典理论研究成果的差距引出明确四：中国特色社会主义总体发展布局；同时引出明确九：实现民族复兴，促进人类进步	课堂讲授、分组讨论及汇报
5	道路通行能力与服务水平	重点突出交通流饱和度概念，即v/c，阐述交通问题产生的根源	由交通问题产生的根源——交通需求与交通设施供给之间的矛盾引出明确三：新时代我国社会主要矛盾是人民日益增长的美好生活需要和不平衡不充分的发展之间的矛盾	课堂讲授
6	道路交通规划	通过对交通规划全过程的讲解，让学生充分体会马克思主义认识论、方法论和实践论的内涵，加深学生对科学发展观的理解	由科学发展观扩展到我国社会经济的发展，引出明确七：必须坚持和完善社会主义基本经济制度，使市场在资源配置中起决定性作用，推动高质量发展，统筹发展和安全	课堂讲授、课外阅读、课堂汇报
7	道路交通管理与控制	通过道路交通法律法规的讲解，增强学生的法治观念；通过管控方法的讲解，培养学生对实际复杂问题的认知能力和解决能力	由道路交通法律法规，扩展到我国法治建设，引出明确六：全面推进依法治国总目标是建设中国特色社会主义法治体系、建设社会主义法治国家	课堂讲授、课外阅读
8	交通安全	通过我国交通安全现状以及与发达国家现状的对比，找出我国的优势及同时存在的劣势，激发学生的职业责任感和使命感	由交通安全问题出发，扩展到国家安全、人民安全，军民鱼水情，引出明确八：把人民军队建设成为世界一流军队	课堂讲授、分组讨论
9	道路交通与环境保护	培养学生的环境保护意识；树立绿色交通发展观念；深刻理解习近平总书记“环境就是民生，青山就是美丽，蓝天也是幸福”的论述	由绿色交通发展概念引出明确七：贯彻创新、协调、绿色、开放、共享的新发展理念	课堂讲授、课外阅读

其中，具体专业授课章节与十个“明确”的对应关系如图1所示。

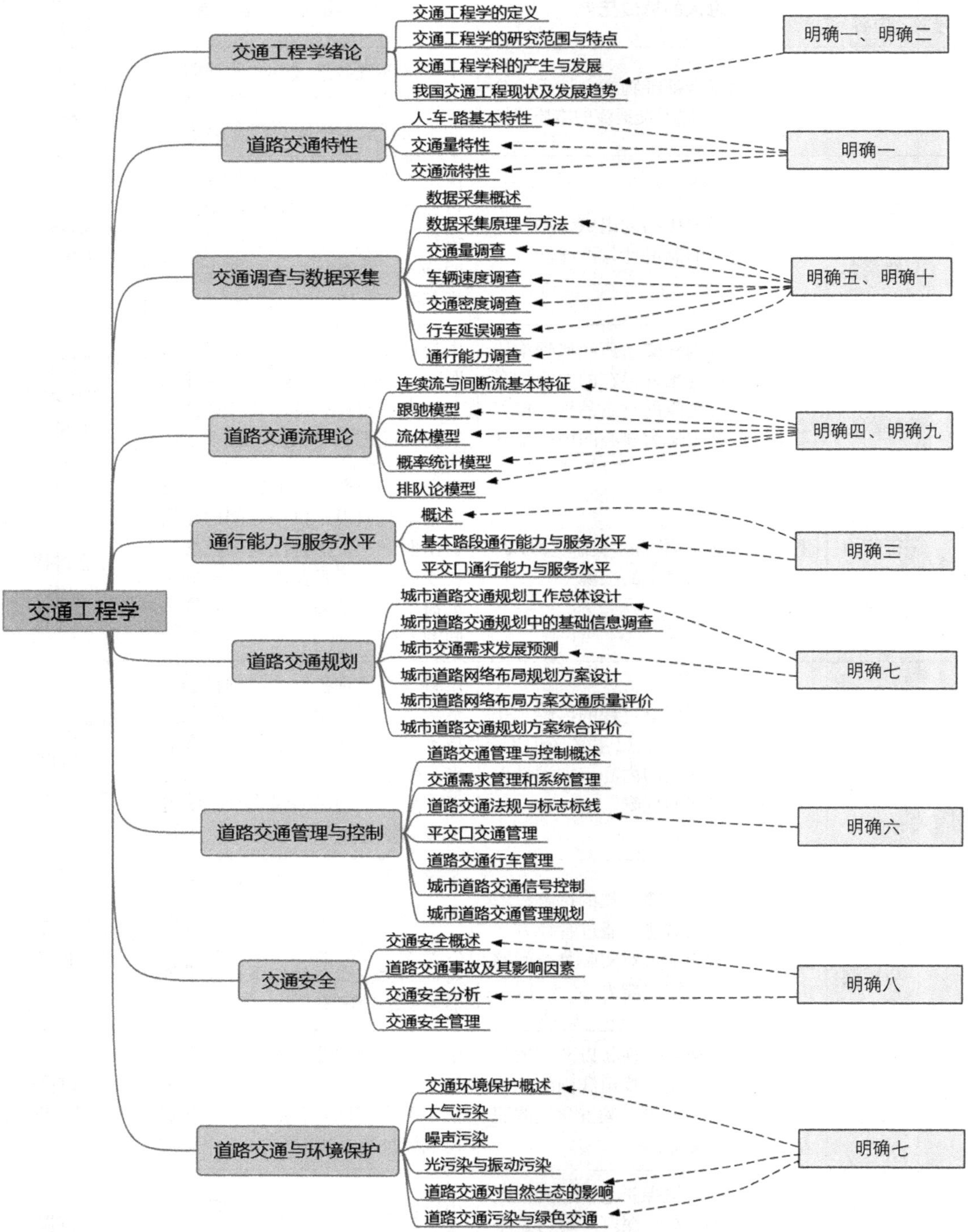

图1 “交通工程学”专业教学章节与十个“明确”对应关系

根据上述教学设计，对交通运输专业2019级47名学生进行了“交通工程学”授课实践，取得了良好效果，学生在期末课程总结中纷纷表示对党的十九届六中全会精神有了更加深刻和全面的了解。图2为邀请学院副书记对包括课程任课教师在内的交通运输系教师进行有关党的十九届六中全会精神的解读培训。图3为2019级学生提交的课程思政总结报告，其中对于全会精神均有较为深刻的论述。

图2 党的十九届六中全会精神解读培训现场

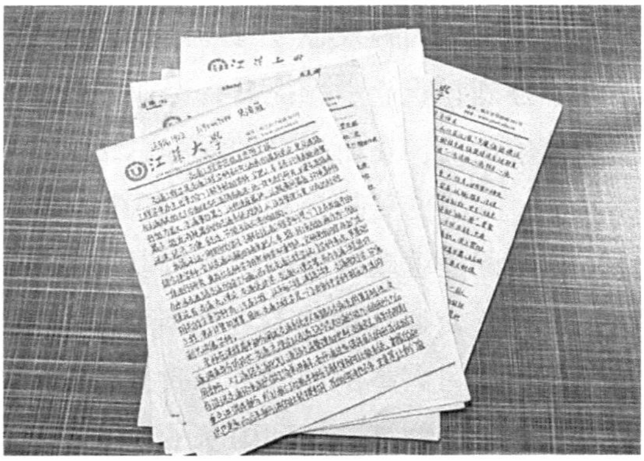

图3 2019级学生提交的课程思政总结报告

四、特色与创新

本次“交通工程学”课程思政教学实践最大的特色在于与时俱进，将党的十九届六中全会的召开这一重大历史事件以及大会精神融入大学专业课课堂思政教学。从既有文献、报道等来看，有关十九届六中全会精神进大学课堂的实践还只是在思政课范围内，本次实践应属较早地对全会精神如何融入大学专业课教学进行了有益的探索。

在具体授课过程中，积极发掘与全会精神十个“明确”相关的德育元素，并在课程各个章节均有所呼应；同时采用了包括课堂讲授、分组研讨、课后阅读、课堂汇报等多种教学方法和手段，使学生产生“共情”，自然而然地将全会精神“入脑入心”，做到“润物细无声”。

五、反思与分析

“交通工程学”课程与其他交通运输类课程相比既具普遍性又有特殊性。普遍性表现在其为典型的交通运输类专业课，工程应用性强。专业目标大多为培养学生的综合专业素质和职业理想。特殊性在于本课程为交通运输类最核心的专业基础课，几乎每个主要章节均可以拓展为一门独立课程进行更为深入的学习，涉及知识面较广，教学任务重。

因此，对“交通工程学”课程思政教学的实践进行总结与反思，可以更好地为交通运输专业其他课程提供参考和借鉴。

（一）思政教学成果总结

本次课程思政教学实施以来，授课教师以及学生对党的十九届六中全会精神均有了深入的理解，并且这种理解不是浮于机械记忆，而是将十个“明确”贯穿专业知识中，真正做到了“入脑入心”。具体表现为：学生爱党爱国情怀显著提高，民族自豪感、大国自豪感强烈；职业素养提升，专业责任感明显增强；对于十九届六中全会精神的理解不再是简单记忆，在所提交的课程总结报告中能围绕全会精神并结合自身专业学习做到有感而发，少了“复制—粘贴”，多了个体感悟。

本次课程思政教学的探索可以为高校其他交通运输类课程思政教学改革提供参考经验。例如，交通运输类专业课所涉及的知识内容发展较快，教师在不断拓展专业知识，增强学生学习兴趣的同时，思政教学内容也要做到与时俱进：习近平总书记近期重要讲话、重要会议精神、党和国家最新的时政决策等，均可以经过精心地设计融入专业课程教学过程中，让传统上认为枯燥的思政教学变得生动有趣，贴近现实。在内容更新的同时，教学手段和方法也要跟上，通过多种手段和方法，例如课堂讨论、汇报、辩论、课后阅读、观看视频等形式增强学生思政学习兴趣，提高“抬头率”和“参与度”，让思政教学内容真正渗透到学生的人生观、价值观体系中。

（二）教学改革措施反思

实践已经证明，专业课教学与思政教育之间存在着必然联系，一堂好的专业课必然要求也是一堂精彩的思政课，专业知识教学与思政教学二者的有机结合才能收到事半功倍。在“交通工程学”课程思政教学探索的过程中，也暴露出一些问题。第一，在专业课教学课时持续压缩的背景下，如何合理分配专业知识与思政教学占用时间，还需进一步把握好这个“度”。“交通工程学”涉及内容多，课时安排紧，同时也是考研主要的专业课科目，开展多形式的思政教学，必然会影响到专业知识的讲授，而如果过多地将授课内容放在课外自习，也会引起一些学生的不满和抵触。如何进一步凝练包括思政教育在内的授课内容，使之与课时分配相适应，仍然需要进行探索和总结。第二，课堂思政教学中学生是主体，教师是主导。授课教师的思政素质和教学水平至关重要。因此教师应该积极学习党的政治思想，并将其融入课程教学中，逐步提高在课堂中德育渗透的能力。和其他专业知识一样，思政学习永远没有终点。在本课程思政教学过程中，授课教师对于高度凝练的十个“明确”的理论体系仍感觉学有不足，不能做到收放有度，融会贯通。在具体教学环节中偶尔也会被学生“问住”，因此授课教师仍需不断深化学习，认真做好备课工作，进而提高教学成果。第三，为充分激发学生学习的积极性，授课教师应该科学评价学生，让学生能够获得中肯的评价，从而更加认真学习，提高德育素养。同时为促进教师教学积极性，从学校层面应该将课堂思政的开展情况纳入教师评价体系，让教师能够不断反思其教学方式，不断提升思政教育的开展能力，从而更好地引导学生进步。本课程在教学过程中评价学生的手段能够做到较为丰富和客观，但从学校层面对教师的评价体系尚显不足。

习近平总书记多次强调，办好思想政治理论课，最根本的是要全面贯彻党的教育方针，解决好培养什么人、怎样培养人、为谁培养人这个根本问题。高校承担着实现教育现代化的重要任务，同时又是培养国家重要人才的主阵地。在此过程中，课程思政教育是其中最为核心的关键性环节。育才先育人，成才先成人。本次“交通工程学”课程思政教学的探索，将党的十九届六中全会精神融入了课程全过程教学和评价中，使其内化为学生的精神追求、外化为学生的行动自觉，使他们将来毕业进入社会后能够成为合格的社会主义接班人和开拓者。同时也为交通运输专业课课程思政教学提供了参考和借鉴。

"交通系统分析"课程思政教学案例

薛运强　艾　瑶　张　兵　倪训友
华东交通大学交通运输工程学院　江西南昌　330033

华东交通大学"交通系统分析"课程组从2010年进行课程资源建设，2015年探索课堂与课后教学改革有机结合，着重逻辑思维训练与工程意识、应用能力培养相结合。2018年实践移动教学，线上线下混合教学，并尝试课程思政教学融合，2023年1月获得江西省一流本科课程认定。"交通系统分析"课程思政教学融合实施以来，对于学生系统分析的认识观、工匠精神的培养及能力素养提升起到了积极的促进作用，产生了良好的教学效果。

一、案例简介

（一）交通系统分析课程案例介绍

本课程是交通工程专业的一门学科基础必修课程，主要讲授系统和系统分析预测评价的基本方法，是培养学生进行道路交通工程系统分析、优化设计所需的专业数学基础课程。通过了解我国从古至今的系统分析思维案例，激发民族自豪感和自信心。

（二）思想政治教育与专业教育融合情况

近两年课程教学开始逐步重视并尝试课程思政教学融合。

例如介绍共和国勋章获得者钱学森学报效祖国，开创我国系统工程学科。在对策论中，人们耳熟能详的田忌赛马、孙子兵法都体现了民族的智慧。航天工程、交通强国等激励国人的成就增强学生学习强国报效祖国的信念。包括常见的交通拥堵、交通安全等都是典型的系统分析问题，培养学生分析交通问题的系统观念。

作者简介：薛运强，1983年，华东交通大学交通运输工程学院，副教授。

（三）课程思政教育改革实践

1. 修订“交通系统分析”课程教学大纲

了解我国从古至今在系统分析思维领域的应用，尤其是在中国共产党的坚强领导下取得的巨大系统性成就，激发民族自豪感和自信心。从系统分析的认识观、工匠精神、学生能力素养等方面增加课程思政元素。

2. 课程教学内容与方法改革

挖掘课程内容所蕴含的思政元素，大到航天工程、探月工程、交通强国建设工程和脱贫攻坚工程，体现社会主义制度集中力量办大事的优越性，小到路网的交通态势分析、交通问题治理等体现以人为本、交通可持续发展的系统观理念。

3. 课程教学内容与方法改革

教学方案设计：坚持以学生发展为中心，将实际工程案例融入课程讲授当中。通过案例提高学生的学习兴趣和学习效果。

（四）案例选用意义

（1）增强学生民族自豪感和专业认可度。

（2）培养学生系统分析的意识。

（3）提高学生团队精神、自信心和荣誉感，在专业同学之间形成良好口碑，并对其他专业产生了积极影响。

二、思路与目标

（一）拟解决的主要问题

（1）结合交通发展，如何保障教学内容上的与时俱进以及课程思政的融合。

（2）结合课程目标，如何处理理论教学与应用分析、团队协作能力训练的重点及学时分配关系。

（3）工科生如何将数学逻辑思维与实际工程系统意识培养相结合。

（4）如何进行多元化教学模式改革，利用线上资源提高学生学习自主性及学习效果。

（二）课程思政教学改革的理念和思路

按照工程认证的要求，以学生为中心，对课程进行课程思政教学改革。

（1）修订课程教学大纲。从系统分析的认识观、工匠精神、学生能力素养等方面增加了课程思政元素。

（2）课程教学内容和方法改革。挖掘课程内容所蕴含的思政元素，大到交通强国建设，小到交通态势分析，均体现出以人为本、交通可持续发展的系统管理念。

（3）教学方案设计。坚持以学生发展为中心，将实际工程案例融入课程讲授当中，通过案例提高学生的学习兴趣和学习效果。

（三）课程目标的设定、对应和达成

根据交通工程专业培养方案，结合工程教育认证要求，明确课程支撑2项毕业要求：问题分析、项目管理。课程紧紧围绕专业培养毕业要求和课程思政内容，确定3个课程目标，通过期末考试、线上学习、实践大作业、课后作业和课堂表现等形式考核达成情况。

三、设计与实施

（一）线上线下混合式教学设计

本课程目前采用线上线下混合式教学模式。教学内容包括：

线上自学——学生看视频和PPT预习；

线下教学——重点、难点课堂讲解；

线上复习——网络教学空间复习知识；

线下课后作业——课堂讨论交流；

线上交流——利用平台了解学生学习情况，进行教学督导。

我们提出了三层次课程教学思路设计，分别是课程总体教学思路设计、分部分教学设计和每一节课的课件设计。

（二）教学方法改革

1. 探索线上线下教学相融合

课程组从2010年起进行课程资源建设，2015年探索课堂与课后教学改革的有机结合，着重将逻辑思维训练与工程意识、应用能力培养相结合。2018年实践移动教学，线上线下混合教学。目前课程已经上线学银在线，如图1所示，2023年获得江西省一流线上课程认定，累积开放课程8期，选课人数超过1 000人，浏览量超过45万人次，互动次数超3 000次。

2. 多种教学方法有机结合

具体教学方法包括案例教学、启发式教学、讨论式教学、任务驱动教学。通过自学、

图1 学银在线课程门户

图2 大作业课堂汇报、翻转课堂学生讲课和分组讨论

交通调研大作业、PPT汇报、软件操作等多种形式（图2），改革课后作业形式，提高学生分析解决问题能力。

（三）基于产出导向的教学理念

（1）坚持以学生发展为中心，将实际工程案例融入课程讲授当中。通过案例提高学生学习兴趣和学习效果。

（2）课程重视理论与实践结合，将科学严谨的逻辑思维训练与实际工程意识培养相结合。通过安排加油站等交通调研，培养工科学生理论联系实际的工程意识；结合交通实际信息，通过上机加强软件工具的运用分析等。

（四）考核评价方式

1. 考核办法

通过考试和考查两种方法对学生进行考核。

2. 成绩组成

平时成绩占课程总成绩的30%，期末闭卷考试占总成绩的70%。

平时成绩由三部分组成，各部分占比如下：

课后作业：占平时成绩1/3，总分10分；

实验报告大作业：占平时成绩1/3，总分10分；

线上课程学习、课堂表现（含课堂提问）：占平时成绩1/3，总分10分。

闭卷考试包括了5种题型：填空题、不定项选择题、判断题、计算题、应用题，内容涵盖教学大纲规定的各章节。

3. 线上课程成绩评定

线上课程学习包括知识点测验、章节单元测验、综合考试、过程性学习考查等。为了保证认真学习，每个视频都会有插入的知识点考察客观题目。在过程性学习中学生做完题目后才会继续播放视频进行学习。视频观看可以倍速但是设置为不能拖动进度条。学完一个章节会有章节测试，主要是选择、判断等客观题。

过程性学习考查占55%，平时测验占20%，综合考试占25%；其中过程性考查包括视频学习20分、章节学习次数10分、互动讨论10分、签到5分。课程音视频全部看完得满分20分，单个视频分值平均分配。只计算为任务点的章节测验成绩，取学生章节测验平均分，未做测验按“0”分计算。章节学习次数达200次为10分。讨论方面满分10分，发表一个话题、回复一个话题和获得一个赞各为1分。考试得分按所有考试的平均分计分，或设置考试明细分配，按“考试成绩 × 权重占比之和”计分。

（五）教学过程的组织与实施

本课程2015年开始改变传统的以教材为主，全部讲解的模式，将部分教学内容改为自学。2018年实践移动教学，线上线下混合教学。上课之前先基于华东交通大学网络平台资源进行预习。此外，增加案例教学、实践调研大作业、课堂汇报讨论的学时。

本课程具有很强的交通特色，结合所在城市收集、更新具体交通案例，启发学生思考和讨论。改变单纯做教材习题的单一作业模式，多样化布置课后作业，包括自学、交通调研、PPT制作汇报、上机操作等。目前线上线下混合式教学的组织实施过程如下（以第一讲为例进行介绍）。

(1) 线上自学——学生看视频和PPT预习。

通过课堂讲授和爱花椒线上网络教学资源辅助教学，提高学生上课听讲的效果。

以城市交通系统组成及问题分析为例，加深理解系统的含义。通过了解我国从古至今在系统分析思维领域的应用，尤其是在中国共产党的坚强领导下取得的巨大系统性成就，激发学生民族自豪感和自信心。线上课程中的系统思想讲授如图3—图5所示。

图3　线上课程中的古代系统思想讲授

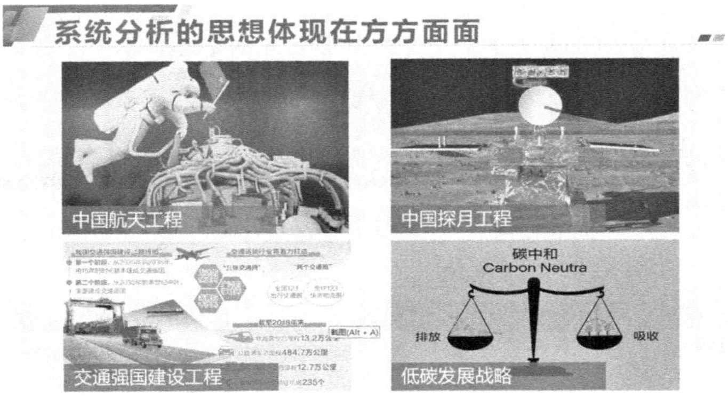

图4　系统思想在国家战略中的体现

图5　系统思想在交通分析中的体现

（2）线下教学——重点、难点课堂讲解。

①介绍城市及公路建设中的有关交通问题，以及提出城市交通问题在不同层次上的系统对策。

②结合实例讲解交通系统分析在规划、设计、交通管理、交通政策法规制定等方面的意义，如图6所示，增强学生学好本课程的自信心和自豪感。

③提出课程学习要求：课后自学、调研（与课程设计结合）、课堂讨论交流与汇报。

（3）线上复习——通过网络教学空间复习知识，线上课程复习互动，如图7所示。

（4）线下课后作业——课堂讨论交流和课后课堂辅导。

（5）线上交流——利用平台了解学生学习情况，如图8所示，进行教学督导。

图6　系统分析的意义讲授

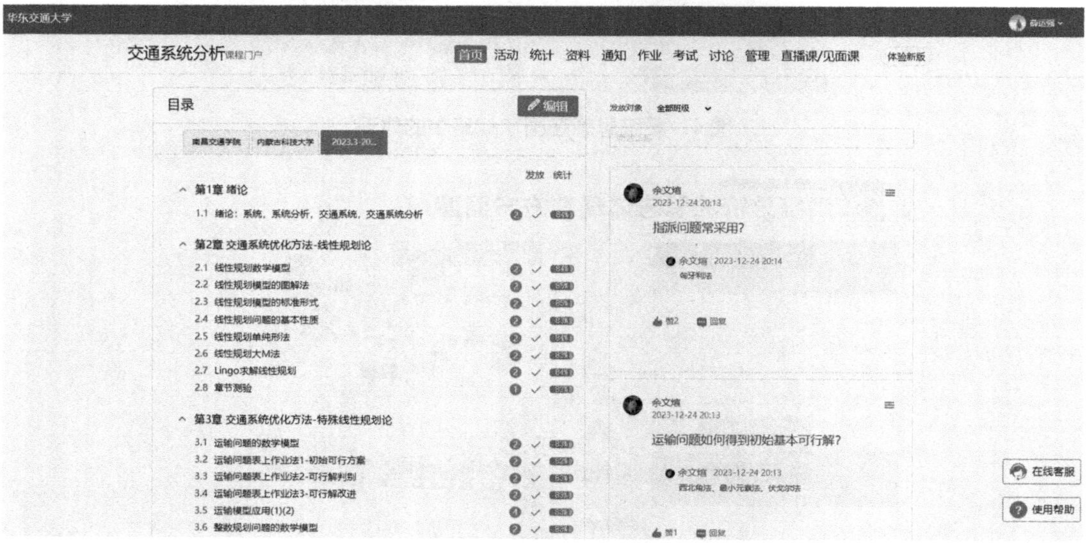

图7　线上课程复习互动

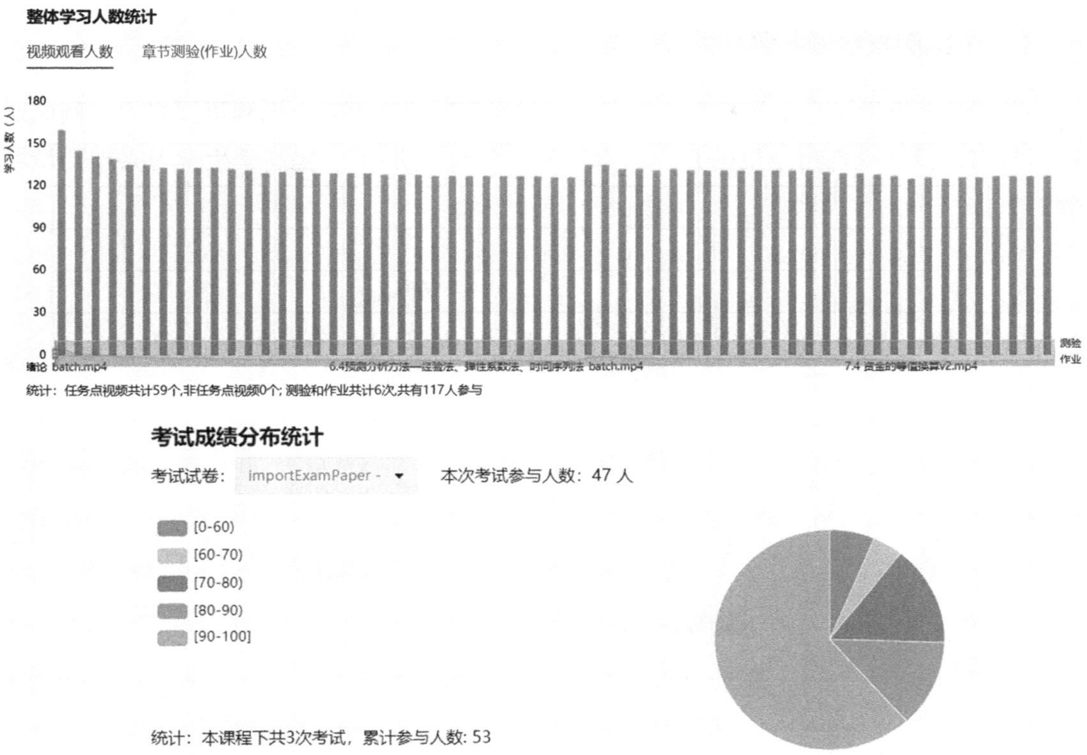

图8　线上测试成绩分布

四、特色与创新

（一）从知识、能力、素养全方位增加课程思政元素

课程负责人参加“百名博士讲党史”活动并获得三等奖，如图9所示，积累了一定的课程思政经验。课程组积极从知识、能力、素养方面融入课程思政内容。

图9　课程负责人参与“百名博士讲党史”活动

（二）案例教学融入课程讲授过程

课堂教学重视结合案例进行应用训练，将实际工程案例融入课程讲授当中。例如通过南昌市建设公交都市效果的系统动力学分析案例（图10），提高学生学习兴趣和学习效果。

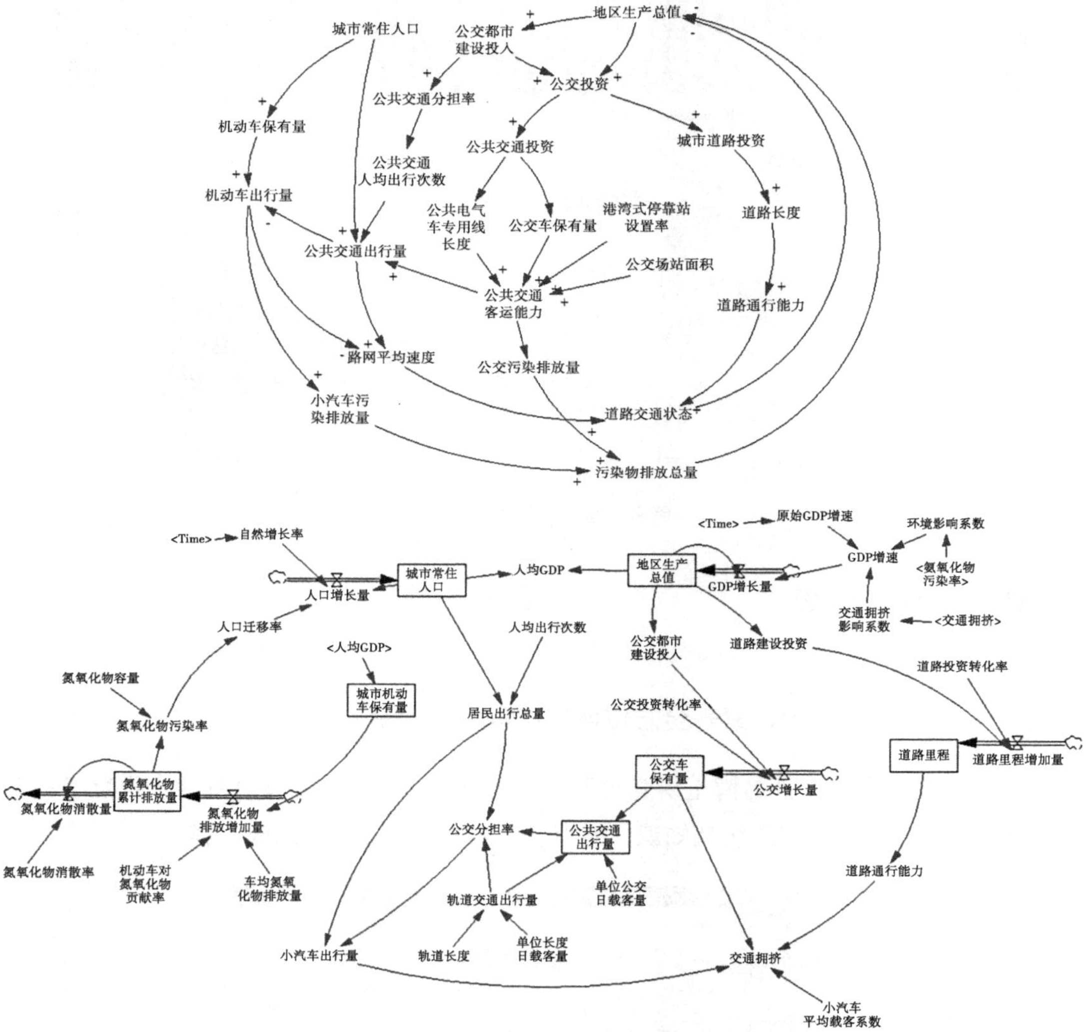

图10　南昌市公交都市建设系统动力学分析案例

（三）理论课与实践课结合

课程重视理论与实践结合，将科学严谨的逻辑思维训练与实际工程意识培养相结合。通过课程实践大作业，同学们分组现场调查，利用所学知识分析解决交通排队问题，并进行PPT汇报，提高理论联系实际的能力。

（四）课程内容与学生竞赛、考研需求结合

根据学生数学建模和考研需要，调整教学大纲。课程从40学时调整到48学时，同时提高优化理论方法的讲授深度。

（五）线上与线下教学结合的积极探索

该课程从2018年起实践移动教学，线上线下混合教学，取得了较好的效果。

五、反思与分析

（一）课程思政教学改革的实施效果及成果

1. 网上评价优良

近三年课程网上评教结果始终为优良，学生评语对课程教学方法和教学效果给予了充分的肯定（图11）。

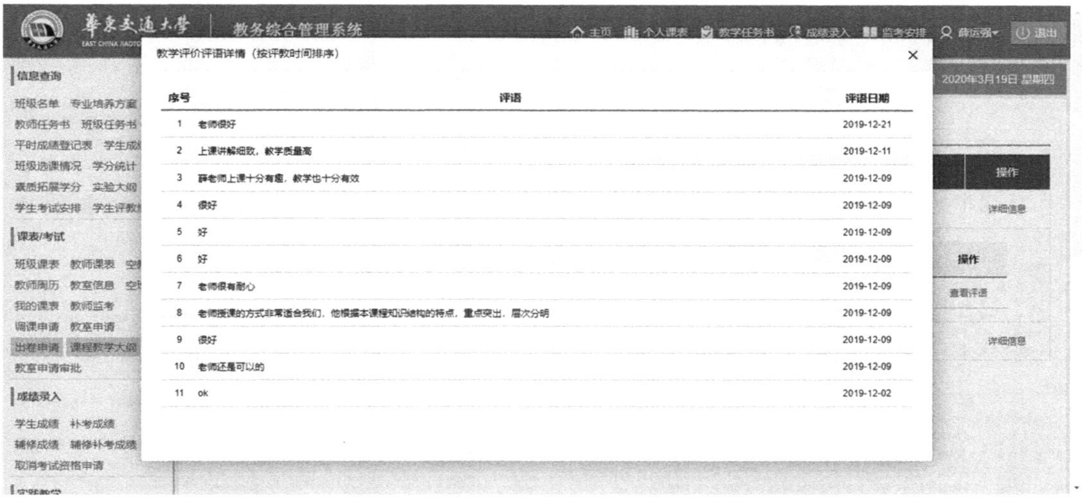

图11 网上评教评语

2. 课程考核达成度有显著提升

课程目标达成度呈现上升趋势（表1）。

3. 教改成果

2018年以来发表教改论文7篇，部分教改论文如图12所示；主持和参加省级教改课

表1　近年课程目标达成度

学期	年级	课程目标达成度
2016.1	2014级	0.69
2017.1	2015级	0.86
2018.1	2016级	0.78
2019.1	2017级	0.77
2020.1	2018级	0.79
2021.1	2019级	0.80

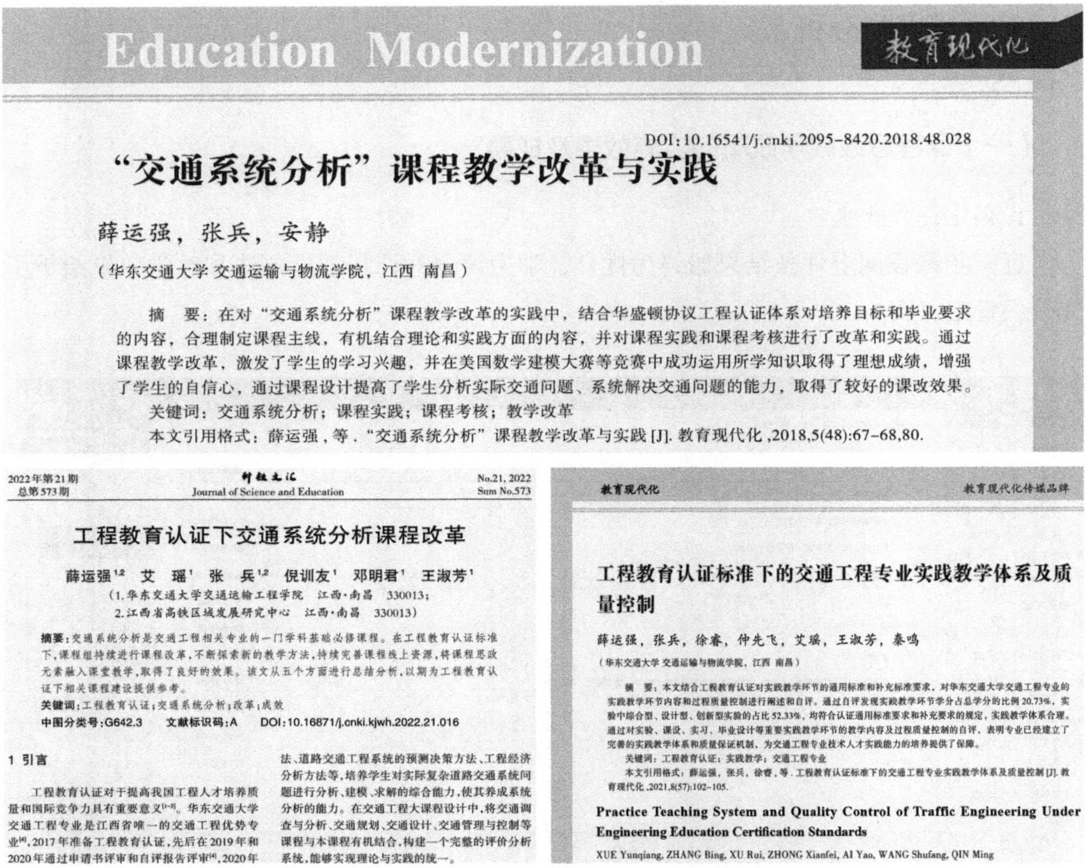

Education Modernization 教育现代化

DOI：10.16541/j.cnki.2095-8420.2018.48.028

“交通系统分析”课程教学改革与实践

薛运强，张兵，安静

（华东交通大学 交通运输与物流学院，江西 南昌）

摘　要：在对“交通系统分析”课程教学改革的实践中，结合华盛顿协议工程认证体系对培养目标和毕业要求的内容，合理制定课程主线，有机结合理论和实践方面的内容，并对课程实践和课程考核进行了改革和实践。通过课程教学改革，激发了学生的学习兴趣，并在美国数学建模大赛等竞赛中成功运用所学知识取得了理想成绩，增强了学生的自信心，通过课程设计提高了学生分析实际交通问题、系统解决交通问题的能力，取得了较好的课改效果。

关键词：交通系统分析；课程实践；课程考核；教学改革

本文引用格式：薛运强，等．“交通系统分析”课程教学改革与实践 [J]. 教育现代化 ,2018,5(48):67-68,80.

2022年第21期　总第573期　科教文汇 Journal of Science and Education　No.21, 2022　Sum No.573

工程教育认证下交通系统分析课程改革

薛运强[1,2]　艾　瑶[1]　张　兵[1,2]　倪训友[1]　邓明君[1]　王淑芳[1]

（1.华东交通大学交通运输工程学院　江西·南昌　330013；
2.江西省高铁区域发展研究中心　江西·南昌　330013）

摘要：交通系统分析是交通工程相关专业的一门学科基础必修课程。在工程教育认证标准下，课程组持续进行课程改革，不断探索新的教学方法，持续完善课程线上资源，将课程思政元素融入课堂教学，取得了良好的效果。该文从五个方面进行总结分析，以期为工程教育认证下相关课程建设提供参考。

关键词：工程教育认证；交通系统分析；改革；成效

中图分类号：G642.3　文献标识码：A　DOI：10.16871/j.cnki.kjwh.2022.21.016

1 引言

工程教育认证对于提高我国工程人才培养质量和国际竞争力具有重要意义[1-3]。华东交通大学交通工程专业是江西省唯一的交通工程优势专业[4]，2017年准备工程教育认证，先后在2019年和2020年通过申请书评审和自评报告评审[4]，2020年

法、道路交通工程系统的预测决策方法、工程经济分析方法等，培养学生对实际复杂道路交通系统问题进行分析、建模、求解的综合能力，使其养成系统分析的能力。在交通工程大课程设计中，将交通调查与分析、交通规划、交通设计、交通管理与控制等课程与本课程有机结合，构建一个完整的评价分析系统，能够实现理论与实践的统一。

教育现代化　教育现代化传媒品牌

工程教育认证标准下的交通工程专业实践教学体系及质量控制

薛运强，张兵，徐睿，仲先飞，艾瑶，王淑芳，秦鸣

（华东交通大学 交通运输与物流学院，江西 南昌）

摘　要：本文结合工程教育认证对实践教学环节的通用标准和补充标准要求，对华东交通大学交通工程专业的实践教学环节内容和过程质量控制进行阐述和自评。通过自评发现实践教学环节学分占总学分的比例20.73%，实验中综合型、设计型、创新型实验的占比52.33%，均符合认证通用标准要求和补充要求的规定，实践教学体系合理。通过对实验、课设、实习、毕业设计等重要实践教学环节的教学内容及过程质量控制的自评，表明专业已经建立了完善的实践教学体系和质量保证机制，为交通工程专业技术人才实践能力的培养提供了保障。

关键词：工程教育认证；实践教学；交通工程专业

本文引用格式：薛运强，张兵，徐睿，等．工程教育认证标准下的交通工程专业实践教学体系及质量控制 [J]. 教育现代化 ,2021,8(57):102-105.

Practice Teaching System and Quality Control of Traffic Engineering Under Engineering Education Certification Standards

XUE Yunqiang, ZHANG Bing, XU Rui, ZHONG Xianfei, AI Yao, WANG Shufang, QIN Ming

图12　发表的部分教改论文

题2项，如图13所示；自编配套教材1部，如图14所示；获评江西省一流线上课程，如图15所示。

4. 教学团队荣誉奖励

负责人获得移动教学大赛二等奖，被评为2018—2020学年、2020—2022学年优秀

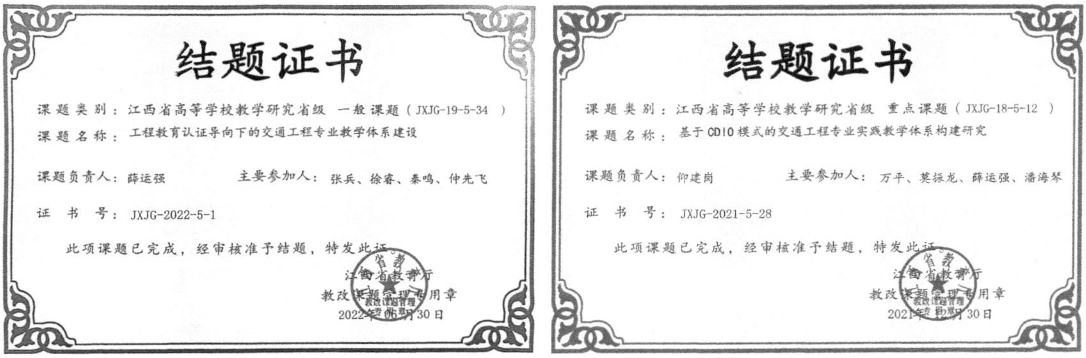
结题证书

课题类别：江西省高等学校教学研究省级　一般课题（JXJG-19-5-34　）

课题名称：工程教育认证导向下的交通工程专业教学体系建设

课题负责人：薛运强　　　主要参加人：张兵、徐睿、秦鸣、仲先飞

证书号：JXJG-2022-5-1

此项课题已完成，经审核准予结题，特发此证。

江西省教育厅

教改课题管理专用章

2022年06月30日

结题证书

课题类别：江西省高等学校教学研究省级　重点课题（JXJG-18-5-12　）

课题名称：基于CDIO模式的交通工程专业实践教学体系构建研究

课题负责人：仰建岗　　　主要参加人：万平、莫振龙、薛运强、潘海琴

证书号：JXJG-2021-5-28

此项课题已完成，经审核准予结题，特发此证。

江西省教育厅

教改课题管理专用章

2021年09月30日

图13　主持和参加省级教改课题

图14　自编教材

江西省一流本科课程

证书

课程类型：线上一流课程

课程名称：交通系统分析

课程负责人：薛运强

建设单位：华东交通大学

主要成员：艾瑶　倪训友　张兵　王淑芳

江西省教育厅

2023年1月

证书编号：2022-U047

图15　课程获得省级一流线上课程认定

教师，教学团队近三年指导6篇校优秀毕业设计，如图16所示。

5. 学生成果

课程中涉及的运筹学知识，是数学建模方面的核心内容，也是交通专业考研的重点内容。通过课程学习，鼓励同学课外拓展参加数学建模大赛、撰写学术论文。2018年以来指导学生发表期刊论文11篇（2篇SCI，1篇EI），申请专利6项（授权2项实用新型和2项发明专利），数学竞赛获奖9项，如图17—图19所示。2023年考研率达到56%。

荣誉证书

薛运强同志：

在华东交通大学2020-2022学年教育教学工作中表现突出，成绩显著，被评为：

"优秀教师"

特发此证，以资鼓励！

中共华东交通大学委员会

二〇二二年十二月

荣誉证书

薛运强老师：

在"华东交通大学交通运输与物流学院移动教学大赛"中，荣获　二　等奖。

特发此证，以兹鼓励。

荣誉证书

薛运强老师：

您指导的《基于OpenStreetMap路网提取的公交专用道优化及沿线道路设计》荣获华东交通大学2021届优秀毕业设计（论文）。

特发此证，以资鼓励。

华东交通大学

二〇二一年六月

图16　教学团队部分荣誉证书

图17　2018年以来指导学生发表期刊论文

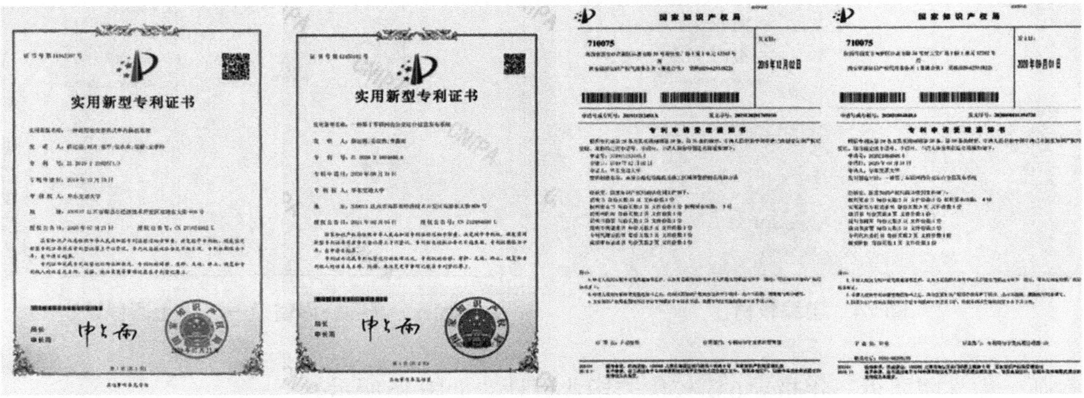

图18　2018年以来申请的专利

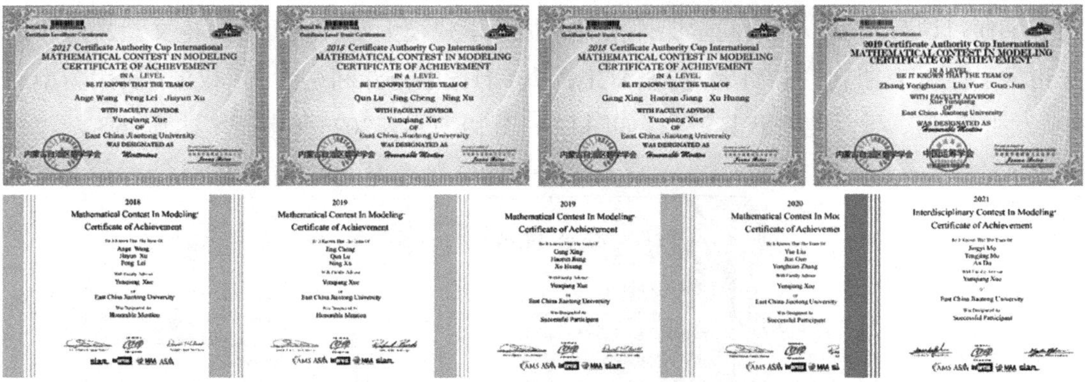

图19　团队教师指导学生数学竞赛获奖

基于课程教学的课外拓展，有效提高了学生团队精神、自信心和荣誉感，已在专业学生之间形成良好口碑，并对其他专业产生了积极影响。

（二）存在的问题及改进思路

1. 线上课程有待持续建设

2018年本课程初次利用学校教学网络平台进行了课程线上资源建设，目前已上线学银在线。今后还应继续深化网络课程建设，提高校外学员使用范围，将课程建设成为国家级一流线上课程。

2. 课程思政的融合深度有待进一步加强

今后继续将课程思政与专业知识相结合，探索课程思政融合的具体教学设计。继续挖掘交通工程专业中的思政信息，促进理论与实践教学的融合，深化学生对专业课程思政的理解与认知。例如，融入交通强国建设和工匠精神，让学生在实践操作中明确工匠精神对交通行业工作实践的价值，并在实践中践行工匠精神，培养学生的专业核心素养，增强学生报效交通强国建设的信念。

3. 探索交通大数据、智能交通分析等新技术教学需求

课程从2020年开始将学时从40课时加到了48课时，结合学时调整，需要进一步在交通领域大数据分析、智能交通分析技术方面探索基础理论教学需求，并加强与智能交通专业课的衔接。

4. 个体学习跟踪需要加强

在提高学生整体平均学习水平的基础上，还应跟踪个体学习状况。针对课程特点，从学习方法及思想上探讨辅导帮扶措施，促进课程目标个体度达成的进一步提升。

参考文献

[1] 薛运强，艾瑶，张兵，等. 工程教育认证下交通系统分析课程改革[J]. 科教文汇，2022，21（573）：57-60.
[2] 薛运强，张兵，安静. “交通系统分析”课程教学改革与实践[J]. 教育现代化，2018，5（48）：67-68，80.
[3] 艾瑶，邓明君，王淑芳，等. 交通系统分析方法[M]. 成都：西南交通大学出版社，2018.
[4] 薛运强，张兵，徐睿，等. 工程教育认证标准下的交通工程专业实践教学体系及质量控制[J]. 教育现代化，2021，8（57）：102-105.
[5] 倪训友，薛运强，张兵，等. 高校青年教师课程思政教学能力提升途径及保障措施研究[J]. 科教文汇，2022（23）：100-103.
[6] 强生杰，薛运强. 问题驱动法在交通运输经济学课程改革中的实践[J]. 教育现代化，2021，8（53）：55-57.
[7] 强生杰，薛运强. 交通运输专业管理信息系统课程教学改革实践[J]. 教育现代化，2021，8（47）：55-57.
[8] 艾瑶，王淑芳，邓明君. 注重自学、实践及非线性教学的改革尝试[J]. 当代教育实践与教学研究（电子刊），2017（6）：314-315.
[9] 薛运强，张兵，安静. 城市客运交通本科教学改革初探[J]. 教育教学论坛，2019，21：96-97.

“交通强国”-中国交通教学案例

——交通发展史与现代交通

戴学臻

长安大学运输工程学院　陕西西安　710064

一、案例简介

人类经济的发展，是由两个非常重要的因素推动的，一个是分工，另一个是交易，而这两个因素背后，都有一个共同的条件，那就是“交通”，这里面包括人和物的流动，以及信息等的传输。交通是兴国之要、强国之基。2019年9月，中共中央、国务院印发《交通强国建设纲要》，从基础设施、交通装备、科技创新、安全保障、绿色交通、开放合作、人才队伍等方面明确交通强国建设的九大任务，提出结合国家的战略需求及新时代中国交通发展特点的创新人才培养要求。

在“一带一路”倡议下，中国交通建设已经开始走出国门，走向世界。同时，当今世界科学技术突飞猛进，全球经济一体化趋势进一步加强，但国际竞争也越趋激烈。为了进一步提升我国交通行业的世界地位，培养高素质的全球化人才是必经之路。

习近平总书记在党的十九大报告中指出“加强和改进思想政治工作，深化群众性精神文明创建活动”、“坚定文化自信，推动社会主义文化繁荣兴盛”，在大学生中建立坚定的中国文化自信，树立为社会主义中国的富强与昌盛奉献力量的信念等课程思政建设要求。

在这种背景下，交通工程专业的桥梁工程课程思政教育显得极为重要：（1）培养能够适应快速变奏、理想坚定、乐于奉献、自强不息、忧国忧民、勇于担当且品德兼修的新型综合人才；（2）培养具有正确价值观、个人诚信、职业操守、工匠精神、国际竞争力，具备为社会主义中国的富强与昌盛奉献力量的新工科创新型交通人才。

“交通强国”是面向交通运输工程专业本科生的一门32课时通识课，本次课程案例

作者简介：戴学臻，1974年，长安大学运输工程学院，副教授。

"交通运输方式的发展"是该门课第三章节的内容，结合交通强国建设、思政课程建设、新工科教改要求，进行了本节课程的设计与制作。

二、思路与目标

（一）教学目标

1. 了解我国道路的发展历程

中国是一个历史悠久的文明国家，古代道路交通也有其悠久而光辉的史绩。公元前221年，秦始皇统一全国后第二年，就下令修筑以咸阳为中心的、通往全国各地的驰道。唐长安不仅有水路运河与东部地区相通，而且是国内与国际陆路交通的枢纽，中国古代规模最为宏伟壮观的都城，也是世界历史上规模最大的城市。西安市道路网继承了唐长安棋盘路网的格局，历经几轮城市总规的发展指导，逐步形成了现在西安市"环＋射"的发展模式，是具有"两轴、三环、八辐射"的城市道路骨架网。本节以西安道路发展历程为例给学生介绍我国道路的发展历程。

2. 了解我国铁路运输的发展历程

通过京张铁路案例和复兴号CR400AF动车组总设计师梁建英的事迹，讲述我国铁路发展的历程和高铁发展平稳上升的原因，使学生在了解铁路运输过程的同时，加强他们对交通运输发展方向探索的兴趣。

3. 了解水路运输的发展历程

世界海洋面积占地球表面积的70%，通过水运工具的演变和港口的发展详细呈现了水路运输的发展历程以及它对经济军事和文化等发展的重要程度，可以使学生更好地了解水路运输的发展。

4. 了解我国航空运输的发展历程

分别介绍了民用航空和军用航空的不同用途，使学生掌握航空运输的分类，并通过讲解航空港的发展以及国际主要航线的分布情况，使学生更加深入地了解航空运输的现状。

5. 掌握"一带一路"倡议的发展历程和意义

"一带一路"倡议是"丝绸之路经济带"和"21世纪海上丝绸之路"的简称。2013年9月和10月由中国国家主席习近平分别提出建设"新丝绸之路经济带"和"21世纪海上丝绸之路"的合作倡议。"一带一路"倡议旨在借用古代丝绸之路的历史符号，高举和平发展的旗帜，积极发展与沿线国家的经济合作伙伴关系，共同打造政治互信、经济融合、文化包容的利益共同体、命运共同体和责任共同体。

6. 提升学生的行业自豪感，以及爱国主义情怀

通过在课堂中引用中国的交通宏伟工程，引发学生形成行业自豪感，点燃学生心中的爱国之火，树立为社会主义中国的富强与昌盛奉献力量的信念，形成正确价值观，建立坚定的中国文化自信。

（二）教学方法与策略

（1）教学内容补充：为了让学生对中国交通从国内走向世界的历程有更加深刻的理解，教学内容在原有公路、铁路、水运以及航空的基础上增加了“一带一路”倡议的内容。丝绸之路是起始于古代中国，连接亚洲、非洲和欧洲的古代陆上商业贸易路线，最初的作用是运输古代中国出产的丝绸、瓷器等商品，后来成为东方与西方之间在经济、政治、文化等诸多方面进行交流的主要道路。2013年9月和10月，中国国家主席习近平在出访中亚和东南亚国家期间，先后提出共建“丝绸之路经济带”和“21世纪海上丝绸之路”的重大倡议，得到国际社会高度关注。通过对该内容的讲解和讨论，使学生对课程总体内容的理解更为深刻，同时也实现课程思政的教学效果。

（2）教学方法：采用启发式、引导式、讨论式、参与式教学方法，以教师的“循循善诱”来引导学生“思”“究”“论”的自主学习，充分保护和激发学生的学习积极性、好奇心、想象力和创造力。以“运输方式改变会带来什么影响”为案例的教学有利于激发学生的学习兴趣，引起学生“头脑风暴”，拓展学生知识面和视野，培养学生理论联系实际的工作能力。

（3）教学手段：采用多媒体课件+VR动画等形式，用图文并茂、声像俱佳、动静相宜的表现方式，结合生动的案例剖析，穿插课堂讨论与提问，与学生共同论证课程重点与难点内容。

（4）基于课堂注意力曲线优化教学过程：将课程核心、重点与难点分别安排在学生课堂注意力曲线（图1）的第一个和第二个高位段；在学生课堂注意力曲线低谷的中间阶

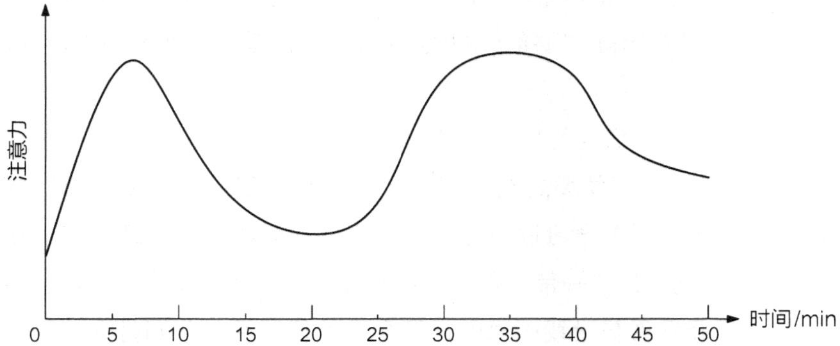

图1 课堂注意力曲线

段，则以提问“一带一路”的作用，世界十大港口展示等方式吸引学生注意力，始终有效调动学生的积极性，实现更好的教学效果。

（三）教学内容及重难点

本课教学内容包括以下部分：公路运输、铁路运输、水路运输、航空运输的发展历程。

为了引导学生掌握教学内容，降低课程难点的晦涩程度，本课程采用启发式与引导式教学模式，以明修栈道、暗度陈仓的历史典故，以及现代超级工程港珠澳大桥、蒙内铁路和新亚欧大陆桥为例，引导学生了解我国交通运输建设中的古人智慧以及现代中国交通的创新性发展历程，并从中汲取解决问题的智慧。

掌握各种交通运输发展历程是本课程内容重点之一。

课程通过PPT过程动画，步步引导学生理解各种交通方式的历史发展，理解这些发展所带来的影响。

本课的重难点之二：明确“一带一路”倡议中工程的历程，同时理解它在国际上的地位以及它带来的好处和影响。

通过我国古代丝绸之路的发展，引出“一带一路”倡议的内容。课程通过讲解“一带一路”倡议充分依靠中国与有关国家既有的双多边机制，借助既有的、行之有效的区域合作平台，旨在借用古代丝绸之路的历史符号，共同打造政治互信、经济融合、文化包容的利益共同体、命运共同体和责任共同体，将“引进来”“走出去”的思想结合了起来。

在课程育人方面，首先通过讲解交通运输发展是从点到线到面到空间引入课程，并引出交通的重要性；其次，通过讲解交通运输是研究公路、铁路、水路及航空运输基础设施的布局及修建、载运工具运用工程、交通信息工程及控制、交通运输经营和管理的工程领域，引入交通运输的相关概念；再次，将交通运输方式分开，分别讲述公路、铁路、水运和航空的发展历程以及影响；最后引出“一带一路”倡议强调交通运输在国际上的重要性以及目前还存在的不足，引导学生好好学习，打好未来人生与国家交通强国建设事业的基础。

通过以上方式的处理，将整节课的内容串成一个整体，层层铺垫，环环相扣，最终从无到有地引导学生对交通运输方式形成一个系统的概念，具备运用领先技术来解决问题的思想，形成科技强国的观点，最终实现提升学生的行业自豪感，以及爱国主义情怀的目的。

（四）教学媒体与资源选择

本课程选择使用的教学媒体与资源共分为多媒体、虚拟仿真动画、习题及参考答案等内容。

1. 多媒体课件

拍摄的多媒体课件具有信息量大、适合线上教育等优点，同时也能方便地穿插虚拟仿真动画。选择多媒体作为教学媒体，能够综合运用大量的图文及动画素材，来层层论证课程的重点与难点。

2. 习题及参考答案

一套完整的习题及参考答案是学生课后巩固教学效果的重要保障，本课程针对教学重点、难点，制作了一套完整的习题及参考答案。

三、设计与实施

（一）课程引入

（1）教学内容：首先从讲解交通运输发展是从点—线—面—空间引入课程。设计意图：从古代的人力畜力为点，到现代的车辆运输网线为线，水运为面以及航空航天为空间进行切入讲解交通运输方式的发展历程（图2），进行课程育人定位。

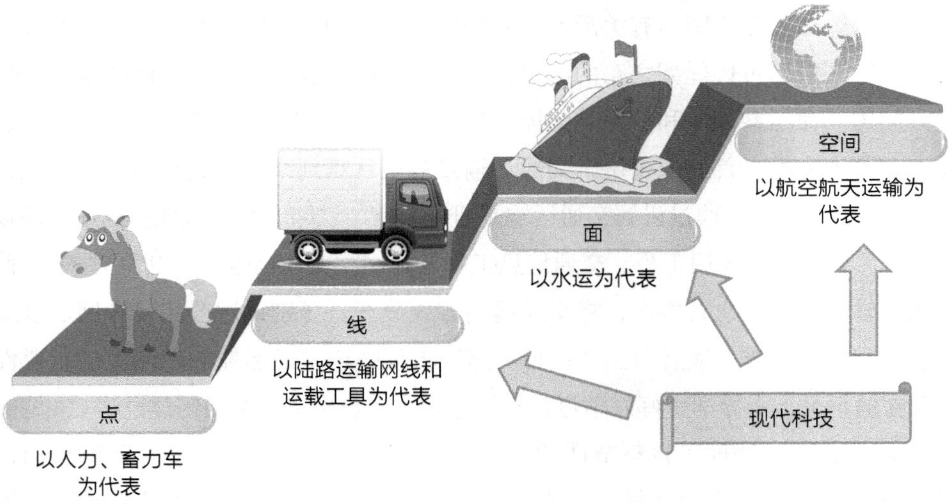

图2　交通运输方式发展历程示意

（二）引出核心观点及课程内容

（1）教学内容：讲述交通发展对经济发展和文化传播的影响（图3）。设计意图：强调交通的作用以及发展的重要性，为之后引出交通方式的发展历程做铺垫。

（2）教学内容：通过讲解交通运输的概念将运输方式分为公路、铁路、水运和航

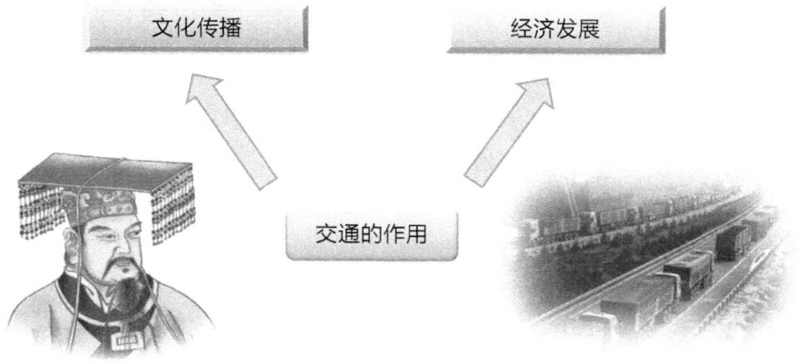

图3 交通的作用

图4 四大运输方式

空（图4）。设计意图：通过将运输方式分成四类讲解，帮学生理清思路，同时引出课程内容。

（三）展开公路运输方式发展历程讲解

（1）教学内容：首先从道路的演变切入道路运输（图5）。设计意图：介绍道路材料和结构的变化来直观地表现相应的运输能力和运输方式的变化。

（2）教学内容：以古代秦朝的交通发展为例，讲解陆路交通网对一个国家的政治、经济和军事力量的影响。设计意图：对秦朝的秦直道、秦驰道的介绍引发学生对古今路网变化的讨论。

(3) 教学内容：讲解现在的路网，将现在的路网与古时路网进行对比。设计意图：以西安市的城市道路网布局为例，将其与唐长安城的城市路网进行对比，指出了古代劳动人民的聪明智慧，激发学生的民族自豪感。

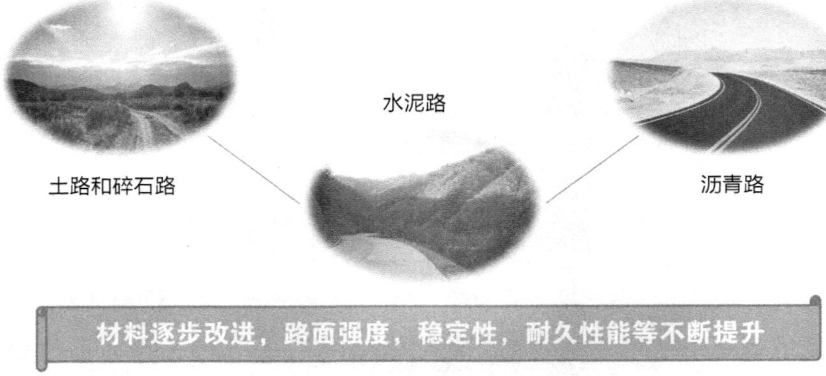

图5 道路的演变过程

(4) 教学内容：展开讲解改革开放后公路网的布局情况。设计意图：专业知识讲解，引导学生掌握中国早期公路网规划——五纵七横主骨架的概念（图6)。

(5) 教学内容：分别通过高速公路、桥梁、隧道的发展来描述公路运输的发展历程。设计意图：介绍中国的超级工程，使学生形成创新意识，以及行业自信。

(6) 教学内容：以秦岭古道（图7)、港珠澳大桥为例（图8)，讲解交通发展的重要性，进而引导学生思考，交通发展会给我们的国家发展带来哪些影响？设计意图：介绍中国的超级工程，帮助学生形成创新意识，培养行业自信。

1. 五纵七横：是我国规划建设的以高速公路为主的公路网主骨架，总里程约3.5万km

1.1“五纵”指同江—三亚、北京—珠海、重庆—湛江、北京—福州、二连浩特—河口

1.2“七横”指连云港—霍尔果斯、上海—成都、上海—瑞丽、衡阳—昆明、青岛—银川、丹东—拉萨、绥芬河—满洲里

图6 中国公路网主骨架

图7 秦岭终南山公路隧道

港珠澳大桥是我国一项特大建设工程，它将桥、岛、隧融于一体，是我国工程建设的骄傲。它全长55 km，设计使用寿命120年，总投资约1 200亿元人民币。大桥于2003年8月启动前期工作，2009年12月开工建设，筹备和建设前后历时达15年，于2018年10月开通营运

图8　中国超级工程——港珠澳大桥

（四）展开铁路运输与水路运输方式发展历程讲解

（1）教学内容：以两个冷知识为切入开始铁路运输的讲解（图9）。设计意图：引出铁路运输的起源，并增加课堂趣味性。

（2）教学内容：讲解铁路运输方式的演变过程（图10）。设计意图：通过描述火车的发展，引发学生对交通工具的发展带来的直接或间接影响的思考。

提问：这些演变分别发生在哪些时期，会带来什么影响?

（3）教学内容：通过小视频展现近四十年各国的高铁发展情况（图11）。设计意图：通过视频可以直观地看出中国高铁建设的高速发展，引发学生民族自豪感。

（4）教学内容：通过复兴号总设计师"晕车"这个趣味性的例子描述中国高铁如何从无到有（图12）。设计意图：讲述趣味性的案例加强学生的印象。

1. 火车靠左行还是靠右行? 汽车呢?
2. 目前火车轨道间距国际标准1 435 mm 是怎么来的?

图9　古代罗马战车

图10　铁路运输方式的演变

图11　世界高铁里程变化

图12　中国高铁大发展

（5）教学内容：通过描述世界海洋面积占地球表面积的70%，引入水路运输并强调水路运输的重要性。设计意图：通过描述海洋面积来强调水路运输的重要性。

提问：相对于陆路运输，远洋运输的优势是什么？

（6）教学内容：通过水运工具的演变来表现水运的发展（图13）。设计意图：远洋交通工具的演变和发展可以直观地看出这种交通方式的发展。

（7）教学内容：影响水路运输的不只有运载工具，还有港口的发展。设计意图：上海洋山港无人码头的先进技术（图14）对学生们产生视觉冲击，再一次体现了科技就是第一生产力，激发学生对学习高新技术的渴求。

图13　新型远洋运输船

图14　世界最大的集装箱码头——上海洋山港

（五）展开航空运输方式发展历程和“一带一路”倡议讲解

（1）教学内容：将航空运输分为民用航空和军用航空分别进行介绍。设计意图：介绍民航和军用航空，列举C919民航客机的研制过程（图15）。

（2）教学内容：介绍航空港的发展，通过北京大兴国际机场的例子（图16）描述航空发展带来的影响。设计意图：航空港的发展对航空运输的发展有十分重要的意义。

（3）教学内容：对中国主要国际航线进行描述。设计意图：对中国主要国际航线进行描述。

（4）教学内容：通过描写古代丝绸之路引出"一带一路"倡议。设计意图：介绍"一带一路"倡议的历史发展情况。

（5）教学内容：强调"一带一路"倡议在国际上的重要性，并讲解其带来的好处。设计意图："一带一路"倡议会促进相关国家的经贸往来和经济发展。

图15　国产大型客机C919

图16　北京大兴国际机场

（六）知识点总结与课后思考

（1）教学内容：总结目前面临的机遇和挑战。设计意图：分析中国的交通发展还面临巨大的挑战。

（2）教学内容：总结课堂知识点，布置课后思考题，给出参考书。设计意图：总结课程，给布置学生思考题。

（3）教学内容：通过以上所讲可以知道我们还面临着很大的挑战，激励学生们砥砺前行。设计意图：回顾历程，收篇结尾。

四、特色与创新

本节课是"交通强国"中，第三节"中国交通发展"中的一讲。在教学中，从古代中国秦直道、秦驰道开始，通过教师讲解，多媒体课件、动画的穿插，从公路、铁路、航运、空运等的发展进行贯彻，引导学生思考、归纳、总结我国从古至今交通所起的重要作用、对经济军事等方面的影响以及文化传播等知识。同时，引导学生理解如何运用科学来分析问题，以及如何运用科技来解决问题，形成科技强国的思想。课程体现了习近平新时代中国特色社会主义的道路自信、理论自信、制度自信、文化自信。

五、反思与分析

学生通过本节课的学习，表现出了较高的学习兴致，也形成了科学分析问题、科技解决问题的思维，同时也感叹于我国运输行业发展的快速，形成了行业自豪感，以及作为中国人的自豪感。这也达到了本节课程的教学目的：(1) 培养能够适应快速变奏、理想坚定、乐于奉献、自强不息、忧国忧民、勇于担当且品德兼修的新型综合人才；(2) 培养具有正确价值观、个人诚信、职业操守、工匠精神、国际竞争力，具备为社会主义中国的富强与昌盛奉献力量的新工科创新型交通人才。

全英文课程环境中融入课程思政元素探究

——以“国际航运管理”为例

戴　磊　胡　昊　尹静波　张志鹏

上海交通大学船舶海洋与建筑工程学院　上海　200240

一、案例简介

“国际航运管理”课程是上海交通大学交通运输专业的一门核心专业课，且为全英文课程。自课程设立以来，吸引了众多留学生参与，取得了丰富的教学成果，曾获2017年度上海交通大学优秀教学成果奖特等奖、2018年度上海市优秀教学成果奖二等奖以及2021年度上海交通大学优秀教学成果奖一等奖。

但课程建设中也出现了全英文课程学生参与度不高、课程思政元素融入较少、无法向留学生展现我国交通运输事业建设成果等问题。因此，本课程以全英文课程思政案例教学为抓手，采取“完善顶层设计，系统规划设计全英文课程教学案例，提升课程活跃度”“加强统筹谋划，将课程思政元素全方位融入英文课程，打造课程思政全英文课程”“坚持价值引领，加强校企合作，面向留学生展现我国交通运输事业成就，增加留学生归属感与荣誉感”三步走的课程思政建设方式，尤其是引入基于实际工程项目的课程思政案例（如授课教师亲身参与的“北极航行探索”等案例），提升学生的课程参与度与行业自豪感。

经过两年的课程思政改革实践努力，学生充分了解我国航运事业的发展历史，所取得的辉煌成就以及未来的发展规划，坚定了未来扎根航运业发展的远大志向。同时，由授课教师亲身赴北极航行设计的教学案例，成功将北极航行与我国北极开发战略、双碳战略、交通强国战略、师生支部共建等重要议题有机融合，进一步增加了学生的科研兴趣与专业热情，该案例也被新华网、学习强国、科学网等媒体报道，并被新华网评价为

作者简介：戴磊，1989年，上海交通大学船舶海洋与建筑工程学院，副教授。

“上海交大党委基层党建工作的一次创新尝试”。

二、思路与目标

（一）课程建设主要解决的三大问题

1. 当前全英文课程学生参与度不高的问题

受制于学生英文水平等问题，整体课堂授课过程相对沉闷，师生互动不多。能否打破传统全英文课程中学生闷头听讲，很少互动的问题？如何在全英文课程中增加生动的元素，充分调动学生积极性？

2. 当前全英文课程中课程思政元素融入较少的问题

当前很多教学内容都是源于国外教材，但国外教材主要宣扬基于西方价值观的理论与案例，无法体现新时代中国特色。如何在全英文课程体系中有机融入中国特色与课程思政元素？

3. 全英文课程中对留学生宣扬我国社会主义事业取得的重要成就的内容也较少体现的问题

当前的全英文课程在对于留学生培养中，较少涉及向留学生宣扬我国交通运输事业所取得的成就，无法唤起留学生对于我国交通运输事业巨大发展的共鸣，如何有效培养留学生也是个重要问题。

（二）课程思政育人目标

通过课程思政元素的融入，以案例、实践、讲座等多种教学形式为抓手，培养学生对交通运输行业的热情以及行业自豪感，树立学生励志投身交通运输事业，参与建设“交通强国”的长远目标。

（三）课程思政教学融入点

本课程以在日常教学中向学生讲述“交通强国”“海洋强国”“一带一路”倡议等内容，培养学生的行业热情和行业自豪感。同时，也积极适时地将专业课程教育与思政教育相融合，结合课程负责老师“北极航行”等重大科研活动，积极搭建师生课程思政教育的桥梁，完成课程思政的有机融入。

三、设计与实施

（一）课程建设方法思路

1. 完善顶层设计，系统规划设计全英文课程教学案例，提升课程活跃度

系统规划增加了若干体现专业特色的全英文案例，尤其是工程实践案例与课程思政案例，课前通知学生查阅相关资料，并在课堂上进行研讨，工程实践案例与课程思政案例包含“巴基斯坦瓜达尔港建设”、我国“北极航行探索”等内容，定性与定量分析相结合，以此增加授课黏性与课程活跃度，激发学生学习热情。

2. 加强统筹谋划，将课程思政元素全方位融入英文课程，打造课程思政全英文课程

在课程体系建设中全方位融入交通运输行业相关的课程思政元素，包含“行业成就”“家国情怀”“工程师精神”等具体内容，以案例研讨的形式同学生进行互动分析，并在第一课堂之外，以第二课堂形式邀请行业内资深校友回校为学生授课，加深学生对行业的理解，进一步巩固学生行业热情、家国情怀。

3. 坚持价值引领，加强校企合作，面向留学生展现我国交通运输事业成就，增加留学生归属感与荣誉感

加强同中远海运集团等大型央企、申通地铁集团等重点国企的合作，将企业事迹编纂成教学案例，将“一带一路”倡议、“冰上丝绸之路”等中国交通故事融入全英文课程体系中，让留学生群体充分了解我国交通运输事业所取得的成就，增加留学生对我国、对交大的归属感与荣誉感。

（二）课程教学内容改革方法

首先由校内教学团队负责建设课程内容体系，明确知识体系和要点。后续在具体授课案例方面，会同课外导师共同商量制定具体实践项目与案例研讨内容。一般案例的选取会包含大型港口、航道等航运基础设施在设计、建造、运营管理等全生命周期管理环节的内容，力图给学生还原最全面的国际航运工程实践项目案例。

（三）课程教学改革方法

除了课堂内书面教学，还主要采用了在第一课堂之外第二课堂的实践教学法、案例教学法以及讲座教学法三大类。并在实践之前，授课教师提前将阅读文献、相关工程案例、课程思政案例的文字与视频材料、工程项目介绍材料发给学生，使其提前熟悉内容，以便提升教学效果。具体教学方法改革措施如下。

1. 案例教学法

选取若干重大国际航运与港口工程项目案例，并挖掘其背后的管理、经济、环境等要素，以研讨的方式激发学生的科研兴趣和行业热情。例如以我国对北极航道的开发为实际案例，以授课教师的亲身经历为引子，带动学生自主探索北极航运的经济可行性研究、北极航行全航程的船舶碳排放计算等内容，以此充分激发学生的科研和行业热情。此外，还注重在案例设计中融入课程思政元素以及红色精神，并向学生传达建设重大工程项目的难度以及共产党员在攻坚克难中发挥的关键作用，以此教育学生“只有在共产党的领导下，我国远洋航运事业才能取得如此辉煌的成就”。

2. 实践教学法

以部分重大交通基础设施建设工程项目设计、建设以及运营中的难点为对象，在第一课堂之外，授课教师和实践指导教师共同讲解问题的解决方式以及我国交通运输事业所取得的巨大成就。

3. 讲座教学法

通过邀请校领导、院领导以及校外领导专家等为学生解读“交通强国”“海洋强国”等国家战略以及我国航运事业所取得的辉煌成就（例如介绍我国海军的成就，在国民党时期，海军力量几乎没有，且受制于美国；随着我国航海事业的发展，如今我国的海军力量已经强大，可以远赴非洲保卫我国船队的安全），让学生充分理解因为有了共产党，才有新中国，只有在中国共产党的领导下，新中国才能取得如此波澜壮阔的发展。

（四）课程考核形式

由于课程内容既有理论也有实践案例，因此本课程摒弃了以往“一考定终身”的成绩评定方式，强调过程考核，注重学生自主探索研究能力的考核（占40%），以及本课程授课教师对学生平时上课学习实时消化知识能力的评价（占10%），期末全英文考试成绩比例占50%。每学年学生自主探索研究的题目都不固定，紧密结合行业发展实际情况来拟定题目，以中美贸易冲突对国际航运业影响分析、新兴科技发展对航运业影响分析、新冠肺炎疫情对航运业影响分析等为主题，引导学生积极自主探索，不断巩固教学成果。

四、特色与创新

“国际航运管理”课程建设过程中，在提高教学质量方面进行了有益的尝试和探索，其特色与创新具体介绍如下。

上课效果：任课教师进行了互动式教学，采用结合“案例研讨”的教学方式，课前提前把案例发布，学生阅读后课上讨论，教师与学生双方研讨后完成关键教学点的教学。

通过互动式教学，学生反映知识点吸收效果好了很多。

教材选用：航运管理领域经典教材（《国际航运管理》，大连海事大学出版社出版）为主。同时，任课教师精选了若干前沿性的英文案例和前沿科研论文作为参考文献，打印出来给学生阅读，以拓宽学生的知识面。

教学内容与方法的创新：任课教师积极探索全英文示范课程的课程思政建设，努力将“交通强国”“海洋强国”等国家战略融入课程内容中。同时在教学方法上采取“互动式教学”，多以提前发放案例，课上注重研讨的形式提升每位同学的参与度，从而加深学生对知识的吸收。

课程教学特色：任课教师率先将课程思政元素融入全英文课程建设中，且将自己的北极航行亲身经历融入案例中讲授给学生，极大地吸引了学生的学习、科研兴趣，提升了学生的行业自豪感以及行业情怀。

网络资源建设：依托学校Canvas系统，建设了该课程的在线课程，包含课程课件、课程案例以及课程视频，丰富了课程体系的内容。

考试考核方法：课程采取课程大作业与期末考试相结合的形式。任课教师结合每年的领域研究热点提出每学年的课程大作业主题，让学生围绕该主题开展独立研究，并撰写研究报告。例如2019—2020学年，课程大作业主题是“新冠肺炎疫情对港口航运行业影响研究”，让学生充分思考本课程的知识体系能为行业带来什么样的作用。通过该考核方式，已有两位本科生以第一作者身份共发表2篇高水平国际SCI论文，一位本科生获得箐政项目立项，并荣获2021年度“优秀箐政学者”荣誉称号（全校仅5位）。

五、反思与分析

（一）课程思政教学改革的实施效果及成果

通过上述课程建设与教学改革，本课程改革成效显著，并获得了较高的课程评价。

在学生学习效果方面：绝大部分学生认为，通过本课程的学习，不但帮助自己理解了交通运输工程专业（尤其是国际航运管理方向）的内涵，明白了学习交通运输工程以后能做什么，更帮助他们明白了交通运输事业对于国家的重要作用，为什么交通运输能被称为“先行官”。以及最重要的是，通过课程学习与实践，他们理解了我国交通运输事业取得如今这番成就的不容易，学生的家国情怀、行业热情都被充分激发出来。

在学生评价方面：学生普遍反映本实践课程特色鲜明，无论是对于后续学习深造、还是未来就业都起到了很好的启发作用。班级学生还特意在班级微信公众号上推送文章介绍了大家的心得体会和积极评价。

在同行专家以及社会评价方面：原中远海运集团党委副书记孙家康先生，四川省交通厅、上海市政交通设计院等单位对本门课程的课程组织、教学设计、课程思政元素融入等都给予了高度的评价。课程负责人2019年暑期在北极航行期间同学生开展远程连线教育学习，用亲身经历向学生介绍我国航海事业发展成就以及“海洋强国”战略，该项活动被新华网、学习强国、科学网等媒体报道，并被新华网评价为“上海交大党委基层党建工作的一次创新尝试”。

（二）存在的问题及改进思路、注意事项

在课程改革中发现，即使在课程改革的方案设计中采取了很多案例，但上课的时候仍发现应避免采用“说教式”的案例讲授法。单纯的说教式讲解课程思政案例，不一定能让学生充分理解案例中课程思政的内容。因此，应采取师生互动交流研讨式授课方法，在讲授课程思政案例的同时，抛出几个问题，引导学生主动思考，去发掘实际工程案例中的痛点、难点，进而引出“党建引领”“工程师精神”“行业情怀”等课程思政要素在克服实际困难中发挥的重要作用，从而加深学生对于课程思政的理解。

参考文献

[1] 高德毅，宗爱东．从思政课程到课程思政：从战略高度构建高校思想政治教育课程体系[J]. 中国高等教育，2017（1）：43-46.

[2] 高德毅，宗爱东．课程思政：有效发挥课堂育人主渠道作用的必然选择[J]. 思想理论教育导刊，2017（1）：31-34.

[3] 殷明，章强，王学锋．航运特色专业课程中社会主义核心价值观的渗透教育[J]. 水运管理，2016，38（1）：27-29.

[4] 郑尚龙，杨神化，曹宝根．航海技术专业“课程思政”融合教育探索——以“航海气象学与海洋学”为例[J]. 航海教育研究，2020，37（1）：69-74.

[5] 章强，殷明．航运管理类专业课程推进课程思政的路径研究——以“航运公共管理与政策”课程为例[J]. 航海教育研究，2021，38（1）：73-78.